Regina Brunnett
Die Hegemonie symbolischer Gesundheit

Regina Brunnett (Dr. phil.), Soziologin, ist wissenschaftliche Mitarbeiterin an der Hochschule für Angewandte Wissenschaften Hamburg. Ihre Forschungsschwerpunkte sind Cultural Studies von Gesundheit/Krankheiten, Gesundheit und Pflege im Alter sowie Soziale Ungleichheit und Gesundheit.

Regina Brunnett
Die Hegemonie symbolischer Gesundheit
Eine Studie zum Mehrwert von Gesundheit
im Postfordismus

[transcript]

Gedruckt mit Unterstützung der Hans-Böckler-Stiftung.

Bibliografische Information der Deutschen Nationalbibliothek
Die Deutsche Nationalbibliothek verzeichnet diese Publikation in der Deutschen Nationalbibliografie; detaillierte bibliografische Daten sind im Internet über http://dnb.d-nb.de abrufbar.

© 2009 transcript Verlag, Bielefeld

Die Verwertung der Texte und Bilder ist ohne Zustimmung des Verlages urheberrechtswidrig und strafbar. Das gilt auch für Vervielfältigungen, Übersetzungen, Mikroverfilmungen und für die Verarbeitung mit elektronischen Systemen.

Umschlagkonzept: Kordula Röckenhaus, Bielefeld
Lektorat & Satz: Ulf Heidel
Druck: Majuskel Medienproduktion GmbH, Wetzlar
ISBN 978-3-8376-1277-6

Gedruckt auf alterungsbeständigem Papier mit chlorfrei gebleichtem Zellstoff.

Besuchen Sie uns im Internet: http://www.transcript-verlag.de

Bitte fordern Sie unser Gesamtverzeichnis und andere Broschüren an unter: info@transcript-verlag.de

INHALT

Danksagung   9

Einleitung   11

1 Einführung   25

Regulation – Akkumulation – Hegemonie:
Grundlagen der Analyse   25
Akkumulation und Regulation im Wandel
vom Fordismus zum Postfordismus   33

2 Zur Hegemonie symbolischer Gesundheit im Postfordismus   63

Zur Genese einer neuen Kultur von Gesundheit
im Wandel vom Fordismus zum Postfordismus   63
    Medikalisierung   64
    Eine neue Kultur von Gesundheit   68
    Ein neuer Gesundheitsmarkt   77

Konturen symbolischer Gesundheit im Postfordismus   80
    Das Leitbild der ‚gesunden Selbstmodellierung'   81
    Der symbolische Mehrwert von Gesundheit
    und seine Produktivität   87
    Symbolische Gesundheit als Kapital   97

Fazit: Symbolische Gesundheit im Spannungsfeld von
politischer Regulierung und ökonomischer Wertschöpfung   105

3 Praxis als Analysefigur: Rekonzeptualisierung des theoretisch-analytischen Ansatzes im Hinblick auf Diskurse   113

Strategie als theoretischer Ausgangspunkt
für ein dynamisches Verständnis von Hegemonie   115
Hegemonie und Diskurs:
Zur Theorie einer hegemonietheoretischen Diskursanalyse
in Anknüpfung an die Critical Discourse Analysis   124
   Theoretische Grundlagen der CDA   128
   Soziale Praxis: Dualität von Handlung und Struktur   128
   Sprache als Terrain und Objekt
   sozialer Auseinandersetzungen   132
   Politik als Form sozialer Praxis   135
   Die hegemoniale Struktur von Diskursen   135
   Diskurse/Politik als Feld politischer Umkämpftheit   137
   Repräsentationen als Effekte diskursiver/struktureller
   Produktion und Selektion   141
   Diskurse, Hegemonie und Herrschaft   149

4 Zur Methodologie der Kritischen Interdiskursanalyse   153

Prinzipien der Kritischen Interdiskursanalyse   153
Politische Praxis, Repräsentationen und Hegemonie   158
Der Prozess der Kritischen Interdiskursanalyse   162
Exkurs: Metaphern als hegemoniale Praxis   166

5 Methoden und Prozess der Kritischen Interdiskursanalyse   175

Analyse der Inhalte   177
Analyse textexterner Beziehungen   179
Analyse textinterner Beziehungen   186
Verdichtung und Vernetzung   194

6 Empirische Untersuchung des politischen Einsatzes von *Gesundheit*   197

Das Politikfeld Arbeitsschutz als Untersuchungsfeld   197
Ergebnisse der empirischen Analyse   207
    Zwei Typen strategischer Politik mit *Gesundheit*   207
    Ursula Engelen-Kefer: Gesundheit als Norm
    im staatlich regulierten Arbeitsschutz   208
    Wolfgang Clement: Gesundheit als Humankapital und die
    gemeinschaftliche Gestaltung des Gesundheitsschutzes   224
    Politische Metaphorik   250
Fazit: Der politische Einsatz von Gesundheit   286
    Die politische Kultur der Harmonie   287
    Gesundheit als Grenzpolitik   289
    Humankapital als strategischer Knotenpunkt
    im Politikfeld Arbeitsschutz   292

7 Humankapital und symbolische Gesundheit in der politischen Regulierung von Arbeit   295

Zum gesundheitlichen Mehrwert von Humankapital   296
Belastungen und Erkrankungen durch Erwerbsarbeit:
Ihre Auswirkungen auf ArbeitnehmerInnen
und ihre Diskursivierung   298
Symbolische Gesundheit und Arbeit:
Der ‚Wille zur Gesundheit' und seine Subversion   304

Schluss   315

Bibliographie   327
Quellen   327
Literatur   330

DANKSAGUNG

Dieses Buch ist kein Produkt einer isolierten, vereinzelten Schreibtischarbeit. Viele haben mich unterstützt, von denen ich nur einige nennen kann. Besonders danke ich Prof. Dr. Marianne Pieper für wichtige Hinweise und ihre geduldige Unterstützung. PD Dr. Susanne Krasmann danke ich für ihre Bereitschaft, ein Gutachten zu schreiben.

Ohne Anregungen, kluge Kommentare und Korrekturvorschläge hätte diese Arbeit nicht fertig gestellt werden können: Ich danke den Teilnehmerinnen der Forschungswerkstatt II an der Universität Hamburg für ihre produktiven Beiträge und besonders Antke Engel und Frauke Schwarting für inspirierende Diskussionen und konstruktive Kritik. Für die Lektüre größerer und kleiner Textteile, Diskussionen und hilfreiche Anmerkungen, die ihren Eingang in den Text gefunden haben, danke ich außerdem Kerstin Brandes, Andreas Drinkuth, Stefanie Graefe, Lars Kohlmorgen, Birgit Rühmann, Susanne Schultz, Kerstin Seifer und Dagmar Venohr. Wichtige Hinweise für Korrekturen haben mir Regina Abraham, Christa Brunnett, Kirsten Hohn, Dagmar Richter und Annette Zaborowski gegeben.

Nicht zuletzt möchte ich meiner Mutter danken, Eva Helene Brunnett, die mich stets ermutigt hat.

Last not least sei erwähnt, dass die Arbeit ohne die finanzielle Förderung durch das Hochschulsonderprogramm der Universität Hamburg zur Frauenförderung und ohne die Hans-Böckler-Stiftung nicht hätte geschrieben werden können. Sie haben meine Arbeit auch durch ideelle Unterstützung und zahlreiche Kontakte bereichert. Auch dafür noch einmal meinen Dank!

EINLEITUNG

Am Anfang meiner Arbeit standen einige Beobachtungen zu ‚Gesundheit'. So ist festzustellen, dass diese in den letzten Jahrzehnten zu einem gesellschaftlich bedeutsamen Thema avanciert ist. Gesundheit ist im Alltag nahezu omnipräsent, man begegnet ihr ständig in den Medien, in der Werbung, in Ratgebern, im Sport oder in Supermarktregalen. Bereits seit vielen Jahren gehört Gesundheit zu den am höchsten geschätzten Werten in der Bevölkerung der Bundesrepublik.[1] Doch worauf ist diese hohe Wertschätzung zurückzuführen?

Ein Blick in die gesundheits- und kulturwissenschaftliche Forschung zeigt, dass sich das soziale und kulturelle Verständnis von Gesundheit seit den 1980er Jahren grundlegend gewandelt hat (vgl. z.b. Kickbusch 2006; Martin 1998, 2002; Herzlich 1998 [1986]; Faltermaier 1994; Faltermaier et al. 1998). Noch in den 1970er Jahren galt Gesundheit dem medizinischen Paradigma gemäß als „Schweigen der Organe" (Canguilhem), als das nicht spürbare und unauffällige Leben ohne Krankheiten. Zu dieser Zeit wurde aus sozialwissenschaftlicher Sicht kritisiert, dass die Biomedizin[2] die soziale und kulturelle Definitionsmacht über Gesundheit innehabe und sie das Phantasma erzeuge, dass Gesundheit ‚medizinisch machbar' sei (vgl. z.B. Illich 1995 [1975]).

---

1 Das zeigt sich daran, dass ‚Gesundheit' schon seit mehr als einem Jahrzehnt in Meinungsumfragen in der Bevölkerung der Bundesrepublik unangefochten auf Platz 1 der Werteskala steht (Faltermaier 1994: 11).
2 Der Begriff der Biomedizin verweist darauf, dass die Medizin als Wissenschaft und als ärztliches Handeln sich an den Naturwissenschaften orientiert. Historisch betrachtet, wurde diese Orientierung in einem Prozess der ‚Vernaturwissenschaftlichung' hervorgebracht, der im 19. Jahrhundert weitgehend seinen Abschluss fand (vgl. hierzu Foucault 1993).

Studien zum Thema Gesundheit kommen übereinstimmend zu dem Schluss, dass in den vergangenen Jahrzehnten das biomedizinische Verständnis von Gesundheit gegenüber einem ganzheitlich-psychosomatischen Verständnis an Bedeutung verloren hat. Letzteres zeichnet sich dadurch aus, dass es von Krankheit und Medizin abgelöst und stärker in den alltäglichen Lebensstil und die Lebensweise integriert ist (vgl. z.B. Kickbusch 2006; Mazdumar 2004; H. Kühn 2003; Schulz 2001; Faltermaier et al. 1998; Labisch 1992). Diese Einschätzung stützt sich auf verschiedene Indikatoren. So sind die meisten in der Bundesrepublik lebenden Menschen darüber informiert, dass Ernährung, Bewegung, Verzicht auf Rauchen und maßvoller Alkoholkonsum zur Prävention zahlreicher Erkrankungen beitragen.[3] Qualitative Studien belegen, dass viele Menschen sich im Alltag an einem ganzheitlichen, psychosomatischen Zugang zu ihrer Gesundheit orientieren (vgl. Faltermaier 1994) und sich eine Gesundheitsversorgung wünschen, die stärker als die schulmedizinische Behandlung individuelle Bedürfnisse und psychologische Belange berücksichtigt (vgl. Schulz 2001; Veghte 1999). Alternative Gesundheitsverfahren verschiedener Richtungen erfreuen sich steigender Nachfrage (vgl. Marstedt/Moebius 2003; Schulz 2001; Borck 1996) und der hohe Umsatz an Gesundheitsgütern weist darauf hin, dass viele Menschen über die finanziellen Mittel verfügen und das Bedürfnis haben, auch jenseits der medizinischen Gesundheitsversorgung etwas für ‚ihre Gesundheit' zu tun (vgl. Kickbusch 2006). Die Gesundheitswissenschaftlerin Ilona Kickbusch sieht diese Veränderungen als einen Megatrend, der dazu beiträgt, dass die Praktiken zur ‚Machbarkeit von Gesundheit' expandieren und sie in einem bis dato unbekannten Ausmaß die Grenzen der Medizin überschreiten (ebd.: 34).

Ein Blick in historische, kultursoziologische und -anthropologische Studien bestätigt, dass die Wandlungsfähigkeit der kulturellen Konzepte von Gesundheit zu ihren hervorstechendsten Merkmalen gehört (vgl. Engelhardt 2004; Herzlich 1998 [1986]; Labisch 1992). Insbesondere historische und kulturvergleichende Studien kommen zu dem Schluss, dass Gesundheit sich durch auffallende Variabilität, Kontingenz und

---

3   Damit ist der Umstand benannt, dass diese Faktoren in Bevölkerungsumfragen regelmäßig genannt werden, also als soziokulturelles Wissen abgefragt werden können. Die Fähigkeit zur Reproduktion des präventiven Wissens lässt jedoch keine Rückschlüsse darauf zu, ob es tatsächlich das individuelle Verhalten anleitet. Aus den Gesundheitswissenschaften ist bekannt, dass Präventionsbotschaften und -angebote verstärkt von den Bevölkerungsgruppen aufgegriffen werden, die eine gesundheitsbewusste Einstellung haben und deren Krankheitslast statistisch gesehen ohnehin niedrig ist (Robert Koch Institut/Statistisches Bundesamt 2006: 129ff.).

Unbestimmtheit auszeichnet.[4] So bezeichnet etwa Alfons Labisch Gesundheit in seiner Untersuchung über Gesundheit und Medizin in der Neuzeit als eine „inhaltsleere Worthülse, die sich aus vorgegebenen Blickrichtungen jeweils neu füll[t]" (Labisch 1992: 17). Diese Perspektive auf Gesundheit findet eine stärker analytische Fundierung in dem Theorem der sozialen Konstruktion, das meine Perspektive auf Gesundheit anleitet. Im engeren Sinne verorte ich sie in poststrukturalistisch-konstruktivistischen Denkweisen. Ich folge diesen darin, dass ich den Fokus auf Zeichensysteme und Sprache lege, mich an Differenz und Pluralität orientiere und von einem dezentrierten Subjekt ausgehe.[5] Aus dieser Sicht wird die Evidenz der hohen Wertschätzung von Gesundheit und des psychosomatisch-ganzheitlichen Gesundheitsverständnisses mit der Frage konfrontiert, auf welche Weise diese sozialen Bedeutungen von Gesundheit diskursiv-symbolisch hergestellt werden.

Mit dem Theorem der diskursiv-symbolischen Konstruktion von Gesundheit wird die Frage danach, wie soziale Bedeutungen von Gesundheit hergestellt werden, in den Mittelpunkt gerückt. Gleichwohl kann eine poststrukturalistisch-konstruktivistische Untersuchungsperspektive nicht erfassen, worin die strukturellen Bedingungen dafür liegen, dass die Vorstellung der Machbarkeit von Gesundheit expandiert und in welcher Hinsicht sie expandiert. Unter welchen strukturellen Bedingungen haben sich diskursiv-symbolische Bedeutungen von Gesundheit seit den 1970er Jahren verändert?

Für die Klärung dieser Frage sind historisch-anthropologisch begründete Ansätze nicht zielführend, da der Wert von Gesundheit in der Natur des menschlichen Lebens begründet ist (vgl. exemplarisch Schipperges 2003; Labisch 1992). Aus einem ähnlichen Grund habe ich einen sozial-strukturellen Zugang zu Gesundheit verworfen, der nach den Bedingungen und der Verteilung von Gesundheit in der Bevölkerung fragt (vgl. exemplarisch Wendt/Wolf 2006; Richter/Hurrelmann 2006; Mielck 2000; Mielck/Elkeles 1997). Mit der Frage nach den strukturellen Bedingungen des Gesundheitszustandes ist prinzipiell ein essentialistischer

---

4 Engelhardt (2004: 35f.) und Labisch (1992) weisen darauf hin, dass sich von der Antike bis heute in keiner Gesellschaft ein systematisches, wissenschaftlich überprüfbares Wissen über sowie ein verbindlicher sozialer Konsens im Hinblick auf ein Konzept von Gesundheit und Krankheit konsolidiert hat. Vgl. ähnlich auch Schaefer (1992).
5 Im Anschluss an Münker und Roesler (2000) verstehe ich postmoderne und poststrukturalistische Ansätze als Denkweisen, die kein Theorieprogramm im engeren Sinne vereint. Das von Tepe (1992) in dieser Weise gefasste Verständnis der Postmoderne wird somit auf den Poststrukturalismus ausgedehnt.

Gesundheitsbegriff verbunden. Diese Studien rücken somit – ungeachtet ihrer hohen sozialen und politischen Relevanz – einen Aspekt von Gesundheit in den Vordergrund, der für meine Analyse nicht weiterführend ist.

Die Frage nach den strukturellen Bedingungen des Wandels der sozialen Bedeutungen von Gesundheit führte mich zur Gesundheits- und zur Sozialpolitik, insofern diese den Rahmen der sozialen Sicherung abstecken und das vergleichsweise hohe Gesundheitsniveau in der Bevölkerung der Bundesrepublik bedingt haben. So haben historische Untersuchungen gezeigt, dass nicht der Fortschritt der Medizin, sondern in erster Linie staatliche Programme zur Verbesserung der Wohn-, Arbeits- und Lebensverhältnisse den Rückgang der Infektionskrankheiten und der Sterblichkeit beeinflusst haben (vgl. Foucault 2003b; McKeown 1982). Das hat dazu geführt, dass das Krankheitsspektrum in der Bundesrepublik seit einigen Jahrzehnten von chronisch-degenerativen Krankheiten wie z.b. Diabetes II oder Herz-Kreislauf-Erkrankungen dominiert wird. Es ist davon auszugehen, dass dies ebenso wie die soziale Sicherung der Gesundheitsversorgung die sozialen Bedeutungen von Gesundheit (mit-)bedingt.

Im Bereich der Gesundheits- und Sozialpolitik haben sich seit den 1990er Jahren gravierende Veränderungen vollzogen. So zeichnen sich Gesundheits-, Bildungs- und Arbeitsmarktpolitik zunehmend (wenn auch nicht ausschließlich) durch Privatisierung und Steuerung über marktwirtschaftliche Instrumente aus. Diese Prozesse werden in den Politikwissenschaften als „Ökonomisierung" bezeichnet (vgl. Gerlinger 2006b; Butterwegge 2005). Außerordentlich bedeutsam ist die Frage, ob sich damit auch soziale Bedeutungen von Gesundheit verändert haben.

Dass der soziale Wandel von Gesundheit und ihrer Bedeutungen sich wesentlich in einem steigenden Konsum von Gesundheitsgütern ausdrückt, führte schließlich zum Bereich der Produktion und der Arbeit. In der Industrie- und Arbeitssoziologie werden tiefgreifende Veränderungen seit den 1980er Jahren beschrieben: Die Organisation der Arbeit wurde zunehmend flexibilisiert, prekäre Arbeitsverhältnisse haben damit einhergehend zugenommen (vgl. Keller/Seifert 2006; Schäfer 2006; Dörre 2005a) und persönliche Eigenschaften wie Kreativität und Einfühlungsvermögen werden in den Produktionsprozess eingespeist (vgl. Voß 2001; Voß/Pongratz 1998). Damit ging eine Aufwertung des Humankapitals als Produktionspotenzial einher.

Dies erstreckt sich offensichtlich auch auf Gesundheit. Denn die gesundheitsökonomische Konzeptualisierung von Gesundheit als Humankapital ist nicht mehr auf den Bereich der Gesundheitsversorgung beschränkt (vgl. Hajen et al. 2006). Sie leitet die nationale Gesundheitsberichterstattung an (vgl. exemplarisch Robert Koch Institut/Statistisches Bundesamt 2006) und wird in der europäischen Politik (vgl. Suhrcke et al. 2005) oder in der Gesundheitssoziologie (vgl. Jungbauer-Gans 2006; Kickbusch 2006) zunehmend als wissenschaftliche Grundlage für die Betrachtung der sozialen Folgen, Ursachen und Kontexte von Gesundheit in der Bevölkerung herangezogen. Auch in der Öffentlichkeit wird ‚Gesundheit als Humankapital' popularisiert.[6]

Diese Sicht auf Gesundheit zeichnet sich dadurch aus, dass individuelle und kollektive Gesundheit als ökonomisches Objekt betrachtet wird, das kalkulierter Investitionen unter der Maßgabe wirtschaftlicher Effizienzkriterien bedarf (Jungbauer-Gans 2006: 101), und dass Gesundheit an ihrer betriebs- und volkswirtschaftlichen Produktivität bemessen wird (vgl. Suhrcke et al. 2005). Verschiedene WirtschaftstheoretikerInnen schätzen das Potenzial der ökonomischen Produktivität von Gesundheit so hoch ein, dass sie den Gesundheitsmarkt als einen Jobmotor und den Schlüsselsektor für ein neues Wirtschaftswachstum sehen (vgl. exemplarisch Nefiodow 1997). Dass diese Prognosen auf das Wirtschaftsgeschehen Einfluss nehmen (können), zeigt sich daran, dass in allerjüngster Zeit zahlreiche wirtschaftliche Projekte und politische Initiativen für den systematischen Aufbau regionaler Gesundheitsmärkte in der Bundesrepublik ins Leben gerufen worden sind (Kickbusch 2006: 62, 65; s. auch Grönemeyer 2005: 52ff.).[7]

Nimmt man die bisherigen Beobachtungen zusammen, so zeichnet sich folgendes Bild ab: Die hohe Wertschätzung von Gesundheit in der Bevölkerung und das ganzheitlich-psychosomatische Gesundheitsverständnis sind von einer Ökonomisierung der Gesundheits- und Sozialpolitik, einem Strukturwandel der Produktion und der Arbeit sowie einer Aufwertung des ökonomischen Werts von Gesundheit begleitet.

---

6   So hat der Nobelpreisträger Gary S. Becker 2006 in der Berliner Akademie der Wissenschaften einen Vortrag zum Thema ‚Health as Human Capital' gehalten.
7   Seit 2007 wird, wie die Eingabe des Stichworts ‚Gesundheitswirtschaft' bei Google zeigte, der Wachstumsmarkt Gesundheitswirtschaft in der Bundesrepublik stark durch Gesundheitsökonomen und Unternehmensberater popularisiert und in dieser Form von den Bundesländern zunehmend als regionaler Standortfaktor aufgewertet. In jüngster Zeit haben sich verschiedene regionale Bündnisse zwischen Unternehmen, Kliniken, Instituten und Dienstleistungseinrichtungen formiert (vgl. z.B. Brancheninitiative Gesundheitswirtschaft e.V.); es wurde ein Online-Wirtschaftsmagazin zum ‚Zukunftsmarkt Gesundheit' (vgl. www.gesundheitswirtschaft.info) ins Leben gerufen; ferner sind an verschiedenen Fachhochschulen Studiengänge zur ‚Gesundheitswirtschaft' eingerichtet worden, Stand 15.07.07.

Aufgrund der Beobachtungen habe ich die Hypothese aufgestellt, dass zwischen den beschriebenen Phänomenen, also den diskursiv-symbolischen Bedeutungen von Gesundheit in gegenwärtigen Gesellschaften auf der einen Seite und dem strukturellen Wandel in der Produktion und der Umstrukturierung von Gesundheits- und Sozialpolitik auf der anderen Seite ein Zusammenhang besteht. Eine leitende Frage meiner Arbeit lautet also: In welcher Beziehung steht der kulturelle und soziale Wandel in den Vorstellungen von und Umgangsweisen mit Gesundheit seit den 1970er Jahren zu den veränderten Strukturen in Politik und Produktion?

Theoretische und analytische Anschlüsse

Um einen Analyserahmen zu entwickeln, der es ermöglicht, die Herstellung sozialer Bedeutungen in Verbindung mit strukturellen Phänomenen zu untersuchen, sind die theoretisch-analytischen Ansätze, die bislang unter Gesundheitssoziologie subsumiert werden,[8] nicht zielführend. Denn sie folgen einer strikten Arbeitsteilung: Ein Strang der Forschung befasst sich damit, subjektive Vorstellungen und Konstruktionen von Gesundheit zu untersuchen (vgl. Faltermaier et al. 1998; Kuhlmann/Kolip 1998; Faltermaier 1994). Unabhängig davon werden in einem anderen Strang strukturelle Bedingungen für Unterschiede im Gesundheitszustand der Bevölkerung erforscht, wie z.B. Geschlecht, nationale und soziale Herkunft oder Alter (vgl. z.B. Richter/Hurrelmann 2006; Hurrelmann/Kolip 2002; David et al. 1999).

Im Kontext der subjektorientierten Forschung werden diskursive Kontexte und Bezüge zwar als bedeutsam erwähnt, aber nur vereinzelt in Untersuchungen einbezogen.[9] Hinsichtlich der Frage, in welchem Verhältnis diese zu der Organisation von Arbeit und Produktion stehen, besteht in der Gesundheitssoziologie insgesamt eine Forschungslücke.[10]

---

8 Gerlinger (2006a: 35) schlägt vor, unter die Bezeichnung ‚Gesundheitssoziologie' alle Zugänge zu Gesundheit zu subsumieren, die sich damit befassen, wie AkteurInnen Gesundheit wahrnehmen und wie sie diesbezüglich handeln, oder die untersuchen, wie Institutionen und Strukturen die Gesundheit von Individuen beeinflussen. Er verwendet ‚Gesundheitssoziologie' folglich als Oberbegriff für kultursoziologische, gesundheitswissenschaftliche sowie medizinsoziologische Ansätze.

9 So weisen z.B. Faltermaier (1994: 13) und Frank et al. (1998: 57) auf die Relevanz einer solchen Perspektive hin. Thomas Schulz bezieht kulturelle und diskursive Kontexte in seine Analyse der Selbstkontextuierung von PatientInnen im Gesundheitssystem ein (2001: 14-31); vgl. auch die Beiträge in Gawatz (1993).

10 Die Kulturanthropologin Martin (2002, 1998, 1994) zieht aus ihrer Analyse der Konstruktion des Immunsystems in der amerikanischen Kultur

Das ist insofern überraschend, als mitunter explizit darauf hingewiesen wird, dass der kulturelle und soziale Wandel von Gesundheit es erfordert, interdisziplinäre Zugänge zu deren Erforschung zu entwickeln (Gerlinger 2006a: 35),[11] und dass der Wandel des Gesundheitsbewusstseins mit hoher Wahrscheinlichkeit zur gegenwärtigen Umstrukturierung der sozialen Sicherung und der Hegemonie neoliberaler Wirtschaftstheorien in Beziehung steht (Weingarten 2004: 60).

Der Ansatz des Postfordismus, genauer gesagt die regulationstheoretische Variante,[12] ermöglicht es, Ökonomie, Kultur, Diskurse und Politik makrotheoretisch in ihrem Zusammenhang zu betrachten. Die Regulationstheorie unterscheidet zwischen Fordismus und Postfordismus als distinkte Formen, die sie durch je spezifische strukturelle Gefüge aus ökonomischen, sozialen, politischen und diskursiven Elementen, Konflikten und politischen Regulierungsformen charakterisiert sieht.

Der Ansatz des Fordismus/Postfordismus wird über die im engeren Sinne politik- und staatswissenschaftlichen Forschungen hinausgehend in der Sozialstrukturanalyse rezipiert (vgl. Kohlmorgen 2004; Diettrich 1999). Für meine Arbeit ist von besonderem Interesse, dass die Regulationstheorie herangezogen wird, um einerseits im Anschluss an Foucault die Strukturierung von Leitbildern zu erklären (vgl. Opitz 2004) und andererseits die zentrale Bedeutung von Diskursen für die Regulierungsformen im Postfordismus herauszuarbeiten (vgl. Jessop 2005; Fromm 2004; Candeias 2004; Demirović 1992). Bob Jessop spricht diesbezüglich sogar von einem Cultural Turn in der ökonomischen Theorie. Die

---

zwar die Schlussfolgerung, dass ‚flexible Körper' und ‚flexible Spezialisierung' (die Bezeichnung für ein neues industrielles Paradigma, vgl. Amin 2000) miteinander korrespondieren und zwischen beiden damit ein Zusammenhang besteht, fragt aber nicht danach, wie dieser zu untersuchen wäre.

11 Diese Forderung wendet sich gegen die Trennung zwischen Gesundheitswissenschaften/Public Health und Medizinsoziologie in der Bundesrepublik, die zu einer starken Spaltung der institutionellen Kontexte von Forschung und Lehre geführt hat. Während die Gesundheitswissenschaften sich mit dem Erhalt und der Förderung von Gesundheit in Populationen befassen (für einen Überblick vgl. Waller 2002), untersucht die Medizinsoziologie strukturelle und soziale Funktionen von Gesundheit als Bestandteil des medizinischen Systems (vgl. hierzu schon Parsons 1968; s. auch Gerhardt 1991a).

12 Amin (2000: 12-16) bezeichnet die Regulationstheorie als *eine* von drei zentralen theoretischen Strömungen zur Erklärung des Postfordismus. Von ihr sind der Neo-Schumpeterianismus, der auf der Tradition der kondratieffschen Theorie der langen Wellen der Konjunktur aufbaut, sowie die Theorie der flexiblen Spezialisierung zu unterscheiden. Unter allen drei Perspektiven setzt flexible Spezialisierung auf dem ‚niedrigsten' analytischen Niveau an, da sie sich an industriellen Paradigmen orientiert.

Integration von Diskursen und diskursiven Praktiken in die Analyse ermögliche es, herkömmliche Essentialismen zu überwinden, z.b. in der Betrachtung ökonomischer und technischer Objekte (Maschinen, Land oder Natur). Umgekehrt würde die strukturtheoretische Perspektive soziale Konstruktionen und Diskurse, die in kulturalistisch ausgerichteten Studien als frei schwebend erschienen, materiell und strukturell situieren (Jessop 2005: 144ff.).

An diese Perspektiven schließe ich mit meiner Arbeit an. Die regulationstheoretischen Ansätze sollen für die Entwicklung eines analytischen Instrumentariums fruchtbar gemacht werden, das diskursiv-symbolische Dimensionen von Gesundheit in ihrer Beziehung zu politischen und ökonomischen Strukturen in den Blick nimmt. Hierfür erweist sich die regulationstheoretische Unterscheidung zwischen (1) den Strukturelementen kapitalistischer Produktionsweise und (2) den Regulierungsformen als weiterführend. Sie ermöglicht es, dass Gesundheit, Ökonomie[13] und Politik einerseits als relativ unabhängige, getrennte Elemente analysiert, andererseits aber in einem Gesamtbild betrachtet werden können.

Um das Gesamtbild zu verstehen *und* zu untersuchen, ist (3) das Konzept der Hegemonie unerlässlich. Ohne dieses Konzept würde das Verständnis des Fordismus und des Postfordismus als ‚Gefüge' unverständlich bleiben. Dabei impliziert das Hegemoniekonzept eine Art und Weise, wie die strukturellen Gefüge aus Ökonomie, Gesundheit und Politik zu denken sind: zugleich als kohärent und kontingent, als Ergebnis von Praxis und genau deshalb als umkämpfte Form.

In dem gleichzeitigen Denken von Praxis und Form, von Kontingenz und Kohärenz besteht die Produktivität des Konzepts der Hegemonie. Wie soll dies in der empirischen Analyse der diskursiv-symbolischen Dimension von Gesundheit umgesetzt werden? Das Konzept der Hegemonie wird zum einen verwendet, um die Beziehungen zwischen Politik, Ökonomie und Gesundheit als Gefüge zu untersuchen, das weniger als ‚stabiler Kitt' denn als störbare und prozesshafte Verkettung zu verstehen ist (vgl. hierzu auch Sablowski 1994). Der besondere analytische Vorteil besteht darin, dass heterogene Elemente von Gesundheit, wie z.B. ‚Biomedizin' und ‚ganzheitlich-psychosomatische Gesundheit', einbezogen und auf ihre Dominanz hin befragt werden können (Hall 2000: 58). So wird es möglich, soziale Konstruktionen von Gesundheit als ‚eigenständige Strukturelemente' zu untersuchen und sie nicht auf eine Widerspiegelung des politischen und ökonomischen Strukturwandels zu reduzieren. Um zu erfassen, ob Bedeutungen und der Stellenwert

---

13 Jessop (2005: 147) betont den Unterschied zwischen der Struktur der Wertschöpfung und Diskursen über Ökonomie.

von Gesundheit von der Art und Weise ihrer ‚strukturellen Situierung' beeinflusst sind,[14] muss die Analyse die historischen Veränderungen in Politik, Ökonomie und Gesundheit seit den 1970er Jahren einbeziehen. Zum anderen bildet das Konzept der Hegemonie die theoretische Grundlage dafür, in einem zweiten Schritt einen Aspekt des Gefüges aus Politik, Ökonomie und Gesundheit herauszugreifen und zu vertiefen: die Politik mit Diskursen um Gesundheit. Die Gründe für diese Akzentuierung sind zugleich praktisch wie theoretisch. So wird in der empirischen Analyse deutlich werden, dass und in welcher Hinsicht das gegenwärtige hegemoniale Verständnis von Gesundheit für politische Strategien der Umstrukturierung der Sozial- und Gesundheitspolitik anschlussfähig wird. Daraus habe ich die These abgeleitet, dass Diskurse um Gesundheit gegenwärtig ein Medium bilden, mit dem politische Strategien ausgearbeitet und legitimiert werden (Jessop 2005: 146). Das theoretische Anliegen bestand darin, die Umkämpftheit und Kontingenz als maßgeblichen Aspekt in die Analyse einzubeziehen. Zudem wollte ich empirisch überprüfen, ob und in welcher Hinsicht das hegemoniale Verständnis von Gesundheit gegenwärtig umkämpft ist.

Neben der Analyse von Gesundheit bildet deshalb die Beschäftigung mit dem Konzept der Hegemonie einen zweiten, eigenständigen Schwerpunkt der Arbeit. Dies ist dem Anliegen geschuldet, mich dem komplexen und widersprüchlichen Verständnis von Hegemonie als Bewegung zwischen Praxis und Struktur in der empirischen Analyse der diskursiven und kulturellen Dimensionen von Gesundheit anzunähern. Daher wird das Konzept der Hegemonie in der Auseinandersetzung mit den empirischen Ergebnissen der Analyse weiterentwickelt. Der Analyserahmen wird rekonzeptualisiert, indem der Praxisbegriff in den Mittelpunkt gestellt wird.

Hierfür werden Überlegungen des Regulationstheoretikers Bob Jessop und des Diskurstheoretikers Norman Fairclough aufgegriffen. Beide entwickeln im Anschluss an den hegemonietheoretischen Ansatz von Ernesto Laclau und Chantal Mouffe (2000) das Verständnis der Beziehungen zwischen Praxis und Struktur im Hinblick auf Kontingenz weiter, behalten jedoch die Trennung zwischen diskursiven und nichtdiskursiven Elementen bei. Das ermöglicht es für meine Analyse, Hegemonie *und* Diskurse über Gesundheit *empirisch* zu den strukturellen Bedingungen des Postfordismus in Beziehung zu setzen.

---

14 Der Begriff der Situierung geht über den der Kontextualisierung hinaus. Denn er zielt nicht auf eine Umgebung ab, die kulturelle Bedeutungen beeinflusst und umgekehrt, sondern auf die durch konkrete Verbindungen und Praktiken erzeugte und aufrechterhaltene Verbindung der diskursivsymbolischen Dimensionen von Gesundheit mit Sozialstruktur.

Dass ein Schwerpunkt der Arbeit auf Hegemonie gelegt wird, resultiert folglich nicht aus dem Impuls zur theoretischen Klärung des Konzepts, sondern aus dem Anliegen, seine methodische und analytische Reichweite für die empirische Analyse der Bedeutungen und des Stellenwerts von Gesundheit in Verbindung mit sozialen Strukturen zu erproben und zu klären.

Weil das Konzept von Gesundheit so auffallend vage ist, bedarf es einer inhaltlichen Eingrenzung. Für meine Analyse verknüpfe ich zwei Zugänge: den der Gesundheitskultur und den der Diskurse über Gesundheit. Damit ist keineswegs gesagt, dass es sich um *distinkte* Bereiche handelt (vgl. Engel 2002) – sondern, dass ich mich dem Untersuchungsgegenstand aus zwei unterschiedlichen Perspektiven annähere. Mit Gesundheitskultur werden symbolische Bedeutungen von Gesundheit erfasst. Unterschiedliche kulturtheoretische Ansätze werden herangezogen, um die sozialen Bedingungen und Bedeutungen von Gesundheit zu untersuchen. Ich frage also nach dem sozialen Stellenwert und dem ‚sozialen Sinn' von Gesundheit, wie er im Strukturwandel der Gesellschaft hervorgebracht und verändert wird.

Dass ich als weiteren Schwerpunkt der Untersuchung Diskurse wähle, erschließt sich aus der poststrukturalistisch-konstruktivistischen Perspektive auf Gesundheit. Diese leitet sich wesentlich aus den Analysen Foucaults ab, der sich seit den 1970er Jahren immer wieder mit Gesundheit und Biomedizin befasste (vgl. Foucault 2003a und b, 1993, 1976). Seine Analyseergebnisse fließen in meine Arbeit ein; dabei beziehe ich mich insbesondere auf Studien, die im Anschluss an Foucault Diskurse und Programmatiken über Gesundheit als Machttechnologien erforscht haben. So haben einige Untersuchungen herausgearbeitet, wie Public Health (Petersen/Lupton 1996), Gesundheitsförderung (Petersen 1997; Nettleton 1997; Bunton 1996), Wellness (Duttweiler 2005, 2003) oder Psychosomatik (vgl. Greco 1998) durch neoliberale programmatische Rationalitäten[15] strukturiert sind. Ich beziehe mich auf die Ergebnisse dieser Studien und folge ihnen mit dem Blick auf innere Logiken in Kultur und Diskursen. Auf dieser Basis werde ich in den Kapiteln 3 bis 5 einen hegemonietheoretischen Zugang zu Diskursen entwickeln, der foucaultsche Ansätze aufgreift und sie im Hinblick auf die Frage nach

---

15 Die Besonderheit dieser Perspektive besteht Bröckling et al. (2000: 20f.) zufolge darin, dass sie die Praktiken beleuchtet, mittels derer Wissen systematisiert sowie Bewertungs- und Wahrnehmungsschemata generiert werden, um die ‚Rationalisierung' von Führungstechniken freizulegen. Die Analyse von ‚Programmen' zeichnet die Gouvernementalitätsstudien aus, die sich im Anschluss an Foucault etabliert haben. Für die theoretischen Grundlagen vgl. Lemke (1997); Foucault (2006, 2000a und b).

Hegemonie weiterführt. In den Kapiteln 6 und 7 stehen schließlich Diskurse über Gesundheit im Mittelpunkt.

Diskurse über Gesundheit und die Kultur von Gesundheit werden in dieser Arbeit aufeinander bezogen; beide Zugänge zu Gesundheit dienen dazu, qualitative Ausprägungen und Dimensionen symbolisch-diskursiver Konstruktionen von Gesundheit und ihrer Beziehung zu Strukturen in Politik und Produktion zu erschließen.

Zeitliche, örtliche und thematische Begrenzungen

Zeitliche und thematische Beschränkungen ergeben sich aus der Fragestellung der Arbeit, die explizit nach dem sozialen und kulturellen Wandel von Gesundheit seit den 1970er Jahren fragt. Die Linien und Verästelungen, in denen weiter zurückliegende historische Traditionslinien kultureller Vorstellungen von Gesundheit (vgl. Engelhardt 2004; Schipperges 2003; Regin 1995) oder das historische Gefüge aus Staat, Medizin und Gesundheit (vgl. Labisch 1992; Göckenjan 1985) diskursivsymbolische Bedeutungen und institutionelle Regulierungen von Gesundheit beeinflussen, beziehe ich nicht systematisch in die Analyse ein.

Dasselbe trifft auf Entwicklungen zu, die Medizin im engeren Sinne betreffen: Medizintechnologische Entwicklungen (Reproduktions-, Nano- und Bio-Technologien), medizinisch-epidemiologisch definierte Risikokonstruktionen, z.b. in Bezug auf Genetik oder sexuelle Reproduktion (vgl. Schultz 2006; Lemke 2004; Lealle 1999), die Entwicklung von internationalen Märkten für Körperteile und Organe sowie Hirntoddefinitionen oder Patientenverfügungen (vgl. Graefe 2007a; Unschuld 2004) fließen nur dort ein, wo sie für Diskurse und kulturelle Praktiken im Umgang mit Gesundheit relevant sind.

Von zentraler Bedeutung ist die geopolitische Eingrenzung von Gesundheit: Ich beziehe mich vorrangig auf die Bundesrepublik Deutschland und nehme vereinzelt Bezug auf die Industrieländer Frankreich, USA und England. Das ist in der Perspektive der Arbeit begründet. Wenn es zutrifft, dass die Besonderheit der Diskurse und der Kultur von Gesundheit wesentlich von den spezifischen politischen Arrangements und wohlfahrtstaatlichen Traditionen, vom Gesundheitsniveau und dem Krankheitsspektrum sowie der Struktur der Produktion beeinflusst ist, dann ist davon auszugehen, dass sich die Ergebnisse der Analyse sich nicht ohne Weiteres über die Grenzen der westlichen Industrieländer hinaus verallgemeinern lassen.

Ziele und Aufbau des Buches

Das Buch ist wie folgt aufgebaut: In Kapitel 1 werden die Begrifflichkeiten und Instrumente für den ersten Teil der Analyse dargelegt und auf dieser Grundlage zunächst die Strukturelemente von Politik und Produktion analysiert. Die Ergebnisse dieses Analyseschritts dienen zugleich als Rahmen für die empirische Analyse. In Kapitel 2 wird der Wandel der Gesundheitskultur im Prozess der Transformation vom Fordismus zum Postfordismus untersucht und die Konturen des im Postfordismus hegemonialen Gesundheitsverständnisses bestimmt. Dieses bezeichne ich als *symbolische Gesundheit*. Ich werde herausstellen, dass Gesundheit unter den strukturellen Bedingungen des Postfordismus als Kapital wirksam wird.

In Kapitel 3 wird der Analyserahmen rekonzeptualisiert: Praxis wird als Analysefigur einer hegemonietheoretische Diskursanalyse ausgearbeitet. Dies erfolgt in mehreren Schritten. Zunächst wird im Anschluss an Überlegungen Jessops zu einer strategischen Perspektive auf Regulation und Hegemonie eine praxisorientierte Perspektive entwickelt. Auf dieser Grundlage präzisiere ich den Stellenwert von Diskursen als ‚Einsatz' in Hegemonie und Regulation. Sodann wird die Beziehung zwischen Hegemonie und Diskursen theoretisch entfaltet. Hierfür knüpfe ich an Überlegungen Faircloughs an, wie er sie im Rahmen der Critical Discourse Analysis (CDA) ausgeführt hat. Der Schwerpunkt liegt hier darauf, die komplexe Beziehung zwischen Hegemonie als Struktur und Praxis/Umkämpftheit im Hinblick auf Diskurse zu erfassen. Das schließt ein mehrdimensionales Verständnis von Politik ein, das einerseits politikwissenschaftliche Konzepte aufgreift und sie andererseits um poststrukturalistisch-konstruktivistische Theoreme zur politischen und hegemonialen Praxis erweitert. Auf dieser Grundlage wird sodann in Kapitel 4 eine Methodologie konzipiert, die ich als *Kritische Interdiskursanalyse* bezeichne und in Kapitel 5 ein Methodeninstrumentarium entwickelt, das darauf abzielt, Hegemonie auf der Ebene von Texten zu erfassen. Hierfür kombiniere ich Methoden der qualitativen Sozialforschung mit linguistischen Methoden. Sie werden unter dem Blickwinkel der Hegemonie (teilweise) modifiziert und in ein methodisches Vorgehen integriert, das durch die Prinzipien der Analyse angeleitet ist.

In Kapitel 6 der Arbeit werden der Untersuchungsbereich und der Untersuchungsgegenstand bestimmt. Ausgewählt werden politische Reden aus dem Jahre 2004, die im Kontext der ‚Initiative Neue Qualität der Arbeit' gehalten wurden. Dabei handelt es sich um eine 2001 angestoßene Initiative der Bundesregierung, die sich vorrangig auf das Politikfeld Arbeitsschutz bezieht. Die Auswahl ist darin begründet, dass erstens

Arbeitsschutz aus regulationstheoretischer Sicht bedeutsam ist, weil er auf die Regulierung der Beziehung zwischen Arbeit und Kapital abzielt. Zweitens fanden 2004 Auseinandersetzungen um die sozialstaatliche Regulierung des Arbeitsschutzes statt. Es war daher drittens zu vermuten, dass Diskurse um Gesundheit in politische Konflikte involviert sind. Weil Gewerkschaften und die Bundesregierung sich als oppositionelle AkteurInnen erwiesen haben, wurden Reden von Ursula Engelen-Kefer (damalige stellvertretende Vorsitzende des DGB), Wolfgang Clement (damaliger Minister für Wirtschaft und Arbeit) und Rezzo Schlauch (damaliger Staatssekretär) ausgewählt. Die Ergebnisse der Diskursanalyse werden unter der Leitfrage, wie Diskursen über Gesundheit politisch eingesetzt werden, dargelegt.

In Kapitel 7 werden die empirischen Ergebnisse aus den vorherigen Kapiteln aufgegriffen und um die Ergebnisse der Diskursanalyse erweitert. Der Schwerpunkt liegt auf der Regulierung von Arbeit: Es werden zunächst Übergänge zwischen *symbolischer Gesundheit* und der diskursiven Produktion von ‚Gesundheit als Humankapital' im Bezug auf Arbeit dargelegt. Sodann wird herausgestellt, auf welche Weise der politische Einsatz des Diskurses um Humankapital Einfluss auf Arbeitsbelastungen nimmt. Abschließend wird dargelegt, wo und auf welche Weise *symbolische Gesundheit* über die Ätiologie von arbeitsbedingten Erkrankungen diskursive Räume für Gesundheits- und Sozialpolitik justiert. Es wird gezeigt, dass *symbolische Gesundheit* mit einer ‚postfordistischen Leistungs- und Arbeitsmoral' verknüpft wird und sich ein Muster der Subversion herausgebildet hat, das genau diesen Zusammenhang unterläuft.

Wie bisher deutlich geworden ist, lasse ich neben der Analyse diskursiv-symbolischer Bedeutungen von Gesundheit auch arbeits- und gesundheitswissenschaftliche Ergebnisse einfließen. Um die Differenz zwischen beiden Ebenen herauszustellen, werde ich die diskursiv-symbolische Dimension von Gesundheit überall dort mit einer Kursivsetzung hervorheben, wo nicht unmittelbar aus dem Kontext ersichtlich wird, welche Dimension von Gesundheit gemeint ist.

Die Ziele der Arbeit lassen sich wie folgt zusammenfassen: Erstens soll der Wandel der diskursiv-symbolischen Bedeutungen von Gesundheit im Kontext des politischen und ökonomischen Strukturwandels seit den 1970er Jahren rekonstruiert werden. Zweitens soll Hegemonie, die hier unter dem Primat der Praxis konzeptualisiert wird, für die empirische Analyse von Diskursen fruchtbar gemacht werden. Damit soll drittens ein Beitrag dazu geleistet werden, Anschlüsse zwischen sozialstrukturellen und diskursanalytischen Ansätzen weiterzuentwickeln.

1 Einführung

In dem nun folgenden Kapitel wird das Instrumentarium für die Analyse der Kultur von Gesundheit in ihrer Beziehung zu Politik und Ökonomie im Wandel vom Fordismus zum Postfordismus entfaltet. Im Mittelpunkt stehen die intermediären Konzepte zur Analyse der Regulation und der Akkumulation sowie das Konzept der Hegemonie.

Regulation – Akkumulation – Hegemonie: Grundlagen der Analyse

Die Regulationstheorie wurde in den 1970er Jahren vor allem in Frankreich als Reaktion auf das Theoriedefizit der wirtschaftswissenschaftlichen Theorien und auf die damalige Wirtschaftskrise entwickelt. Sie grenzte sich in erster Linie von der bis dato dominanten Theorie und politischen Praxis des Keynesianismus sowie der neoklassischen Theorie der universalen Selbstregulation von Märkten ab. Der gemeinsame Ausgangspunkt regulationstheoretischer Ansätze liegt in einer kritischen Weiterführung orthodoxer und strukturalistischer marxistischer Ansätze im Hinblick auf Dynamik und Wandel kapitalistischer Formationen (Jessop 2001: 17).[1] Sie fassen wie diese die kapitalistische Produktions-

---

1 Für einen Überblick über die historischen Wurzeln und die verschiedenen theoretischen Stränge der Regulationstheorie vgl. Amin (2000). Für eine Rekonstruktion der theoretischen Grundlagen im Anschluss an Althusser, Marx und Gramsci vgl. Lipietz (1992) und Jessop (2001). Zur theoretischen Entwicklung aus dem althusserschen Strukturalismus und zu der Auseinandersetzung Agliettas, einem der frühesten Regulationstheoretiker, mit Foucault, Dumézil und Bourdieu vgl. Dosse (1999b: 351-365).

weise als strukturelle Form auf. Damit gehen sie von Warenproduktion auf der Grundlage von Lohnarbeit aus, d.h. erstens, soziale (Austausch-)Verhältnisse sind in erster Linie warenförmig[2] konfiguriert und dehnen sich auf die Arbeitskraft aus. Zweitens besteht eine strukturelle Trennung zwischen Produktionsmitteln und direkten ProduzentInnen (Arbeitenden), die ihre Arbeitskraft verkaufen müssen. Und schließlich ist drittens die kapitalistische Gesellschaft durch einen strukturellen Gegensatz zwischen Arbeit und Kapital bestimmt (vgl. Jessop 2001).

Die Regulationstheorie erweitert theoretisch die Zusammenhänge zwischen kapitalistischer Produktion und außerökonomischen Beziehungen. Das von Althusser geprägte Konzept der Reproduktion kapitalistischer Produktion wird in ein Konzept der Regulation transformiert, das Widersprüchlichkeit, Ungleichzeitigkeit und Heterogenität der Strukturelemente in den Blick zu nehmen erlaubt.

Mit dem regulationstheoretischen Zugang wird die Frage nach den strukturellen Bedingungen kapitalistischer Gesellschaftsformationen sowie den gesellschaftlichen Kräften in den Vordergrund gerückt, die Stabilität wie auch Veränderung dieser Formationen ermöglichen. Die Regulationstheorie weist folglich wie poststrukturalistisch-konstruktivistische Ansätze ein determinierendes Zentrum oder eine übergreifende soziale AkteurIn zurück und orientiert sich theoretisch und analytisch an Heterogenität und sozialem Wandel (Görg 1994a: 16; s. auch Dosse 1999b). Ferner gehen regulationstheoretische Ansätze über das Primat der ökonomischen Strukturen hinaus und ermöglichen es so, außerökonomische und -staatliche Bedingungen und Faktoren einzubeziehen, z.B. institutionelle AkteurInnen (Görg 1994a), soziale und kulturelle Beziehungen (Hall 2000: 81), Klassenformationen oder soziokulturelle Lebensstile und Leitbilder (Hirsch/Roth 1986; Hirsch 2002, 1996).

Die Regulationstheorie hat mit dem ‚Akkumulationsregime' und der ‚Regulationsweise' intermediäre analytische Konzepte geschaffen, um kapitalistische Produktionsverhältnisse zu untersuchen. Das Konzept des Akkumulationsregimes bezeichnet eine Form der kapitalistischen Produktion und der Verteilung von Mehrwert, ein industrielles Paradigma (Technologie, Arbeitsteilung, Organisation von Arbeit, Personalpolitik/ Entlohnung) und spezifische Konsumnormen (Fromm 2004: 43f.). Die

---

2 Warenförmigkeit bezeichnet die über einen konkreten produzierten Gegenstand (als Ergebnis von menschlicher Arbeit) hinausgehende spezifische gesellschaftliche Form, mit der über den Prozess der Bildung von (Mehr-)Wert die Austauschbeziehungen gestaltet werden. Kennzeichen ist also nicht in erster Linie, dass Dinge verkäuflich sind, sondern dass die gestifteten Verhältnisse als Werte wirksam werden.

1 EINFÜHRUNG

Gestalt(ung) als Regime ist zugleich Form wie Bedingung der jeweiligen kapitalistischen Akkumulation. Alain Lipietz definiert sie wie folgt:

„Das Akkumulationsregime ist ein Modus systematischer Verteilung und Reallokation des gesellschaftlichen Produktes, der über eine längere Periode hinweg ein bestimmtes Entsprechungsverhältnis zwischen den Veränderungen der Produktionsbedingungen (dem Volumen des eingesetzten Kapitals, der Distribution zwischen den Branchen und den Produktionsnormen) und den Veränderungen in den Bedingungen des Endverbrauches (Konsumnormen der Lohnabhängigen und anderer sozialer Klassen, Kollektivausgaben usw. ...) herstellt." (Lipietz 1985: 120)

Ein Akkumulationsregime ist keineswegs statisch, sondern von einer Vielzahl politischer und sozialer Konfliktachsen, Widersprüche und Instabilitäten, z.b. von Geschlechter- und Klassenverhältnissen, durchzogen. Akkumulation ist demnach auf die Regulierung durch außerökonomische Bedingungen ‚angewiesen'. Diese stellen sicher, dass die Konfliktlinien und Gegensätze so geformt werden, dass sie dem Akkumulationsregime zuträglich sind und gleichzeitig Gesellschaft zusammenhalten (Hirsch 1996: 50).[3]

Im Anschluss an Lipietz lässt sich die Regulationsweise als die Gesamtheit institutioneller Formen und Netze sowie Normen fassen, welche die Vereinbarkeit von Verhaltensweisen im Rahmen eines Akkumulationsregimes sichern (Lipietz 1985: 121). Die Konzepte des Akkumulationsregimes und der Regulationsweise stützen sich implizit oder explizit auf das Konzept von Hegemonie[4], wie es Antonio Gramsci in den 1920er Jahren entwickelt hat. Gramsci nahm mit seinem Konzept der Hegemonie über das herkömmliche politikwissenschaftliche Verständnis der Vorherrschaft hinausgehend Prozesse der Zivilgesellschaft in den Blick, welche bürgerliche Herrschaft sichern. Die damit verbundenen Formen von Herrschaft stützten sich seiner Beobachtung zufolge

---

3 Es handelt sich also um eine systematisch-theoretische, nicht um eine empirisch begründete Grundlegung der Beziehung zwischen Akkumulationsregime und Regulationsweise (Sablowski 1994: 13).

4 Einen historischen Überblick über die Verwendung des Begriffs und Konzepts der Hegemonie bietet Haug (2004); für eine detaillierte theoretische und politische Einordnung vgl. Kebir (1991). Bieling (2002: 463) unterscheidet folgende Rezeptionsstränge des gramscianischen Konzeptes: erstens die Cultural Studies, die sich vorrangig mit kulturellen Phänomenen befassen, zweitens Ideologie- und Intellektuellentheorie, drittens transnationalen historischen Materialismus und viertens staatstheoretische Ansätze.

wesentlich auf einen ‚freiwilligen'⁵ Konsens in Unterscheidung zu Gewalt und Repression.

Der Begriff der Zivilgesellschaft bezeichnet bei Gramsci die von Habermas als nicht-staatliche Öffentlichkeit bezeichneten Funktionen der bürgerlichen Gesellschaft (vgl. Demirović 1998; Kebir 1991: 53f.). Zu den maßgeblichen institutionellen zivilgesellschaftlichen AkteurInnen rechnet Joachim Hirsch Unternehmen und ihre Verbände, Gewerkschaften, Wissenschafts- und Bildungseinrichtungen, Think Tanks, Kirchen, Vereine, Medien, den gesamten politischen Apparat, Familie als Institution usf. (Hirsch 1996: 50). Gramsci versteht zivilgesellschaftliche AkteurInnen als Intellektuelle; sie sind jedoch nicht durch Tätigkeiten wie Kunst, Journalismus oder Philosophie definiert, sondern durch ihre Funktion, größere Kollektive, Lebens- und Verhaltensweisen zu organisieren (Gramsci 1991: 1, § 43, 98).

Zivilgesellschaft ist insgesamt als die Sphäre der Hegemonie bzw. Hegemonieapparate zu bezeichnen, die aufgrund ihres nicht-staatlichen Charakter als privat gelten (Demirović 1998: 97). Gramsci sieht Hegemonie als ein „praktisch-theoretisches Prinzip" (Gramsci 1991: 10 II, § 12, 1264), eine Form, wie ideelle und materielle ökonomische, politische, institutionelle und kulturelle Elemente in einer Gesellschaft artikuliert werden und genau darin umkämpft sind. Damit greift er die marxsche Aussage auf, dass Menschen sich des Konflikts zwischen der Entwicklung der Produktivkräfte und den Produktionsverhältnissen in „juristischen, politischen, religiösen, künstlerischen oder philosophischen, kurz ideologischen Formen" bewusst werden und ihn in diesen ausfechten (Marx/Engels 1985: 9).

Gramsci sieht wie Marx die Vielfältigkeit der hegemonialen Auseinandersetzungen, er verbindet sie aber anders als dieser mit einer ‚eigenständigen' Kontingenz und grenzt sie dadurch stärker gegen Modelle des Funktionalismus oder der Widerspiegelung ab. Hegemonie ist prinzipiell wandelbar, sie wird in hegemonialen Prozessen in der Zivilgesellschaft und deren struktureller Beziehung zu den Produktionsverhältnissen hervorgebracht; sie ist also an die Form der antagonistischen Auseinandersetzung gebunden. Im Gegensatz zu liberalen politischen Konzeptionen meint Zivilgesellschaft bei Gramsci folglich keine substantielle, empirische Ebene, die zwischen der ökonomischen Struktur und dem Staat angesiedelt ist. Sie bezeichnet vielmehr eine analytische Dimension all jener Bereiche der Gesellschaft, in denen und mit denen um politische und

---

5 Hegemonie ist von bewusstseinsphilosophischen Ansätzen zu unterscheiden. Weil sie nicht idealistisch zu verstehen ist, handelt es bei der ‚freiwilligen' Zustimmung nicht um einen kognitiven und (deshalb) voluntaristischen Prozess.

soziale Hegemonie gerungen wird. Die Grenze zwischen ‚öffentlich' und ‚privat' ist in diese Auseinandersetzungen involviert.[6] Hegemonie liegen somit ebenso „gesellschaftliche Antagonismen zugrunde, wie sie selbst ein unabschließbar Umkämpftes ist" (Haug 2004: 20). Weil der konkrete Verlauf von Widersprüchen, Krisen und Konflikten zwischen beteiligten antagonistischen sozialen Gruppierungen nicht festgelegt werden kann und selbst umkämpft ist, kann Herrschaft nicht festgelegt oder determiniert werden. Gerade, weil Hegemonie sich durch Umkämpftheit auszeichnet, bilden ‚Gegenmacht' und ‚Gegenöffentlichkeit' ihre integralen Bestandteile. Wolfgang Fritz Haug hat für diese subalternen Prozesse, die auf Hegemonie abzielen, den Begriff der „Gegenhegemonie" (ebd.) geprägt. Umgekehrt funktioniert Herrschaft niemals allein über Konsens, sondern ist mit Repression verknüpft; beide Elemente können in je unterschiedlicher Weise in den Vordergrund treten. Hegemonie bezeichnet in diesem Sinne ein Verhältnis zur (bürgerlichen) Herrschaft und zugleich ein „*Moment in* diesem Verhältnis" (ebd.).

Hegemonie zeichnet sich – im Unterschied zu repressiven Herrschaftsformen – dadurch aus, dass das Bürgertum sich mit seinen Interessen und seiner Lebensweise verallgemeinert, Zugeständnisse macht und Elemente der Lebensformen, Interessen und Bedürfnisse sowie Personen der beherrschten sozialen Klassen aufnimmt, ohne dass dadurch die Strukturen von Herrschaft verändert werden (Gramsci 1991: 10 II, § 48, 1341f.). Zentral am Konzept der Hegemonie ist also, dass Konsens nicht in einem Top-Down-Prozess durchgesetzt wird, sondern in einer kompromisshaften Aushandlung verschiedener Interessen hergestellt wird (Gramsci 1991: 13, § 18, 1567). Die Art und Weise, wie diese Kompromisse ausgestaltet sind, prägt das Bild von Gesellschaft und Staat – und wird in einem sich ständig verändernden Kräftegleichgewicht stets aufs Neue ausgehandelt. Die Beweglichkeit von hegemonialen Elementen wie Lebensweisen oder Leitbildern ist konstitutiv für Hegemonie, denn sie ermöglicht soziale Oszillationen, Allianzen und kleinräumige Veränderungen (Demirović 1992: 151).

Ordnungsvorstellungen, Interpretationen sozialer Verhältnisse und Weltsichten bilden wesentliche Bestandteile des sogenannten Alltagsverstands (vgl. Kebir 1991). Dieser macht aus Individuen Subjekte, indem er ihre Lebensweise verobjektiviert (Demirović 1998: 102). Dabei handelt es sich um einen widersprüchlichen Prozess, der sich auch in der

---

6 Die Erkenntnis, dass es sich bei der Trennung zwischen ‚privat' und ‚öffentlich' um ein Politikum handelt, ist insbesondere feministischen Theorien zu verdanken.

Ambiguität des Subjektbegriffs bei Foucault widerspiegelt. „Das Wort Subjekt hat einen zweifachen Sinn: vermittels Kontrolle und Abhängigkeit jemandem unterworfen sein und durch Bewußtsein und Selbsterkenntnis seiner eigenen Identität verhaftet sein." (Foucault 1994: 246) Das Subjekt bildet einen ‚Status', eine ‚Position', die ein Individuum zu sozialer Handlungsfähigkeit ermächtigt – und zugleich unterwirft. In einer Gesellschaft existieren verschiedene, partikulare Subjektformen, die sich partiell überschneiden und zu denen sich Individuen (je unterschiedlich) in Beziehung setzen. Jede dieser Formen wird durch soziokulturelle Elemente hervorgebracht, etwa durch Wissensanordnungen, soziokulturelle Symbole, institutionalisierte Praktiken oder Rituale (Althusser 1977: 137ff.; Sablowski 1994: 146). Auch Subjektivität ist keine anthropologische Gegebenheit. Identität, Erfahrungen, Gefühle, Haltungen und Wertungen, die als unverwechselbare und authentische Merkmale der Persönlichkeit gelten, erweisen sich aus poststrukturalistisch-konstruktivistischer Perspektive als sozial produziert (vgl. Foucault 1983).

Im gramscianischen Subjektverständnis sind Handlungsfähigkeit und die aktive Gestaltung der sozialen Welt grundlegend (Gramsci 1991: 10 II § 48, 1341).[7] Die Handlungsfähigkeit des Subjekts ist jedoch nicht in Autonomie begründet, sondern entsteht in der Situierung in sozialen Kräfteverhältnissen, zu denen auch Anrufungen als Subjekt gehören. Davon sind ‚Subjektformen' oder ‚Subjektmodelle' zu unterscheiden. Damit sind Wissensanordnungen bezeichnet, die „programmatische Subjektivitäten" (vgl. Pühl/Schultz 2001) und damit eine strategische Richtung oder den Fluchtpunkt der Formung von Subjekten angeben. Mit ‚Subjektorientierung' ist demgegenüber bezeichnet, dass das Subjekt in Wissensanordnungen und sozialen Praktiken den Ansatzpunkt politischer oder sozialer Gestaltung bildet. Subjektorientierungen können Bestandteil von Hegemonie werden – oder auch nicht.

Hegemoniale Prozesse bleiben ‚in letzter Instanz' an die Struktur kapitalistischer Produktionsverhältnisse zurückgebunden; die ökonomische und soziale Funktion der „führenden Gruppe im entscheidenden Bereich der ökonomischen Aktivität" wird nicht grundsätzlich verändert (Gramsci 1991: 13, § 18, 1567). Dennoch müssen die AkteurInnen in

---

7 Gramsci hat, konstruktivistische Zugänge zum Subjekt nahezu vorwegnehmend, die *Wirkung* von Hegemonie im Hinblick auf die aktive Selbstgestaltung von Individuen in Auseinandersetzung mit „massenhaften, objektiven oder materiellen Elementen" (Gramsci 1991: 10 II § 48, 1341) konstatiert. Damit wird das Subjekt dezentriert und die Grundlage dafür geschaffen, nach Prozessen seiner Konstitution zu fragen (vgl. Sablowski 1994; Demirović 1992).

1 Einführung

Abhängigkeit von Kräftekonstellationen ihre strukturellen Interessen partiell überwinden.

„Die Tatsache der Hegemonie setzt zweifellos voraus, dass den Interessen und Tendenzen der Gruppierungen, über welche Hegemonie ausgeübt werden soll, Rechnung getragen wird, dass sich ein gewisses Gleichgewicht des Kompromisses herausbildet, dass also die führende Gruppe Opfer korporativ-ökonomischer Art bringt" (ebd.).

Die Verbindung hegemonialer Prozesse mit ökonomischen Strukturen ist ein Konstitutionsmerkmal von Hegemonie – insofern findet die Kontingenz der Beziehungen zwischen Hegemonie und kapitalistischer Produktion ihre Grenze wie ihre Bedingung im Moment ihrer Artikulation (Borg 2001: 69). Das beinhaltet, dass hegemoniale Elemente ein wesentliches Moment in der Akkumulation bilden, insofern diese auf freiwilligkonsensuale Elemente verwiesen ist, wie sie z.B. im Arbeitsvertrag enthalten sind (Demirović 1992: 133).

Sowohl die Regulationsweise als auch das Akkumulationsregime basieren folglich auf hegemonialen Prozessen. Hirsch konstatiert, dass Regulation darauf beruht, dass die verschiedenen und vielfältigen Orientierungen von Menschen so artikuliert und geformt werden, dass „daraus eine allgemein prägende und das gesellschaftlich-politische Bewusstsein bestimmende Vorstellung von der Welt, ihrer richtigen Ordnung und der wünschbaren Entwicklung von der Welt entsteht" (Hirsch 2002: 66).

Die spezifische Form einer Regulationsweise ist an die Institutionalisierung von Diskursen sowie politischen und sozialen Handlungen gekoppelt, etwa in Gestalt von staatlicher Politik, Lebensstilen und/oder Leitbildern, Subjektprägungen, Philosophien, Weltbildern oder Ordnungsvorstellungen (vgl. z.B. Hirsch 2002; Naumann 2000; Hirsch/Roth 1986). Dies ist Ergebnis widersprüchlicher, polyzentrischer sozialer und damit hegemonialer Prozesse, in denen einzelne Elemente strukturell dominant und andere untergeordnet werden (Hall 2000: 58).

Akkumulationsregimes und Regulationsweisen nehmen jeweils unterschiedliche, historisch und sozial spezifische Formen an, die von zeitlich begrenzter Dauer sind. Das ist in der krisenhaften Dynamik begründet, die der kapitalistischen Akkumulation inhärent ist und die einen notwendigen Bestandteil von Restrukturierungsprozessen bildet. Auch innerhalb einer Regulationsweise sind verschiedene Ausprägungen institutioneller Regulierungen wie auch kleinere Krisen denkbar. Ferner können Regulationsweise und Akkumulationsregime in einem Verhältnis der Ungleichzeitigkeit zueinander stehen. In diesem Fall kann per Definition nicht von einem stabil-kohärenten Akkumulationsregime gesprochen werden. Große Krisen, die für eine Periodisierung kapitalistischer Akkumulation relevant sind, werden durch strukturelle Krisen der Akkumulation, d.h. der Mehrwertproduktion, ausgelöst und sind davon begleitet, dass institutionelle Formen der Kanalisierung der verschiedenen Interessen und Konfliktlinien an Funktionsfähigkeit verlieren. Eine kapitalistische Gesellschaftsformation wird dann brüchig, wenn die bestehende Gesellschaftsordnung an Legitimation verloren hat (Hirsch 2002: 65; 1996: 49). Auf welche Weise in die Krise geratene Akkumulationsregimes und Regulationsweisen (re-)strukturiert werden, kann hingegen nicht prognostiziert, sondern muss analysiert werden. Denn das ist nicht zuletzt abhängig von den sozialen Konfliktlinien, durch die und mit denen die Restrukturierung vollzogen wird (Hirsch/Roth 1986: 42).

Bei den Begriffen ‚Fordismus' bzw. ‚Postfordismus' handelt es sich also nicht um abgeschlossene Entwürfe, sondern um strukturelle Merkmale zur Charakterisierung jeweils spezifischer historischer Gesellschaftsformationen. Dies stützt sich auf die von Althusser begründete analytische Unterscheidung zwischen Produktionsweise und Gesellschaftsformation.[8] Thomas Sablowski zufolge dient sie als ‚Vorsichtsregulativ' gegen deterministische und reduktionistische Verkürzungen. Eine Gesellschaftsformation umfasst damit konkrete, historisch spezifische Artikulationen[9] verschiedener Produktionsweisen oder sozialer Verhältnisse (Sablowski 1994: 141; Diettrich 1999: 20). Die Analyse einer strukturbildenden Produktionsweise stützt sich auf ein Konzept von Poulantzas, nach dem Produktionsweisen ein relatives Gewicht einnehmen, das sich aus der Gestalt(ung) der strukturellen Totalität einer Produktionsweise als determinierend für und dominierend über weitere Pro-

---

8   Es handelt sich bei den Konzepten der Produktionsweise und der Gesellschaftsformation um abstrakte Kategorien. Eine Produktionsweise in Reinform ist empirisch nicht existent, vielmehr kann davon ausgegangen werden, dass sich in Kombination verschiedener Produktionsweisen deren spezifische Gestalt zu einer ‚Gesellschaftsformation' ausbildet. Analytisch erlaubt das Konzept der Produktionsweise es, heuristisch eine historisch spezifische strukturelle Funktionsweise herauszupräparieren. Für die Reformulierung des Konzepts der Produktionsweise bei Althusser vgl. Lipietz (1992).
9   Der Begriff der Artikulation ist eng verbunden mit Althusser und der Schule des strukturalistischen Marxismus. Er bezeichnet allgemein die Verbindung und Wirksamkeit zwischen verschiedenen Ebenen, die nicht identisch, sondern auf verschiedene, zu analysierende Weise verbunden sind – in diesem Gefüge wird gleichwohl eine strukturelle Dominanz wirksam (Hall 1994: 112, 115). Dagegen betont der durch Laclau und Mouffe ausgearbeitete Begriff der Artikulation, dass die Verknüpfung disparater Elemente temporär, wandelbar und beweglich ist (Hall 2000: 64; Laclau/Mouffe 2000).

duktionsweisen bestimmen lässt (Kohlmorgen 2004: 20f.).[10] Die Charakterisierung als Fordismus und Postfordismus beruht demzufolge auf einer theoretischen und analytischen „Konstruktion, bei der es darum geht, für bestimmend gehaltene Struktureigenschaften und Tendenzen pointierend herauszuarbeiten und von daher Rückschlüsse auf dominante Konfliktfelder und soziale Akteure zu ziehen" (Hirsch/Roth 1986: 45). Die strukturellen Konstruktionen erfassen daher trotz nationaler und internationaler Unterschiede im Kern die Strukturen, die die jeweiligen Phasen der kapitalistischen Produktion prägen.

Akkumulation und Regulation im Wandel vom Fordismus zum Postfordismus

Im Folgenden werden die Strukturmerkmale des Akkumulationsregimes und der Regulationsweise im Wandel vom Fordismus zum Postfordismus dargelegt. Grundlage bilden industrie- und arbeitssoziologische sowie politikwissenschaftliche Untersuchungen, Studien der neoliberalen Gouvernementalität, Sozialstruktur- und Lebensstilanalysen und auf das im Rahmen des Postoperaismus[11] entwickelte Konzept der immateriellen Arbeit, die einer Sekundäranalyse unterzogen wurden.

Die Form des Fordismus und ihrer Erosion: Massenproduktion und keynesianischer Wohlfahrtsstaat

Fordistische Massenproduktion

Der Begriff des Fordismus geht zurück auf die Produktionsform und die Arbeitsorganisation, die der Unternehmer Henry Ford in den 1920er und 1930er Jahren in seinen Fabriken einführte.[12] Ihre Grundlage bestand in

---

10 Poulantzas unterscheidet verschiedene Instanzen (ökonomisch, politisch, ideologisch). Darin bestimmt eine Determinante, wie sich die anderen Instanzen entwickeln, entfalten und wie sie gesellschaftlich wirken. Es bildet sich eine Dominante heraus, die für die Gestaltung der Artikulation ausschlaggebend ist (Kohlmorgen 2004: 20).
11 Mit Postoperaismus ist eine theoretische und politische Richtung bezeichnet, die im Kontext der sozialen Bewegungen der 1970er Jahre in Italien entstand. Sie entwickelte den Ansatz des *operaismo* weiter, eine oppositionelle Strömung des italienischen Marxismus der 1960er Jahre, um die tiefgreifenden Veränderungen der kapitalistischen Produktionsweise und insbesondere den zentralen Stellenwert von Kommunikation und Wissen zu erfassen (Pieper et al. 2007a: 15, FN 1).
12 Für die erste Analyse des Fordismus vgl. Gramsci (1991ff.: 9, 22, § 11). Gramsci analysiert die Veränderungen der Arbeitsweise, des Lebensstils,

einem auf Massenproduktion gestützten intensiven Akkumulationsregime.[13] Beim Fordismus handelt sich um eine generalisierte Produktionsform, eine „Matrix" (Liepitz), welche sich zwischen den 1930er und 1950er Jahren zu formieren begann und bis Anfang der 1970er Jahre die Schlüsselindustrien der Produktion charakterisierte. Die Grundlage des Fordismus bildete eine spezifische Form der Arbeitsorganisation, welche in Anlehnung an die Studien Frederick W. Taylors (1856-1915) als Taylorismus bezeichnet wird. Ihre Kernelemente bestanden darin, dass der Arbeitsprozess minutiös und wissenschaftlich organisiert war, Arbeitsteilung stark differenziert wurde, das Management aufgewertet und die Produktionsarbeit zugleich dequalifiziert wurde. Die eingesetzte Technologie war für eine hohe Spezialisierung, eine teilweise oder vollständige Automatisierung und einfache Bedienung ausgerüstet. Auf diese Weise wurde es möglich, große Stückzahlen mit niedrigen Kosten zu produzieren (Womack et al. 1992: 40). Mit der Durchsetzung des Taylorismus vollzog sich innerhalb der IndustriearbeiterInnenschaft eine Spaltung zwischen einer wachsenden Anzahl ungelernter Arbeitskräfte und einer kleineren Zahl hochqualifizierter ArbeiterInnen (Hirsch 1996: 77).

Das hatte eine rigide, zergliederte und hierarchische Arbeitsteilung und eine hohe Arbeitsintensität zur Folge (Hirsch/Roth 1986: 50), die zur Ausschöpfung von Produktivitätsreserven und damit einhergehend zu einem relativ stabilen, beständigen Wirtschaftswachstum führten. Produktivität und Lohnsteigerungen waren gekoppelt und bildeten die Grundlage für einen gewissen Anstieg des Wohlstandsniveaus sowie die Entwicklung des Massenkonsums, d.h. des kollektiven Konsums staatlich bereitgestellter Güter und standardisierter industriell gefertigter Konsumgüter, wie Kühlschränke oder Autos. Lohnsteigerungen führten zu einer steigenden Binnennachfrage, wodurch die Ausweitung des Kapital- und des Konsumgütersektors sich wechselseitig verstärkten (Jessop 1986: 13; vgl. auch Hirsch/Roth 1986: 57ff.).

---

der Sozialisationsmuster und des Sozialcharakters, die mit Veränderungen in der kapitalistischen Produktion einhergingen.

13 Idealtypisch werden mit extensiver Akkumulation Prozesse bezeichnet, die sich durch die Ausweitung des Produktionsprozesses, z.B. durch die Durchkapitalisierung von Branchen, Märkten und Regionen oder die Intensivierung von Arbeit bei gleich bleibenden Produktionstechniken auszeichnen. Mit intensiver Akkumulation ist gemeint, dass die Produktion selbst im Prozess der Akkumulation intensiviert wird, z.B. durch Erhöhung der Arbeitsproduktivität oder Technologieentwicklung. Damit einhergehend steigt das Reproduktionsniveau der Arbeitenden. Es existiert also eine starke Entsprechung von Konsumnormen und Produktionsnormen (Kohlmorgen 2004: 23).

Wohlfahrtstaat und Konsum

Keynesianischer Wohlfahrtsstaat

Mit der Formierung des Fordismus wurde die gesellschaftlich-ökonomische Weise der Regulation umgestaltet: Unter dem Druck des Weltmarktes nahm die staatliche Interventionspolitik im Hinblick auf Soziales und Ökonomie erheblich zu. Zum einen beinhaltete das Verflechtungen zwischen Staat, Industrie- und Finanzkapital sowie die keynesianische Steuerung und Regulierung von Kapital(re-)produktionsprozessen mit den Mitteln von „Sozial-, Wachstums-, Forschungs-, Industrie- und Konjunkturpolitik, Unterstützungszahlungen und Subventionen sowie [...] Geld- und Fiskalpolitik" (Hirsch 1996: 78). Die Ausbildung wohlfahrtsstaatlicher Strukturen erhielt die Funktion, soziale Sicherung und Massenkonsum eng aufeinander zu beziehen. Individuen wurden durch die staatlichen Angebote zur Bildung und Ausbildung qualifizierter Arbeitskräfte verstärkt in den kapitalistischen Produktions- und Verwertungskreislauf integriert; damit wurde der Massenkonsum unterstützt und stabilisiert.

Die für die Entstehung des fordistischen Wohlfahrtsstaates charakteristischen, sich wechselseitig beeinflussenden Prozesse der „Durchkapitalisierung" und der „Durchstaatlichung" (Hirsch/Roth 1986: 58) übernahmen darüber hinaus die Funktion, soziale Sicherung bei Arbeitslosigkeit und Krankheit bereitzustellen. Der Wohlfahrtsstaat sicherte damit nicht nur die gesellschaftlichen Voraussetzungen der kapitalistischen Produktion (Arbeitskräfte, Ressourcen, Infrastruktur), sondern auch die Reproduktion im Falle eines Herausfallens aus dem Erwerbssystem (Hirsch 1996: 113).

Eine Reihe von Gesetzen institutionalisierte diesen Modus der sozialen Sicherung. Dazu gehörten das Gesetz zur Verbesserung der wirtschaftlichen Sicherung der Arbeiter im Krankheitsfalle vom 26. Juni 1957, das Bundessozialhilfegesetz vom 30. Juni 1961, das Kündigungsschutzgesetz vom 25. August 1969 oder das Betriebsverfassungsgesetz vom 18. Januar 1972 (Butterwegge 2005: 68ff.).[14]

Grundlage und Fluchtpunkt für den Ausbau der staatlichen Sozialversicherungen und Sicherungssysteme (Rentenversicherung, gesetzliche Krankenversicherung, Pflegeversicherung, Arbeitslosenversicherung, Sozialhilfe) war das fordistische Normalarbeitsverhältnis (NAV). Es diente als normative Grundlage für soziale Sicherung wie auch als

---

14 Das Bundessozialhilfegesetz ist für die Form sozialstaatlicher Sicherung im keynesianischen Wohlfahrtsstaat zentral, da es elementare Lebensbedürfnisse und soziale Teilhabe bei unzureichendem oder fehlendem Erwerbseinkommen sicherte (Butterwegge 2005: 68).

Berechnungsgrundlage für beitragsbezogene Versicherungen und, mit Ausnahme der Krankenversicherung und der Sozialhilfe, für die zu beziehenden Leistungen (Bischoff 1999: 76).[15]

Die Formierung des keynesianischen Wohlfahrtsstaates setzte in der Bundesrepublik Deutschland nach dem Zweiten Weltkrieg unter dem Einfluss der Nachkriegsordnung[16] ein. Dieser Prozess verlief keineswegs gradlinig, sondern in Vermittlung mit zahlreichen Konflikten und Auseinandersetzungen der Bundesregierung mit Gewerkschaften, UnternehmerInnen- und Wohlfahrtsverbänden sowie anderen Institutionen. Maßgeblich für die erfolgreiche Strukturierung des keynesianischen Wohlfahrtsstaates waren Kooperation und Kompromissbildung zwischen Gewerkschaften, Staat und Unternehmen, die sich über die Etablierung korporativer Verbände formierten und auf dem gewachsenen ökonomischen und politischen Einfluss von Lohnabhängigen basierten (Hirsch/Roth 1986: 71f.).

Die strukturelle Form der staatlichen Organisation und der damit verbundenen Institutionen führte zu einer institutionellen und sozialkulturellen Standardisierung und Normierung sowie zur Bürokratisierung, die vielfach kritisiert wurden. Diese kritische Sichtweise entstand auch als Reaktion auf die Ausweitung staatlicher Interventionen auf immer weitere Bereiche (ebd.: 75) und die damit verknüpfte soziale Wahrnehmung des Staates als mächtigem sozialem Akteur (Kohlmorgen 2004: 125). Dementsprechend rückte die Kritik am Wohlfahrtsstaat mit dessen Konsolidierung in den 1970er Jahren stärker in den Fokus der Öffentlichkeit. Spätestens seit dem Kanzlerwechsel 1974 wurden kritische Stimmen zunehmend lauter; sie kamen aus wirtschaftsliberaler, neokonservativer, linker und sozialdemokratischer Richtung.

Darunter gewann der Neoliberalismus den größten Einfluss. Neoliberale Theorien und Denkweisen wurden seit Mitte der 1950er Jahre durch Think Tanks wie z.B. die FEE (Foundation of Economic Education) aktiv verbreitet. Ihre Ideen und Ansätze wurden zunehmend von Medien, Wissenschaften und Politik aufgegriffen. So gewannen Forschungsprojekte und Think Tanks im Umfeld der Mont Pèlerin Society in den 1970er Jahren verstärkten Einfluss auf die Politik (Walpen 2004:

---

15 Das Normalarbeitsverhältnis bezieht sich auf den männlichen Arbeiter und impliziert daher eine strukturelle Benachteiligung von Frauen, vermittelt in den mit geschlechtlicher Arbeitsteilung verbundenen Verhältnissen in der Kindererziehung, in der Hausarbeit und der Verteilung der Teilzeitarbeit.
16 Vgl. hierzu ausführlicher Kohlmorgen (2004: 121ff.) sowie Schui/Blankenburg (2002: 21-23).

184ff.), der sich in der Wahl Thatchers in Großbritannien 1979 und Reagans in den USA 1980 ausdrückte.

Die Gemeinsamkeit neoliberaler Ansätze besteht darin, dass sie eine kritische Haltung zu jeglicher Form einer kollektivierenden staatlichen Regulierung einnahmen und einnehmen. Bis heute steht der keynesianische Wohlfahrtsstaat im Fokus neoliberaler Kritik. Ein zentrales Argument besteht darin, dass er die Freiheit und Eigenverantwortung der (Wirtschafts-)BürgerInnen beschneide und die Orientierung an Gerechtigkeit zu ungleichen Ausgangsbedingungen an den Märkten führe (Butterwegge 2005: 56ff.). Dass sich von den 1970er Jahren bis heute parallel zu politischen Restrukturierungen ein Wandel in den Gerechtigkeitsvorstellungen vollzogen hat – nicht mehr Verteilungs-, sondern Chancengerechtigkeit im Zugang zu Bildung, Ausbildung und Arbeit ist erklärtes politisches Ziel –, unterstreicht, dass der neoliberalen Problematisierung des Wohlfahrtsstaates eine strategisch-reflexive Funktion für staatliche Politik zukommt (Walpen 2004: 64ff.; s. auch Foucault 2006).

Massenkonsum, Individualisierung und Kritik

Massenkonsum spielte im Fordismus eine herausragende Rolle. Er begann strukturell die anwachsende Freizeit, der auf die Durchsetzung von Arbeitszeitverkürzungen zurückzuführen war, zu dominieren. Konsum gewann an Attraktivität, weil er den Individuen die Kompensation der Zumutungen des Arbeitslebens versprach (Hirsch/Roth 1986: 58ff.). Joachim Hirsch und Roland Roth sehen diese Prozesse höchst kritisch: Die fordistische Kultur habe sich durch eine immer stärker werdende Abhängigkeit von Konsumprodukten und eine damit einhergehende Durchkapitalisierung, Kommerzialisierung und Standardisierung sozialer Beziehungen ausgezeichnet (ebd.: 60).

Dagegen ist einzuwenden, dass staatliche Regulierung und verallgemeinerter Konsum gleichzeitig, vermittelt über räumliche und soziale Mobilität, Urbanisierung und staatliche Sicherung, Prozesse der Individualisierung auslösten (vgl. Beck 1994, 1986; Beck/Beck-Gernsheim 1994). In Folge eröffneten sich für breitere gesellschaftliche Gruppen zuvor verschlossene Spielräume für die Gestaltung von Biographien, Lebensweisen und Bildungsverläufen.

Damit einhergehend erodierten die tradierten Grenzen der kollektiven Zugehörigkeit und der Zuordnung zu sozialen Klassen, insbesondere auch kollektive politische Verhaltensmuster wie z.B. politisches Wahlverhalten. Allerdings ist – unter Berücksichtigung dessen, dass sich Lebensstile durch Massenkonsum pluralisiert haben – aus der tendenziellen Nivellierung kollektiver Klassenzugehörigkeit nicht zu folgern, dass die relationale soziale Strukturierung nach Klassen an Bedeutung verloren hätte (so z.b. Schulze 1992; Hradil 1987). Vielmehr haben empirische Untersuchungen gezeigt, dass pluralisierten Lebensstilen strukturelle Stratifizierung zugrunde liegt (vgl. Vester 1998; Bourdieu 1997 [1979]; Barlösius 1995).

Die Prozesse der Individualisierung und Pluralisierung von Lebensstilen bildeten den Boden für die neuen sozialen Bewegungen, vor allem für die Gesundheits-, Frauen-, Friedens- und Ökologiebewegungen der 1960er/1970er Jahre. Diese kritisierten die Zumutungen einer Gesellschaft, die auf Massenkonsum, hierarchische und standardisierende Strukturen sowie die Ausbeutung von Natur und Menschen ausgerichtet war (vgl. Roth 1987). Die neuen sozialen Bewegungen setzten sich auf historisch neue Weise von wissenschaftlichen und politischen großen Erzählungen und dem Streben nach der Position einer politischen Großakteurin wie der Arbeiterbewegung ab. Sie integrierten vielmehr vielfältige Einmischungs- und Gestaltungspraktiken in ihr Spektrum politischen Handelns. Dazu gehörten anti-repressive Selbstentwürfe, Reformen von Schulen, Kinderbetreuung oder Wissenschaft sowie alternative Lebensformen (ebd.: 496, 499, 502).

Ihre Kritik an der Naturzerstörung, der Ressourcenverschwendung oder dem Geschlechterverhältnis als strukturellem Herrschaftsverhältnis trug im Verbund mit der ökonomischen Krise und der zunehmenden Erosion des Sozialstaats zu der allmählichen Durchsetzung der Auffassung bei, dass die fordistische Gesellschaft keine Zukunft habe (Hirsch 1996: 88). Vor diesem Hintergrund ist die vielfach konstatierte Krise des Sozialstaates als ökonomische wie auch als politische Krise der Regulationsweise einzuordnen, die in Reformen staatlicher, bürokratischer Regulierungen ihren Ausdruck fand und findet (vgl. Hirsch/Roth 1986).

Je nach Analyse wird die Krise der fordistischen Gesellschaftsformation auf Mitte der 1960er bzw. Mitte der 1970er Jahre datiert. Einen Auslöser bildete ein starker Rückgang der Profitrate (Hirsch 1996: 78ff.; Bischoff 1999: 46; Jessop 1986: 14), der international wesentlich auf den Zusammenbruch des Bretton-Woods-Systems und der damit einhergehenden Auflösung der politischen Regulierung des Weltmarktes (Hirsch 1996: 85) und national auf den sinkenden Zuwachs der Arbeitsproduktivität zurückgeführt wird. Jessop (1986: 13) sieht einen weiteren Grund darin, dass starre Produktionstechnologien und damit verbundene Erträge den notwendigen Flexibilisierungsprozessen entgegenstanden. Schließlich bestand ein weiteres Krisenelement darin, dass nationalstaatliche Politik nicht-ökonomische und nicht-staatliche Bereiche wie z.b. Umwelt nicht ausreichend berücksichtigte (Hirsch/Roth 1986: 99).[17] Auch das staatliche Sicherungssystem geriet im Zuge dessen in die Krise, woraus ein Druck auf die Profitrate resultierte. Wesentliche Faktoren dabei waren der Ausbau sozialstaatlicher Transferleistungen und die Kollektivierung des Konsums. Ferner konnte der Versuch der keynesianischen Steuerung der Konjunktur und vermehrter staatlicher Subventionen unter Bedingungen der Verschlechterung der Kapitalverwertung in der Produktion nicht (mehr) greifen. Die anvisierte Stabilisierung politischer und ökonomischer Kräfteverhältnisse schlug angesichts des technischen Fortschritts, der krisenhaften Veränderung der internationalen Arbeitsteilung und des Strukturwandels fehl (vgl. ausführlicher Fromm 2004: 154-160). Mit der eingeleiteten Revision staatlicher Politik entstand ein Bruch des Zusammenhangs zwischen Massenkonsum, Sozialstaat und Akkumulation (Hirsch 1996: 82ff.).

Kennzeichen des Postfordismus: Flexibilisierung, Spaltung und Ökonomisierung

Ungeachtet dessen, ob sich in Folge der Krise des Fordismus bereits eine stabilisierte, kohärente Gesellschaftsformation des Postfordismus konsolidiert hat, lassen sich post-, d.h. nachfordistische[18] Strukturelemente der Akkumulation und der Regulationsweise analysieren (so z.b. Candeias 2004; Kohlmorgen 2004; Fromm 2004; Hirsch 2002).[19]

---

17 Hirsch sieht einen weiteren wesentlichen Grund der Krise in der Ausschöpfung der Produktivitätsreserven (Hirsch 1996: 84); darüber hinaus wird thematisiert, dass ‚der fordistische Massenarbeiter' zunehmend begonnen habe, sich – wenn auch in passiver, d.h. indirekter Weise – gegen die Zumutungen der Monotonie, der Entfremdung und der Arbeitsintensivierung zur Wehr zu setzen (Hirsch/Roth 1986: 79ff.; kritisch: Bischoff 1999).
18 Der Begriff Postfordismus ist unscharf, weil er paradigmatisch an den Fordismus geknüpft bleibt. Das ist Ausdruck des analytischen Dilemmas, dass bisher nicht eindeutig geklärt wurde, ob eine stabilisierte Restrukturierung des Akkumulationsregimes stattgefunden hat oder nicht. In der Forschung ist es demzufolge umstritten, ob sich eine ‚neue', postfordistische Gesellschaftsformation herausgebildet hat (vgl. hierzu Deppe 2001; Dörre 2001; Hirsch 2001a; Bischoff 1999).
19 Die Frage, ob sich ein postfordistisches Akkumulationsregime als ‚finanzbetriebenes' konsolidiert hat, wie es Aglietta (2000) vertritt, oder ob es sich dabei um ein Krisenmoment der fordistischen Akkumulation handelt, wurde dagegen zurückgestellt. Angesichts der gegenwärtigen Weltwirtschaftskrise steht es noch aus, dieses in die Analyse zu integrieren.

Flexibilität und innere Landnahme von Subjektivität

Flexibilisierungen der Produktion

Das postfordistische Akkumulationsregime beinhaltet die Durchsetzung einer Verwertungsstrategie, die auf die Auflösung des den Fordismus auszeichnenden Zusammenhangs zwischen Massenproduktion und -konsum, normierter Lohnarbeit und sozialstaatlicher Sicherung ausgerichtet ist (Hirsch 2001a: 177). Ziel ist eine umfassende Restrukturierung, die auf Flexibilisierungen durch neue Produktionstechnologien, Arbeitsorganisationen und Beschäftigungsformen sowie auf die Erschließung neuer Anlagemöglichkeiten abzielt.

Mit der Flexibilisierung von „Mensch und Maschine" (Hirsch/Roth 1986: 106) sollte eine langfristige und strukturelle Steigerung der Profitrate erzielt werden. Befördert durch die Einführung von Informations- und Kommunikationstechnologien wie z.b. Mikroelektronik, Computertechnologie und Internet wurden die tayloristischen Produktionstechniken und Formen der Arbeitsorganisation grundlegend restrukturiert.

Ein wesentliches Medium in diesen Prozessen bildete der „Toyotismus" (Hardt/Negri), der sich idealtypisch auf das Modell der Lean Production bzw. des Lean Management stützte. Dieser war erstmals in der japanischen Automobilindustrie eingeführt worden und hatte dort seit den 1970er Jahren zu einer anhaltenden Produktivitätssteigerung geführt. Er stützte sich auf eine historisch neuartige Form der Optimierung von Management und Menschen.

Die Lean Production unterschied sich von der fordistischen Massenproduktion idealtypisch durch den Einsatz flexibel umzurüstender Maschinen, damit einhergehende Produktvielfalt und die Verkürzung der Lagerzeiten durch ein ‚Just-in-Time'-System in der Zulieferung und Produktion (Womack et al. 1992: 19f., 69). Dadurch wurde eine zunehmende Spezialisierung und Segmentierung der Produktion befördert. Es entstanden Produktionsnetzwerke, die sich in ein Hauptunternehmen und eine Vielzahl von selbstständigen Betrieben, in welche das Hauptunternehmen bestimmte Produktionsbereiche auslagerte (‚Outsourcing'), untergliederten. Diese zuarbeitenden Betriebe übernahmen die Fertigung von Einzelteilen, Forschung und Entwicklung oder Dienstleistungen (z.B. Call Center, Kundendienste, Kantinen). Diese Organisationsstruktur beförderte die flexible und kurzfristige Einstellung der Massenproduktion auf die Nachfrage des Marktes.

Befördert durch den Zusammenbruch des politischen und sozialen Systems in der Sowjetunion Anfang der 1990er Jahre wurden Prozesse der Inter- und Transnationalisierung befördert. Sie werden durch die politische und ökonomische Liberalisierung der Waren-, Kapital- und Finanzmärkte und durch die strukturelle Verbreitung neuer Kommunikationstechnologien vorangetrieben und beschleunigen ihrerseits die Flexibilisierung der Produktion.[20] Transnationalisierung ermöglicht den Unternehmen die flexible Verwertung von sozialen, ökonomischen und politischen Bedingungen (vgl. Hirsch 1996). Umschlagpunkt dieser Entwicklungen ist die quantitative Verbreitung und der wachsende strukturelle Einfluss transnationaler Konzerne, wie z.B. der von General Motors oder der Siemens AG, die als ‚global players' über einen sich sukzessiv erweiternden trans- und multinationalen Handlungsspielraum verfügen. Flexibilisierungsprozesse basieren also auf der Verzahnung der netzwerkartigen, dezentrierten, aber lokal integrierten Organisation der Produktion mit dem Ziel der maximalen Ausnutzung von Arbeitsteilung und Kompetenzen der Arbeitenden sowie der räumlichen Dezentralisierung, die mit Prozessen der „territorialen Desintegration" einhergehen (Fromm 2004: 198).

Diese Prozesse verändern die Strukturen nationaler und internationaler ökonomischer Räume. An die Stelle der großen Standorte von Industrien, wie sie den Fordismus auszeichneten, treten Agglomerationen von kleinen, mittleren und großen Unternehmen, die innerhalb eines Territoriums netzwerkartig als „industrielle Distrikte" (Fromm 2004: 199[21]) organisiert sind. Diese neuen Standorte der Produktion gewinnen dadurch für Regionen und Nationalstaaten an Bedeutung.

Die für den Postfordismus charakteristische flexible Akkumulation ist konstitutiv mit Regionalisierung verknüpft, weil zwar Waren und Finanzen auf internationalen Märkten produziert und vertrieben bzw. gehandelt werden, jedoch Arbeitskräfte, Dienstleistungen, Infrastruktur und soziokulturelle Bedingungen (Energieversorgung, Wohn- und Lebensbedingungen, Qualifikation der Arbeitskräfte) den Prozessen der Globalisierung weitgehend entzogen sind.[22] Globale Unternehmen bedürfen deshalb regionaler soziokultureller ‚Standortbedingungen': Nationalstaaten und einzelne Regionen treten tendenziell in einen Wettbe-

---

20 Damit ist gesagt, dass Globalisierung eine lange historische Tradition hat. Joachim Bischoff (1997: 32) weist zu Recht darauf hin, dass Globalisierung „zunächst den recht einfachen Sachverhalt [bezeichnet], dass die Kontinente und Nationen in ein immer engeres Netzwerk von Produktion, Handel, Information und Kommunikation eingebunden sind".
21 Fromm zitiert hier Mario Candeias' Bericht „Arbeitsgesellschaft im Neoliberalismus – Zur Transformation des Verhältnisses von Kapital und Arbeit. Studie für die Gesellschaft für sozialwissenschaftliche Forschung mbH im Auftrag der Rosa Luxemburg Stiftung", Berlin 2000.
22 Unter dem Paradigma der ‚Autonomie der Migration' werden dagegen die wechselseitigen Beziehungen zwischen Kapital und Migration in den Vordergrund gerückt (vgl. exemplarisch Boutang 2007).

werb um Produktionsstandorte. Hierdurch werden ökonomische und soziale Ungleichheiten auf nationaler wie internationaler Ebene verschärft (vgl. Hirsch 2002, 2001a, 1996).

Multiple Dimensionen innerer Landnahme

Prozesse der inneren Landnahme der psychisch-emotionalen Dimensionen menschlicher Arbeitskraft gehören zu den zentralen Merkmalen der postfordistischen Wertschöpfung. Mit ‚innerer Landnahme' ist der für den Postfordismus typische Prozess der warenförmigen Inwertsetzung von Arbeitsprodukten und Naturressourcen bezeichnet, der sich auf Subjektivität und zwischenmenschliche Kontakte erstreckt (Hirsch 2001a: 178f.; s. auch Dörre 2001). Dies steht im Kontext der Prozesse der Inwertsetzung des menschlichen Lebens, der Affekte, des Wissens und der Natur, die den Übergang von einer formellen zu einer reellen Subsumtion des menschlichen Lebens unter das Kapitalverhältnis markieren.[23]

Für die Frage des Wandels von Gesundheit im Zuge der Formierung des Postfordismus ist der Einsatz von psychisch-emotionalen Dimensionen menschlicher Fähigkeiten und Eigenschaften in kapitalistischer Produktion von besonderer Bedeutung. Einerseits erfordert die verstärkte geistige und psychische Beanspruchung in postfordistischen Arbeitsverhältnissen veränderte Reproduktions- und Regulierungsformen (vgl. exemplarisch Oppolzer 2006). Andererseits bildet Subjektivität einen zentralen Ansatzpunkt postfordistischer Wertschöpfung. Der Wandel von Gesundheit bildet sich daher im Spannungsfeld von Veränderungen im Verhältnis zwischen Produktion und Reproduktion heraus und wird zugleich darin wirksam.

Mittels verschiedener theoretischer Ansätze und empirischer Studien werden strukturelle Aspekte der Inwertsetzung von Subjektivität in postfordistischer Akkumulation herausgestellt. Das industriesoziologische Konzept der Subjektivierung von Arbeit erfasst die Einspeisung von subjektiven Merkmalen und Eigenschaften in Arbeitsprozesse (vgl. Kleemann et al. 2002; Voß/Pongratz 1998); das Konzept der affektiven Arbeit (vgl. Hardt 2004; Hardt/Negri 2003) beleuchtet die ökonomische Produktivität von Gefühlen und Leidenschaften und schließlich reflektieren industriesoziologische Arbeiten zwischenmenschliche Kontakte am Arbeitsplatz in ihrer wertschöpfenden Dimension (Dörre 2005a und b).

---

23 Für die Analyse dieser Prozesse als biopolitischer Form der Produktion vgl. Pieper et al. (2007b); Graefe (2007a); Hardt/Negri (2003).

Subjektivierung von Arbeit

Empirisch zu beobachtende Prozesse der Entgrenzung und der Flexibilisierung von Arbeit werden seit Ende der 1990er Jahre mit dem industrie- und arbeitssoziologischen Modell der ‚Subjektivierung von Arbeit' bzw. mit dem des ‚Arbeitskraftunternehmers' beschrieben (vgl. exemplarisch Kleemann et al. 2002; Voß 2001; Voß/Pongratz 1998). Das ‚Toyota-Modell' stellt historisch betrachtet einen Vorläufer dar (vgl. Womack et al. 1992), da mit ihm neue Mechanismen zur Steigerung der Arbeitsproduktivität erprobt wurden. So wurden flache Hierarchien eingeführt, die darauf abzielten, die Identifikation der ArbeiterInnen mit ‚ihrem' Unternehmen zu intensivieren und ihre Leistung durch Gruppendruck zu steigern. Außerdem wurde die Verantwortung für die Organisation von Arbeitsabläufen auf ArbeitnehmerInnen übertragen. Diese Maßnahmen dienten der Höherqualifizierung und der Erweiterung der Handlungs- und Dispositionsspielräume der Arbeitenden. Sie hatten zum Ziel, Arbeitsprodukte und -organisation durch vorausschauendes Denken der Arbeitenden zu verbessern (ebd.: 58ff., 103ff.; Eichmann 2004: 83).

Das Prinzip der ‚Nutzung von Selbstaktivierung' ist für postfordistische Akkumulation zentral. Es wurde Mitte der 1980er Jahre durch Managementansätze zur flexiblen Steuerung von Arbeitsprozessen, z.b. durch Zielvereinbarungen, erweitert. Die Flexibilisierung der Beschäftigungsformen wie z.b. Befristung, Zeit- oder Leiharbeit ermöglicht darüber hinausgehend die flexible Zerstückelung und Zusammensetzung von Arbeitsmengen, -umfang und -vorgängen (vgl. Voß/Pongratz 1998).

Die Maßnahmen der Restrukturierung der Arbeitsorganisation zielen darauf ab, zuvor blockierte und begrenzte Selbstorganisationspotenziale der Arbeitenden zu erschließen. Subjektivierte Arbeit ist dadurch charakterisiert, dass Betriebe die Aufgabe der Transformation des latenten Arbeitsvermögens in Arbeitsleistung an die Arbeitenden delegieren (vgl. z.B. Kleemann et al. 2002; Voß/Pongratz 1998).

Die postfordistische Kapitalverwertung setzt daran an, dass Arbeitskräfte selbst aktiv ihr Leistungsvermögen nutzen und entwickeln, um es in Arbeitsleistung umzusetzen (Voß 2001: 6). Auch die für Kapitalakkumulation erforderliche Intensivierung der Produktivität wird von Individuen übernommen, indem sie selbst strukturell tiefgehende Schichten menschlicher Fähigkeiten und Merkmale wie z.B. Einfühlungsvermögen, Neugier, Phantasie, oder Begeisterungsfähigkeit in den Produktionsprozess einspeisen (ebd.: 8ff., 15). Günther Voß und Hans Pongratz sehen diese Veränderungen als Verschiebung zu einer „individuellen Produktionsökonomie des eigenen produktiven Handelns und seiner

Voraussetzungen"; diese wird zu einer manifesten Anforderung und im Betrieb systematisch genutzt (Voß/Pongratz 1998: 142).

Es gibt empirische Belege dafür, dass subjektivierte Arbeit auch im Bereich der industriellen Produktion oder im einfachen Dienstleistungsbereich zu finden ist (vgl. hierzu z.B. Gerst 2004; Dörre 2001). Dieser Umstand ist aber mit tayloristischen Elementen der Arbeitsorganisation vermischt, die zum Teil seit Mitte der 1990er Jahre wieder eingeführt wurden (Dörre 2001: 88). Der Arbeitskraftunternehmer bezeichnet also eine neue Form eines „Warentypus" (Voß/Weiß), der nicht die Bandbreite postfordistischer Arbeitsverhältnisse oder ihre strukturelle Segmentierung erfasst (vgl. Dörre 2005a; Eichmann 2004) und daher nicht mit empirisch vorfindbaren Arbeitsverhältnissen oder arbeitenden Individuen zu verwechseln ist.

Er zeichnet sich dadurch aus, dass das Individuum seine Subjektivität, Merkmale, Eigenschaften und Fähigkeiten gemäß einer individuellen Marktökonomie wahrnimmt und behandelt. Damit verbunden erfolgt eine neue Bewertung des Humankapitals als Produktionspotenzial; das Selbstverhältnis der Arbeitenden wird zunehmend durch eine wertorientierte ökonomische Haltung geprägt, die sich an externen abstrakten Markterfordernissen orientiert (Voß/Pongratz 1998: 143).

Ingo Matuschek et al. (2004) und Stephan Voswinkel (2002) betonen, dass es sich bei Vermarktlichung nicht um ein herrschaftsförmig von oben nach unten aufoktroyiertes Strukturmerkmal von Arbeit handelt. Vielmehr handele es sich um einen vielfach positiv erlebten, reziproken, häufig paradoxen Prozess, in den zudem mehrere soziale und ökonomische AkteurInnen praktisch involviert seien. So würden ArbeitgeberInnen häufig von ArbeitnehmerInnen im Sinne einer „appellativen Subjektivierung" erwarten, dass sie Selbstverwirklichung qua Arbeit anstrebten.[24] Umgekehrt arbeiteten ArbeitnehmerInnen an einer gelungenen Selbstvermarktung sowie sozialer Anerkennung und externalisierten damit partiell den Maßstab zur Bewertung, der sich zudem nicht nur auf Leistungen, sondern auch auf eigene Fähigkeiten, Erfolge und Eigenschaften erstrecke (Voswinkel 2002: 79ff.).[25]

Dass psychisch-emotionale Dimensionen von Kooperationen und Interaktionen einen wesentlichen Ansatzpunkt postfordistischer Akkumulation bilden, stellen Michael Hardt und Antonio Negri mit ihrem

---

24 Voß (2001) weist darauf hin, dass die Anforderungen an die subjektive Passung von Individuen und ihre Identifikation mit ‚ihrem' Unternehmen daher in der Tendenz umfassend sind.
25 Insbesondere in zeitlich und arbeitsorganisatorisch entgrenzten Arbeitsverhältnissen, wie z.B. in hoch qualifizierten Wissensberufen, geht damit eine starke Tendenz zur Selbstausbeutung einher.

Konzept der immateriellen, speziell der affektiven Arbeit heraus. Immaterielle Arbeit bezeichnet in ihrem Ansatz das hegemoniale Paradigma einer „informationellen Ökonomie" (Hardt/Negri 2003: 300). Das Paradigma bezeichnet eine historische Zäsur in der Produktion und den Arbeitsverhältnissen, in denen lebendiges Wissen und Affekte im Sinne eines „kognitiven Kapitalismus" (Negri) produziert, angeeignet und verteilt werden (vgl. exemplarisch Pieper et al. 2007a; Atzert/Müller 2004).

Inwertsetzung der affektiven Dimension von Arbeit

Der Übergang zur postfordistischen Produktionsweise geht damit einher, dass industrielle Arbeit für kapitalistische Wertschöpfung an Bedeutung verliert. Mit der Einführung der Informations- und Kommunikationstechnologien, der Veränderung der Arbeitsorganisation und dem Zuwachs des Dienstleistungssektors werden Wissen, Affekte, Informationen und Kommunikation (Hardt/Negri 2003: 302; Lazzarato 1998a: 41, 43ff.) zur strukturierenden Form der hergestellten Güter wie auch der zur Wertschöpfung eingesetzten Produktionsmittel. Sie sind ‚immateriell', weil sie nicht-stofflich sind und keinen dauerhaften Bestand haben. Die Form der immateriellen Arbeit strukturiert (auch) den Sektor der industriellen Produktion und markiert seine gegenwärtig untergeordnete Rolle: „Die neue Handlungsanweisung für Manager lautet: ‚Behandelt die Fertigung als eine Dienstleistung'" (Hardt/Negri 2003: 297).

Es ist evident, dass im Fordismus Interaktionen ökonomisch unproduktiv waren. Denn er basierte auf einem „relativ stummen Verhältnis zwischen Produktion und Konsumtion" (Hardt 2004: 179). Weil die Nachfrage konstant war, war es nicht erforderlich, Marktprozesse in den Prozess der Produktion einzubeziehen. Im Postfordismus ist dagegen die Kommunikation zwischen beiden Sektoren konstitutiv. Der reflexive Bezug auf die Bewegungen des Marktes ist Bedingung einer ‚Just-in-time'-Produktion, die über netzwerkartige Organisationen funktioniert (ebd.: 180). Hardt und Negri argumentieren, dass sich insbesondere im tertiären Sektor, also der Dienstleistung, die strukturell neue Form immaterieller Arbeit entfaltet. Sie zeichnet hoch qualifizierte Symbolarbeit (IT-Branche, Wissenschaft, Medien, Finanzwesen) wie auch alle Dienstleistungen aus, die z.B. in den Bereichen der Erziehung oder der Gesundheitsversorgung affektive Arbeiten einschließen. Ihre Gemeinsamkeit besteht darin, dass sie „unmittelbar soziale Interaktion und Kooperation [beinhalten]." (Hardt/Negri 2003: 305)

Affektive Arbeit, die Produktion und Manipulation von Affekten (ebd.: 44; s. auch Giesenbauer/Glaser 2006: 73) ist ein Bestandteil immaterieller Arbeit. Das Konzept bezieht die in feministischen Studien erforschte fürsorglich-reproduktive Arbeit ein: die Wertschöpfung durch ‚Gefühlsarbeit'.[26] Die Besonderheit affektiver Arbeit besteht darin, dass schwer greifbare unbestimmte Gefühle „des Behagens, des Wohlergehens, der Befriedigung oder der Leidenschaft, auch der Sinn für Verbundenheit oder Gemeinschaft" (Hardt 2004: 183) produziert werden. So werden in Dienstleistungen der Gesundheitsversorgung etwa unter Einsatz von Mitgefühl oder Motivation Gefühle bei KlientInnen oder PatientInnen stimuliert, wie z.B. Zuneigung oder Zufriedenheit. Empirische Untersuchungen kommen zu dem Ergebnis, dass affektive Arbeit als „Gefühlsarbeit" (Hochschild) die Subjektivität(en) der Arbeitenden zu einer ökonomischen Ressource werden lässt, insofern die emotional-körperliche Verfügbarkeit der Person selbst zum Teil der Dienstleistung wird (vgl. Böhle/Glaser 2006; s. auch Schultz 2002: 701).[27]

Die ökonomisch produzierten Gefühle bilden gleichzeitig ein Surplus etwa der Arbeit am Körper wie auch ihr wertschöpfendes Potenzial. Expression, Manipulation und Produktion von Gefühlen sind an normativen Standards oder antizipierten Wünschen von KundInnen orientiert. Affektiv-kommunikative Beziehungen zu KonsumentInnen werden zum immanenten Bestandteil der Wertschöpfung, weil sie die zirkuläre Beziehung zwischen Produktion und Konsumtion stiften und aufrechterhalten. Maurizio Lazzarato ist der Auffassung, dass diese Beziehungen die sozialen und kulturellen Milieus produzieren, die das Umfeld der Güter zum Verkauf schaffen und erhalten (Lazzarato 1998a: 48; Lazzarato 1998b: 63).

Immaterielle Produkte wie Affekte und Symbole werden ökonomisch produktiv, indem sie durch KundInnen rezipiert und als bedeutsam angesehen werden. Dadurch wird ihre ökonomische Produktivität angestoßen und die Rezeption wird selbst zu einem kreativen und ökonomisch produktiven Akt, zum Bestandteil des Produkts. Der dadurch produzierte und produzierende Wert ist zugleich symbolisch wie ökonomisch (Lazzarato 1998b: 62). Diese Form der symbolisch-ökonomischen Mehrwertproduktion gewinnt gegenwärtig auch im Gesundheits-

---

26 Für einen Vergleich zwischen dem Konzept affektiver Arbeit und der in feministischen Studien untersuchten Gefühlsarbeit vgl. exemplarisch Schultz (2002).

27 Diese Form der Arbeit ist keineswegs neu, sondern als Strukturmerkmal von ‚Frauenarbeit' aus der geschlechtlichen Arbeitsteilung entstanden. Fraglich bleibt hingegen, ob die Trennung zwischen Reproduktion und Produktion durch immaterielle Arbeit erodiert, gleichsam unter der Hand verstärkt wird oder ob die Besonderheit in der Gleichzeitigkeit von Verstärkung und Erosion besteht. Vgl. hierzu Pieper (2007); Eichhorn (2004); Schultz (2002).

wesen an Bedeutung. Björn Giesenhauer und Jürgen Glaser (2006: 67) weisen darauf hin, dass die Reformen des Gesundheitswesens dazu geführt haben, dass durch Personalabbau eine Rationalisierung der Pflegearbeit erfolgt und gleichzeitig die affektive Dimension der Arbeit im Zuge einer verstärkten Kundenorientierung wichtiger wird. Dies lässt vermuten, dass subjektive ‚Gefühlswünsche' von KundInnen an Bedeutung für die Unternehmen gewinnen.[28]

Affektive Arbeit stellt das kapitalbildende Moment der Gefühle heraus: Interaktionen und Gemeinschaftlichkeit werden dadurch ambivalent. Sie sind zugleich subjektiv und sozial bereichernd wie auch durch Konkurrenz und Wettbewerb strukturiert (vgl. Krömmelbein 2004).

Prekarität und Konkurrenz als Flexibilitätsarbitrage
Mit der Flexibilisierung der Produktion einhergehend wird Prekarität – hier verstanden als ökonomische Unsicherheit in Verbindung mit dem Verlust der für den Fordismus typischen gesetzlichen, planerischen und institutionellen Sicherheiten – zu einem strukturellen Moment in gegenwärtigen Beschäftigungsverhältnissen.[29] Klaus Dörre (2005a: 185) sieht Prekarisierung zum einen als Folge der Kommodifizierung der menschlichen Arbeitskraft und zum anderen als Strukturelement der Produktion, das den Exploitationsgrad menschlicher Arbeitskraft erhöht.

Unter Bedingungen postfordistischer, flexibler Akkumulation werden anfallende Produktionsspitzen und -schwankungen sowie saisonbedingte personelle Engpässe, die durch knappe Personalkalkulation entstehen, statt mit Neueinstellungen zunehmend mit Mehrarbeit oder/und flexiblen, prekär beschäftigten Arbeitskräften abgefedert. Auch in Bezug auf die Kernbelegschaft werden Löhne, Arbeitszeiten und Arbeitsbedingungen zu einer Restgröße des Humankapitals, die an flexible Märkte anzupassen ist.[30] Auf diese Weise wird eine Flexibilisierungsarbitrage

---

28 Die Auswirkungen sind ambivalent: PatientInnen erhalten dadurch mehr Selbstbestimmung – andererseits erhalten gesellschaftlich verbreitete Formen sexualisiert-rassistischer Verhaltensweisen gegenüber dem Personal mehr Raum. Hier wäre eine Analyse weiterführend, welche die Widersprüchlichkeit vergeschlechtlichter, heteronormativer und ethnisierender Arbeitsverhältnisse zu der Wert schöpfenden affektiven Produktion in Beziehung setzt. Vgl. hierzu Boudry/Kuster/Lorenz (1999).
29 Ich knüpfe damit an die von Rodgers (1989) und Dörre (2005a) definierten Kriterien prekarisierter Arbeit an. Pieper (2007: 231f.) stellt den Aspekt heraus, dass Prekarität mit vielfältigen und wandelbaren Lebensweisen und Subjektformen einhergeht.
30 Mit Keller und Seifert (2006) lässt sich dieser Aspekt mit dem Begriff der ‚internen Flexibilisierung' spezifizieren, welcher mit den Instrumenten der Arbeitszeitflexibilisierung oder der leistungsbezogenen Entgelte hergestellt wird.

erwirtschaftet, die kurzfristige Profitsteigerungen ermöglicht (Dörre 2005b: 20, 29). Infolgedessen kommt es im Zuge von Flexibilisierungen zu einer Verdichtung und Intensivierung von Arbeit sowohl für Kernbelegschaften als auch für prekär Beschäftigte. Denn Arbeit wird zeitlich, räumlich und inhaltlich zerstückelt und je unterschiedlich zusammengesetzt.

Konkurrenz wird ökonomisch produktiv, indem subjektive und institutionelle Elemente miteinander verknüpft werden. Dörre hat in einer empirischen Studie über Leiharbeit aufgezeigt, dass prekäre Beschäftigungsformen durch das subjektive Erleben von Konkurrenzverhältnissen disziplinierend wirken: zum einen bei prekär Beschäftigten selbst, da sie eine Integration in ein Normalarbeitsverhältnis anstrebten, zum anderen bei Festangestellten, die sich durch die Anwesenheit prekär Beschäftigter vielfach verunsichert und prinzipiell ersetzbar fühlten. Insofern bildet die von Dörre im Anschluss an Wilhelm Heitmeyer diskutierte Aufwertung diverser Zwangs- und Disziplinierungsmechanismen (Dörre 2005b: 41f.) die Kehrseite einer wachsenden subjektiven und institutionellen Konkurrenz zwischen ArbeitnehmerInnen. Daraus ist abzuleiten, dass Konkurrenz und Prekarisierung in einer relationalen, sich wechselseitig restrukturierenden Beziehung zueinander stehen, die in Betrieben wie auch der Gesamtgesellschaft institutionalisiert ist.[31] Dadurch steigern sie die Arbeitsproduktivität.

So kann die Produktivität affektiver Arbeit durch Konkurrenz gesteigert werden. Es setzt ein Wettbewerb um symbolisch-emotional und ökonomisch erfolgreiche Beziehungen zu KundInnen ein. Umgekehrt wird Konkurrenz unter Bedingungen subjektivierter Arbeit intensiviert, indem persönliche Fähigkeiten und Eigenschaften in der Bewertung von Arbeit in den Vordergrund rücken und dadurch Status, Ansehen und Image zu Elementen von Konkurrenz und Selbstbehauptung werden (Krömmelbein 2004: 198ff.; Voswinkel 2001: 314ff.). Anerkennung und Beliebtheit werden – am stärksten im Kontext affektiver Arbeit – zu einem Kapital, das das Vermarktungspotenzial der Arbeitskraft erhöht (vgl. Rosa 2006).

Postfordistische Akkumulation zeichnet sich daher durch die Verknüpfung von ökonomischem und subjektiv-symbolischem Mehrwert aus. Interaktion und Gemeinschaftlichkeit werden ökonomisch produk-

---

31 Dörre (2005b: 202) verweist darauf, dass für das Gros der Bevölkerung ein unbefristeter bzw. ein längerfristiger Arbeitsvertrag mit akzeptablem Einkommen subjektiv mehr und mehr als Privileg erscheint. Vgl. ähnlich auch Fuchs/Conrads (2003: 83f.).

tiv: Beziehungen werden als emotional-ökonomisierte symbolische ‚Energie'[32] wirksam.

Die Spaltung der Gesellschaft und ihre Regulierung

Nationaler Wettbewerbsstaat und die Ökonomisierung der Arbeitsmarkt- und Gesundheitspolitik

Im Zuge von Internationalisierungsprozessen ist partiell von einer Entnationalisierung und einem Souveränitätsverlust von Nationalstaaten auszugehen. Der Nationalstaat hat seine Bedeutung und Funktion verändert, ist aber nicht durchgängig bedeutungslos geworden.

Hirsch sieht Nationalstaaten nicht nur als lokale Territorien, in/auf denen sich Wettbewerb zwischen multinationalen Konzernen ereignet, sondern selbst als Akteure im Wettbewerb. Ihm zufolge haben sie ein Interesse daran, dass möglichst viele multinationale Konzerne ihren Hauptfirmensitz oder Produktionsstätten auf ihrem Territorium ansiedeln. Daher ziele staatliche Regulierung darauf ab, durch Interventionen, Gesetze und Maßnahmen die Bedingungen für Investitionen als Angebote an die Unternehmen bereitzustellen (Hirsch 1996: 104-107; Jessop 1997). Diesen Funktionswandel bezeichnet Hirsch (1996) treffend mit dem Begriff des „nationalen Wettbewerbsstaates".

Eine Aufgabe von Nationalstaaten besteht darin, „einem global immer flexibler agierenden Kapital in Konkurrenz mit anderen Staaten günstige Verwertungsvoraussetzungen zu schaffen" (Hirsch 2002: 110). Dabei müssen sie die Interessen transnationaler Unternehmen berücksichtigen. Ihnen kommt zudem die Aufgabe zu, ‚als Partner' multinationaler Konzern die innerstaatlichen und -gesellschaftlichen Konfliktlinien und Spaltungsprozesse so zu kanalisieren, dass sie mit dem Akkumulationsregime vereinbar sind (ebd.: 118f.).

Bob Jessop sieht die Transformation der Sozialpolitik von einem keynesianischen Wohlfahrtsstaat in einen Workfare-Staat (Jessop 1997, 1994) als empirischen Ausdruck dieses Funktionswandels von Staaten. Ihm zufolge zeichnet sich eine Workfare-Orientierung durch die Verschränkung dreier Prozesse aus: Erstens wird das Primat der Vollbe-

---

32 Der Begriff der ‚Energie' zieht sich durch ökonomische, biopolitische und kulturkritische Ansätze (Willke 2003: 169; Hardt/Negri 2003; Bourdieu 1997 [1979]; Foucault 1983: 106). Das ist interessant, weil der Begriff der ‚Energie' den Fokus auf die Beweglichkeit einer Beziehung legt. Weiterführend ist der Begriff, insofern er es ermöglicht, das Verhältnis zwischen verobjektivierten Formen der Kommodifizierung und der Herstellung von ökonomisch produktiven Beziehungen als Ergebnis von Praxis *und zugleich* als beweglich bzw. veränderbar zu denken.

schäftigung der internationalen Wettbewerbsfähigkeit nachgeordnet, zweitens wird Sozialpolitik auf Produktivität und Wettbewerb hin orientiert und drittens ist die Rolle des Nationalstaates durch die auf verschiedenen Ebenen wirkenden Mechanismen von Governance partiell nachgeordnet (Jessop 1997: 73).

Im Rahmen der Europäisierung und der Transnationalisierung von Politik vollzieht sich insgesamt eine tendenzielle Verschiebung hin zu dezentralen Formen von Governance, welche idealtypisch durch partnerschaftsartige Interaktionen zwischen staatlichen, para-staatlichen, zivilgesellschaftlichen und ökonomischen Organisationen gekennzeichnet sind und durch die Tendenz zur Privatisierung von Politik bestimmt werden. Zugleich bleiben, so betont Lars Kohlmorgen (2004: 219ff.) im Anschluss an Markus Wissen, auf der nationalen Ebene Elemente des Government bestehen.[33]

Zu diesen gehören die Reformen in der Gesundheits- und Sozialpolitik. Diese zeichnen sich durch Ökonomisierungsprozesse aus, wobei gleichwohl wohlfahrtsstaatliche Elemente der Regulierung bestehen bleiben (vgl. Gerlinger 2006b). Die Transformationen stehen im Kontext der Reformen der sozialstaatlichen Sicherungssysteme in Europa sowie ihrer nationalen Umsetzung im Rahmen der Agenda 2010 (vgl. Butterwegge 2005; G. Schröder 2003). Die europäischen Reformen folgen dem Ziel der Harmonisierung von Beschäftigungs-, Sozial- und Wirtschaftspolitik nach der Maßgabe, „die Union zum wettbewerbsfähigsten und dynamischsten wissensbasierten Wirtschaftsraum der Welt zu machen – einem Wirtschaftsraum, der fähig ist, ein dauerhaftes Wirtschaftswachstum mit mehr und besseren Arbeitsplätzen und einem größeren sozialen Zusammenhalt zu erzielen" (Europäischer Rat 2000: 2). Damit einhergehend wurde die „offene Methode der Koordination" (OMK) der wettbewerbsrelevanten nationalen Politikfelder über das Mehrebenensystem der EU eingeführt, was bedeutet, dass die Mitgliedsstaaten gemeinsam Leitziele verabschieden, deren nationale Umsetzung durch supranationale Instanzen kontrolliert und durch Benchmarking, Rankings und fortlaufende Evaluationen wettbewerbsförmig organisiert wird (Butterwegge 2005: 203f.; Gerlinger/Urban 2006).

Arbeitsmarkt- und Beschäftigungspolitik im Sinne einer Workfare-Orientierung ist darauf ausgerichtet, dass sozialstaatliche Leistungen direkt re-kommodifiziert werden. Im Tausch gegen die Zahlung von Lohnersatzleistungen gehen Arbeitslose die Verpflichtung ein, ihre Arbeitskraft zu vermarkten oder die Employability bzw. Beschäftigungsfähigkeit zu verbessern (Pieper 2003: 150). In der Bundesrepublik erwiesen

---

33 Vgl. hierzu ausführlicher Jessop (1997).

sich im Vergleich zu anderen Ländern die wohlfahrtsstaatlichen Traditionen innerhalb der Gewerkschaften, Wohlfahrtsverbände, Kirchen usf. über lange Zeit als einflussreich. Qualifikation der Arbeitskraft und Arbeitsbeschaffung standen bis vor wenigen Jahren gegenüber Leistungskürzungen und Sanktionen im Vordergrund (ausführlich Candeias 2004: 298ff.). Die Tradierungen der Wohlfahrtstaatlichkeit verloren unter der reformierten Sozialdemokratie der 1990er Jahre gleichwohl an Einfluss. Den prägnanten Ausdruck einer Workfare-Orientierung bilden die Hartz-Reformen,[34] mit denen soziale Sicherung bei Erwerbslosigkeit als Aufgabe des Sozialstaates zugunsten der ‚Förderung von Beschäftigungsfähigkeit' verabschiedet wurde (vgl. Butterwegge 2005). Zum einen wurden private Personal-Service-Agenturen zur Arbeitsvermittlung und Arbeitsförderung eingerichtet, zum anderen wurden Kriterien zur Bedürftigkeitsprüfung und zur Jobvermittlung verschärft; es wurde die Verpflichtung zur Aufnahme auch von Niedriglohnarbeit (1-Euro-Jobs) eingeführt und mit der Androhung von Leistungskürzungen verknüpft: In der Sozialpolitik bildet Hartz-IV damit eine Zäsur.

Gesundheitspolitik wurde seit den 1970er Jahren wiederholt zum Gegenstand von Reformen, welche die Maßgabe von Effizienz und Wirtschaftlichkeit umzusetzen suchten.[35] Bis Anfang der 1990er Jahre blieben die Reformen der Gesundheitspolitik im Rahmen der bestehenden Strukturen (vgl. Gerlinger 2006b; H. Kühn 2003). Erst die Einführung des Gesundheitsstrukturgesetzes 1992 stellte einen Einschnitt im Hinblick auf eine Umstrukturierung der Gesundheitspolitik nach ökonomischen Kriterien dar (vgl. z.B. Bauer 2006; Gerlinger 2006b; Deppe 2000), die mit der dritten Stufe der Gesundheitsreform 1996/1997, der GVK-Reform 2000 und mit dem GVK-Modernisierungsgesetz 2003 fortgeführt wurde.

Die zentralen Merkmale der Ökonomisierung von Gesundheitspolitik bestehen erstens in der Einführung marktwirtschaftlicher Steuerungsinstrumente, mit denen die „elementaren Voraussetzungen einer Wett-

---

34 Die Hartz-Reformen beinhalten vier Gesetzespakete; Hartz IV trat am 01.01.2005 mit dem SGB II in Kraft.

35 Die so genannte Kostenexplosion im Gesundheitswesen bildet das Dauerthema der Gesundheitspolitik und dient bis zum heutigen Zeitpunkt der Legitimierung von sozialpolitischen Umstrukturierungsmaßnahmen. Unter anderem Deppe (2000: 217) und Gerlinger (2006b: 210) belegen anhand von Berechnungen, dass der Rückgang der Einnahmen der GVK auf das Sinken der Lohnquote durch gestiegene Arbeitslosenquoten und einen vergleichsweise geringen Anstieg der Löhne und Gehälter zurückzuführen ist. Sie kommen zu dem Schluss, dass eine ‚Explosion' der Ausgaben im Rahmen der GVK nicht stattgefunden hat, sondern dass die Ausgaben seit 1975 in etwa der gesamtwirtschaftlichen Entwicklung entsprechen.

bewerbsordnung" (Deppe 2000: 121) geschaffen wurden;[36] zweitens in der Übertragung finanzieller Lasten für die Gesundheitsversorgung auf die Versicherten wie z.b. durch die Einführung von Sondertarifen für wohlhabende, gesunde Versicherte in Gestalt des Selbstbehalts auf der einen Seite und die alleinige Finanzierung des Zahnersatzes und des Krankengeldes durch die Versicherten auf der anderen Seite (Gerlinger 2006b: 199); drittens in den Privatisierungen von Versorgungsstrukturen, die privatwirtschaftliche Gewinninteressen im Gesundheitsbereich immer deutlicher hervortreten lassen und dazu beitragen, dass das Gesundheitswesen strukturell kommerzialisiert wird (H. Kühn 2003: 12).

Durch Ökonomisierungsprozesse fällt die zivilgesellschaftliche Sphäre in der Tendenz mit der Sphäre der Ökonomie ineinander, wobei die Verantwortung für soziale Sicherung auf Individuen übertragen wird, indem diese durch Strategien der ‚Responsibilisierung'[37] aktiviert werden (Hirsch 2001a: 198). Dies verdeutlicht, dass nationale Gesundheit-, Sozial- und Beschäftigungspolitik sukzessive auf die Steigerung einer allgemeinen Wettbewerbsfähigkeit ausgerichtet werden. Die politischen Restrukturierungen sind von veränderten sozialen Bildern der Inanspruchnahme sozialer Sicherung begleitet, zu denen Aktivierbarkeit, Missbrauch, Begehrlichkeit und Anspruchsmentalität im Bereich der Gesundheitsversorgung (Deppe 2000: 102) und in der Arbeitsmarktpolitik gehören.

Insgesamt übt die staatliche Sozialpolitik durch die Individualisierung der sozialen Sicherung ihrerseits Druck auf bestehende Arbeitsverhältnisse aus. Das zeigt sich besonders im Segment der Arbeitsmarktpolitik, in dem mit der politischen Förderung des Niedriglohnsektors und der aktivierenden Sozialpolitik von Rückkopplungseffekten auf die gesellschaftliche Organisation von Arbeit ausgegangen werden muss, z.B. im Hinblick auf die Akzeptanz von Arbeitszeiterhöhungen, Mehrarbeit ohne Lohnausgleich oder direkte Lohnkürzungen. Diese Prozesse sind nicht zuletzt darauf zurückzuführen, dass die überbetriebliche Position

---

36 Hierzu gehört die prospektive Finanzierung (Budgetierung, Fallpauschalen, Festpreise) von Leistungen, welche das Risiko der Versorgung auf die Anbieter verlagert. Hagen Kühn (2003: 6) stellt heraus, dass damit ein Anreiz zur Kostensenkung geschaffen wird, der das Risiko der Unterversorgung beinhaltet. Ferner ist zur Ökonomisierung der Gesundheitspolitik die Einführung von Mechanismen des Wettbewerbs zwischen den Krankenkassen zu rechnen (Deppe 2000: 113-122, 132).

37 Der Begriff der Responsibilisierung stammt aus den Gouvernementalitätsstudien. Er bezeichnet eine Strategie, mittels derer u.a. Individuen und Institutionen durch ‚Verantwortlichmachen' aktiviert und zugleich zu aktiven, handelnden und für die Steuerung von Prozessen maßgeblichen Subjekten gemacht werden (Krasmann 2003: 183).

der Gewerkschaften durch Massenarbeitslosigkeit und soziale Spaltungen stark geschwächt ist (Hirsch 2002: 164) und Lohnabhängige eine strukturell verschlechterte Position gegenüber ArbeitgeberInnen einnehmen. Das führt im Ergebnis neben einem veränderten Verhältnis zwischen Kapital und Arbeit zu einer starken Heterogenität und Ungleichheit unter Lohnabhängigen, auch innerhalb einer Branche (Kohlmorgen 2004: 205f.).

Gesellschaftliche Pluralisierungen und Spaltungen

Die postfordistische Regulationsweise zeichnet sich gegenüber der fordistischen durch eine Vielzahl von Paradoxien und Spaltungslinien aus, die sozialen Zusammenhalt und soziale Zugehörigkeit national und international zu einer zunehmend prekären und umkämpften Existenzfrage werden lassen (Hirsch 1996: 122).

Die im Fordismus angelegten Prozesse der Kommerzialisierung von Kultur und Gesellschaft erfahren durch Individualisierungen und marktgesteuerte Flexibilisierung einen weiteren Schub (Hirsch 2001a: 196; Hirsch 2002) und führen zu einer verstärkten Ausdifferenzierung und Pluralisierung von Lebensstilen und Milieus (vgl. Kohlmorgen 2004; Vester 1998). Strukturelle Benachteiligungen bei Bildung, Einkommen und Wohnen werden verschärft bzw. verdichten sich zu „Zonen der Prekarität" (Castel), was auf den Abbau sozialer Sicherungssysteme und die Re-Privatisierung von Bildung und Ausbildung zurückzuführen ist. Diese Prozesse verschränken sich mit tradierten gesellschaftlichen Ungleichheitsverhältnissen, z.b. rassistisch-nationalen (vgl. Hirsch 2002, 2001a) und geschlechtlichen (vgl. Kohlmorgen 2004; Diettrich 1999). Die Strukturierung nach Klassenlagen gewinnt erneut bezogen auf Bildung, Einkommen und Gesundheit an Bedeutung, und zwar umso nachhaltiger, je stärker die Durchkapitalisierung der Gesellschaft voranschreitet (vgl. Bourdieu 2002, 1997 [1979]; Hirsch 1996: 132).

Die materiellen Prozesse der Exklusion sind begleitet von einer auffallenden Popularität der medialen Repräsentation von Unterklassen auf der einen und dem Diskurs der Exklusion auf der anderen Seite. Norman Fairclough hat diesen Zusammenhang aus diskursanalytischer Perspektive untersucht und herausgefunden, dass Exklusion vielfach als zugleich ökonomische, kulturelle wie soziale *Beschreibung* konstruiert wird und hierdurch die persönlichen Lebensumstände von Menschen in den Vordergrund gerückt werden. Er zeigt für Großbritannien, dass eben jene von Exklusion betroffenen Personen zu vorrangigen Zielgruppen aktivierender sozialpolitischer Maßnahmen erklärt werden (Fairclough 2000a: 51-61). Prozesse der Exklusion werden folglich durch wissenschaftliche und mediale Diskurse und Praktiken beeinflusst; zudem sind sie über deren Institutionalisierung vermittelt.

Neoliberalismus und Kommunitarismus

Individualisierungsprozesse und die strukturelle Verlagerung der Verantwortung für soziale Sicherung auf das Individuum führen zu massiven gesellschaftlichen Spaltungsprozessen, welche der Formierung und Gestaltung durch postfordistische Regulation bedürfen, damit einerseits kapitalistische Akkumulation und andererseits gesellschaftliche Kohäsion gewährleistet werden.

Hierfür spielt die „Machtergreifung der großen neoliberalen Utopie" (Bourdieu) eine zentrale Rolle (vgl. exemplarisch Hirsch 2001a; Bourdieu 1998b). Aus gesellschaftskritischer Sicht wird mit Neoliberalismus die Durchsetzung eines verkürzten technischen Konzeptes von Ökonomie als Matrix für die Bewertung sozialer, staatlicher, ökonomischer und politischer Strukturen, Prozesse und Handlungen bezeichnet. Der Kritik entspricht allerdings keine einheitliche neoliberale Theorie. Weder neoliberale Theorien insgesamt noch ihre einzelnen Strömungen[38] stützen sich auf ein verbindendes inhaltliches, (staats-)politisches oder gesellschaftliches Programm (Ptak 2004: 15f.; s. auch Foucault 2006; Walpen 2004). Minimale Gemeinsamkeiten bestehen in ihrer kritischen Haltung zum keynesianischen Wohlfahrtsstaat[39] und in ihren grundlegenden ökonomischen Prinzipien und Konzepten: Neoliberale Ansätze setzen auf den freien Markt, das Wettbewerbsprinzip und das Privateigentum von Produktionsmitteln (Walpen 2004: 64). Darüber hinausgehend hat sich keine einheitliche Programmatik konsolidiert. Sie ist vielmehr bis heute umkämpft (ebd.; s. auch Willke 2003: 13).

Aus hegemoniekritischer Perspektive ist die Generalisierung neoliberaler ökonomischer Theorien als alltagskulturell relevante Denkweise und legitime Rationalität politischen Handels bedeutsam. Neoliberale

---

38 Für die grobe Unterscheidung zwischen amerikanischem Neoliberalismus der Chicagoer Schule und dem deutschen Ordoliberalismus vgl. Foucault (2006); Lemke (2002); für eine Ideengeschichte des Neoliberalismus vgl. Schui/Blankenburg (2002); für eine differenzierende Analyse des Ordoliberalismus vgl. Ptak (2004).

39 Dabei bestehen wesentliche Unterschiede zwischen dem Ordoliberalismus in Deutschland und der angelsächsischen Variante des Neoliberalismus, zu der u.a. Friedrich August von Hayek und Gary Becker als Vertreter der Chicagoer Schule zu rechnen sind. Im ordoliberalen Denken werden staatliche Interventionen befürwortet, ihre Funktionen jedoch dahingehend definiert, dass sie die Rahmenbedingungen für die Markterfordernisse bereitstellen sollen (Ptak 2004: 19; Willke 2003: 176ff.).

1 EINFÜHRUNG

Denkweisen[40] zeichnen sich erstens durch einen universalen Geltungsanspruch der ökonomischen Kategorien und Perspektiven aus. Foucault sieht diesen Anspruch in der Konstruktion der Wettbewerbsstruktur als formales System mit eigenen inneren Regeln begründet, denen mit politischen und sozialen Mitteln zu ihrer Entfaltung in einem sozialen Raum verholfen werden muss (Foucault 2006: 188f., 230f.; Willke 2003: 176). Das systemische Konzept der Ökonomie wird zur Grundlage für seine universale soziale Anwendung. So werden außerökonomische Kriterien und Perspektiven als ungültig zurückgewiesen (Willke 2003: 74; vgl. Lemke 2002) oder es wird von der Ökonomisierung sozialer Bereiche (z.B. Familie oder Vereine) darauf geschlossen, dass sie evolutionär dem ökonomischen Bereich unterlegen sind (Willke 2003: 64). Der Geltungsanspruch der neoliberalen Ansätze wird also nicht durch externe Kriterien oder normativ begründet, sondern aus seiner strukturellen Dominanz abgeleitet. Die hierdurch erzeugte Universalität ist zirkulär begründet und hält die universale Sachzwanglogik des Wettbewerbs und das Radikal-Antiutopische neoliberaler Denkweisen in Bewegung (vgl. exemplarisch Bourdieu 1998b: 39ff.).

Die zweite Besonderheit neoliberaler Ansätze besteht darin, dass sie die „ständige politische Kritik des politischen Handelns und des Regierungshandelns" (Foucault 2006: 340) inhaltlich rechtfertigt. Durch die institutionelle Verankerung neoliberalen Denkens in Think Tanks (ebd.: 341; Walpen 2004), die ihre Ansätze über Medien, Wissenschaften und Politikberatung verbreiten, wird der Markt im Hinblick auf Regulierung und Organisierung praktisch gegen Gesellschaft und Staat gewendet, als eine „Art von ständigem ökonomischem Tribunal" (Foucault 2006: 342). Das trägt wesentlich zur Generalisierung neoliberaler Denkweisen als Matrix für die Bewertung und Beurteilung des staatlichen und institutionellen Handelns bei, wenngleich sie in Öffentlichkeit, Wissenschaft und Politik umkämpft sind.

Demgegenüber bildet das ‚neoliberale Projekt' einen faktischen Kompromiss aus heterogenen neoliberalen, neokonservativen und neosozialdemokratisch-ökologischen Mustern gesellschaftlicher Regulierung (Walpen 2004: 200, 237; Hirsch 2002: 194). Im ‚neoliberalen Projekt' spielen auch kommunitaristische Ideen, die seit den 1990er Jahren durch sozialdemokratische Parteien, Think Tanks und Wissenschaften

---

40 Für detaillierte Analysen neoliberaler Rationalität vgl. Bröckling (2007); Foucault (2006); Krasmann (2003); Lemke (2002, 1997) oder Lemke et al. (2000). In meine folgenden Ausführungen lasse ich Ergebnisse der Analyse neoliberaler Gouvernementalität einfließen und verbinde diese weiterführend mit hegemonietheoretischen Perspektiven und der Analyse von Fordismus und Postfordismus.

vertreten und verbreitet wurden, eine maßgebliche Rolle. Denn sie gleichen die „kalten Mechanismen des Wettbewerbs" (Foucault 2006: 334) aus, indem sie einen positiven Integrationsmodus anbieten (Bieling 2001: 226ff.). Kommunitaristische Ansätze setzen wie neoliberale Denkweisen auf das Prinzip der Subsidiarität, bejahen Wettbewerb und Globalisierung und befürworten den Abbau sozialstaatlicher Sicherungen zugunsten verstärkter Eigenverantwortlichkeit. Anders als neoliberale Theorien kritisieren sie jedoch die strukturelle Dominanz des Marktes und dessen anti-solidarische Folgeerscheinungen für die Gesellschaft, die sie durch das Engagement von Familien, Nachbarschaft und lokaler Communities auszugleichen suchen (Walpen 2004: 238; Etzioni 1998: 33, 42).[41] Ziel ist es, zivilgesellschaftliche Institutionen zu rekonstruieren, aufzubauen und zu stärken, z.B. lokale Sozialzentren, Kirchen oder Schulen. Sie sollen die Erosion sozialer Werte ausgleichen, indem sie durch praktische Solidarität soziale Sicherheit und soziale Stabilität gewährleisten (Bürsch 2006: 2; Etzioni 1998).

Diese lokalen Gemeinschaften sind Träger von Solidarität und einer konsensualen Moral, die sich in expliziter Abgrenzung zum Individualismus auf aktives gemeinschaftliches Engagement stützt. Dieses soll zu einer Stärkung der „moralischen Grundlagen" von Institutionen und Gesellschaft führen (Etzioni 1998: 14), die zum einen über traditionelle Muster von Selbsthilfe und wechselseitigen Verpflichtungen in lokalen Gemeinschaften und zum anderen über gemeinschaftliche Sanktionen moralischer Verfehlungen verwirklicht und gelebt werden.

Diese Sichtweise bildet auch die Grundlage einer modernisierten Sozialdemokratie, die eine ökonomische mit einer sozial-gemeinschaftlichen Ausrichtung der politischen Konzepte verbindet. Das Konzept der so genannten Bürgergesellschaft[42] stützt sich beispielsweise explizit auf kommunitaristische Ansätze der Aufwertung von Gemeinschaftlichkeit, des ehrenamtlichen Engagements und auf die Stabilisierung von Schulen und Familien (Bieling 2001: 234; s. auch Bürsch 2006) und ist mit dem

---

41 Für einen guten Überblick über verschiedene kommunitaristische Ansätze vgl. Reese-Schäfer (2001). Etzioni (1998), einer der populärsten Vertreter des Kommunitarismus, der zahlreiche Praxis-Projekte durchgeführt hat und einen engen Kontakt zur Politik pflegt, bietet einen guten Einblick in das kommunitaristische Programm angelsächsischer Provenienz.
42 Das Konzept der Bürgergesellschaft hat seit Ende der 1990er Jahre auf der kommunalen, wissenschaftlichen und der korporativen Ebene der Think Tanks geradezu rasant an Bedeutung und politischem Einfluss gewonnen. Zu Ansätzen und Arbeitsweisen vgl. exemplarisch www.b-b-e.de; www.mitarbeit.de; www.buergergesellschaft.de, Stand 12.06.2009.

Leitbild des ,aktivierenden' bzw. des ,gewährleistenden Staates' verknüpft.[43] Die Verbindung neoliberaler und kommunitaristischer Ansätze kann dazu führen, dass die Bereitschaft zur Akzeptanz ökonomisierender Politik erhöht wird und dadurch neoliberale Programmatik stabilisiert wird. Denn die kommunitaristischen Institutionen, Regeln, Normen und Übereinkünfte können negative Folgen der neoliberalen Restrukturierung partiell abfedern (Bieling 2001: 235f.). Auf der anderen Seite ist jedoch auch denkbar, dass die Hegemonie neoliberaler Programmatik durch die Beteiligung oppositioneller Kräfte erodiert.

Das ,unternehmerische Selbst'

Das Konzept des „Homo Oeconomicus" oder „Unternehmers seiner selbst" unterwirft AkteurInnen einem ökonomischen „Raster" oder „Schema" (Foucault 2006: 314). Es wird, so die Analysen von Ulrich Bröckling (2007, 2002a und b, 2000), in unterschiedlichen Wissensfeldern und Strategien, die von Managementtheorien bis zur Kreativitätspsychologie reichen, hervorgebracht.[44] Sie alle sind mit einem Arsenal von Praktiken verbunden, die die Selbststeuerungspotenziale von Individuen adressieren und sie auf Marktmechanismen hin engführen. Anders als das Konzept des ,Arbeitskraftunternehmers' hat der ,Unternehmer seiner selbst' keine Entsprechung in der Empirie. Es handelt sich also nicht um einen Idealtypus im weberschen Sinne, der heuristisch empirisch-strukturelle Elemente der postfordistischen Gesellschaft oder ihrer Arbeitsverhältnisse erfassen könnte oder sollte (Bröckling 2007: 47f.; Bröckling 2002, 2000). Auch entspricht dem ,unternehmerischen Selbst' kein ,postfordistischer Sozialcharakter' (Naumann 2000). Vielmehr bezeichnet es eine spezifische Rationalität des Subjekts und all jene Techniken und Strategien, mit denen Individuen als ,Unternehmer ihrer Selbst' adressiert werden. Bröckling verwendet für diese zugleich künstliche wie selektive Figur den Begriff der „Realfiktion[ ]" (Bröckling 2007: 36). Damit ist bezeichnet, dass sie die Richtung angibt, in der Individuen sich verändern oder verändert werden sollen (ebd.: 46).

Die Hegemonie des Leitbildes des ,unternehmerischen Selbst' ist durch gegenwärtige politische Strategien der Ökonomisierung der Sozi-

---

43 Der Richtungswechsel der Sozialdemokratie fand u.a. in dem 1999 von Tony Blair und Gerhard Schröder vorgestellten Grundsatzpapier ,Der Weg nach vorne für Europas Sozialdemokratie' Ausdruck.
44 Bröckling (2007) untersucht ökonomische Theorien, Entwürfe des Unternehmertums, Vertragstheorien auf der einen Seite und Kreativität, Empowerment, Qualität und Projekte als Nexus von ExpertInnenwissen und Praktiken zur Selbstbearbeitung auf der anderen Seite.

alpolitik und der Generalisierung der Markt- und Wettbewerbsmechanismen als ‚Matrix' (Bröckling 2007: 76; Krasmann 2003; Hirsch 2002, 2001a) bedingt. Zugleich, auch dies zeichnet es als hegemoniales Modell aus, hat es die kollektiven, oppositionellen Wünsche der Überwindung der einschränkenden Strukturen des Fordismus im Hinblick auf Autonomie, Selbstverwirklichung und nicht-entfremdeter Arbeit aufgenommen (Bröckling 2007: 58).

Ulrich Bröckling verdichtet die Konturen des ‚unternehmerischen Selbst' in der Analyse verschiedener gesellschaftlicher Felder, in denen Experten als „Subjektivitätsregisseure" (ebd.: 41) die Anleitungen für Praktiken der probaten Selbstveränderung bereitstellen. Sie alle verbindet, dass sie auf die permanente Verbesserung der Individuen nach den Maßgaben der Leistung und Marktgängigkeit abzielen. Fähigkeiten, Eigenschaften, Gefühle und Wünsche werden vom Primat des Wirtschaftswachstums bestimmt. Sie sind dynamisch und flexibel, da ihnen Ziel und Endpunkt fehlt, denn: „Ein unternehmerisches Subjekt ist man nicht, man soll es werden" (Bröckling 2002b). Im Vordergrund steht die umfassende Organisation der ganzen Person als „Marke Ich" (Bröckling 2000: 155[45]), die sich eigenverantwortlich und kreativ selbst optimiert, sich vorausschauend an schwankenden Marktkriterien ausrichtet und dabei stets en passant ihre KonkurrentInnen überflügelt (Bröckling 2007: 68).

In die Logik des ‚unternehmerischen Selbst' ist der beständige konkurrenzförmige Vergleich mit anderen eingelassen (Bröckling 2000: 157; Bröckling 2002a). Wettbewerbssituationen und Marktgängigkeit werden allgegenwärtig antizipiert und als „Richtschnur für alle sozialen Beziehungen" (Hirsch 2001a: 199) wirksam. Für die hegemoniale Wirkung ist bedeutsam, dass die Divergenzen zwischen antizipierten und institutionalisierten Wettbewerbssituationen in der Generalisierung einer „Wettbewerbsgesellschaft" (Rosa[46]) verschwimmen. Hartmut Rosa vertritt mit diesem Konzept die Auffassung, dass Wettbewerb zum Prinzip der Verteilung von Lebenschancen, Einkommen, beruflichen Positionen und Anerkennung avanciert ist. Darüber hinaus hat sich die Dynamik der Konkurrenz in unterschiedlichen Bereichen des menschlichen Le-

---

45 Bröckling zitiert hier den Titel des 1999 erschienenen Ratgebers von Conrad Seidl und Werner Beutelmayer: „Die Marke Ich©. So entwickeln Sie Ihre persönliche Erfolgsstrategie", Wien/München.
46 Für Rosa (2006: 82f.) zeichnet sich eine ‚Wettbewerbsgesellschaft' dadurch aus, dass erstens die Verteilung von Ressourcen, Gütern und Positionen in nahezu allen Sphären wettbewerbsförmig organisiert ist und dass zweitens für individuelle und kollektive AkteurInnen der Erhalt von Wettbewerbsfähigkeit ein dominantes Handlungsziel darstellt.

bens wie Beziehungen, Beruf oder Freizeit manifestiert. Im Kontext verändernder Marktkriterien und einem häufigen Wechsel von Erfolgen und Verlusten gewinnen Inszenierungen des Selbst für die Sicherung der sozialen Position an Bedeutung (Bröckling 2007; Rosa 2006: 96; Krasmann 2003).

Marktfähigkeit ist personengebundenes Kapital, das auf die gelungene Codierung und Decodierung von Erfolg mittels legitimer Zeichen und Symbole verwiesen ist. In Frage kommen dafür gutes Aussehen, hohe Schulbildung, gute Umgangsformen, attraktive, gebildete oder speziell ausgewiesene PartnerInnen oder ein „erfolgreiches Familienleben" (Rosa 2006: 97, 99). Voswinkel (2001: 34) bezeichnet dieses inszenierende Handeln als expressiv und definiert es als sozial relevante Handlungsdimension, die sich darauf bezieht, Fähigkeiten, Einstellungen und Emotionen darzustellen.[47] Expressives Handeln zeichnet sich ihm zufolge dadurch aus, dass es auf andere Menschen wie FreundInnen, KolleginInnen, NachbarInnen ausgerichtet ist und diese strategisch-reflexiv mittels eines Ensembles von Strategien und Inszenierungen zu beeinflussen versucht. Ziel ist es, als leistungsfähig und erfolgreich wahrgenommen zu werden (ebd.: 114, 120). Das ‚unternehmerische Selbst' ist also nicht authentisch; es verhält sich vielmehr strategisch-reflexiv, pragmatisch, rational und zielorientiert zur eigenen Subjektivität und zu anderen Menschen (ebd.: 122; Bröckling 2007).

Unter den Bedingungen der Wettbewerbsgesellschaft wird dieses Verhalten idealtypisch zu einer strategisch-reflexiven, durch Konkurrenz geprägten Inszenierung der ganzen Person, zu einer Art generalisierter Employability, die sich über das unmittelbare Feld von Arbeit hinausgehend idealtypisch auf das ganze Leben ausdehnt. Die Inszenierung von Erfolg avanciert zum Maßstab für die Bewertung der Marktgängigkeit der Person. „Dann wird [...] der Marktplatz zur Richtstätte, auf der das liberale Grundgesetz exekutiert wird: Wer Erfolg hat, hat ihn verdient; wer keinen hat, hat etwas falsch gemacht. Alle Fehler wiederum reduzieren sich im Grunde auf den einen, sich nicht (hinreichend) am Markt orientiert zu haben." (Bröckling 2002a: 172; s. auch Rosa 2006: 98) Die Inszenierung der subjektiven Eigenschaften wird wiederum durch ökonomische und marktförmige Kriterien standardisiert (s. auch Rosa 2006: 97, 101). Daher handelt es sich beim unternehmerischen Selbst um eine zutiefst konservative, auf individuelle Anpassung ausgerichtete ‚Realfik-

---

47 Voswinkel (2001: 34) bezieht sich dabei auf den Sozialpsychologen und Philosophen Rom Harré, dessen Verständnis expressiven Handelns er auf der Grundlage des Konzepts der ‚Interaktionsordnung' bei Goffman als interaktives Modell ausarbeitet.

tion', die erst dann wirksam wird, wenn sie massenhaft ‚freiwillig' adaptiert wird. Dabei ist es nicht gewiss, ob Individuen die Anrufung als ‚unternehmerisches Selbst' annehmen, umdeuten, auf Distanz gehen, sie ins Leere laufen lassen oder ablehnen (Bröckling 2007: 284ff.; Graefe 2007b). Das Leitbild des ‚unternehmerischen Selbst' erzeugt jedoch durch das Optimierungsideal einen hohen Konformitätsdruck und zugleich Handlungsoptionen, die durch die (partielle) Institutionalisierung von Eigenverantwortlichkeit und Optimierung begünstigt werden. Damit bildet das ‚unternehmerische Selbst' noch unterhalb der Schwelle gelingender Anrufungen als Subjekt einen konstitutiven Bestandteil der Regulation kapitalistischer Produktionsverhältnisse (vgl. Hirsch 2002, 2001a).

Fazit: Restrukturierungen von Sozialpolitik und Ökonomie im Wandel vom Fordismus zum Postfordismus

In diesem Kapitel wurden zunächst die begrifflichen und analytischen Grundlagen für die Analyse von Fordismus und Postfordismus geklärt. Auf der Grundlage des gramscianischen Konzepts von Hegemonie und der intermediären Konzepte von Akkumulationsregime und Regulationsweise wurden zentrale Merkmale des strukturellen Wandels zum Postfordismus herausgearbeitet: Flexibilisierung, Inter- und Transnationalisierung, und vor allem eine umfassende Inwertsetzung der menschlichen Subjektivität in der Produktion kennzeichnen das Akkumulationsregime. Die postfordistische Regulationsweise zeichnet sich durch eine tendenzielle Ökonomisierung der sozialen Sicherungssysteme aus und dadurch, dass die Verantwortung für soziale Sicherung mehr und mehr auf Individuen verlagert wurde. ‚Das unternehmerische Selbst' unterstützt diesen Prozess: Mit ihm werden die Selbstaktivierungspotenziale von Individuen adressiert und diese gleichzeitig auf Marktmechanismen enggeführt. Unabhängig davon, ob dies tatsächlich von Individuen als soziale Richtschnur für die eigene Lebensführung aufgegriffen wird, prägt das Optimierungs- und Aktivierungsideal zunehmend die Formen der sozialstaatlichen Sicherung.

Setzen im Fordismus Individualisierungsprozesse ein, mit denen für breitere soziale Schichten Gestaltungs- und Handlungsmöglichkeiten eröffnet wurden, so werden diese gegenwärtig im Hinblick auf soziale Güter wie Bildung und Gesundheit partiell wieder verschlossen. Diese Prozesse wurden (mit) vorangetrieben durch neoliberale Netzwerke, aber auch durch neue soziale Bewegungen, die staatliche Bürokratisierung, Standardisierung und die Unterdrückung der Natur kritisierten.

Doch was folgt daraus für *Gesundheit*? In welchem Verhältnis steht *Gesundheit* zu diesen Strukturveränderungen? Verändern sich mit dem Strukturwandel in der kapitalistischen Produktionsweise Stellenwert, Struktur und Funktion von Gesundheit?

2 Zur Hegemonie symbolischer Gesundheit im Postfordismus

Die zentrale These dieses Kapitels lautet, dass Gesundheit in gegenwärtigen Gesellschaften eine Subjektform bildet, die auf die Zuträglichkeit von Lebensführung, Denkweisen und Vorstellungen für die Struktur postfordistischer Akkumulation ausgerichtet ist. Ich werde die Bedeutungen von Gesundheit nicht von vornherein auf ihre Kompatibilität zu Strukturelementen des Fordismus und des Postfordismus zuspitzen, sondern sie unter einer prozessualen Perspektive betrachten. Dieses Vorgehen hat den Vorteil, dass die Verkettung verschiedener Faktoren in einem Konzept von Gesundheit ebenso wie die Störanfälligkeit und (potenzielle) Veränderbarkeit dieses Ensembles Evidenz erhält.

Grundlage sind politik-, sozial-, kultur- und gesundheitswissenschaftliche Forschungsergebnisse, die einer Sekundäranalyse unterzogen werden.

Zur Genese einer neuen Kultur von Gesundheit im Wandel vom Fordismus zum Postfordismus

In den 1960er/1970er Jahren wurde in westlichen Industrieländern im Rahmen der Gesundheits-, Frauen und Ökologiebewegung massive Kritik an Gesundheitsversorgung und der (bio-)medizinischen Behandlung geäußert. Sie fand ihren Ausdruck im medizinkritischen Konzept der

Medikalisierung, welches einen Ausgangspunkt für die Generalisierung und Popularisierung ‚alternativer Gesundheitsverfahren'[1] bildete.

Medikalisierung

Das Konzept der Medikalisierung weist keine theoretische Konsistenz auf, sondern fungiert als Oberbegriff für kritische, z.b. ideologiekritische, marxistische, feministische und poststrukturalistische, Zugänge zum Thema Gesundheit und Medizin, die zudem national höchst unterschiedlich ausgearbeitet worden sind (vgl. Lupton 1997; Gerhardt 1991b). Ihre minimale Gemeinsamkeit besteht darin, dass sie moderne Biomedizin in ihrer sozialen Herrschaftsfunktion kritisieren. Medikalisierung bezieht sich aus kritischer Sicht auf die expansive Ausweitung der Biomedizin auf Körper, Gesundheit und Leben bzw. ihre Einbindung in gesellschaftliche Politik und Ökonomie in der Neuzeit.[2] Diese Kritik wurde wesentlich durch die Gesundheitsbewegung vorgebracht, die sich seit den 1960er Jahren in der Bundesrepublik zu formieren begann. Sie wendete sich gegen die wachsende medizinische Definitionsmacht über Gesundheit und das medizinische Monopol in der Gesundheitsversorgung (vgl. z.B. Deppe 1987; Göckenjan 1985; Zola 1972). Im Fokus der Kritik standen Bürokratisierung, Ökonomisierung und die Unterdrückung der Natur im Menschen durch die Medizin – also dieselben Punkte, gegen die sich auch die historisch zeitgleichen sozialen Bewegungen wie die Frauen-, die Ökologie- und die Friedensbewegung richteten.

Ein gutes Beispiel für Medikalisierungskritik bietet Ivan Illichs Abhandlung über die „Nemesis der Medizin" (1995 [1975]). Diese sieht einen zirkulären Prozess zwischen der medizinischen Umdefinition von Vorgängen normalen menschlichen Lebens in Krankheiten, der zunehmenden Interpretation dieser Erfahrungen in Begriffen der Medizin, der

---

1 Als Synonym für diesen Begriff werden auch Traditionelle Medizin, Volksmedizin, naturgemäße Heilweisen, Ganzheitsmedizin, Komplementärmedizin oder unkonventionelle Heilweisen verwendet. Alternative Gesundheitsverfahren umfassen ein breites Spektrum von religiöser und magischer Medizin, Naturheilverfahren, anthroposophischer Medizin und fernöstlichen Heilweisen (vgl. hierzu Jütte 1996: 8, 11). Ich werde im Folgenden alternative Gesundheit als Sammelbegriff für alle nicht-medizinischen Konzepte und Praktiken verwenden. Die Bezeichnung ‚alternativ' definiert sich nicht über einen gemeinsamen Inhalt, sondern über die gemeinsame Kritik an der Biomedizin, insbesondere an ihrem Paradigma der descartschen Trennung von Körper und Selbst (vgl. ähnlich auch ebd.: 13).
2 Für eine ausführliche Darstellung der Chronologie und Inhalte der Gesundheitsbewegung in der Bundesrepublik vgl. Deppe (1987).

damit verbundenen medizinisch-therapeutischen Behandlung und der gleichzeitigen ‚Verdrängung' ehemals normaler Körpervorgänge aus dem sozialen Leben.[3] Diese Prozesse werden auf die Verschaltung von Industrialisierung, Bürokratisierung, staatlicher Gesundheitsversorgung, Konsum und Medizin – also auf den industriell-medizinischen Komplex – zurückgeführt.

„Wir leben in einer Epoche, in der das Leben geplant, das Wohnen standardisiert, der Verkehr motorisiert, die Kommunikation programmiert ist und in der zum ersten Mal ein großer Teil der von der Menschheit konsumierten Nahrungsmittel interregionale Märkte passiert. In einer so intensiv industrialisierten Gesellschaft werden die Menschen dazu abgerichtet, Dinge vorgesetzt zu bekommen, statt sie zu tun. [...] Unpersönliche Institutionen übernehmen persönliche Funktionen. Heilen wird nicht mehr als Aufgabe der Kranken betrachtet [...] Die Gesellschaft wird nach den Bedürfnissen des Gesundheitssystems umgemodelt und es wird immer schwieriger, selbst für die eigene Gesundheit zu sorgen." (Illich 1995 [1975]: 153)

Dabei gingen, so Illich, dem kulturellen Wissen tradierte Gesundheitspraktiken verloren, wie Hygienevorschriften im Umgang mit Körper und Gesundheit oder traditionelle Heilweisen. Medikalisierung sei, so Illich, „ein wucherndes bürokratisches Programm, das auf der Leugnung des menschlichen Bedürfnisses beruht, sich mit Schmerz, Tod und Krankheit auseinanderzusetzen" (ebd.: 93). Sie habe den Effekt, dass die Menschen durch die Medizin ihrer Autonomie und Eigenverantwortung beraubt würden (ebd.: 95; s. auch Göpel 1989; Rittner 1982: 42).[4]

Die Sichtweise, dass die moderne Medizin entmündigend und entfremdend wirkt, steht im Zentrum der alternativen Gesundheitsbewegung. Nur in einem randständigen Flügel war sie mit einer expliziten Ablehnung des Medizinsystems, seiner Profitinteressen und des Klassencharakters medizinischer Versorgung[5] verbunden (hierzu ausführlich

---

3   Hierzu gehören etwa Schmerz, Tod und Geburt. Fischer-Homberger (1984) und Duden (2002) haben den sozialen Wandel im Umgang mit körperlichen Vorgängen aus feministischer Sicht als Prozess der Enteignung des weiblichen Körpers untersucht.
4   Für eine stärker ideologiekritische und marxistische Variante der Medikalisierungskritik, in der Medizin als Instanz sozialer Kontrolle gesehen wird, die soziale Ausbeutungs- und Ungleichheitsstrukturen individualisiert, vgl. Zola (1972); für eine Zusammenfassung Gerhardt (1991b: 239ff.).
5   Diese Einschätzung stützt sich auf den empirischen Befund, dass ÄrztInnen PatientInnen aus unteren sozialen Klassen seltener und unzureichend informieren und auch die medikamentöse Behandlung schlechter anpassen. Dieses Verhalten wird aus kritischer Sicht darauf zurückgeführt, dass

Deppe 1987: 155f., 179ff.). Für das Gros der Gruppierungen standen Forderungen und Bestrebungen nach stärkerer Partizipation, Selbsthilfe und alternativen Angeboten in der gesundheitlichen Behandlung im Vordergrund (Kühn 1989: 114; Deppe 1987: 169ff.). Als dritte Fraktion bildeten sich die Selbsthilfegruppen heraus. Ihre Existenz ist mittelbar auf sozialstaatliche Interventionen und Veränderungen im Krankheitsspektrum zurückzuführen. Durch staatliche Interventionen zur Verbesserung der Lebensbedingungen, d.h. von Wohn- und Arbeitsverhältnissen, Bildung und Ernährung, in Verbindung mit der Formierung des Kapitalismus[6] hatte sich seit dem 19. Jahrhundert der Gesundheitszustand der Bevölkerung Deutschlands sukzessive verbessert (vgl. Illich 1995 [1975]; Erben et al. 1986: 19; McKeown 1982). Diese Entwicklung kehrte sich in der Epoche der beiden Weltkriege jedoch um. In dieser Zeit waren Hunger, Elend und Infektionskrankheiten stark verbreitet.[7] In Folge wohlfahrtsstaatlicher Maßnahmen und der erneuten Verbesserung der Lebensbedingungen nahm jedoch im Nachkriegsdeutschland die Quote der Mütter- und Säuglingssterblichkeit und der akuten und chronischen Infektionskrankheiten, wie z.b. Tuberkulose und Syphilis, gegenüber chronisch-degenerativen Krankheiten ab. Das brachte einen ‚neuen Typ des Kranken' hervor, der mit Krankheiten leben muss und seine Erfahrungen zunehmend kollektiviert, d.h. dass er Krankheit nicht mehr als

---

ÄrztInnen unbewusst ein mittelklasseorientiertes Wahrnehmungs- und Kommunikationsschema reproduzieren (vgl. hierzu z.b. Herzlich/Pierret 1991; Deppe 1987). Seit den 1990er Jahren wurden benachteiligende Strukturen in der Gesundheitsversorgung von Frauen und von MigrantInnen erforscht. Für einen Überblick vgl. exemplarisch David et al. (1999) sowie Hurrelmann/Kolip (2002).

6 Foucault sieht einen integralen Zusammenhang zwischen der Formierung des Kapitalismus und der intensivierten Vergesellschaftung von Körpern und Gesundheit als „Produktiv- oder Arbeitskraft" (Foucault 2003b: 275). Er reflektiert diese Strategie im Kontext der Unterschiede sozialmedizinischer Interventionen in Deutschland, Frankreich und England (vgl. Foucault 2003b). Für die historische Untersuchung der Beziehung zwischen Gesundheit und Medizin vgl. Labisch (1992) und Labisch/Woelk (2003).

7 Zugleich wurden sozialmedizinische Zugänge der Verbesserung von Lebensbedingungen wie auch die Institutionen der öffentlichen Gesundheitsfürsorge seit den 1930er Jahren sukzessive den kollektivistisch-biologischen Problemstellungen der ‚Volksgesundheit' unterstellt. Historische Forschungen haben detaillierte Erkenntnisse über die aktive Beteiligung von ÄrztInnen an Sterilisationsprogrammen, Euthanasie und Menschenversuchen in Konzentrationslagern vorgelegt. Gleichwohl wird die Beteiligung der Medizin an den nationalsozialistischen Verbrechen in der Regel als Bruch in der historischen Tradition der ‚Öffentlichen Gesundheit' entnannt, vgl. hierzu Labisch/Woelk (2003).

Einzelschicksal begreift und behandelt (Herzlich/Pierret 1991: 251, 272).

Die in den 1960er Jahren entstehende Gesundheitsbewegung wurde primär von den politisierten sozialen Mittelklassen getragen, die sich auch über Gesundheit hinausgehend für alternative Selbstentwürfe und Lebensformen einsetzten. Dieser zeitgeschichtliche Kontext begünstigte es, dass die Problematisierung von Medikalisierung vorrangig in den Rastern von „Autorität" (Foucault 2003a: 65) und Unterdrückung statt in sozial-strukturellen Kategorien wie z.b. der kapitalistischen Organisation der Medizin artikuliert wurde.[8] Das verstärkte Prozesse der Individualisierung und Privatisierung der Gesundheitsversorgung (Deppe 1987: 217ff.; Erben et al. 1986).

Die verschiedenen Flügel der alternativen Gesundheitsbewegung teilen humanistische Grundannahmen über den Menschen[9], die als ‚humanistische Gemengelage' für eine hohe Anschluss- und Konsensfähigkeit verschiedener Positionen in der Gesundheitsbewegung sorgen (vgl. z.B. Deppe 2000; Göpel 1989, 1986). Die Konstruktion eines authentischen Subjekts zeigt sich pointiert daran, dass die Gesundheitsbewegung das Subjekt partiell als Medium gesellschaftlicher Emanzipation aufgewertet hat (vgl. Göpel 1986).

Diesbezüglich ist einzuwenden, dass das Subjekt als autonomes, tendenziell authentisches quasi außerhalb von Gesellschaft und Ökonomie gesetzt und nicht genuin als sozial, politisch und kulturell situiertes Subjekt gedacht wird, das sich z.b. mit den gesellschaftlichen Prozessen der Medikalisierung von Gesundheit verändert. Diese Konstruktion wird dann zum Problem, wenn eine absolute Unterscheidung zwischen den „staatspolitischen Interessen und Kalkülen", die mit Herrschaftsausübung von oben gekoppelt sind, und den sozialen „Emanzipationsbestrebungen" von unten postuliert wird (ebd.: 123; s. auch Erben et al. 1986). Es wird im Folgenden deutlich werden, dass kulturelle Grenzziehungen

---

8 Hans-Ulrich Deppes Schilderungen des Verlaufs der Allianz aus GewerkschafterInnen, ÄrztInnen und weiteren WissenschaftlerInnen sowie PolitikerInnen zwischen Anfang der 1970er und Anfang der 1980er Jahre (1987: 186ff.) verweisen auf den fordistischen Krisencharakter der Gesundheitsbewegung und auf ihre zeitliche und inhaltliche Verbindung zum Abbau sozialstaatlicher Leistungen (ebd.: 191, 217ff.).
9 Das Konzept des Humanismus bezieht sich allgemein auf Menschlichkeit. Historisch betrachtet, unterlag es antagonistischen Inanspruchnahmen. Humanismus wurde sowohl im Sinne eines herrschaftskritischen Anspruches für *alle* Menschen, wie bei Feuerbach, als auch, wie im europäischen Bürgertum des 19. Jahrhunderts, zur Begründung der Höherwertigkeit einer führenden Bildungsschicht verwandt, vgl. hierzu ausführlich Wolf (2004).

zwischen ‚Emanzipation' und ‚Herrschaft', zwischen Medizin und alternativen Zugängen zu Gesundheit es seit den 1990er Jahren zunehmend beförderten, dass alternative Gesundheit durch ökonomische Kapitalverwertung und politische Umstrukturierungsprozesse „in Dienst genommen und ‚überdeterminiert'" wurde (Link 1997: 81).[10]

Eine neue Kultur von Gesundheit

Seit Ende der 1970er/Anfang der 1980er Jahre sollte die Subjektorientierung im Gesundheitsverständnis zunehmend an sozialer, kultureller, wissenschaftlicher und politischer Bedeutung gewinnen. Hagen Kühn verweist darauf, dass der oppositionelle gesellschaftskritische Flügel in der Gesundheitsbewegung schon seit Ende der 1970er Jahre an Einfluss verlor. Es setzten sich auf das Subjekt bezogene und reformorientierte Positionen durch, die sich für die Institutionalisierung alternativer Gesundheitsversorgung einsetzten (Kühn 1989: 116; Deppe 1987).

Institutionalisierung subjektorientierter Zugänge zu Gesundheit

Seit den 1970er/1980er Jahren waren aus dem Kontext der Frauen-, Gesundheits- und Ökologiebewegung verschiedene Gesundheitsinitiativen entstanden, z.B. Kontakt- und Informationsstellen zur Selbsthilfe, (Frauen-)Gesundheitszentren, Selbsthilfegruppen, Öko-Institute, alternative Behandlungs- und Beratungseinrichtungen (vgl. hierzu ausführlich Deppe 1987; s. auch Göbel 2003). Zudem wurden seit Ende der 1980er Jahre Projekte und Studien zu alternativen Versorgungsstrukturen durchgeführt und seit den 1990er Jahren zunehmend universitäre Strukturen der Gesundheitswissenschaften/Public Health aufgebaut. In diesen Kontexten wurden alternative Zugänge zu Gesundheit entwickelt und institutionalisiert. Hierzu gehören z.b. Selbsthilfe[11], ökosoziale, ganzheitliche Konzepte von Gesundheit (vgl. z.B. Milz 1995; Erben et al. 1986), Gesundheitsbildung, -beratung und -förderung (vgl. hierzu ausführlich Waller 2002).

Insbesondere das Konzept der Gesundheitsförderung gewann seit den 1980er Jahren unter dem Einfluss der Weltgesundheitsorganisation (WHO) rasch an politischer und sozialer Bedeutung. Hierfür waren insbesondere die WHO-Konferenzen von Ottawa und Jakarta ausschlaggebend: Mit der 1986 verabschiedeten Ottawa-Charta wurde Gesundheits-

---

10 Deppe (1987: 173) ist der Auffassung, dass das Konzept von Gesundheit für die herrschaftsförmige Neutralisierung politischen Protestes und Widerstands anfällig ist, s. auch Göpel (1986).
11 Für einen sehr guten Überblick vgl. Trojan (1986).

förderung politisch als neues Paradigma der Prävention und Gesundheitspolitik verabschiedet (Kickbusch 2006: 109; Franzkowiak/Sabo 1998: 19ff.).¹²

Das WHO-Verständnis von Gesundheitsförderung zeichnet sich dadurch aus, dass es über den „subjekt-indifferenten Gesundheitsbegriff" (Erben et al. 1986: 67) der Biomedizin hinausweist. Es integriert den Ansatz der Gesundheitserziehung (vgl. Franzkowiak/Sabo 1998)¹³ und erweitert Gesundheit um politische, soziale und psychische Dimensionen (vgl. z.B. Erben et al. 1986). Das zu Beginn der 1980er Jahre in der WHO entwickelte Konzept der Lebensweise¹⁴ erfasste Gesundheit in Verbindung mit sozialer Gerechtigkeit, Geschlechtergleichheit, der Berücksichtigung von Arbeits- und Lebensbedingungen sowie mit sozialemanzipatorischer Partizipation (Franzkowiak/Sabo 1998: 27ff.). Dadurch wurde Öffentliche Gesundheit nach dem Zweiten Weltkrieg auch in Deutschland im Hinblick auf die Gestaltung von Lebensbedingungen erweitert und erneuert, was seinen Ausdruck in der Bezeichnung ‚New Public Health' fand.¹⁵

Im Gegensatz zu Gesundheitserziehung oder Gesundheitsbildung adressiert Gesundheitsförderung prinzipiell die gesamte Bevölkerung. Sie ist also nicht auf medizinisch klassifizierte Risikogruppen beschränkt. Ferner zielte sie mit den Mitte der 1980er Jahre angestoßenen Netz-

---

12 Franzkowiak und Sabo (1998: 27) erläutern die Entwicklung der Ottawa-Charta. Sie weisen auf die Bedeutung des populären WHO-Verständnisses hin. Demnach ist Gesundheit der „Zustand des vollständigen körperlichen, geistigen und sozialen Wohlbefindens und nicht nur das Freisein von Krankheit und Gebrechen".
13 Das Konzept der Gesundheitserziehung orientiert sich am biomedizinischen Modell und zielt vorrangig mit massenkommunikativen Mitteln auf Verhaltensänderungen bei klar definierten Risikogruppen ab, vgl. hierzu ausführlicher Naidoo/Wills (2003: 77f.); s. auch Erben et al. (1986: 77ff.).
14 Das Konzept der Lebensweise umfasst aktive, subjektive Bewältigungsleistungen und soziale Handlungsorientierungen, die sich im Kontext sozial-struktureller Bedingungen beim Individuum biographisch herausbilden und je nach Kontext spezifisch eingesetzt werden. Für eine ausführliche Erörterung vgl. Erben et al. (1986: 85-91).
15 Franzkowiak und Sabo (1998: 16) sehen ‚New Public Health' als letzte Stufe von aufeinander folgenden Paradigmen in der organisierten Prävention: Am Anfang stand die ‚Old Public Health', d.h. die Sozialhygiene, nach sozialmedizinischem Modell, gefolgt von der ‚Public Health', die sich an Gesundheitserziehung auf der Grundlage eines biomedizinischen Risikofaktorenmodells orientierte. Daran schlossen sich die ‚Community Interventions', d.h. die Prävention auf Gemeindeebene nach einem biomedizinisch-psychosozialen Modell, und schließlich die ‚New Public Health' an. Letztere zeichnet sich durch aktive Gestaltung von Lebensweisen und Lebensräumen auf der Grundlage eines sozialökologisch-systemischen Modells aus.

werkprojekten darauf ab, auf lokaler Ebene in konkreten Settings[16] politisch zu intervenieren. Dazu gehören die von der WHO 1998 unter dem Titel „Gesundheit 21" als politisch vorrangig definierten Bereiche Schule, Betriebe und Wohnumfeld. Es wird davon ausgegangen, dass deren Gefüge und Organisationsstruktur die Gesundheit von Individuen maßgeblich beeinflussen (Kaba-Schönstein 2003a: 75).

Konzeptionell ermöglicht es Gesundheitsförderung, Lebens- und Arbeitsbedingungen in umfassender Weise einzubeziehen; die Umsetzung des Konzepts ist von politischen und ökonomischen Kontexten abhängig. So wurde im Gutachten des Sachverständigenrats für die Konzertierte Aktion im bundesrepublikanischen Gesundheitswesen „Bedarfsgerechtigkeit und Wirtschaftlichkeit" (Sachverständigenrat 2000/ 2001) empfohlen, die Aktivitäten zur Gesundheitsförderung stärker auf kontextbezogene Maßnahmen in den Settings Schule, Betrieb und Krankenhaus zu konzentrieren (vgl. Kaba-Schönstein 2003b).[17]

Management- und Organisationsansätze gewinnen in der Politik der WHO[18] und in den Maßnahmen der Umsetzung von Gesundheitsförderung an Bedeutung. Diese Prozesse haben zur Folge, dass Gesundheit Organisationszielen untergeordnet wird (Naidoo/Wills 2003: 259f.). Die Möglichkeiten der Gestaltung von Gesundheit sind folglich dadurch (vor-)strukturiert, dass diese Bildung oder auch ökonomischen institutionellen Zielen untergeordnet werden. Gesundheitsförderung kann so angesichts des Abbaus sozialstaatlicher Leistungen in Verbindung mit Argumenten der Kostenersparnis darauf reduziert werden, die Folgen der sich verstärkenden sozialen Spaltungsprozesse aufzufangen.

---

16 Die Setting-Perspektive zielt darauf ab, die unmittelbare soziale Umwelt im Hinblick auf die Veränderungen ‚gesunder Verhaltensmuster' einzubeziehen. Das erste setting-orientierte Projekt der WHO war das ‚Gesunde-Städte-Projekt', an dem seit 1986 auch deutsche Städte beteiligt sind, vgl. hierzu Naidoo/Wills (2003: 259).

17 Das „Lehrbuch der Gesundheitsförderung" von Naidoo/Wills (2003) gibt einen Überblick über die Umsetzung des Setting-Ansatzes in Schulen, Betrieben und Universitäten.

18 So hat die WHO in der Jakarta-Erklärung von 1997 mit dem Begriff des ‚Gesundheitsgewinns' die Grundlage dafür geschaffen, Gesundheit und Gesundheitsziele über Kennziffern und die Effizienz von Gesundheitsinterventionen zu steuern (vgl. Kaba-Schönstein 2003a: 76). Intervenierende Maßnahmen werden dadurch an ihre direkte Output-Orientierung gebunden, die z.B. in der prozentualen Steigerung der Teilnahme von Frauen aus sozialen Unterklassen an Vorsorgeuntersuchungen bestehen kann. Damit wird das Anliegen der Gesundheitsförderung zurückgestellt, komplexe, ineinanderwirkende Faktoren, wie z.B. Wohnverhältnisse, ökonomische Verhältnisse und Umwelt, im *Hinblick* auf Gesundheit und Krankheit einzubeziehen.

Das zeigt sich in der Bundesrepublik darin, dass gesonderte, zeitlich begrenzte Programme der Gesundheitsförderung geschaffen werden, die speziell auf benachteiligte Familien und Alleinerziehende (z.b. Mielck 2006) oder generell auf sozial Benachteiligte (vgl. z.b. Lehmann 2006) zugeschnitten sind, um deren gesundheitliche Situation gezielt zu verbessern. In ähnlicher Weise wird der für Gesundheitsförderung zentrale Ansatz der Förderung von Kompetenzen Einzelner im Umgang mit Gesundheit (‚Empowerment') (Naidoo/Wills 2003: 84; vgl. Franzkowiak/ Sabo 1998), wie er bereits in der Ottawa-Charta von 1986 programmatisch verankert worden war,[19] in Abhängigkeit von ökonomischen, politischen, sozialen und kulturellen Kontexten partiell durch neoliberale Strategien ‚in Dienst genommen' (Naidoo/Wills 2003: 131-151; s. auch Schultz 2006; Kaba-Schönstein 2003c; Petersen/Lupton 1996).

Das kulturelle Kleinbürgertum als Avantgarde einer neuen Gesundheitskultur

Zeitlich parallel zu den bisher beschriebenen Prozessen der Institutionalisierung eines subjektorientierten Zugangs zu Gesundheit gewann *Gesundheit* gesamtgesellschaftlich an Popularität und ist unter Einfluss der Gesundheitsbewegung auf immer weitere Bereiche des menschlichen Lebens ausgedehnt worden. Diese Entwicklung ist im Kontext der Pluralisierung von Lebensstilen und der Individualisierung situiert und sollte zu einer strukturellen Veränderung des Gesundheitsverständnisses und der Gesundheitspraktiken im Postfordismus führen (Buchmann et al. 1985: 30).

Bereits Anfang der 1980er Jahre wurde in der Bevölkerung der Bundesrepublik ein neues Gesundheitsbewusstsein konstatiert, in dessen Zentrum das Trainieren des Körpers stand (vgl. z.B. Rittner 1982; Erben et al. 1986). Volker Rittner sieht dies als Teil eines Prozesses, in dem einerseits der Körper durch Prozesse der Medikalisierung verdrängt und er andererseits als Medium des Fittings von „Körper und Umwelt" (Rittner 1982: 47) aufgewertet wurde. In Folge wurde Fitness ebenso stark popularisiert wie als Ausdruck eines obsessiven Interesses an Gesundheit kri-

---

19 „Gesundheitsförderung ist auf Chancengleichheit auf dem Gebiet der Gesundheit gerichtet. Gesundheitsförderndes Handeln bemüht sich darum, bestehende soziale Unterschiede des Gesundheitszustandes zu verringern sowie gleiche Möglichkeiten und Voraussetzungen zu schaffen, damit *alle Menschen befähigt werden, ihr größtmögliches Gesundheitspotential zu verwirklichen.'"* (Franzkowiak/Sabo 1998: 28, Hervorgebung R.B.)

tisiert.[20] Die Kritik richtete sich wesentlich gegen die fordistische Prägung des Gesundheits- und Körperkults, in dem Körper und Gesundheit durch sportliches Training im Hinblick auf ihre Effizienz optimiert wurden (Link 1997: 136; s. auch Bourdieu 1997 [1979]; Foucault 1977). Disziplinäres Gesundheitsverhalten ist jedoch keineswegs eine fordistische Neuerfindung: Bereits dem Bürgertum im 18. Jahrhundert galt Gesundheit als Maßstab für die Herstellung einer natürlichen Ordnung auf der Grundlage der Prämissen von Einfachheit, Mäßigung, Selbstdisziplin und Sittlichkeit. Der Körper diente als ‚Klassenkörper' zunächst der Distinktion gegenüber dem Adel, später wesentlich gegenüber den städtischen Unterschichten (vgl. Göckenjan 1985: 73f.; Foucault 1983: 149.). Das Bürgertum schuf sich den gesunden Körper als Selbstaffirmation seines sozialen und politischen Status (vgl. Foucault 1983: 150).

Die Körperkultur der Askese und Disziplinierung in der Nachkriegszeit glich dieser Form der Distinktion in mehrfacher Weise. Noch bis in die 1970er Jahre, so haben die Studien von Pierre Bourdieu und Luc Boltanski gezeigt, war ein bewusstes Gesundheitsverhalten, das sich durch die Inanspruchnahme medizinischer Dienstleistungen und gesundheitsförderliche Verhaltensweisen wie gesunde Ernährung und Bewegung auszeichnet, vorrangig auf soziale Mittelklassen beschränkt (vgl. Bourdieu 1997 [1979]; Boltanski 1976; ähnlich auch Herzlich 1998 [1986]: 172, 179). Bourdieu sieht dies in einer spezifischen Haltung zum Körper begründet.

„Alles scheint darauf hinzuweisen, dass die Beschäftigung mit Körperkultur in ihrer elementaren Form, als Gesundheitskult, in Verbindung nicht selten mit einem übersteigerten Asketismus der Nüchternheit und Diätstrenge, zunächst innerhalb der Mittelklassen auftritt (bei den mittleren Führungskräften, den Angestellten des medizinischen Versorgungsbereichs und besonders den Volksschullehrern – ungewöhnlich ausgeprägt jedoch bei den weiblichen Vertretern dieser Berufsgruppen mit hohen Frauenanteilen), in jenen Kreisen also, die sich bekanntermaßen um ihr Äußeres – mithin ihren ‚Leib-für-den-Anderen' – erhebliche Gedanken machen." (Bourdieu 1997 [1979]: 340)

Boltanski, der in den 1970er Jahren eine Studie über Gesundheitsverhalten durchführte, sieht dieses Verhalten in somatischen Kulturen begründet, welche als „Kodex der guten Sitten" die Regeln, Gefühle, Wünsche usf. im Bezug auf den Körper regulieren (Boltanski 1976: 144, 154). Er

---

20 Die Kritik an diesem Wandel von Gesundheit gewann in den 1980ern nahezu zeitgleich an öffentlicher Aufmerksamkeit; sie findet in Begriffen wie „Gesundheitskult" (z.B. Bourdieu 1997 [1979]: 340) oder „Pflicht zur Gesundheit" (Herzlich 1998 [1986]: 176) ihren Ausdruck.

2 ZUR HEGEMONIE SYMBOLISCHER GESUNDHEIT

analysiert diesen Kodex als Bestandteil des Habitus. Bourdieu und Boltanski erfassen mit diesem Konzept die soziale Genese und strukturell strukturierende Regelung subjektiver Praktiken. Der Habitus wird definiert als ein System dauerhafter Dispositionen, die alltäglichen Handlungs-, Denk- und Wahrnehmungsschemata von Subjekten zugrunde liegen. Subjekte erwerben lebensgeschichtlich einen Habitus, indem sie sich über individuelle und kollektive Erfahrungen, die durch die Positionierung im Klassengefüge strukturiert sind, diese Struktur ihrerseits einverleiben. Beim Habitus handelt es sich deshalb um einen zentralen Modus, mit dem über Denken, Handeln und Wahrnehmen soziale Strukturen (re-)produziert werden (vgl. z.B. Bourdieu 1997 [1979], 1993).

Daraus resultiert, dass Gesundheitsverhalten als Medium der sozialen Distinktion vorrangig durch soziale Mittelklassen wirksam wird. Diese sind prädestiniert, sich für Gesundheit zu interessieren. Denn sie verfügen über die notwendige Distanz zum materiell Notwendigen und das kulturelle Wissen um die Auswirkungen des körperlichen Trainings. Darüber hinaus steht bewusstes Gesundheitsverhalten als Signifikant für ein planendes und vorausschauendes Verhältnis zu sich und zum eigenen Körper, das im rationalen Glauben eines zukünftigen Vorteils verankert ist (Bourdieu 1997 [1979]: 341).

Es waren jedoch die sich in den 1970er Jahren herausbildenden neuen Fraktionen des Bürger- und Kleinbürgertums, von denen wesentliche Impulse für die Transformation des disziplinären Gesundheitsverhaltens ausgingen (ebd.: 537; s. auch Bunton 1997). Bourdieu scheint die Diagnose immaterieller Arbeit geradezu vorweggenommen zu haben, wenn er konstatiert, dass dieser „kulturelle Pol der Mittelklasse" (Bourdieu 1997 [1979]: 539) sich mit der Transformation der kapitalistischen Produktion und der symbolischen Bedürfnisproduktion herausgebildet (ebd.) und in den Berufen des Verkaufs von symbolischen Gütern und Dienstleistungen wie z.b. in medizinisch-sozialen Berufe, im Design oder im Kunsthandwerk seinen vollendeten Ausdruck gefunden habe (ebd.: 563). Strukturell unterscheidet sich diese Fraktion von den traditionell an Disziplin und Gewissenhaftigkeit orientierten Mittelklassen. Denn die kulturelle Fraktion der Mittelklassen zeichnete sich durch ein hohes Kapital und eine gleichzeitige Neigung zum symbolischen Protest aus. Diese spezifische Kombination führte dazu, dass sie in den 1970er Jahren in Konsum und Lebensstil die Avantgarde bildete (ebd.: 573ff.). Das kulturelle Kleinbürgertum kultivierte einen psychologisierten Zugang zu Gesundheit, der sich mit der Transformation zum Postfordismus als hegemonial durchsetzen sollte.

Psychologisierung von Gesundheit

Das kulturelle Kleinbürgertum stellte der asketischen Pflicht eine „Pflicht zum Genuss" (Bourdieu 1997 [1979]: 576) gegenüber, die sich auf Körperausdruck, Natürlichkeit kommunikativen Austausch und einen de-politisierten Kult um die „Gesundheit der Person" und die „psychologische Therapeutik" stützte (ebd.: 577). Es popularisierte eine Moral, die in direkter Abgrenzung zur Disziplin und Askese des traditionellen Kleinbürgertums stand und Entspannung, Genuss und Kreativität postulierte. Diese neue Moral verband sich mit dem Wunsch und der Forderung nach der Befreiung des Körpers durch Gesundheitspraktiken (ebd.: 335). Ihn galt es zu befragen, um die Authentizität des Wollens und der Bedürfnisse zu erfahren (,mein Körper sagt mir'), sich zu entfalten und wohl zu fühlen.[21] Die neue Praxis der Psychologisierung der Beziehung zum eigenen Körper bildet die Grundlage dafür, dass Gesundheit zum Element einer ästhetischen und stilisierten Darstellung des Körpers werden konnte, wobei dieser nun nicht mehr Instrument, sondern Zeichen ist (vgl. ebd.: 579).

Doch zunächst, so haben Bourdieu und Boltanski gezeigt, schlug sich das bewusste Gesundheitsverhalten der Mittelklassen und ihrer neuen Fraktion in einem für den Fordismus typischen ausgeprägten Konsum nieder, der materielle und ideell-intellektuelle Güter wie Ratgeberliteratur, Beratungsangebote, Physiotherapie und alternative Heilmethoden umfasste (Boltanski 1976: 167f.). Dadurch wurden sowohl die Wahrnehmungs- und Bewertungskategorien der Medizin als auch die der alternativen Gesundheitsverfahren adaptiert. Beides setzte einen Prozess der Ausweitung und Transformation von Gütern und Dienstleistungen von Gesundheit in Gang, der in die Konsolidierung eines „neue[n] Gesundheitsmarktes" (Kickbusch 2006: 79) mündete.

Zur Bedeutung alternativer Gesundheit

Die Popularisierung alternativer Gesundheitspraktiken hatte einen maßgeblichen Einfluss auf die Veränderung des hegemonialen sozialen und kulturellen Verständnisses von *Gesundheit* (Mazdumar 2004: 16). So konnte Mitte der 1990er Jahre beobachtet werden, dass Stressbewältigungskurse, Homöopathie, Bachblüten, Tai Chi und vieles mehr in der

---

21 Die neue Körperkultur nimmt Elemente der Lebensreformbewegung des späten 19. und frühen 20. Jahrhunderts sowie der Diätetik auf, deren Ziel darin bestand, Körpersensibilität zu entwickeln um körperliche Bedürfnisse individuell regulieren zu können (vgl. Göckenjan 1985: 83f.; Herzlich/Pierret 1981: 274).

öffentlichen Meinung der Bundesrepublik das Image von Rückständigkeit und volksmedizinischem Aberglauben verloren hatten.[22] Vielmehr werden die Angebote zunehmend von einem breiten Spektrum der Bevölkerung in Anspruch genommen (vgl. z.B. Andritzky 1997). Das zeigt schon eine empirische Studie, die nur einen Ausschnitt der sozialen Anwendung alternativer Gesundheitsverfahren in der Bundesrepublik betrachtet, nämlich die Nutzung alternativer Gesundheitsverfahren im Kontext medizinischer Behandlung. Demnach hatten 1997 bereits 65 % der Bevölkerung schon einmal Naturheilmittel verwendet (Marstedt/ Moebius 2003: 13).[23]

Empirische Studien haben ferner ergeben, dass klinisch gesunde Menschen und chronisch Erkrankte zunehmend alternative Gesundheitsverfahren anwenden (vgl. z.B. Schulz 2001). Gegenwärtig integrieren immer mehr Krankenkassen einzelne Verfahren in ihr reguläres Leistungsangebot zur medizinischen Behandlung und Gesundheitsfürsorge (vgl. Marstedt/Moebus 2003). Eine Studie aus der Schweiz lässt darauf schließen, dass mit der Kassenfinanzierung von naturheilkundlichen Verfahren die Quote und Intensität ihrer Inanspruchnahme durch die Bevölkerung weiter ansteigt (ebd.: 14).[24]

Die Paradigmen der Selbstveränderung und der Eigenverantwortung

In alternativen Gesundheitsverfahren, anders als in biomedizinisch ausgerichteten Therapien, steht nicht die Beseitigung der Pathologie im Zentrum, sondern die Wiederherstellung subjektiver Gesundheit durch Aktivierung der Selbstheilungskräfte. Alternative Gesundheitsverfahren orientieren sich anders als die Biomedizin nicht in erster Linie an objektivierbaren Zeichen von Gesundheit und Krankheit (vgl. Foucault 1993), sondern an subjektiven Wahrnehmungen und Sinnstiftungen von Krank-

---

22 Das soll nicht nahelegen, dass die Verbreitung der Anwendung der Naturheilverfahren in der Bevölkerung der Bundesrepublik eine Erfindung des 20. Jahrhunderts sei. Vielmehr verweist eine historische Studie über die Formierung der Naturheilbewegung im Kaiserreich darauf, dass diese auf die Kritik an der zunehmenden Vernaturwissenschaftlichung der Medizin zurückzuführen ist, vgl. hierzu ausführlich Regin (1995).
23 Frauen nutzen alternative Gesundheitsverfahren erheblich häufiger als Männer; das Verhältnis von Nutzerinnen zu Nutzern liegt ca. bei 3:2 (Marstedt/Moebius 2003: 14).
24 In der Schweiz wurden im Rahmen eines Modellversuchs von 1999 bis Ende Juni 2005 alternative Gesundheitsverfahren vollständig in den Leistungskatalog der Krankenkassen aufgenommen (vgl. Marstedt/Moebius 2003).

heit und Gesundheit. Dass NutzerInnen diesen Zugang in Befragungen als besonders positiv hervorheben, verweist auf ein gestiegenes soziales Bedürfnis nach ganzheitlicherer und individuellerer Therapie (Kahrs 1999: 147). Cornelius Borck hat darauf hingewiesen, dass alternative Gesundheitsverfahren eine weit reichende Veränderung von Einzelnen erfordern, da sie sich durch minutiöse Selbstbeobachtung und zum Teil drastische Umstellungen individueller Lebensgewohnheiten auszeichnen (Borck 1996: 25f.). Thomas Schulz zufolge berichten alle im Rahmen einer Studie über alternative Heilverfahren interviewten NutzerInnen davon, dass sich ihr Leben durch die Übernahme von Eigenverantwortung verändert habe (Schulz 2001: 71, 96; s. auch Hughes 2004: 31). Darüber hinaus erfüllen die alternativen Modelle zur Erklärung von Störungen des Befindens und von Krankheiten, z.B. das des ‚Energieungleichgewichts', das Bedürfnis nach subjektiver Sinnstiftung. Sie bieten kongruente Interpretationsangebote, die psychosomatische Konzepte von Persönlichkeitsentwicklung und Selbstverantwortung in den Mittelpunkt stellen und sie als Ansatzpunkt für die individuellen Änderungen des Lebensstils und des Umgangs mit Lebens- und Arbeitsbedingungen nehmen (Hughes 2004: 30). Walter Andritzky (1997: 88) hat in einer empirischen Studie über alternative Gesundheitsverfahren gezeigt, dass die Techniken und Interpretationsangebote verschiedener Praktiken alternativer Gesundheit prinzipiell austauschbar, ausbau- und umbaufähig sind, so dass Individuen generalisierbare Kompetenzen im Umgang mit sich selbst erwerben.

Gesundheit als generalisierter kultureller Code

Gesamtgesellschaftlich trug der Konsum von Gesundheitsprodukten und die Adaption alternativer Gesundheitspraktiken durch die neuen Fraktionen der sozialen Mittelklassen dazu bei, dass das kulturelle Verständnis von Gesundheit zunehmend in Lebensstile und den fordistischen Massenkonsum integriert und dadurch über die Grenzen der Mittelklassen hinaus verbreitet wurde. Infolgedessen hatte sich Mitte der 1990er Jahre, als die fordistische Gesellschaftsformation in den westlich-industriellen Ländern längst erodiert war und sich postfordistische Strukturelemente zunehmend etabliert hatten, das Verständnis von Gesundheit so ausgedehnt, dass sie tendenziell von Konsumgütern, Sport und anderen Praktiken nicht mehr unterschieden werden konnte:

„Twenty years ago, the mention of health and illness would probably have invoked thoughts of hospitals, doctors, nurses, drugs and a first aid box. Today, however, it would probably conjure up a much broader range of images which could well include healthy foods, vitamin pills, aromatherapy, alternative medicines, exercise bikes, health clubs, aerobic, walking boots, running shoes, therapy, sensible drinking, health checks and more. Health, it seems has become a ubiquitous motif in our culture." (Nettleton 1995: 2; s. auch Bunton 1997)

Mit diesem Prozess der Generalisierung dessen, was kulturell unter Gesundheit verstanden wird, hat sich ihre soziale Funktion verändert: *Gesundheit* hat sich als eine Art Code generalisiert, der völlig disparate Bereiche des menschlichen Lebens und Arbeitens (z.B. Führungsstile, Unternehmen, Nutzung von Berufskleidung, Spaß an der Arbeit, Ernährung, Beziehungsgestaltung) unter ein Label fasst und in einem Deutungsfeld vereint. Die strukturelle Veränderung liegt darin, dass *Gesundheit* nicht mehr allein medizinischer Expertise überantwortet ist, sondern als integraler Bestandteil von alltäglicher Lebensqualität, Wohlbefinden und Glück verstanden wird (Herzlich 1998 [1986]: 176; Mazdumar 2004: 19ff.).

So ist Kickbusch (2006: 35) der Auffassung, dass das hier aufkommende Gesundheitsverständnis viel stärker an alltäglichen Praktiken orientiert ist, als es in der Biomedizin der Fall ist. In Verbindung mit einer Enthierarchisierung der Beziehung zwischen ‚Arzt und Patient' (vgl. Kickbusch 2006; Saks 1998; Faltermaier 1994: 69) verweisen diese Prozesse auf die Erosion der Hegemonie der Biomedizin in westlich-industriellen Gesellschaften (Herzlich 1998 [1986]: 176) und die steigende Relevanz eines lebensweltorientierten, subjektorientierten Gesundheitsverständnisses. In diesen Prozessen lösen sich die tradierten Grenzen zwischen Medizin und alternativer Gesundheit, Emanzipation und Kommodifizierung zunehmend auf (vgl. auch Kickbusch 2006).

Ein neuer Gesundheitsmarkt

Entgrenzung zwischen Natur und Kultur

Medikalisierungsprozesse haben jedoch im Zuge der skizzierten Entwicklungen nicht an Relevanz verloren. Im Gegenteil: In der Pränataldiagnostik biologisch konstruierter Risiken, z.B. in der Schwangerschaft und Reproduktion (vgl. Schultz 2006; Ruhl 1999) oder in der prädiktiven Diagnostik individueller genetischer Dispositionen[25] für Krank-

---

25 Bei dem Begriff der Disposition handelt es sich um einen epidemiologisch relevanten Begriff. Er bezeichnet den Umstand, dass statistische

heiten (vgl. z.B. Lemke 2004, 2000) zeichnen sich die Konturen einer modernen Medikalisierung ab. Diese operiert auf der Grundlage der Sozialepidemiologie wesentlich über individualisierende Strategien der Risikoselektion, die z.B. mit pränataler oder prädiktiver genetischer Diagnostik die genetische „Ausstattung der Einzelnen" (Lemke 2004: 87) feststellen. Sie bildet einen Ansatzpunkt politischer Regulierung und wird in soziale Anforderungen an das Individuum transformiert, das eigenverantwortlich und präventiv seinen Lebensstil anpassen soll (vgl. Lemke 2004: 82; Waldschmidt 1996).

In diesem Prozess erodiert die kulturelle Grenze zwischen Natur und Kultur (Lemke 2004: 59f.), zwischen medizinischen und sozialen Diskursen, zwischen einem biologisch-medizinischen und einem sozialen, psychischen und politischen Verständnis von Gesundheit (Schultz 2006: 230). Die Verschränkung verschiedener Ebenen bildet eine Bedingung dafür, dass Gesundheit im Postfordismus zunehmend als politisch, ökonomisch und individuell gestaltbar gilt und dadurch zu einem privilegierten Bereich kapitalistischer Produktion avanciert (vgl. Hirsch 2002, 2001, 1996).

Entgrenzung von Medizin und alternativer Gesundheit

In neueren Untersuchungen über alternative Medizin in den USA ist gezeigt worden, dass die Dichotomie zwischen Medizin und alternativen Gesundheitsverfahren mit der zunehmenden Kommodifizierung von Gesundheit aufweicht (vgl. Kickbusch 2006; Hughes 2004). Beide gleichen sich in komplexen, sich wechselseitig verstärkenden Prozessen der Ökonomisierung aneinander an.

So hat die Anzahl derjenigen ÄrztInnen, die alternative Untersuchungs- und Heilmethoden in ihrer medizinischen Praxis einsetzen, seit Mitte der 1990er Jahre drastisch zugenommen (Marstedt/Moebius 2003: 7).[26] Ferner haben zahlreiche Krankenkassen auf die Veränderungen im Umgang mit Gesundheit in der Bevölkerung in der Weise reagiert, dass

---

Wahrscheinlichkeiten berechnet, jedoch keine Aussagen über kausale Beziehungen getroffen werden.

26 Das zeigt sich deutlich an der Verwendung von Zusatzbezeichnungen. Während im Jahre 1995 5.680 ÄrztInnen die Zusatzbezeichnung ‚Naturheilverfahren' führten, hatte sich diese Zahl bis zum Jahre 2000 nahezu verdoppelt (10.726). Derselbe Trend zeigt sich bei der Zusatzbezeichnung ‚Homöopathie': Während im Jahre 1994 2.400 ÄrztInnen diese Zusatzausbildung hatten, waren es im Jahre 2000 bereits 4.490 (Marstedt/Moebius 2003: 7).

sie auf der gesetzlichen Grundlage des § 20 SGB V[27] Modellversuche zur Integration alternativer Gesundheitsverfahren in die medizinische Behandlung durchgeführt haben und inzwischen sukzessive alternative Verfahren in ihr Leistungsangebot integrieren (für einen Überblick Marstedt/Moebius 2003: 16f.; s. auch Kahrs 1999). Hierzu trägt die Ökonomisierung der Gesundheitspolitik bei, denn im Zuge der Wahlfreiheit der Krankenkassen werden „alternativmedizinische Marketingkampagnen" (Veghte 1999: 130) lanciert, die nach Niedermeier (1999: 83) darauf abzielen, wohlhabende Versicherte aus den Mittelschichten zu werben. Die Struktur der Ausweitung dieser Angebote ist typisch für postfordistische Produktion. Über vertikale Integration werden Produktion und Angebot alternativer Gesundheitsgüter pluralisiert, differenziert und insgesamt gesteigert (vgl. Collyer 2004).

Gleichzeitig verstärkt und verschärft sich der Wettbewerb zwischen AnbieterInnen alternativer Gesundheitsverfahren. Das zeigt sich z.B. darin, dass außermedizinische AkteurInnen bestrebt sind, ihre Tätigkeit z.B. durch Zertifizierungen[28] zu professionalisieren oder darin, dass Grenzkämpfe zwischen außermedizinischen und medizinischen AnbieterInnen, z.b. um die Wirksamkeit von Behandlungen, ausgetragen werden (vgl. z.B. Adams 2004).[29]

Die Expansion des Gesundheitsmarktes

Die Durchsetzung eines lebensstil- und subjektorientierten Gesundheitsverständnisses hat die Grenzen der Medizin aufgezeigt und gleichzeitig erodiert. Denn sie trug dazu bei, dass in zahlreichen westeuropäischen Ländern ein nach marktwirtschaftlichen Kriterien funktionierender alternativer Gesundheitsmarkt außerhalb des (an die gesetzliche Krankenversorgung gebundenen) medizinischen Marktes aufgebaut wurde. Dieser Gesundheitsmarkt setzt sich aus Dienstleistungen und Produkten zur gesundheitlich medizinischen Vorsorge (IGeL), aus E-Health, Bio- und Informationstechnologie, Telekommunikation, Umwelt- und Bildungsdienstleistungen (z.B. Seminare, Ratgeber), Forschungen, Versicherungen (z.B. Zusatzversicherung), Werbung und Marketing, dem Gesund-

---

27 Dieser Paragraph regelt die Leistungen der Krankenkassen zur Förderung der Gesundheit und zur Verhütung von Krankheiten.
28 Boon et al. (2004) haben Professionalisierungsbestrebungen der AnbieterInnen alternativer Gesundheitsverfahren in Kanada untersucht.
29 Der Studie von Regin (1995: 465) ist zu entnehmen, dass die Grenzkämpfe um das Thema ‚Wirksamkeit' schon für das Kaiserreich typisch waren. Sie zeichnet die Debatte zwischen VertreterInnen der Naturheilbewegung und approbierten ÄrztInnen um so genannte Kurpfuscherei nach.

heitshandwerk sowie industriell produzierten alternativen Gesundheitsgütern wie Vitaminen, Kräutern, homöopathischen Mitteln oder Nahrungsergänzungsmitteln zusammen (Kickbusch 2006: 82f.). Insbesondere Güter alternativer Gesundheit werden alltagskulturell nicht mit Kommerzialisierung und Industrialisierung verbunden, weil sie kulturell als Zeichen für Natürlichkeit und einen ganzheitlichen Zugang zu Gesundheit gelten (Collyer 2004: 83). Quantitative Studien über die Motive der Nutzung alternativer Gesundheitsverfahren lassen darauf schließen, dass die Erwartung hoher Natürlichkeit den Konsum alternativer Verfahren befördert (vgl. Kahrs 1999; Veghte 1999). Darüber hinaus wird die Expansion des Gesundheitsmarktes durch das generelle Gesundheitsinteresse einer konsumfreudigen sozialen Mittelklasse vorangetrieben, der individuelle Wahlmöglichkeit, Kontrolle über ihre eigene Gesundheit und Beteiligung an Entscheidungsprozessen, aber auch die Zugänglichkeit, Bequemlichkeit und Qualität von Dienstleistungen wichtig ist (Kickbusch 2006: 85).

Im Ergebnis führten diese Prozesse zur Erosion der Hegemonie des biomedizinischen zugunsten eines lebensweltorientierten, subjektbezogenen Verständnisses von Gesundheit. Damit einhergehend lösten sich die im Fordismus konstitutiven Grenzen zwischen alternativen Gesundheitsverfahren und Medizin, Kommodifizierung und Emanzipation auf, ein Prozess, der in die Konsolidierung eines neuen Gesundheitsmarktes mündete.

Konturen symbolischer Gesundheit im Postfordismus

Mit der Krise des Fordismus und den Transformationsprozessen zum Postfordismus ist, so meine zentrale These, ein Leitbild der ‚gesunden Selbstmodellierung' unter maßgeblichem Einfluss alternativer Gesundheitspraktiken und psychosomatischer Konzepte von Gesundheit popularisiert worden. Es beinhaltet eine Verschiebung hegemonialer Gesundheit von einem „Schweigen der Organe" (Canguilhem) zu einer Subjektform. ‚Gesunde Selbstmodellierung' bildet die Grundlage dafür, dass Gesundheit im Postfordismus eine symbolische Bedeutung erhält und als symbolische Gesundheit Mehrwert produziert. Dieser symbolische Mehrwert wird im Postfordismus als Kapital wirksam.

Das Leitbild der ‚gesunden Selbstmodellierung'

Seit den 1970er Jahren ist im Kontext einer zunehmenden Kommodifizierung von Gesundheit der Gesundheitsbegriff ausgeweitet worden. Dieser Prozess wird durch die Subjektorientierung in den Zugängen zu Gesundheit befördert, denn vorrangig soziale Mittelklassen wünschen sich vermehrt eine individuell zugeschnittene therapeutische Behandlung, in die psychologische Elemente integriert sind. Das erklärt die verstärkte Nutzung alternativer Gesundheitsverfahren in der Bevölkerung.

Die dabei erworbenen ‚generalisierten Kompetenzen' im Umgang mit sich selbst gehen weit über den traditionellen Bereich von Gesundheitsvorsorge hinaus, indem sie paradigmatisch eine Form der Selbstbearbeitung vorgeben. Sie werden als ‚gesunde Selbstmodellierung' unter der Leitdisziplin der Psychosomatik[30] popularisiert.

Mit Jürgen Link (1997: 157) sind generalisierbare Kompetenzen im Umgang mit sich selbst als Bestandteil eines seit den 1970er Jahren popularisierten Typus von Normalisierung[31] zu verstehen, der sich auf flexible Selbstbearbeitung stützt. Diese stellt eine Strategie dar, mit der Normalität errichtet und zugleich die Grenzen zwischen Normalität und Abweichung markiert wird. Der neue Typus von Normalisierung (die „flexibel-normalistische Strategie" [ebd.: 78]) zeichnet sich im Unterschied zu der von Foucault analysierten disziplinären Normierung[32], welche Link als „protonormalistische Strategie" (ebd.) bezeichnet, dadurch aus, dass die zuvor absoluten Grenzen zwischen Normalität und

---

30 Für eine Analyse der Rationalität der Psychosomatik vgl. Greco (1998). Gegenwärtig werden soziale und biologische Elemente in das Konzept der Psychosomatik integriert. Beispiele hierfür sind Begriffe wie „soziopsychosomatisch" (Huber 2002: 62) oder bio-sozio-psychosomatische Zugänge zu Gesundheit (vgl. Bertelsmann Stiftung/Hans-Böckler Stiftung 2004: 14).

31 Normalität wird als historische Kategorie verwandt, die in der Produktion von Normalitätsfeldern wirksam wird, indem homogene, totale Felder hergestellt werden, Vergleiche gezogen, ein Durchschnittsfeld geschaffen und Normalität schließlich ausdifferenziert wird (vgl. auch Ewald 1991). In Links Theorie firmiert Normalismus als Oberbegriff, der „das Ensemble aller ‚Normalitäten' einschließlich der dazu ‚passenden' Subjektivitäten produzierenden Diskurse, Verfahren, Instanzen und Institutionen" bezeichnet (Link 1997: 341).

32 Foucault modifiziert in seinen späteren Arbeiten sein Verständnis von Normierung und entwickelt eine differenziertere Unterscheidung zwischen Normierung und Normalisierung. So kommt er etwa im Kontext seiner Analysen zum Neoliberalismus zu einer Einschätzung der Funktion von Normalisierung, die dem linkschen Modell der ‚flexiblen Normalisierung' auffallend ähnelt (vgl. hierzu Foucault 2006: 359).

Abweichung maximal ausgeweitet und angespannt, zeitlich und inhaltlich flexibel sind.

Protonormalismus und flexibler Normalismus dürfen nicht als Gegensätze verstanden werden, denn „auch der Flexibilitäts-Normalismus [wird] lieber irgendeine als gar keine Grenze festsetzen" (ebd.: 340). Sie bilden vielmehr strukturelle Alternativen, die ineinander umschlagen können. Deshalb wird die Grenze zwischen Normalität und Abweichung auch im flexiblen Normalismus reguliert, jedoch nicht mehr durch institutionelle, ‚fordistische' Korrekturen (vgl. z.B. Foucault 1977), sondern durch kollektive Denormalisierungsangst (Link 1997: 277, 336).

Ein Ausdruck dieser Veränderung ist der strukturelle Wandel von einer biomedizinisch begründeten dichotomen Beziehung zwischen Gesundheit und Krankheit zu einer flexibel normalistischen Kontinuitätsstruktur, in der die Grenzen zwischen Gesundheit und Krankheit zeitlich und inhaltlich fließend werden (Mazdumar 2004: 14). Diese Veränderung ist verbunden mit einer wachsenden Bedeutung der eigenverantwortlichen Prävention, die sich einerseits auf epidemiologische Risiken spezifischer Gruppen (vgl. Schultz 2006; Lemke 2004, 2000) und andererseits auf alltägliches vorsorgliches Gesundheitsverhalten z.b. in Bezug auf Ernährung, Bewegung und den Verzicht auf Rauchen stützt.

Worin ist die Transformation von der binären Unterscheidung zwischen ‚gesund' und ‚krank' zu einer ‚flexibel-normalistischen Kontinuitätsstruktur' begründet? Françoise Castel et al. (1982) beschreiben Ende der 1970er Jahre, wie sich psychotherapeutische Verfahren in wechselseitiger Verstärkung mit der zunehmenden Erosion der Grenze zwischen ‚normal' und ‚pathologisch' in den psychologischen Wissenschaften verbreiteten. Jenseits der Psychoanalyse entwickelte sich ein breites Spektrum von therapeutischen Verfahren, deren Interventionen sich nicht – wie die klassische Psychoanalyse – an Heilung, sondern an der „Therapie des Normalen" (ebd.: 192) orientieren.

Therapeutische Verfahren wie Transaktionsanalyse oder Verhaltenstherapien strahlen in das Alltagsleben hinein und bieten sich ihrerseits für einen Gebrauch außerhalb des psychologisch professionellen Rahmens an. Sie bilden Vektoren, über die Alltagsleben sukzessive von medizinisch-psychologischen Schemata durchsetzt wird (vgl. auch Rose 1999). Über die Habitualisierung von Selbstsorge, Selbstbeobachtung und -aufmerksamkeit greifen sie regulierend ein, „um das menschliche Potenzial zu entfalten" – Normalität wird dadurch zu einem Produkt der Arbeit am Selbst (Castel et al. 1982: 305).

Grundlage der Flexibilisierung von Gesundheit und Krankheit wie auch insgesamt der flexiblen Normalisierung sind Stresstheorien (Link 1997: 378) bzw., kategorialer gefasst, kybernetisch-systemtheoretische

Modelle von Körper, Selbst und Gesundheit.[33] Diese Modelle beinhalten, wie Illich es Mitte der 1990er Jahre im Nachwort zur vierten Neuauflage seiner Studie über Medikalisierung aus den 1970er Jahren formulierte, dass man sich „als selbstregulierendes und selbstkonstruierendes System versteht, das einer verantwortlichen Behandlung bedarf" (Illich 1995 [1975]: 207).[34] Die strukturelle Bedeutung eines kybernetischen Modells für das soziale und kulturelle Verständnis von Selbst und Gesundheit wird im Folgenden exemplarisch am Konzept des Immunsystems (vgl. Martin 2002, 1998, 1994) und dem gegenwärtig populärsten gesundheitswissenschaftlichen Konzept, der Salutogenese (vgl. Antonovsky 1997 [1987]), aufgezeigt.

Emily Martin (1994) hat in einer breiten empirischen Studie in den USA auf der Basis von qualitativen Interviews und teilnehmender Beobachtung herausgearbeitet, dass sich seit den 1970er Jahren ein Wandel in der kulturellen Konzeption von Körpern, dem Selbst und Gesundheit vollzogen hat. Im Gegensatz zu den 1950er Jahren, in denen die Bilder des Körpers als Maschine *und* als von außen durch Keime und Krankheiten bedrohte Einheit dominierten, setzte sich das Bild des Körpers als komplexes System bis zu den 1990er Jahren durch. In diesem Prozess kulminierten neue wissenschaftliche Paradigmen, wie das Selektionstheorem in der Biologie, die Herausbildung der Disziplin der Psychoneuroimmunologie und sozio-kulturelle Prozesse.

Das Selektionstheorem bezeichnet ein grundlegend neues Paradigma im biologischen Verständnis dessen, wie Immunsysteme funktionieren: Ging das ‚alte Paradigma' davon aus, dass der Körper auf den Kontakt mit Antigenen allgemein und unspezifisch, also eher reaktiv antwortete, so zeigten neuere Forschungen, dass das Immunsystem spezifisch und deshalb aktiv auf Antigene reagiert. Es setzte sich wissenschaftlich zunehmend die Auffassung durch, dass ein komplexer Abstimmungsprozess *innerhalb* des Immunsystems erfolgt, der die Antikörperproduktion und die körperliche Reaktion steuert. Auf dieser Grundlage wurde das Immunsystem als komplexes, hoch spezialisiertes, intern vernetztes System konzipiert, das über die Verbindung mit der Umwelt funktioniert (ebd.: 37, 92). Martin stellte in ihren Interviews fest, dass das Verständ-

---

33 Für deren Hegemonie vgl. auch Borck (1996: 12ff.) und Kühn (1999). Huber (2002) bietet ein gutes Beispiel für eine Sichtweise auf Gesundheit und Gesellschaft, die sich auf ein kybernetisches Modell stützt.
34 Interessanterweise revidiert Illich dabei zahlreiche Aussagen der Studie. Er begründet das damit, dass er den sozialen Wandel hin zu kybernetischen Modellen, welche die von ihm anvisierte emanzipatorische Selbstverantwortung in ein Modell der verantworteten Selbstregulierung transformiert, nicht habe absehen können (Illich 1995 [1975]: 204-214).

nis von Körper und Gesundheit in der US-amerikanischen Alltagskultur zunehmend diesem Bild des Immunsystems folgte.

Körper und Selbst werden demzufolge als aktive Agenten konstruiert, die auf höchst wechselhafte Antigene oder, verallgemeinert gesprochen, auf Reize reagieren können. Reize gelten nach diesem Bild folglich nicht mehr per se als schädigende Eindringlinge, die abgewehrt und vom Körper kontrolliert werden müssen, sondern auch als positive, entwicklungsfördernde Herausforderungen für die Ausbildung des Immunsystems (vgl. Martin 2002, 1994).[35] Körper und Selbst können im Bild des Immunsystems auf die umgebende Welt innovativ und flexibel mit Anpassung und Wandel reagieren und sich dadurch weiterentwickeln und wachsen (Martin 2002: 36).

Auch das von dem Medizinsoziologen Aaron Antonovsky begründete Konzept der Salutogenese basiert auf einem kybernetischen Verständnis von Gesundheit. Es richtet den Blick statt auf die Entstehung von Krankheit (Pathogenese) auf den Erhalt von Gesundheit. Hierzu werden Gesundheit und Krankheit als multidimensionales Kontinuum zwischen Polen (health-ease und dis-ease) konstruiert. Es handelt sich folglich um eine klassische flexibel-normalistische Kontinuitätsstruktur. Gesundheit wird als Prozess verstanden und damit die Frage in den Fokus gerückt, wie sich Menschen auf dem Kontinuum zwischen Gesundheit und Krankheit bewegen.

Antonovsky (1997 [1987]: 26f.) bezieht sich dazu auf ein Stresskonzept und formuliert auf dieser Grundlage zwei zentrale Annahmen. Erstens geht er davon aus, dass Stressoren[36] nicht die Ausnahme, sondern die Normalität bilden, da sie ubiquitär sind; und zweitens, dass Stressoren deshalb nicht zwangsläufig negative, sondern auch positive, gesundheitsförderliche Folgen haben können.

Unter direktem Bezug auf die Systemtheorie bildet im Konzept der Salutogenese nicht mehr Homöostase, sondern Heterostase den Bezugspunkt für Gesundheit (ebd.: 143). Obwohl Antonovsky auch strukturelle Ressourcen wie soziale Klasse, Geschlecht oder Lebens- und Arbeitserfahrungen thematisiert, rückt er konzeptionell psychosoziale Widerstandsressourcen („generalised resistance ressources") im Umgang mit Stressoren in den Vordergrund (ebd.: 109). Damit bezeichnet er ein

---

35 Ein alltagskulturelles Beispiel ist der Umgang mit Schmutz. In sozialen Mittelkassen werden Kinder nicht mehr angehalten, Schmutz zu vermeiden. Er wird vielmehr als Medium gesehen, mit dem das Immunsystem trainiert werden kann, vgl. Martin (2002).
36 Unter Stressoren werden äußerliche Bedingungen verstanden, die hypothetisch Stressreaktionen beim Individuum auslösen, vgl. hierzu Leidig (2003: 32).

2 ZUR HEGEMONIE SYMBOLISCHER GESUNDHEIT

Konglomerat kognitiv-motivationaler Einstellungen, Gefühle und Haltungen. Grundlegend hierfür ist eine dispositionale, relativ stabile Orientierung im Leben, die Antonovsky Kohärenzgefühl („Sense of Coherence" = SOC) nennt. Dieses setzt sich zusammen aus der Überzeugung, dass die Ereignisse der inneren und äußeren Umwelt verständlich und vorhersehbar sind (Verstehbarkeit), dass Ressourcen verfügbar sind, um diesen zu begegnen (Bewältigbarkeit), und schließlich, dass die Anforderungen der Umwelt sinnvoll sind und Menschen gerne Energie in sie investieren (Sinnhaftigkeit). Das Kohärenzgefühl als komplexe Lebenseinstellung ermöglicht den flexiblen Umgang mit Stressoren und im weiteren Sinne auch mit Lebensbereichen, wie z.B. Arbeit oder soziale Beziehungen, und der eigenen Identität (ebd.: 39-42, 130f.).

Nach Mazdumar (2004: 18) ist die Salutogenese als Ausdruck eines Paradigmenwechsels im Verständnis von und Umgang mit Gesundheit zu werten. Ein Indikator hierfür ist die starke Rezeption des Konzeptes in der Forschung und in psychosozialen therapeutischen Behandlungskonzepten.[37] Diese Konzepte treffen sich mit der Salutogenese darin, dass sie, statt problemorientiert zu arbeiten, auf Ressourcen und individuellen Kompetenzerwerb zur Stärkung von Gesundheit fokussieren (Franke 1997: 169).

Wie das Konzept des Immunsystems hebt die Salutogenese die Aktivität, die Dynamik und das ständig zu regulierende Ungleichgewicht im Bezug auf Gesundheit hervor. Auch hier werden Körper und Selbst in der Tendenz ununterscheidbar; äußere Reize (Antigene/Stressoren) werden nicht als Krankheiten verursachend oder schädlich bzw. belastend angesehen, vielmehr rückt die individuelle *Fähigkeit*, flexibel und angemessen auf diese zu reagieren, in den Vordergrund. Dadurch wird die Beziehung zwischen Gesellschaft, Gesundheit und Individuum verändert.

Das zeigt ein Vergleich mit früheren psychosomatischen Konzepten von Krankheit als „Widerstand" (vgl. z.B. Haag 1989) und mit alltagskulturellen Repräsentationen von Gesundheit und Krankheit aus den 1960er/1970er Jahren (Herzlich 1973). Claudine Herzlich hatte in ihrer empirischen Studie in Frankreich herausgefunden, dass Individuen Gesellschaft, z.B. die Zwänge des Arbeitslebens, Leben in den Städten oder Umweltverschmutzung, gleichzeitig als Ursache für Krankheit wie als Anforderung an ihre Gesundheit verstanden (ebd.: 29f.). Individuen sa-

---

37 So weist Franke (1997: 169) darauf hin, dass über 14.000 Personen allein bis 1993 mit dem Fragebogen zu den SOC in den verschiedenen Disziplinen der Psychosomatik, Gesundheitsförderung, Prävention, Psychotherapie, medizinischen Soziologie, Public-Health-Forschung, Gesundheits- und Rehabilitationsforschung untersucht worden sind.

hen sich tendenziell als passiv, als Objekte von Zwang, Anforderungen und Druck von außen, denen sie selbst mit einer ‚robusten Gesundheit' widerstehen könnten oder die sie verarbeiten müssten. „For the individual, health is both the potential for resistance and the means of solving the conflict." (Ebd.: 30)

Die Beziehung zwischen Individuum und Gesellschaft war diesem Konzept zufolge eine zwischen ‚Gesundheit' und ihrer Bedrohung durch Krankheit, Zwänge, Anforderungen und Belastungen der Gesellschaft. In diesem Fall wurde Gesundheit als ein absoluter Naturzustand des Körpers und der Psyche, als eine Art Robustheit, konstruiert, die sich notwendigerweise in einem Konflikt mit der industriellen Gesellschaft und ihren Arbeits- und Lebensbedingungen befinden *musste* (s. auch Ehrenberg 2004: 135).

Wenn demgegenüber mit kybernetischen Modellen individuelle *Fähigkeiten* zur Selbststeuerung, zur Verarbeitung und zum Umgang mit Umwelt konzeptuell in den Vordergrund rücken (Link 1997: 377f.; s. auch Weingarten 1989), wird die Dichotomie der Beziehung zwischen Umwelt, Gesellschaft einerseits und Gesundheit, Individuum andererseits in der Weise transformiert, dass Gesellschaft und Umwelt keine Grenzwerte und Konfliktherde für die Gesundheit von Individuen (mehr) darstellen.

Sie erscheinen vielmehr als Umgebung für ein auto-referentielles Individuum, das sich flexibel und in der Tendenz unbegrenzt an diese anpassen kann. Die im fordistischen Paradigma dominante Sichtweise der industriellen und sozialen Pathogenität von Arbeits- und Lebensbedingungen (vgl. z.B. Kaupen-Haas/Rothmaler 1995) wird abgelöst durch den Blick auf verschiedene (potenziell austauschbare) Bedingungen, deren Wirkung als Schaden oder Persönlichkeitswachstum vom Individuum ausgehend zu bestimmen ist.

Strukturell ist Gesundheit im Modus regulierender Subjektnormalisierung weicher und flexibler organisiert als die disziplinäre Normierung eines fitten Körpers. Sie ist aber auch tiefgreifender, denn mit ihr steht die „Installation eines flexiblen Dispositivs im Subjekt [im Zentrum], das ihm imaginäre Datenvergleiche, Kurvenentwürfe und Durchschnittskalküle erlaubt" (Link 1997: 338). Martin (2002: 39) vermutet, dass mit der Generalisierung von Gesundheit und Selbst als komplexes System nicht nur die Vorstellung einer überbordenden Eigenverantwortlichkeit für die eigene Gesundheit einhergeht, sondern auch, dass konzeptuell

2 ZUR HEGEMONIE SYMBOLISCHER GESUNDHEIT

Konflikte in der Beziehung zwischen Individuen (als Systemen) und deren Umwelt durch individuelle Anpassungsprozesse ersetzt werden.[38] Flexibilität und Anpassung an wechselnde gesellschaftliche Bedingungen, vor allem an Lebens- und Arbeitsbedingungen, werden konzeptuell als erlernbare Kompetenzen konstituiert, die sich Individuen durch Habitualisierung, Training und Erziehung aneignen können und *müssen* (Martin 2002: 40ff.). Das ist Botschaft und Ansatzpunkt für das wachsende Angebot und den Konsum alternativer Gesundheitsverfahren, z.B. von Lebensratgebern, Seminaren zu gesundem Leben, Stressbewältigung oder Yoga (Duttweiler 2005: 267f; Duttweiler 2003: 3f.; s. auch Andritzky 1997).

Damit geht eine strukturell relevante Veränderung im Verständnis von Gesundheit einher: Indem mit der „selbst-regulierenden Normalisierung" (Hark 1999: 73) die Veränderung des Selbst in Reaktion auf Lebens- und Arbeitsbedingungen als individuelle Fähigkeit in das Subjekt verlagert wird (vgl. auch Lemke 2000; Greco 2000; Nettleton 1997), wird das Verständnis von Gesundheit von einem ‚Zustand des Körpers' hin zu einem entwicklungsfähigen psychosozialen Potenzial verschoben. Mit dieser anti-essentialistischen Konzeption von Gesundheit geht einher, dass *Gesundheit* idealtypisch auf einen Prozess der unendlichen „persönlichen Selbstformung" ausgedehnt wird (Bauman 1997: 184). Das neue Leitbild von Gesundheit beinhaltet, dass sie zu einer permanenten „Aufgabe" wird (Lemke) und in der Tendenz mit ‚flexibler Selbstmodellierung' als gelingende Subjektivität ineinanderfällt (vgl. Martin 2002). Dieses Leitbild verschränkt sich mit dem Symbolwert von Gesundheit – und bildet so einen Vektor für die Produktion seines Mehrwerts.

Der symbolische Mehrwert von Gesundheit und seine Produktivität

Der Symbolwert von Gesundheit

Eine empirische Studie über den alltäglichen Umgang mit Gesundheit und Krankheit in der Schweiz zeigte bereits Mitte der 1980er Jahre, dass nahezu 50 % der Befragten *Gesundheit* auf das Selbst bezogen und als

---

38 Weingarten (1989: 67) zufolge bieten naturwissenschaftliche Konzepte der Autopoiesis, wie z.b. bei Maturana und Valera, die Grundlage für eine solche ‚biologisierte Ethik' der Eigenverantwortung. Für die historische Entwicklung der Theorien der Selbstorganisation und ihren Einfluss auf Gestaltpsychologie, Managementforschung, Soziologie und Literaturwissenschaft vgl. Küppers/Paslack (1989).

Ausdrucksform ihrer Persönlichkeit sahen. Das stand im Kontext einer generellen Orientierung dieser Menschen auf Sein, Selbstdarstellung und -verwirklichung, welche die AutorInnen der Studie als Symbolwert bezeichnen. Sie fand sich vorrangig bei jungen Männern und Frauen aus städtischen Milieus, die als Angestellte oder BeamtInnen tätig waren (Buchmann et al. 1985: 137).

Der Symbolwert von *Gesundheit* stand im Gegensatz zur zweckorientierten Bedeutung von *Gesundheit* als Gebrauchswert, den die AutorInnen bei ca. 28 % der Befragten feststellten. Dieser zeigt sich in Haltungen zu Gesundheit wie ‚arbeiten können', ‚schlafen und alles essen können' (ebd.: 120). Dass ArbeiterInnen und BäuerInnen in dieser Gruppe am stärksten vertreten sind, verweist darauf, dass der Unterschied zwischen Gebrauchswert und Symbolwert in dem Ausmaß des Einsatzes der Körper in der Arbeit begründet ist. Daraus ist abzuleiten, dass das Ausmaß des Körperbewusstseins, des Interesses an Gesundheit und die Orientierung an ‚Gesundheit als Symbolwert' in dem Maße wächst, wie Körper *real* aus der Notwendigkeit ihrer unmittelbaren Reproduktion als Arbeitskraft freigesetzt werden (Boltanski 1976: 166f.).

Trifft diese Stratifizierung der kulturellen Vorstellungen von Gesundheit auch auf gegenwärtige Gesellschaften zu? Die empirischen Befunde aus den 1990er Jahren zu subjektiven Gesundheitsvorstellungen und -praktiken zeigen diesbezüglich widersprüchliche, komplexe und sich überlappende Muster. Idealtypisch lässt sich nach wie vor unter männlichen Arbeitern im Vergleich zu anderen Berufen verstärkt ein gebrauchswertorientiertes, instrumentelles Verhältnis zum eigenen Körper aufzeigen, während Frauen über alle sozialen Klassen hinweg ein stärker symbolwertorientiertes, psychosomatisches Verständnis von Gesundheit haben (Faltermaier 1994: 227). In empirischen Untersuchungen zeichnet sich jedoch bei Frauen und Männern in den mittleren und auch unteren sozialen Klassen ein Konglomerat aus bio-psychosozialen (positiven) und instrumentellen (negativen) Elementen im Gesundheitsverständnis ab, wobei diese jeweils auffallend nach Reproduktion und Arbeit aufgespalten sind. Bio-psychosoziale Elemente, die Entspannung, Wohlbefinden und Selbstsorge umfassen, werden in der Freizeit umgesetzt, während im Bezug auf Arbeit ein instrumenteller Zugang dominiert (ebd.: 229ff.; vgl. auch Frank et al. 1998; Faltermaier et al. 1998: 149).[39]

---

39 Die empirischen Untersuchungen von Kuhlmann und Kolip (1998) sowie Faltermaier (1994) weisen darauf hin, dass subjektive Gesundheitsvorstellungen von beruflichen Positionen beeinflusst werden.

2 Zur Hegemonie symbolischer Gesundheit

Das bestätigt die Diagnose der Zugehörigkeit von *Gesundheit* zu einer allgemeinen Lebensstilorientierung und verweist gleichzeitig darauf, dass sie zur Reproduktion der Arbeitskraft dient. Konzeptuell stützt sich der symbolische Mehrwert von Gesundheit auf die Verbreitung der „Psychologisierung der Beziehung zum Körper" (Bourdieu 1997 [1979]: 579). Indikatoren hierfür sind die gestiegene Bedeutung psychosozialer Elemente der Selbstsorge oder der Entspannung sowie die Zunahme der Nutzung alternativer Gesundheitsverfahren und das damit verbundene gestiegene Bedürfnis nach individuell zugeschnittenen therapeutischen Behandlungen (vgl. Kahrs 1999; Veghte 1999). Der Symbolwert von Gesundheit erklärt den gesamtgesellschaftlichen Bedeutungszuwachs von *Gesundheit* und ihre Entwicklung zu einem kulturellen Bedürfnis, das – ähnlich wie Freizeit – vorrangig über Konsum befriedigt wird (Buchmann et al. 1985: 120, 140).

Produktion und Konsum des symbolischen Mehrwerts von Gesundheit

Neuere kulturwissenschaftliche Ansätze der Konsumsoziologie lokalisieren die Produktivität des Mehrwerts von Gütern, Produkten und Dienstleistungen in der Sphäre der Produktion *und* des Konsums. Sie erweitern das marxistische Produktionsparadigma, nach dem Konsumtion und Produktion miteinander verwoben sind und sich wechselseitig befördern,[40] *jeweils* um die symbolische Dimension (Hellmann 2004: 34, 37f.; Stauff 2004: 68). Im Vordergrund des Interesses stehen die Produktion und die Konsumtion symbolischer Dimensionen von Waren und Dienstleistungen, also der „Erwartungen, Bedeutungen und Botschaften" (Hellmann 2004: 35; s. auch Gries 2004), die sozial und kulturell mit den Gütern und Dienstleistungen verbunden werden. Sie werden in einem zirkulären Prozess zwischen Werbung, den Lebensstil-Studien der Marktforschung, Produktion und Konsum wirksam (Hellmann 2004: 38).

---

40 Dabei handelt es genau genommen um eine Vereinfachung des Prinzips der Bewegung, das nach Marx Konsum und Produktion verbindet: „Die unmittelbare Einheit, worin die Produktion mit der Konsumtion und die Konsumtion mit der Produktion zusammenfällt, lässt ihre unmittelbare Zweiheit bestehen." (Marx/Engels 1985: 622) Während der Konsum den Trieb für die Produktion *und* den Gegenstand schafft, produziert die Produktion nicht nur den Gegenstand *für* ein Subjekt, sondern zugleich das Subjekt für den Gegenstand. Dieses wiederum produziert im Konsum nicht nur das Produkt (indem es den Gegenstand auflöst), sondern auch sich selbst als produzierendes und reproduzierendes Subjekt (ebd.: 623ff.).

Der Prozess der „produktive[n] Produktion" (ebd.: 39)[41] lässt Rückschlüsse darauf zu, auf welche Weise Gesundheit als symbolischer Mehrwert durch die Hersteller produziert und durch die Werbung verbreitet wird. Robin Bunton (1997) hat in der Untersuchung eines britischen Magazins der Regenbogenpresse, *Good Housekeeping*, gezeigt, dass sich zwischen den 1950er Jahren und Mitte der 1990er Jahre nicht nur die Menge, sondern auch die *Art* der Produkte, die mit *Gesundheit* beworben werden, signifikant gewandelt hat. 1959 bezog sich die Werbung für *Gesundheit* typischerweise auf medizinische Produkte (z.b. Husten- und Abführmittel) und Mittel zur Hygiene (vor allem Reinigungsmittel). Im Vergleich hierzu war die Werbung für *Gesundheit* Mitte der 1990er Jahre nicht nur auf erheblich mehr Produkte, sondern vor allem auf solche des allgemeinen Lebensstils ausgeweitet worden, z.b. auf Wasserfilter, Autos, Vitamine und Hometrainer (Bunton 1997: 236).

Das unterstreicht die Verschiebung hin zur Funktion und Bedeutung von Gesundheit als Symbol für Lebensstile (vgl. Leiss 1983) wie auch die (Symbol-)Fähigkeit von Gesundheit (Mazdumar 2004: 16), die es ermöglicht, dass Produkte und Dienstleistungen auch mit *Gesundheit* ‚positiv aufgeladen' werden. Denn ein auf Bereicherung und persönliches Wachstum ausgelegter Gesundheitsbegriff befördert, im Gegensatz zu dem ‚Schweigen der Organe', den Anschluss an ‚Lebensqualität'. Diese bezeichnete, wie ein Rückblick auf die Debatten der 1970er Jahre zeigt, stets Konsum *und* die darüber hinausgehende subjektive und soziale Bereicherung des Lebens (Eppler 1974: 61). Auf dieses nicht definierbare Surplus von Lebensqualität bezieht sich auch die Werbung von Wellness-Produkten, die Fitness, Schönheit und eine Palette von Gefühlen wie Lebenslust, Entspannung und Balance verspricht (Duttweiler 2005: 264).

Kai-Uwe Hellmann hält es für verkürzt, Konsum in erster Linie durch Produktion verstehen zu wollen. Denn eine solche Sicht führe dazu, dass Konsumierende als passive, durch kapitalistische Produktion manipulierte Objekte konstruiert würden. Er schlägt vielmehr vor, Konsum als aktive Praxis zu verstehen, in der symbolischer Mehrwert hergestellt und angeeignet wird. Dazu knüpft er an die Studien von Thorstein Veblen (1986 [1899]) und Georg Simmel (1995 [1905]) an, die bereits um die Wende zum 20. Jahrhundert konstatierten, dass Konsum einen über den Gebrauchswert der Güter hinausgehenden symbolischen Nutzen entfaltet. Veblen (1986: 95) bezeichnet diesen als „Wert", der im demonstrativen, auf den Zugewinn von Prestige ausgerichteten Konsum

---

[41] Hellmann (2004: 39) versteht darunter den Prozess, in dem Bedeutungen und Botschaften durch die Hersteller und Werbung hergestellt werden.

dargestellt und entziffert wird. Dieser Wert unterliegt den Wandlungen der Mode und der sozialen Verteilung der Güter, die durch Veränderungen im Sozialgefüge beeinflusst werden.

Hellman bezeichnet diesen symbolischen Wert in Anknüpfung an Vershofen als „Zusatznutzen der Produkte" (Hellmann 2004: 35). Dieser Zusatznutzen oder symbolische Nutzen erfasst die Bedeutungen, die Konsumierende mit dem Konsum von Produkten verbinden. Hellmann betont, dass KonsumentInnen im Konsum den ‚symbolischen Sinn' des Produktes selbst (mit-)konstruieren. Das entspricht den Ergebnissen von Studien im Rahmen der Cultural Studies, die nachgewiesen haben, dass die tatsächliche Nutzung des Produktes sich erheblich von der von HerstellerInnen beabsichtigten Verwendung unterscheiden kann (ebd.: 35ff.). Konsum ist deshalb nicht als passiv-rezeptiver Prozess, sondern als „produktive[ ] Konsumtion" (ebd.: 40)[42] zu verstehen, durch die symbolische Dimensionen von Waren und Dienstleistungen konstruiert und angeeignet werden.

Empirischen Untersuchungen in Deutschland zufolge werden alternative Verfahren im Rahmen der medizinischen Versorgung am häufigsten von chronisch Kranken in Anspruch genommen (vgl. Marstedt/Moebius 2003; Schulz 2001; Kahrs 1999; Veghte 1999). Diese Ergebnisse sind jedoch nur eingeschränkt aussagekräftig, weil die Untersuchungen sich auf die medizinische Versorgung beschränken. Aus den USA liegen Hinweise darauf vor, dass Produkte und Dienstleistungen alternativer Gesundheit zunehmend von medizinisch Gesunden genutzt werden. So ergab eine quantitative Studie von Eisenberg et al. (1998) in den USA, dass die Quote derjenigen NutzerInnen, die alternative Gesundheitsverfahren anwenden, ohne medizinisch krank zu sein, von 33 % im Jahre 1991 auf 58 % im Jahre 1997 angestiegen ist.

Welche Erwartungen und Wünsche richten die NutzerInnen alternativer Gesundheitsverfahren an die Güter und Dienstleistungen? Qualitativen Interviews im Rahmen einer Studie des Ethnologen Walter Andritzky (1997) zur Bundesrepublik Deutschland ist zu entnehmen, dass übereinstimmend der Wunsch im Vordergrund steht, Bewusstsein, Verhaltensweisen und die allgemeine Lebenseinstellung aktiv zu verändern und hierdurch Zufriedenheit, Entspannung, Ausgleich, Ausgewogenheit,

---

42 Hellmann (2004: 39f.) bezeichnet damit den Prozess, in dem Erwartungen, Bedeutungen und Botschaften im Konsum hergestellt werden. Der von Hellmann vorgeschlagene Zirkel des Konsums (ebd.: 38f.) bezieht darüber hinaus den Prozess der ‚rezeptiven Konsumtion' als Verarbeitung der Werbebotschaften und die ‚rezeptive Produktion', in der die Marktforschung die Orientierungen der VerbraucherInnen aufgreift, mit ein. Diese beiden Aspekte klammere ich im Folgenden aus.

Wohlbefinden und Gelassenheit zu erreichen (Andritzky 1997: 219-222). Bei gesunden Menschen und solchen mit höherer Ausbildung scheint das Motiv des Wohlbefindens im Vordergrund zu stehen (vgl. Ruggie 2004).[43] Diese Wünsche verweisen auf die soziale und kulturelle Diffusion von *Gesundheit* und Selbstverwirklichung, Schönheit, Glück oder Genuss (vgl. Duttweiler 2005; Mazdumar 2004) und entsprechen dem alltagskulturellen empirischen Befund, dass Gesundheit für Individuen kein eigenständiges Lebensziel bildet, sondern in den Kontext subjektiv relevanter Lebensbereiche und -ziele gestellt wird (Frank et al. 1998: 68; Faltermaier et al. 1998: 104).

Die Gemeinsamkeit des „produktiven Konsums" (Hellmann) der Dienstleistungen und Güter alternativer Gesundheit besteht im umfassenden Bezug auf das eigene Selbst (s. auch Nüchtern 1995), in einer Weise, welche die biomedizinische Orientierung weit überschreitet. Während *jegliche* Anwendung von Produkten und Dienstleistungen für Gesundheit sich aus dem Wunsch der Verbesserung des Befindens speist (vgl. Schulz 2001), rückt am stärksten in der Anwendung alternativer Gesundheitsverfahren durch Gesunde der Wunsch nach der Veränderung des Selbst und des Körpers in den Vordergrund (Nüchtern 1995, 65; s. auch Schulz 2001). Diese ‚weiche Form der Machbarkeit' von Gesundheit ist, wie die Wünsche nach Ausgleich, Gelassenheit und Harmonie zeigen, insbesondere auf psychosomatisches Erleben ausgerichtet.

Der kritischen Einschätzung Michael Nüchterns, dass alternative Gesundheitsverfahren Luxusbedürfnisse nach einem intensivierten Erleben des Selbst darstellen (vgl. Nüchtern 1995), ist daher nur bedingt zuzustimmen. Alternative Gesundheitsverfahren sind im Kontext der anvisierten Veränderung des Selbst zu sehen, die gleichzeitig eine Option wie eine subjektivierte Form sozialen Zwangs bildet (vgl. auch Bauman 1997). Der Konsum von Produkten und Dienstleistungen alternativer Gesundheit bietet ganz offensichtlich eine probate soziale Praxis, um ‚gesunde Selbstmodellierung' auf ‚weiche', alltäglich verfügbare Weise einzuüben und zugleich ihren symbolischen Mehrwert zu produzieren (vgl. auch Ruggie 2004).

---

43 Mary Ruggie hat herausgefunden, dass die Nutzung von alternativen Gesundheitsverfahren in den USA mit Spiritualismus und einer politischen, kulturellen oder New-Age-Einstellung einhergeht. Diese verbindet mit alternativen Gesundheitsverfahren eine holistische Ausrichtung, nach der das Ganze in lebendigen Systemen verschieden ist zur Summe der Teile (Ruggie 2004: 61-74). Der Wunsch nach Ganzheitlichkeit ist mit Schulz (2001: 64) als Antwort auf den biomedizinischen Reduktionismus zu verstehen. Kühn (1989) hat darauf hingewiesen, dass das Verständnis von Ganzheitlichkeit in der Praxis vielfach die Analyse dessen verstellt, was ihre individuell-gesellschaftliche Umsetzung verhindert.

Sozialer Mehrwert symbolischer Gesundheit

Indem *Gesundheit* sozial und kulturell symbolischen Mehrwert produziert, erhält sie eine expressive und distinktive Funktion. Denn während Körper und Gesundheit in der kollektiven Orientierung als Gebrauchswert sozial und kulturell relativ ‚stumm' bleiben, weil sie idealtypisch keinen (sozialen) Wert bilden können, geht mit der Orientierung auf ‚Gesundheit als Symbolwert' eine Stilisierung von Körper und Selbst als gesund einher (Bourdieu 1997 [1979]: 579).

Ein Ausdruck dieser sozialen Praxis ist die Verbreiterung der Palette an Produkten, Dienstleistungen und Praktiken, die gegenwärtig kulturell als ‚gesund' verstanden werden. Dabei ist besonders bedeutsam, dass *symbolische Gesundheit* über Körperpraktiken wie Fitness oder Yoga hinausgehend auch über Güter (z.b. Kleidung, Nahrungsergänzungsmittel) und über auf psychosomatische Prozesse abzielende Praktiken wie z.b. NLP angeeignet und nach außen dargestellt und kommuniziert werden kann (vgl. Bunton 1997; Petersen/Lupton 1996: 25). Das speist sich daraus, dass alle diese Praktiken im Rahmen einer Symbolorientierung von *Gesundheit* sozial und kulturell als Ausdruck der eigenen Persönlichkeit gelten und gleichzeitig Medium der Modellierung des Selbst als ‚gesund' sind. Bunton (1997: 236) nennt diese Funktion von *Gesundheit* „selbst-expressiv". Die angewendeten kulturellen Praktiken, Güter und Dienstleistungen sind prinzipiell austauschbar, entscheidend ist, dass sie im Rahmen der sozio-symbolischen Ordnung der Gesellschaft als *gesund* codiert und decodiert werden können.

Die Bandbreite der Güter, Dienstleistungen und Praktiken kongruiert mit der für den Postfordismus typischen Produktvariabilität und Vielfalt und wertet die Position des Individuums auf. Die Pluralisierung auf Seiten des Angebots lässt die Auswahl der Angebote und Produkte des alternativen Gesundheitsmarktes (wie auch bei anderen Gütern und Produkten) partiell[44] als individuelle Wahl und dadurch als Ausdruck von Präferenzen und Geschmack erscheinen.

Die Analysen Bourdieus haben gezeigt, dass der Symbolwert von Gütern, Dienstleistungen und Praktiken in der alltäglichen Praxis sozial strukturiert wirksam wird. Er zeigte in den 1970er Jahren, dass die vermeintlich individuellen Geschmackspräferenzen wie z.B. für Essen, Sport, Musik, Theater oder Literatur eine systematische Homologie zu Klassenpositionen aufweisen (vgl. Bourdieu 1997 [1979]: 334f.). Das resultiert daraus, dass Individuen und soziale Gruppen ihre Praktiken zu

---

44 Ob ein Individuum Yoga, Meditation oder Progressive Muskelentspannung praktiziert, gilt als Frage der individuellen Präferenzen.

allen anderen sozial existenten Praktiken einer Gesellschaft in Beziehung setzen. Auf diese Weise drücken Praktiken die Position von Individuen aus, *indem* sie sie zugleich für andere konstituieren. Die „strukturierende Tätigkeit" von AkteurInnen (ebd.: 729) besteht in einer klassifizierenden, kollektiven Sinn entschlüsselnden und zugleich Sinn stiftenden Wahrnehmung der sozialen Welt.

Subjekte eignen sich den symbolischen Mehrwert von Gesundheit demzufolge in doppelter Weise an, indem sie ihn in Bezug auf sich selbst herstellen *und* sich zugleich in einem sozial strukturierten Raum positionieren. Das zeigt sich darin, dass Gesundheitsmärkte und die damit einhergehende Ausweitung von ‚gesunden' Praktiken, Produkten und Dienstleistungen das typische Muster von Exklusivität und Popularisierung von Praktiken aufweisen.[45] Der stark ausdifferenzierte und pluralisierte Gesundheitsmarkt ist folglich dazu *geeignet*, dass sich NutzerInnen mit dem Konsum symbolisch positionieren können. Doch ist das alltagskulturell auch der Fall?

Profile der NutzerInnen der alternativen Gesundheitsverfahren zeigen übereinstimmend, dass die Inanspruchnahme mit dem Bildungsniveau und mit einem gesundheitlich orientierten und körpersensitiven Lebensstil steigt (Marstedt/Moebius 2003: 14). Die idealtypische NutzerIn ist weiblich, mittleren Alters und gehört zur sozialen Mittelklasse (Marstedt/Moebius 2003: 14; Schulz 2001: 72; Andritzky 1997: 61). Für die Einschätzung, dass alternativen Gesundheitsverfahren zudem stratifizierte Differenzen in der Aneignung zugrunde liegen, spricht eine empirische Studie, die in den USA eine hohe Korrelation zwischen Bildung und Therapietyp nachgewiesen hat: Während Befragte mit hoher Bildung eher Entspannungstechniken, Massage oder Akupunktur in Anspruch nahmen, nutzten solche mit niedriger Bildung und geringem Einkommen eher die Chiropraktik (Ruggie 2004: 55f.).

Aus der strukturellen Relevanz der Zugehörigkeit zur Mittelklasse in Verbindung mit einem psychosomatischen, körpersensitiven Lebensstil ist abzuleiten, dass der symbolische Mehrwert von *Gesundheit* auch ein *sozialer* Mehrwert ist, der durch strukturell strukturierte symbolische Positionierung hergestellt wird (Bourdieu 1997 [1979]: 334; s. auch Bunton 1997).

Wenn, wie bereits problematisiert wurde, in und mit alternativen Gesundheitsverfahren ‚gesunde Selbstmodellierung' permanent eingeübt

---

45 So haben sich im Gesundheitsmarkt sowohl Bio-Feinkostläden als auch die Bio-Produktlinien der Billig-Supermärkte etabliert. In ähnlicher Weise unterscheiden sich das Meridian Spa und der Fitness-Bereich in Turnvereinen oder ayurvedische Behandlungen und krankengymnastische Massage.

und dargestellt werden muss und diese zugleich sozialen Mehrwert produziert, greift die Einschätzung zu kurz, dass die hohe zeitgenössische Bedeutsamkeit von *Gesundheit* ein Ausdruck der verstärkten Innenwendung von Individuen ist. Diese wertet etwa Hirsch (1996: 148f.) als kompensatorischen Ausdruck der zunehmenden Beschneidung der Gestaltungsspielräume in kapitalistischen Strukturen. Ebenso wenig kann *Gesundheit* jedoch auf ihre Expressivität reduziert werden, indem sie mit anderen soziokulturellen Praktiken wie Musik hören oder Literatur lesen gleichgesetzt wird (vgl. Bourdieu 1997 [1979]: 579). Vielmehr hat die bisherige Analyse gezeigt, dass symbolischer Mehrwert von Gesundheit in einer paradoxen Verbindung zwischen Innen und Außen von Individuen produziert und angeeignet wird.

Auf der einen Seite wird Gesundheit als Ausdruck der Persönlichkeit gesehen und Fähigkeiten zu ihrer Herstellung werden ins Innere verlagert. Auf der anderen Seite wird der symbolische Mehrwert im Konsum von Gesundheitsgütern angeeignet und zugleich durch ihn ausgedrückt. Zusammen genommen erodiert in dieser Verbindung zwischen Innen und Außen der Unterschied zwischen Subjekt und Objekt, zwischen Handlungen, Gefühlen und Konsumgütern (vgl. hierzu auch Bauman 1997: 193). Die Paradoxie dieser Verbindung ist Grundlage dafür, dass *Gesundheit* seit Ende der 1990er Jahre zunehmend als volkswirtschaftliches Produktionspotenzial entdeckt wird und dadurch neue Kapital- und Absatzmärkte geschaffen werden.

Ökonomischer Mehrwert symbolischer Gesundheit

UnternehmensberaterInnen sehen das gestiegene Gesundheitsbewusstsein in Verbindung mit einem hohen Konsumbewusstsein in der Bevölkerung als einen maßgeblichen Faktor dafür, dass allein im Bereich nicht-medizinischer, privat finanzierter Gesundheitsleistungen (frei verkäufliche Arzneimittel, gesundheitsfördernde Lebensmittel, Wellness, Bio-Lebensmittel oder Functional Food) im Jahr 2003 ein geschätzter Umsatz von 29 Milliarden Euro erzielt wurde (Kartte 2005: 7; Anonymus 2005a; vgl. ähnlich auch Kickbusch 2006: 87). Der Umsatz durch Nahrungsergänzungsmittel, Phytotherapeutika, homöopathische Mittel, ayurvedische Heilbehandlungen usw. in unbekannter Höhe ist noch hinzuzurechnen. Der Unternehmensberater Joachim Kartte[46] (2005: 12) prognostiziert bis 2020 einen Anstieg des privaten Konsums in diesem

---

46 Der im Internet zugänglichen Power-Point-Präsentation ist zu entnehmen, dass Kartte 2005 als Unternehmensberater bei der Firma Roland & Berger beschäftigt war (vgl. Kartte 2005).

Bereich um ca. 27 Milliarden Euro, der durch das Angebot von Produkten, die das Wellness- und Exklusivitätsbedürfnis ansprechen,[47] noch zusätzlich gesteigert werden könnte. Auch seine Vorschläge, zur Erhöhung der ökonomischen Produktivität des Gesundheitsmarktes das Gesundheitswesen weiter zu ökonomisieren und generell ein stärker unternehmerisches Umfeld für Gesundheitsleistungen zu schaffen, zielen im Kern auf die Konsumbereitschaft der Bevölkerung für private Gesundheitsleistungen ab. Diese soll eigens mittels PR-Kampagnen zur Eigenverantwortung für Gesundheit gefördert werden (ebd.: 27).

Als Folge dieser Prozesse werden gegenwärtig zahlreiche Initiativen zum Aufbau regionaler Märkte der Gesundheitswirtschaft initiiert.[48] Es wird dabei eine Steigerung der Beschäftigungsquote im Gesundheitsmarkt prognostiziert, die nicht zuletzt darauf beruht, dass neue Berufe im Dienstleistungsbereich, wie z.b. persönliche GesundheitsberaterIn oder GesundheitslotsIn, geschaffen wurden (Kickbusch 2006: 76f., 89; Kartte 2005: 12).

Diese Dienstleistungen bieten immaterielle Güter des Wissens über Gesundheit, der Kommunikation oder der Fürsorge an und sind Beispiele dafür, dass der symbolische Mehrwert von Gesundheit auch in der für den Postfordismus typischen Form immaterieller, insbesondere affektiver Arbeit produziert wird. Paradigmatisch ist jedes Angebot wie Wellness-Massagen, Lebensberatung oder homöopathische Behandlungen darauf verwiesen, dass NutzerInnen diese als positiv erleben und Gefühle wie Entspannung, Gelassenheit, Zufriedenheit und Ausgeglichenheit *erfolgreich* stimuliert werden. Nur dadurch lassen sich die sozialen und kulturellen Milieus dieser alternativen Gesundheitsverfahren fördern und erhalten.

Das Zusammenspiel von sozialem, ökonomischem und kulturellem Wandel in *Gesundheit* plausibilisiert die in den letzten Jahren stark popularisierte Prognose Leo A. Nefiodows (1997; s. auch Kickbusch 2006: 65; Kartte 2005: 3; Huber 2002: 75). Er sieht psychosoziale, ganzheitliche Gesundheit als Lokomotive für ein neues Wirtschaftswachstum[49]

---

47 Als Beispiel führt Kartte (2005:12) das integrierte Angebot von Rehabilitations- und Wellness-Leistungen in Universitätskliniken an.
48 So ist zum Beispiel im Ruhrgebiet ein Verbund zwischen Unternehmen, Kliniken, Instituten und Dienstleistungseinrichtungen gegründet worden (vgl. Brancheninitiative Gesundheitswirtschaft e.V.) und in jüngster Zeit ein Online-Wirtschaftsmagazin zum Zukunftsmarkt Gesundheit (vgl. www.gesundheitswirtschaft.info, Stand 10.08.2007) ins Leben gerufen worden.
49 Nefiodows Prognose (1997) stützt sich auf die Theorie der kondratieffschen langen Wellen der Konjunktur, die der Wirtschaftswissenschaftler Nikolai Kondratieff in den 1930er Jahren beschrieben hatte. Diese stützen

und schreibt ihr das Potenzial zu, etwa durch Umwelttechnik oder Psychiatrie die größten Folgeschäden der Industrialisierung für Umwelt und Gesundheit zu ‚reparieren' (ebd.: 285). Das größte volkswirtschaftliche Potenzial der gegenwärtigen Gesellschaften sieht er jedoch in der Wirkung von *Gesundheit* als „Energie" für individuelles Persönlichkeitswachstum und soziale Interaktionen (ebd.: 283ff.). Wenn Gesundheitsmärkte, Politik und Investitionen auf den Bereich der persönlichen Entwicklung gelenkt werden würden, könne, so Nefiodows abschließende Einschätzung, das „bisher kaum erschlossene[ ], riesige[ ] produktive[ ] Potenzial der menschlichen Seele" (ebd.: 286) volkswirtschaftlich erschlossen werden.

Dies belegt das Fortschreiten der inneren Landnahme von Gesundheit und Psyche im Postfordismus. Die Inwertsetzung der Psyche in der kapitalistischen Produktion stützt sich auf Konsumorientierung und psychologische Gesundheitskonzepte (vgl. auch Rose 1999a).

Gesundheit avancierte auf dem Boden der strukturellen Freisetzung von Körpern aus ihrer unmittelbaren Reproduktion als Arbeitskraft zunehmend zum Symbolwert für den eigenen Lebensstil und die Persönlichkeit. Als solcher wird *Gesundheit* zu einem sozialen Bedürfnis, das im Konsum von Gütern und Dienstleistungen befriedigt werden kann. Nikolas Rose sieht in diesen Prozessen ein autonomes Subjekt entstehen, das sich über die Freiheit zur Wahl konstituiert (Rose 1999a: 249ff; Rose 1999b: 83ff.). Diese Wahl ist auf eine Erweiterung des Selbst orientiert.

In der Produktion wie im Konsum von *Gesundheit* steht die Bereicherung der Lebensqualität im Vordergrund. Sie werden in der Tendenz durch das Leitbild der ‚gesunden Selbstmodellierung' strukturiert, eine soziale Bedeutung, die in der symbolischen Mehrwertproduktion angeeignet, hergestellt *und* dargestellt werden kann.

Symbolische Gesundheit als Kapital

Vor dem Hintergrund der bisherigen Ausführungen ist zu bezweifeln, dass der von Foucault konstatierte Geständniszwang im Bezug auf innere Wahrheit noch die sozial dominante Praxis der Konstituierung von Subjekten bildet (vgl. Foucault 1983), und es ist fraglich, ob Sexualität noch immer die privilegierte Matrix für die hegemoniale Form von Sub-

---

sich auf so genannte Basisinnovationen, die neue Produktivitätsfortschritte in Wirtschaft und Gesellschaft ermöglichen, wenn sie ihre Investitionen auf diese Bereiche lenkt, Märkte sich rechtzeitig darauf einstellen und die Politik auf die Förderung der ökonomischen Produktivität dieses Sektors zugeschnitten wird.

jektivität bildet (Graefe 2007a: 209).⁵⁰ Es ist zu vermuten, dass ‚gesunde Selbstmodellierung' und die Expression ökonomischer Produktivität in gegenwärtigen sozialen Verhältnissen zu den hegemonialen Subjektformen gehören. Das zeigt sich an kulturellen Techniken, wie z.B. 5-Minuten-Yoga, die statt der inneren Erforschung die Selbstoptimierung in den Vordergrund stellen (Duttweiler 2003: 12).

Diese Techniken der ‚optimierenden, ökonomisierenden Subjektivierung' sind mit Bourdieu als strukturelle und strukturierende Praxis – als Kapital zu verstehen. Mit diesem Begriff ist ein praktisches (Praxis strukturierendes) soziales Verhältnis bezeichnet, das sich situativ und spezifisch im Kontext materieller und symbolischer Herrschaftsrelationen als strukturell relevant herausbilden kann.

„Kapital [...] stellt Verfügungsmacht im Rahmen eines Feldes dar, und zwar Verfügungsmacht über das in der Vergangenheit erarbeitete Produkt (insbesondere die Produktionsmittel) wie zugleich über die Mechanismen zur Produktion einer bestimmten Kategorie von Gütern, und damit über eine bestimmte Menge an Einkommen und Gewinne. Gleich Trümpfen in einem Kartenspiel, determiniert eine bestimmte Kapitalsorte die Profitchancen in einem entsprechenden Feld (faktisch korrespondiert jedem Feld oder Teilfeld die Kapitalsorte, die in ihm als Machtmittel und Einsatz im Spiel ist)." (Bourdieu 1985: 10)

Bourdieu sieht Kapital als akkumulierte Arbeit: Es kann selbst Profite produzieren, vermehrt wie auch entwertet werden (Bourdieu 1983: 183) und steht stets in einem (vermittelten) Bezug zu strukturellen „Position[en] innerhalb der Produktionsverhältnisse" (Bourdieu 1997 [1979]: 686).⁵¹

Mit diesen strukturellen Bestimmungen führt der bourdieusche Ansatz weiter, als gruppenbezogene Ressourcen zu definieren. Gegenwärtig wird das bourdieusche Verständnis in der Gesundheitssoziologie aufgegriffen, um strukturell ungleiche soziale, ökonomische und kultu-

---

50 Foucault hatte in den 1970er Jahren analysiert, dass die Seele dem Individuum durch soziale Praktiken ‚eingekörpert' wird (vgl. Foucault 1977). Die Seele als Effekt von Praktiken ist mit dem Bild eines Subjekts verbunden, das über verborgene Tiefen seiner Seele verfügt und seine Authentizität finden kann (vgl. Foucault 1983). Wie ich in Kapitel 7 ausführen werde, wird gegenwärtig die Vorstellung einer ‚inneren Tiefe' vielerorts durch das Primat der Handlungsfähigkeit überlagert.
51 Im Rahmen regulationstheoretischer Analysen wurde zwar kritisiert, dass Bourdieu die strukturelle Dominanz des ökonomischen Kapitals nicht systematisch berücksichtige (Diettrich 1999: 41). Daraus ist jedoch nicht zu folgern, dass er materielle und symbolische Herrschaftsrelationen nicht ‚in letzter Instanz' auf ökonomisches Kapital zurückführt.

2 ZUR HEGEMONIE SYMBOLISCHER GESUNDHEIT

relle Ressourcen *für* Gesundheit zu untersuchen (vgl. z.B. Siegrist et al. 2006; Abel et al. 2006).[52] Das Konzept des Kapitals weist jedoch darüber hinaus, indem es ein gesellschaftliches Verhältnis bezeichnet, eine „soziale Energie" (Bourdieu 1997 [1979]: 194; Bourdieu 1983), deren strukturierende Wirksamkeit sich aus den Relationen verschiedener Kapitalsorten bestimmt.

Ökonomisches Kapital, also materieller Besitz in Form von Vermögen oder Einkommen, wird als Voraussetzung für jegliche Investitionen wirksam (Bourdieu 1983: 185). Es bildet die Grundlage für alle übrigen Kapitalarten und gewinnt daher unter Bedingungen des Abbaus sozialstaatlicher Sicherung und zunehmender sozialer Spaltungen an Bedeutung. Es ist zu vermuten, dass die Kapitalwirkung von *Gesundheit* in den sozialen Feldern am höchsten ist, deren ökonomisches Kapital der Möglichkeit der beständigen Entwertung ausgesetzt ist. *Symbolische Gesundheit* bildet keine ‚sichere Investition' für die Akkumulation ökonomischen Kapitals, wirkt sich jedoch auf die Voraussetzungen für seinen Erwerb aus.

Die Akkumulationsfähigkeit symbolischer Gesundheit stützt sich primär auf kulturelles, physisches und symbolisches Kapital (Bourdieu 1997 [1979]: 345; Bourdieu 1983). Kulturelles Kapital ist entweder z.B. als Produkt verobjektiviert, als Bildungstitel institutionalisiert oder in Form von Kompetenzen, Fähigkeiten und Neigungen inkorporiert. Weil kulturelles Kapital grundsätzlich an eine Person gebunden ist, ist es am stärksten unter allen Kapitalsorten dazu geeignet, *symbolische Gesundheit* als Effekt des Natürlichen, Individuellen erscheinen zu lassen (Bourdieu 1983: 186f.). Dieser Effekt entspricht exakt dem postfordistischen Leitbild flexibler Selbstregulierung, nach dem psychisch-soziale Gesundheit ein Ergebnis individueller, trainierbarer Fähigkeiten und Kompetenzen ist.

Darüber hinaus ist das biosoziale „Körper-Kapital" (Bourdieu 1997 [1979]: 345; Boltanski 1976: 143; s. auch Shilling 1993) von Bedeutung. Dieses bezeichnet physisch-biologische Merkmale wie Schönheit, Gesundheit oder Hautfarbe, die z.B. in Gestalt von „altersbedingte[m] Verfall" (Bourdieu 1997 [1979]: 345), „körperliche[m] Verschleiß" oder „ungleiche[n] physische[n] Lebenschancen" (Boltanski 1976: 145) als negatives Kapital wirksam werden, indem sie die Möglichkeit der Akkumulation ökonomischen Kapitals begrenzen und vermindern. Bourdieu stellt heraus, dass physisches Kapital ausschließlich in Verbindung mit kulturellem und symbolischem Kapital wirksam wird. Durch beide

---

52 Für eine stärker heuristisch ausgelegte Diskussion Bourdieus für die Soziologie der Gesundheit vgl. Williams (1995).

Kapitalsorten erlangen Individuen eine größere Unabhängigkeit von ihrem Körper (Bourdieu 1997 [1979]: 345). Physisches Kapital verweist daher nicht auf ‚Natur', sondern auf ihre irreduzible Verschränkung mit Kultur. Zugleich werden Körper und Selbst durch die irreduzible Verschränkung mit Kultur zum Medium und zum Objekt, durch das gesellschaftliche Strukturen wie Herrschaftsverhältnisse produziert und reproduziert werden (vgl. Shilling 1993; Featherstone 1991).

Symbolisches Kapital ist prinzipiell allen Kapitalarten zu eigen insofern es den intersubjektiv hergestellten symbolischen Wert eines Merkmals in seiner sozialen *Wirkung* erfasst.

„Das symbolische Kapital ist eine beliebige Eigenschaft (eine beliebige Kapitalsorte, physisches, ökonomisches, kulturelles, soziales Kapital), *wenn* sie von sozialen Akteuren wahrgenommen wird, deren Wahrnehmungskriterien so beschaffen sind, dass sie sie zu erkennen (wahrzunehmen) und anzuerkennen, ihr Wert beizulegen, imstande sind." (Bourdieu 1998a: 108; Hervorhebung R.B.)

Für die Akkumulation des symbolischen Kapitals ist folglich die Praxis maßgeblich, den Kapitalsorten sozialen Sinn und Wert beizumessen. Rein physisches Kapital wurde entwertet – stattdessen ist psychischsoziales Kapital zum Medium der Wertbildung avanciert. Daraus ist nicht zu folgern, dass physisches Körperkapital bedeutungslos geworden wäre. Die Gestalt und das Aussehen des Körpers bilden nach wie vor Zeichen für andere (Kreisky 2003: 3). Eva Kreisky kritisiert ein uniformes neoliberales Schönheitsideal und konstatiert, dass „alle vom neoliberalen Körperphantasma abweichenden, etwa alternden, überforderten, abgekämpften oder bloß dem allseits indoktrinierten Schönheitsideal nicht (mehr) entsprechenden Körper(-bilder) entwertet und mehr oder minder gesellschaftlich ausgegrenzt werden" (ebd.: 13).

Es ist jedoch fraglich, ob sich die soziale Entwertung von Körpern nicht an (fehlender) Symbolfähigkeit ‚gesunder Selbstmodellierung' und ökonomischer Produktivität von Körper *und* Selbst im Hinblick auf ihre Marktfähigkeit bemisst. Ein neoliberales Körperphantasma würde darüber hinausgehend voraussetzen, dass eine absolute Grenze zwischen dem Wert und dem Unwert von Körpern wirksam wird, die von der flexiblen Normalisierung unberührt bleibt. Folgt man Link, so funktionieren flexibel normalisierte Prozesse des Ein- und Ausschlusses gerade nicht über ein einheitliches Normalfeld, sondern über fragmentierte Felder, deren Grenzen maximal ausgedehnt sind (vgl. Link 1997).

Solche veränderten Muster der In- und Exklusion über Gesundheit und Körper finden sich im Bereich der chronisch-degenerativen und der psychosomatischen[53] Erkrankungen sowie der Dis/abilities[54], die sich am weitesten „von der Interpretation als Schadensfall [entfernen], der von einem mechanistischen Körperbild ableitbar ist" (Schulz 1999: 171). Denn in diesen Feldern hat das Coping, die psychosoziale Bewältigung von Krankheiten, an Bedeutung gewonnen (Link 1997: 379). Dadurch erodiert das im Fordismus zentrale Paradigma, dass Krankheit oder Dis/abilities zu einer vollständigen Entlastung vom Erwerbsleben führen (s. auch Link 1997; Parsons 1968). Vielmehr erstrecken sich Anforderungen nach sozialer und ökonomischer Teilhabe auf immer größere Gruppen psychosomatisch und chronisch-degenerativer Erkrankter sowie auf Menschen mit Dis/abilities. Diese Teilhabe wird umgekehrt auch von den Betroffenen gefordert und gewünscht.

Diese Prozesse verdeutlichen die Zweischneidigkeit der Veränderungen von *Gesundheit*, die einerseits weniger Erkrankten die Möglichkeit einer vollständigen Entlastung vom Zwang zur Produktivität bieten (vgl. Parsons 1968). Andererseits bilden die skizzierten Prozesse die Grundlage dafür, dass subjektorientierte Konzepte in der Gesundheitsversorgung durchzusetzen beginnen. Dies wird durch eine denormalisierende Perspektive befördert, die individuelle Ressourcen und Möglichkeiten in den Blick nimmt. Damit wird es möglich, Handlungs- und Gestaltungsspielräume für Lebensgestaltung vom Individuum ausgehend zu erweitern.[55]

Daran ist zu erkennen, dass der Wert des physischen Kapitals für die Akkumulation von symbolischem und kulturellem Kapital gemindert bzw. sukzessive durch die Wertbildung des psychisch-sozialen Kapitals

---

53 Gängige Beispiele hierfür sind Burn-out oder Erschöpfungsdepression. Darüber hinaus gehören zu den psychosomatischen Erkrankungen alle, die nicht auf rein physische Ursachen zurückgeführt werden. Die Ausdehnung der psychischen Ursachen auf die Physis bildet eine eigenständige Technik, mit der Eigenverantwortlichkeit hergestellt wird. Das befördert die Vorstellung, Erkrankungen wie grippale Infekte, Asthma oder Rheuma könnten durch ‚richtiges Verhalten' vollständig vermieden werden.

54 Die Bezeichnung Dis/abilities verweist darauf, dass ein Paradigmenwechsel in der Sicht auf ‚Behinderung' stattgefunden hat. Die ältere Sichtweise wird durch eine de-normalisierte, differenziertere und komplexere Sicht auf individuelle Möglichkeiten und Einschränkungen abgelöst.

55 Ausdruck dessen sind Internetforen und Selbsthilfegruppen auf der einen Seite sowie Projekte zur Verbesserung beruflicher Integration, die vom einzelnen Menschen und seinen Fähigkeiten, Bedürfnissen und Situationen ausgehen, auf der anderen Seite. Ein Beispiel hierfür bildet die Bundesarbeitsgemeinschaft für Unterstützte Beschäftigung, BAG-UG e.V., die mit verschiedenen Teilprojekten eine berufliche Integration jenseits traditioneller ‚Behindertenwerkstätten' fördert, vgl. etwa www.bag-ub.de, Stand 11.02.2006.

überdeterminiert wurde. Bourdieus Verständnis des Körperkapitals ist deshalb partiell als historisches Phänomen zu verstehen, das sich auf die strukturelle Dominanz einer Gesundheitskultur als Körperkultur unter dem Leitbild biomedizinischen Wissens und rigider Normen stützte (vgl. Bourdieu 1997 [1979]). Es ist gemäß den hegemonial gewordenen psychisch-sozialen Dimensionen von Gesundheit zu erweitern.[56]

Symbolische Gesundheit gewinnt als Kapital in dem Maße an Bedeutung, wie Konkurrenz, hohe Arbeitslosigkeit und fehlende soziale Absicherung das ökonomische Kapital entwerten und seine Akkumulation für soziale Mittelklassen zu einem beständig ‚gefährdeten Projekt' machen.

Die neue, psychologisch dominierte Kultur von *Gesundheit* wurde durch Fraktionen der sozialen Mittelklassen popularisiert, also jener sozialen Klassen, für die der gegenwärtige Abbau staatlicher Wohlfahrtsleistungen (Hartz IV, Kranken- und Altersversorgung), Arbeitslosigkeit und Prekarisierung die massivsten Einschnitte und einen strukturellen Verlust relativ sicheren Wohlstands und sozialer Sicherung bedeutet (vgl. Butterwegge 2005).

Die Dynamik der Reproduktion *symbolischer Gesundheit* speist sich daraus, dass Gesundheit als symbolisches Kapital unter Bedingungen der Verschärfung von Wettbewerb und Konkurrenz im Arbeitsbereich, aber auch der Generalisierung des Wettbewerbs als Vergesellschaftungsform (vgl. Rosa 2006), der beständig der Möglichkeit der Entwertung ausgesetzt ist. Es kann weniger noch als in den 1970er und 1980er Jahren – einmal erworben – ‚behalten' werden. Denn die Transformation *symbolischer Gesundheit* in ökonomisches Kapital ist ebenso wie die in ihr akkumulierte Arbeit ständig in ihrem Wert bedroht. Ebenso wie Subjektivität in den verschiedenen Segmenten der postfordistischen Akkumulation auf je unterschiedliche Weise angepasst und umgestaltet werden muss, also ein flexibles Wertschöpfungspotenzial bildet (vgl. Bröckling 2007; Rosa 2006), müssen Individuen (vorrangig der sozialen Mittelklassen) in verschiedenen gesellschaftlichen Bereichen fortwährend die akkumulierte Arbeit des Kapitals im Sinne eines ‚Projekts' erneuern und in das psychisch-soziale Kapital Gesundheit investieren, damit sie nicht ihre Positionierung im sozialen Gefüge verlieren.

„Damit geraten individuelle wie kollektive Akteure unter Druck, ihre Wettbewerbsfähigkeit aufrechtzuerhalten bzw. zu verbessern, das heißt ihre Kenntnisse, Fähigkeiten und Ressourcenlage auszubauen, um im Konkurrenzkampf

---

56 Auf die gegenwärtige Bedeutsamkeit der Psyche für die neoliberale Ökonomie weisen auch Kreisky (2003) und Hirsch (2002) hin.

bestehen zu können. Sie können sich in keiner Sozialsphäre ihrer Position sicher sein: Ressourcen, Privilegien, Positionen und soziale Achtung werden leistungsabhängig immer wieder neu verteilt" (Rosa 2006: 88f.).

Leistung und Anerkennung unter Bedingungen der Generalisierung des Wettbewerbs befördern sich gegenseitig, da das *Zutrauen* von Produktivität maßgeblich wird. Damit gewinnt *symbolische Gesundheit* als Basiskompetenz, als Produktivkraft zur Persönlichkeitsentwicklung in der Sphäre der Produktion wie in Gesellschaft und Kultur an struktureller Relevanz. Genauer gesagt, nähern sich beide Sphären partiell einander an. Denn die ‚Arbeit an sich' ist durch die Bilder der ‚gesunden Selbstmodellierung' und von Flexibilität, Schnelligkeit und Leistungssteigerung als Strukturelementen der postfordistischen Akkumulation geleitet (vgl. Rosa 2006).

Es kann vermutet werden, dass *symbolisches Kapital* als individuelle Fähigkeit zur flexiblen Selbstanpassung die Gegenbilder von Langsamkeit, Trägheit, Unförmigkeit, Genauigkeit usf. (vgl. auch Martin 2002)[57] zugleich hervorbringt und abwertet (s. auch Kühn 1999). Diese Bilder sind als Selbstaffirmation sozialer Mittelklassen zu verstehen.

Symbolische Gesundheit zielt so nicht nur auf individuelle Chancen und individuellen Gewinn oder Verlust ab, wie es das in den Gesundheitswissenschaften verwendete Konzept der Ressource nahelegt, sondern gleichzeitig darauf, Konkurrenz- und Wettbewerbsbeziehungen zu erhalten und zu konsolidieren. Hierarchische, relationale Beziehungen der Unter- oder Überordnung sind als Herrschaft bildende Prozesse darauf angewiesen, dass *symbolische Gesundheit* gesellschaftlich als Kapital wertgeschätzt und dadurch reproduziert wird. Empirische Untersuchungen lassen darauf schließen, dass *symbolische Gesundheit* als *Kapital* hierarchische Wahrnehmung und Positionierung mit strukturiert. So hat Charlotta Flodell (1989) in den 1980er Jahren in einer Studie über Konkurrenz und Solidarität am Arbeitsplatz gezeigt, dass internale Kontrollüberzeugung, welche ähnlich wie das Kohärenzgefühl im Konzept der Salutogenese als bedeutsamer kognitiver Faktor für Gesundheit gesehen wird (Waller 2002: 40), konkurrenzverstärkend wirkt. Sie begründet das unter Rekurs auf den Sozialpsychologen Jones wie folgt:

„Jones erklärt diesen unerwarteten Effekt mit der Philosophie des ‚selfmademan'. Wer eine starke interne Kontrollüberzeugung habe und der Meinung sei, der eigene Erfolg sei auf die persönlichen Fähigkeiten zurückzuführen, neige dazu, das Scheitern von anderen ebenfalls als selbst verursacht zu betrachten.

---

57 Diesen Mechanismus hat Rancière (1999) in seiner Analyse politischen Denkens herausgearbeitet.

Der ‚self-made-man' hat eine Attributionsverzerrung, die sein ganzes Weltbild prägt und gleichzeitig mit die Legitimation dafür ist, dass er sich anderen gegenüber nicht altruistisch verhält. Seiner Meinung nach bekommt jeder das, was er gerechterweise verdient. [...] Diese Attributionsverzerrung hat also die Funktion, das Selbstwertgefühl des Individuums zu stärken, indem sein Erfolg im Vergleich mit dem der anderen als besonders herausgestellt wird." (Jones 1974, zit. nach Flodell 1989: 77[58])

Die individuelle Attribuierung von Leistung dient Flodell zufolge der subjektiven Entlastung und setzt sich deshalb im Kontext von Konkurrenzverhältnissen, Angst und Bedrohungen stärker durch (Flodell 1989: 92, 206). Es gibt einzelne empirische Untersuchungen, die belegen, dass dieser Befund der 1980er Jahre auf die gegenwärtigen Gesellschaften zutrifft. Arbeitsplatzabbau, Prekarisierung und steigende Konkurrenz sind damit verbunden, dass individuelle Zuschreibungen an Bedeutung gewinnen und auf das Selbstwertgefühl der Individuen bezogen werden (vgl. hierzu Krömmelbein 2004).[59]

Die Hegemonie *symbolischer Gesundheit* als *Kapital* entfaltet den paradoxen Effekt, auf der einen Seite individuelle psychisch-soziale *Gesundheit* zu vermehren und auf der anderen Seite individualisierende, konkurrenzfördernde Attribuierungen zu verstärken.

Es ist gegenwärtig noch nicht abschließend festzustellen, wie sich die bisher beschriebenen Prozesse zum Umbau staatlicher Sozial- und Gesundheitspolitik nach den Maßgaben nationaler Wettbewerbsstaaten verhalten (Gerlinger/Urban 2006: 344). Es zeichnet sich jedoch ab, dass etwa der Abbau der staatlichen Gesundheitsversorgung nicht aktiv durch institutionelle und staatliche AkteurInnen legitimiert werden muss, z.b. durch eine Vielzahl allgemeingültiger „saluto-correcter"[60] juridischer Einzelvorschriften für alle (Bauch 2004: 157). Vielmehr ist empirischen Studien zu entnehmen, dass soziokulturelle Vorstellungen über die Eigenverantwortlichkeit von Individuen und damit verknüpfte individuelle Gestaltungsmöglichkeiten von Gesundheit dazu beitragen, dass der Ab-

---

58 Flodell bezieht sich hier auf die unveröffentlichte Dissertation von C. Jones aus dem Jahre 1974: „The Effects of Prior Experience on Empathy and Helping Behavior", University of Texas, Austin.
59 Es ist interessant, dass keine aktuellen Studien recherchiert werden konnten, die das Thema Konkurrenz und Solidarität in Arbeitsverhältnissen aus einer vergleichbaren Perspektive untersuchen.
60 Es handelt sich hierbei um ein Wortspiel mit politischer Correctness einerseits und Salutogenese andererseits.

bau staatlicher Gesundheitsversorgung auf Akzeptanz stößt (vgl. Ullrich/ Christoph 2006).[61]

Die gegenwärtige Diagnose, dass Gesundheit eine beständige Aufgabe ist und der unablässigen harten Arbeit an sich bedarf (Kreisky 2003: 3), erweist sich im Lichte ihrer Distinktionsfähigkeit, ihrer konkurrenzfördernden Wirkung und ihrer strukturell ungleichen Verteilung als zumindest zweischneidig. Denn die ‚Arbeit an sich' ist, im Anschluss an Bourdieu, auf die strukturierende und Herrschaft bildende Fähigkeit zurückzuführen, die der *Wirkung* von Gesundheit als Kapital zugrunde liegt (Bourdieu 1985: 9f.). Sie basiert darauf, dass diese den Individuen als strukturierte Struktur gegenübertritt und durch soziale und kulturelle Praktiken reproduziert wird. *Symbolische Gesundheit* als Kapital ist damit gleichzeitig objektivierte, d.h. objektiv gewordene Bedingung wie Ziel, Einsatz und Zweck sozialer Praktiken.

Fazit: Symbolische Gesundheit im Spannungsfeld von politischer Regulierung und ökonomischer Wertschöpfung

Ausgangspunkt dieses Kapitels war die Frage danach, wie sich mit dem Strukturwandel vom Fordismus zum Postfordismus die hegemonialen Vorstellungen und Konzepte von sowie die Umgangsweisen mit Gesundheit verändert haben. Dabei habe ich in Anlehnung an das gramscianische Verständnis von Hegemonie eine prozessorientierte Perspektive auf die Institutionalisierung von Leitbildern und Subjektformen in den Blick genommen.

Diese Perspektive erwies sich als fruchtbar, weil die Erosion des biomedizinischen Modells von Gesundheit und die Genese der Hegemonie *symbolischer Gesundheit* als Bestandteile eines komplexen Zusammenspiels von politischen, wissenschaftlichen, alltagskulturellen und ökonomischen Veränderungen sichtbar wurden. Die Analyse zeigte, dass die noch in den 1970er Jahren als emanzipatorisch und fortschrittlich geltenden Vorstellungen und Konzepte einer subjektorientierten, ‚ganzheitlich-psychosomatischen' Gesundheit zunehmend durch

---

61 In der Strategie, den Abbau staatlicher Leistungen mit der Eigenverantwortung für Gesundheit zu rechtfertigen, haben sich auch Teile der neuen Gesundheitsbewegung verortet; z.B. dort, wo ihr Paradigma der „Eigenverantwortung mündiger Patienten für ihre Gesundheit" und für „die Fähigkeiten des Organismus, sich selbst zu regulieren und zu heilen", als Beitrag zur Lösung der gegenwärtigen Krise im Gesundheitssystem deklariert wird (Bischof 2000: 190; kritisch hierzu Göbel 2003).

Prozesse der Kommodifizierung sowie durch politische und volkswirtschaftliche Strategien zur Steigerung des Wirtschaftswachstums ‚in Dienst genommen' wurden.

Mit dieser Analyse sollte erstens erörtert werden, ob und auf welche Weise sich der Stellenwert, die Bedeutungen und die Funktion von Gesundheit unter den Bedingungen des Strukturwandels der kapitalistischen Produktionsverhältnisse verändert haben. Zweitens sollte untersucht werden, in welcher Beziehung *Gesundheit* zu den analysierten Strukturelementen der postfordistischen Regulationsweise (Ökonomisierung von Sozialpolitik, soziale Pluralisierungen und Spaltungen, neoliberales Projekt, ‚unternehmerisches Selbst') und Akkumulation (Flexibilisierung, innere Landnahme) steht. Ich habe gezeigt, dass die sozialen Bedeutungen von Gesundheit durch zunehmende Verflechtungen der ökonomischen Produktion, der Subjektivität und der Sozialstruktur hervorgebracht wurden. Dadurch verschränken sich der ökonomische, der subjektive und der soziale Wert von Gesundheit.

Ausdehnung des subjektiven Werts von Gesundheit

Wie ich aufgezeigt habe, hat sich mit dem Wandel zum Postfordismus eine ‚neue Kultur von Gesundheit' herausgebildet: Im Zuge einer steigenden Konsumorientierung im Verbund mit Individualisierung wurde *Gesundheit* sukzessive zu einem Bestandteil des Lebensstils. Das findet einen prägnanten Ausdruck darin, dass seit den 1980er Jahren ein Gesundheitsverständnis an Bedeutung gewonnen hat, das im Kontext einer generellen Orientierung auf individuelle Selbstdarstellung und Selbstverwirklichung steht. Für diese soziale Funktion und den ‚sozialen Sinn' von Gesundheit habe ich die Bezeichnung *symbolische Gesundheit* gewählt.

Sie ist soziale Folge und Ausdruck davon, dass die Bedeutung der Reproduktion der körperlichen Arbeitskraft mit dem Strukturwandel von Arbeit abnimmt. Damit wird zugleich verständlich, dass *symbolische Gesundheit* mit der strukturellen Bedeutung immaterieller Arbeit gegenüber einem gebrauchswertorientierten Zugang zu Gesundheit in den Vordergrund tritt.

Zur Genese einer neuen Gesundheitskultur trug das kulturelle Kleinbürgertum bei, das seit den 1980er Jahren einen bewusst alternativen, psychologisierten Zugang zu Gesundheit kultivierte, welcher explizit von der ‚disziplinären Form' der traditionell gesundheitsbewussten sozialen Mittelklassen abgegrenzt wurde. Ferner war die Kritik der Gesundheitsbewegung an der bürokratischen, entfremdenden und standardisierenden Behandlung in der Medizin insofern einflussreich, als dass

2 Zur Hegemonie symbolischer Gesundheit

sie Prozesse der Institutionalisierung alternativer, subjektorientierter und psychosozialer Konzepte von Gesundheit anstieß. Im Ergebnis führten beide Prozesse zu der Entwicklung eines neuen Gesundheitsmarktes, der sich durch Entgrenzungen zwischen Medizin und alternativer Gesundheit, zwischen Emanzipation und Kommodifizierung auszeichnet. Dieser neue Gesundheitsmarkt wird durch zwei widersprüchliche Entwicklungen geprägt: zunächst durch den Schub der Kommodifizierung von Gesundheit. Damit einhergehend wurde *Gesundheit* zu einem generalisierten Code ausgeweitet, der disparate und widersprüchliche Bereiche des menschlichen Lebens, wie z.b. Gefängnisse und Nahrungsmittel, unter ein Label fasst. *Gesundheit* wird als Bestandteil von Lebensqualität, Wohlbefinden und Glück verstanden. Sie fällt nicht mehr (vorrangig) in den Verantwortungsbereich der Biomedizin, sondern ist im Alltag und in der Konsumkultur verankert.

Im Widerspruch zur Kommodifizierung von Gesundheit steht die kulturelle Dominanz eines ‚ganzheitlich-psychosomatischen' Gesundheitsverständnisses, die mit einer steigenden Inanspruchnahme alternativer Gesundheitsverfahren einhergeht. Alternative Gesundheit – statt Biomedizin – bildet auch das Paradigma der neuen Kultur von *Gesundheit*. Denn alternative Gesundheitsverfahren bieten statt der medizinischen ‚Reparatur des Körpers' eine individuell zugeschnittene Therapie an, die sich auf die Aktivierung von Selbstheilungskräften stützt. Heilung erfolgt so anders als in der Biomedizin nicht ‚passiv', sondern auf der Grundlage von Eigenverantwortung und des Erlernens generalisierter Kompetenzen des ‚richtigen Umgangs' mit sich selbst.

Diese Prozesse sind situiert in einem paradigmatischen Wandel des Leitbildes von Gesundheit. Die dichotome Beziehung zwischen Gesundheit und Krankheit, wie sie der biomedizinischen Sicht zugrunde liegt, wurde abgelöst durch eine flexibel-normalistische Kontinuitätsstruktur zwischen Gesundheit und Krankheit. *Gesundheit* wird nicht mehr als ‚Zustand des Körpers' verstanden, sondern als Prozess, der durch persönliche Fähigkeiten und Kompetenzen gesteuert werden kann. *Gesundheit* wird dadurch partiell von der Frage des körperlichen und psychischen Gesundheitszustands abgelöst und stattdessen als Frage einer gelingenden ‚Selbstmodellierung' und eines angemessenen Umgangs mit Umweltbedingungen wieder aufgeworfen.

Die Bedeutung dieses Wandels kann nicht hoch genug eingeschätzt werden: *Gesundheit* beschränkt sich damit nicht mehr auf die Heilung von Krankheiten, sondern gibt idealtypisch einen Prozess ohne Ziel, eine unendliche ‚persönliche Selbstmodellierung' vor. *Gesundheit* wird – um mit den Worten Links zu sprechen – zu einer Basiskompetenz der flexiblen Selbstnormalisierung, zu einer Produktivkraft für das Persönlichkeitswachstum.

Darin gleicht die ‚gesunde Selbstmodellierung' dem Leitbild des ‚unternehmerischen Selbst', das ebenso auf beständige Selbstoptimierung ausgerichtet ist. In beiden Leitbildern stehen individuelles Wachstum und die Optimierung des Selbst im Vordergrund. Anders als das ‚unternehmerische Selbst' ist das Leitbild der ‚gesunden Selbstmodellierung' nicht zwangsläufig an der Marktgängigkeit und Leistungsfähigkeit des Individuums ausgerichtet. Vielmehr kann ein positives, bereicherndes psychosoziales Persönlichkeitswachstum potenziell durch verschiedene sozial relevante Lebensziele bestimmt werden, deren Bandbreite jedoch durch die Ausrichtung auf Subjektivität und Wachstum (vor-)strukturiert und begrenzt ist.

Dieses Leitbild legt nahe, die ‚gesunde Selbstmodellierung' zu trainieren und zu verbessern. Auf ein solches Bedürfnis antwortet in der gegenwärtigen Kultur eine breite Palette von Techniken, Dienstleistungen und Praktiken, welche eine gelingende Modellierung und Optimierung gewährleisten sollen. Die Bedeutung dieser Güter und Praktiken liegt nicht in ihrem Gebrauchswert für die ‚reale Perfektion' des Selbst, sondern in ihrem Symbolwert. Qualitative Studien haben gezeigt, dass Menschen durch den Konsum von Gesundheitsgütern, d.h. Dienstleistungen und Produkten, die aktive Veränderung des individuellen Bewusstseins, der Verhaltensweisen und der allgemeinen Lebenseinstellung erreichen wollen. Kulturwissenschaftlichen und konsumsoziologischen Ansätzen zufolge wird dieser ‚symbolische Sinn' der Gesundheitsgüter im Konsum zugleich angeeignet wie produziert. Die gegenwärtig zu beobachtende Expansion des Gesundheitsmarktes erschließt sich vor diesem Hintergrund als Ausdruck der sozialen Suche und des kulturellen Bedürfnisses nach neuen, verbesserten und geeigneten Produkten und Praktiken für die gelingende ‚gesunde Selbstmodellierung'.

Damit wird eine ‚weiche, kulturelle Form' der Machbarkeit von Gesundheit praktiziert, die scheinbar im Widerspruch zu der technizistischen Form der ‚medizinischen Machbarkeit' steht. Es ist in der Analyse deutlich geworden, dass die Konstruktion von Natürlichkeit, Selbstsorge und Authentizität ökonomisch produktiv wird, indem sie als kultureller Gegenpol zu der unterstellten Entfremdung durch Technik und Medizin den Konsum anreizt.

Verknüpfungen des ‚ökonomischen Werts'
mit dem ‚symbolischen Wert' von Gesundheit

Die innere Landnahme von psychisch-emotionalen Dimensionen der Subjektivität gehört zu den zentralen Merkmalen postfordistischer Akkumulation. Durch die Subjektivierung von Arbeit wird die Arbeitskraftunternehmerln als ein neuer Warentypus erzeugt. Diese zeichnet sich dadurch aus, dass ArbeitnehmerInnen ihre Arbeitsproduktivität selbstständig durch die *aktive* Einspeisung ihrer Gefühle und Kompetenzen steigern und diese zugleich aktiv und strategisch vermarkten. In der affektiven Arbeit werden Gefühle und Beziehungen zu Momenten der ökonomischen und symbolischen Mehrwertbildung, welche die Bedingungen des Konsums erhalten und unterstützen.

Symbolische Gesundheit ist Folge der Veränderung der Produktionsverhältnisse im Postfordismus und wird zugleich in der veränderten Struktur der Wertschöpfung ökonomisch produktiv. Denn die Inwertsetzung von Subjektivität und Affekten erstreckt sich auch auf *symbolische Gesundheit*. Im Kontext affektiver Arbeit entfaltet sich der ökonomische Wert *symbolischer Gesundheit* über zwei Pole. Zum einen über die Fülle der Güter, die Wellness, Lebensberatung oder Entspannung auf dem expandierenden Gesundheitsmarkt anbieten. Zum anderen darüber, dass das wertschöpfende Potenzial der Affekte auch im Gesundheitswesen an Bedeutung gewinnt. – Die ‚gelingende Gefühlsarbeit' der MitarbeiterInnen kann zu einer profitablen Produktivkraft für Unternehmen werden.

Gesundheit wird im Postfordismus nicht ihrer Orientierung auf die Reproduktion der Arbeitskraft enthoben – die Form der Reproduktion wird jedoch transformiert. Mit der Inwertsetzung von psychisch-emotionalen Dimensionen von Subjektivität in der Produktion gewinnt eine Konsumkultur an Bedeutung, die soziokulturelle Wünsche nach ‚psychosomatischem Ausgleich' zu befriedigen verspricht. Der Konsum von Gesundheitsgütern erfüllt eine doppelte Funktion, weil er nicht nur die psychisch-emotionale Seite der Arbeitskraft reproduziert, sondern *zugleich* das Surplus, den symbolischen Mehrwert der ‚gesunden Selbstmodellierung' und der Optimierung des eigenen Selbst als Ressource anbietet. Dadurch geht der im Konsum angeeignete symbolische Mehrwert von Gesundheit tendenziell in seine Inwertsetzung in der Produktion über – die Grenze zwischen Produktion und Reproduktion wird verflüssigt (s. auch Graefe 2007a). Dieser Zusammenhang findet einen prägnanten Ausdruck in der makroökonomischen Prognose, dass psychosoziale, ganzheitliche *Gesundheit* als Motor für ein neues Wirtschaftswachstum wirksam werden könne.

Dabei ist die ökonomische Produktivität des Gesundheitsmarktes wesentlich vom Grad der staatlichen Sicherung der Reproduktion der Arbeitskraft und des Erhalts von Gesundheit abhängig. In dem Maße, wie die Ökonomisierung der Gesundheits- und Sozialpolitik voranschreitet und die Eigenbeteiligung an der Gesundheitsversorgung erhöht wird, steigt auch (zwangsläufig) der Konsum an Gesundheitsgütern. Da – wie ausgeprägte Lohnspreizungen und die Erhöhung der Armutsquote[62] in der Bundesrepublik (Schäfer 2006: 589f.) belegen – die sozioökonomische Spaltung der Gesellschaft zunimmt, wird der Konsum von Gesundheitsgütern und dadurch auch die Aneignung des symbolischen Mehrwerts von Gesundheit zunehmend zu einer Frage des ausreichenden Einkommens, zu einem ökonomischen Gut. Der ‚Wert' von Gesundheit unterliegt nicht nur einer Entgrenzung zwischen Produktion und Reproduktion, sondern seine Aneignung wird durch den Strukturwandel in Politik und Gesellschaft begrenzt.

Strukturelle Begrenzungen des ‚Werts' von Gesundheit

Symbolischer und kultureller Mehrwert von Gesundheit werden akkumuliert, weil Körper und Selbst zum Medium der Stilisierung von Gesundheit werden und *Gesundheit* eine selbst-expressive Funktion einnimmt. Die kulturellen Güter, mit denen sie ausgedrückt werden, sind austauschbar. Wesentlich ist, dass sie dazu geeignet sind, die Fähigkeit zur ‚gesunden Selbstmodellierung' auszudrücken. Im Anschluss an Bourdieu lässt sich konstatieren, dass mit dem Konsum von Gesundheitsgütern wie Coaching, Ayurveda oder Autogenem Training ein ‚sozialer Mehrwert' produziert wird. Mit dem Konsum und der Wahl von Gesundheitsgütern belegt die KonsumentIn nicht nur ihre Fähigkeiten zur individuellen Anpassung, zur Verarbeitung und zur Selbstsorge, sondern auch, dass sie diese Kompetenzen ‚besser' beherrscht als andere.

Gesundheit gewinnt unter postfordistischen Bedingungen der verschärften sozialen Spaltungen und Konkurrenz als Kapital an Bedeutung. Denn indem Gesundheit Zeichen für die Fähigkeit und den ‚Wil-

---

62 Im 2. Armuts- und Reichtumsbericht wurde die Armutsgrenze nach relativen Armutsbegriffen auf 935 € pro Person festgelegt (vgl. Schäfer 2006: 588). Aus dem OECD-Beschäftigungsausblick 2007 geht hervor, dass die Einkommensunterschiede in Deutschland deutlich stärker zugenommen haben als in der Mehrheit der OECD-Länder, besonders im Vergleich zu Frankreich, Finnland, Schweden oder den Niederlanden. So verdienten die am höchsten bezahlten ArbeitnehmerInnen 2005 in Deutschland das 3,1-Fache derjenigen mit den geringsten Löhnen. 1995 lag dieser Faktor noch bei 2,5 (OECD 2007: 1).

len' zur individuellen Selbstoptimierung wird und damit das Potenzial zur Leistungsfähigkeit und Marktgängigkeit ausdrückt, wird sie zu einer Voraussetzung für die Teilhabe am Wettbewerb. Subjektiver Wert und potenzielle Abwertung, bestimmt über persönliche Leistungsfähigkeit und potenzielle Marktgängigkeit, liegen dicht beieinander und können schnell ineinander umschlagen. Dadurch gewinnt *Gesundheit* als *Kapital* für die eigene Positionierung zunehmend an Bedeutung. Weil dieses Kapital nicht – einmal erworben – ‚behalten' werden kann, müssen Individuen Investitionen in ihr Kapital *Gesundheit* im Sinne eines ‚Projekts' beständig erneuern.

In diesem Kontext trägt *Gesundheit* als „soziale Energie" (Bourdieu) dazu bei, soziale Herrschaftsverhältnisse zu produzieren und zu reproduzieren. Sie befördert (potenziell) individualisierte Zuschreibungen von Erfolg bei sich und bei anderen, verstärkt (potenziell) anti-solidarische Haltungen und bringt Gegenbilder etwa von Langsamkeit, Trägheit, Unförmigkeit, Genauigkeit hervor und wertet sie zugleich ab. Diese Bilder spiegeln nicht nur veränderte soziale Werte und Modelle einer gelingenden Subjektform wider, sondern dienen (zugleich) der Selbstaffirmation sozialer Mittelklassen, deren Positionen gegenwärtig (beständig) durch die Möglichkeit des sozialen Abstiegs bedroht sind.

Gleichwohl trägt das Kapital Gesundheit auch zur Ermächtigung bei, indem seine Aneignung den subjektiven Wert von Selbstsorge und ‚gesunder Selbstmodellierung' hervorbringen kann. Dieser Wert wird jedoch von den strukturellen Bedingungen (mit-)bestimmt und begrenzt, die das Potenzial von *Gesundheit* zur ökonomischen und sozialen Wertbildung beeinflussen. So bleiben Yoga, Vitamintabletten oder Coaching dort Reproduktion, wo schwere körperliche Arbeit, aber auch starke psychische Belastungen die Grenzen zwischen Produktion und Reproduktion von Arbeitskraft (z.B. zum Ausgleich von Muskelbelastung, körperlicher Ermüdung, psychischer Erschöpfung) im Alltag deutlich spürbar werden lassen und dadurch (partiell) erhalten.[63]

Daraus lässt sich ableiten, dass sich *symbolische Gesundheit* in die postfordistischen Spaltungen der Gesellschaft einlagert, die umgekehrt dazu beitragen, dass der Wert *symbolischer Gesundheit* tendenziell entlang sozialer Stratifikationen verteilt wird. Insofern der symbolische Wert von Gesundheit durch das Potenzial zur (Expression der) ökonomischen Produktivität des Subjekts akkumuliert werden kann, wird diese zugleich als Matrix wirksam, die seine legitime soziale Aneignung und Produktion begrenzt. Das wird deutlich, wenn man den Blick auf diejenigen lenkt, die gegenwärtig als ökonomisch ‚unproduktiv' gelten: Kon-

---

63 In Kapitel 7 werde ich diesen Aspekt ausführlich behandeln.

sum (auch von Gesundheitsgütern), emotional-psychische Selbstfürsorge oder psychisches Wohlbefinden werden bei Arbeitslosigkeit als Exzess, als ‚unverdienter' Luxus angesehen (Bauman 1997: 188). *Symbolische Gesundheit* entfaltet gegenwärtig die ebenso paradoxe wie produktive Wirkung, dass sie ein Geflecht aus symbolischem, ökonomischem und subjektivem Wert bildet. Auf diese Weise trägt s*ymbolische Gesundheit* dazu bei, das strukturelle Gefüge der gegenwärtigen Gesellschaft zu organisieren. Zusammenfassend stellt sich der Wandel der Beziehungen zwischen *Gesundheit*, Politik und Ökonomie im Übergang vom Fordismus zum Postfordismus in erster Linie als eine Inwertsetzung von Subjektivität dar. Die Analyse bestätigt ein wesentliches Strukturmoment des Postfordismus: Sie hat nachgezeichnet, auf welche Weise sich die innere Landnahme von Subjektivität in einem Prozess vollzieht, in dem Gesundheitskultur, die Strukturelemente der Akkumulation und der Regulation miteinander verzahnt werden.

3 PRAXIS ALS ANALYSEFIGUR: REKONZEPTUALISIERUNG DES THEORETISCH-ANALYTISCHEN ANSATZES IM HINBLICK AUF DISKURSE

In diesem Kapitel wird eine theoretische Grundlage für die Analyse von Diskursen unter einer explizit hegemonietheoretischen Perspektive entwickelt. Damit wird die Basis für die sich anschließende empirische Untersuchung der ‚Politik mit Diskursen' über Gesundheit gelegt.

In der bisherigen Analyse der Beziehungen zwischen *Gesundheit*, kapitalistischer Wertschöpfung und Politik wurden die Einflüsse verschiedener zivilgesellschaftlicher AkteurInnen wie etwa der Gesundheitsbewegung oder der WirtschaftstheoretikerInnen sichtbar gemacht. Es ist deutlich geworden, wie die verschiedenen Bestrebungen und Interessen ineinandergreifen. Eine hegemonietheoretische Perspektive auf *Gesundheit* macht es nun erforderlich, dass der widersprüchliche, heterogene und der konfliktuale Prozess der Herstellung von Hegemonie, in den die verschiedenen zivilgesellschaftlichen AkteurInnen involviert sind, eine stärkere Berücksichtigung erfährt. Es bleibt ferner zu überprüfen, ob und auf welche Weise die Hegemonie *symbolischer Gesundheit* gegenwärtig umkämpft ist. Es ist also danach zu fragen, in welcher Weise zivilgesellschaftliche AkteurInnen wie Gewerkschaften, Kirchen, Unternehmen und politische Parteien auf *symbolische Gesundheit* Bezug nehmen, worin die verschiedenen politischen Interessen an *Gesundheit* bestehen und in welcher Weise diese durch gegenwärtige Kräfteverhältnisse bedingt sind.

Dass der ‚ökonomische Wert' von Gesundheit nicht nur in der Gesundheitspolitik bemessen wird, sondern zunehmend auch in der Wirtschaftspolitik (vgl. Kickbusch 2006; Suhrcke et al. 2005), lässt darauf schließen, dass er mit politischen Zielsetzungen und Strategien verbunden ist. Vor dem Hintergrund der regulationstheoretischen Analysen zum „nationalen Wettbewerbsstaat" (Hirsch) kann vermutet werden, dass ein Zusammenhang zwischen der Thematisierung des ‚ökonomischen Werts' von Gesundheit und der Ausrichtung nationaler Politik besteht. Diese Annahme führt über die Grenzen der Gesundheitspolitik hinaus, denn es geht um die Frage, wie mit Diskursen über *Gesundheit* Politik gemacht wird. Die bisherige Untersuchung wird folglich mit einer diskursanalytischen Perspektive weitergeführt, die nach der Verwendung von Diskursen über Gesundheit in der und für die Politik fragt.

Auf welche Diskurse von Gesundheit nehmen welche AkteurInnen im Hinblick auf welche politischen Ziele Bezug? Korrespondieren verschiedene Diskurse von *Gesundheit* mit politischen Interessen? Wo zeichnet sich politische Umkämpftheit und Konfliktualität ab? Diese Fragen werden in einer empirischen Fallstudie untersucht, die darüber hinaus das Ziel verfolgt, die theoretisch rekonzeptualisierte Analyseperspektive auf Hegemonie empirisch zu erproben und weiterzuentwickeln.

Es stellt sich zunächst die Frage, wie der Stellenwert von Diskursen gefasst werden kann, wenn der Fokus auf Widersprüchlichkeit und Umkämpftheit gelegt wird. Wie die bisherige Analyse gezeigt hat, verstellt die Perspektive auf die Durchsetzung von Hegemonie und ihre sichernde Funktion für postfordistische Akkumulation vielfach den Blick auf Widersprüchlichkeit und Umkämpftheit im Spannungsfeld *verschiedener* gesellschaftlicher Interessen. Dasselbe Problem zeichnet eine Vielzahl von Untersuchungen aus, die sich mit Diskursen und Leitbildern im Kontext des Wandels zum Postfordismus befassen. Die Studien untersuchen z.b. „Rationalisierungsleitbild[er]" (Opitz 2004: 99), die „Rationalität des postfordistischen Unternehmens" (ebd.: 87), stabile hegemoniale Narrationen (vgl. Fromm 2004: 65f.) oder strukturelle Subjektformationen (vgl. Hirsch 2001a: 174; Naumann 2000). Diese Analysen zeichnen sich dadurch aus, dass sie die sozial-diskursiven Phänomene letztlich in eine Äquivalenzbeziehung zum Postfordismus setzen, also aus diesem ableiten.

Es ist nicht zielführend, sich für die Konzeptualisierung der Beziehung zwischen Diskursen und Postfordismus allein auf eine poststrukturalistisch-konstruktivistische Analyse von Diskursen zu stützen. Wenn man z.B. – wie es Petra Schaper-Rinkel vorschlägt – Leitbilder im foucaultschen Sinne als Diskurse versteht, also als Praktiken, die systematisch die Gegenstände bilden, von denen sie sprechen (Foucault 1995: 49), so führt das unter dem Fokus auf eine zentrale Institution auf Zentral-AkteurInnen zurück (Schaper-Rinkel 2004: 125ff.). Dadurch wird das genannte Problem der Ableitung der Hegemonie von Diskursen aus den Strukturmerkmalen des Postfordismus lediglich verschoben: Konfliktuale Auseinandersetzungen zwischen AkteurInnen bleiben ebenso unsichtbar wie die polyzentrische und widersprüchliche Gestalt von Diskursen. Der gesamte Komplex des Unregulierten wie auch die Prozesse der Herausbildung von Hegemonie geraten aus dem Blick.

Strategie als theoretischer Ausgangspunkt für ein dynamisches Verständnis von Hegemonie

Hegemonie ist ein elementarer Funktionsmechanismus jeder Gesellschaftsformation. Wird jedoch in erster Linie der ‚sichernde Zusammenhalt' einer Regulationsweise betont, geraten Pluralität, hegemoniale Praxis und Veränderungsmöglichkeiten aus dem Blick.

Bob Jessop schlägt einen Zugang zum Verständnis der Regulation vor, der – anders als das gängige Verständnis der Regulationsweise als Struktur (vgl. Görg 1994b) – die kontingente und fluktuierende Gestalt der Regulation fokussiert: „Regulation impliziert eine emergente, kontingente Korrespondenz zwischen der strategischen Selektivität einer gegebenen Regulationsweise und den Erwartungsweisen bzw. strategischen Handlungen, die von gesellschaftlichen Kräften unternommen werden, um sie zu reproduzieren." (Jessop 2001: 32)

Mit dieser Auffassung betont Jessop nicht nur, dass die strategische Selektivität das Handeln der AkteurInnen und damit auch die Reproduktion und die Transformation der Regulationsweise als Struktur ermöglicht, wie auch Görg (1994b: 48) in Anknüpfung an Giddens argumentiert. Jessops Entwurf der Strategie führt vielmehr das analytische Verständnis von Hegemonie weiter. Denn indem Jessop von ‚emergenter, kontingenter Korrespondenz' zwischen strategischer Selektivität und strategischer Praxis spricht, entwirft er Regulation als Bestandteil und als Effekt einer instabilen, weil zerbrechlichen und ‚störbaren' Bewegung, radikalisiert also ihr Verständnis als Prozess (Demirović 1992: 144). Strategie realisiert sich in dieser Bewegung zwischen Praxis und strukturell-empirischer Gerichtetheit. Dieser Prozess ist auf Kontingenz angewiesen.

Indem Jessop in sein Verständnis von Strategie die ‚Gerichtetheit' der institutionellen Ensembles *und* die strategische Zielorientierung der Praxis sozialer AkteurInnen einschließt, rückt er die störbaren Kraftlinien der Regulation in den Vordergrund. Ein ähnliches Verständnis findet sich in den regulationstheoretischen Ansätzen, die sich auf den foucaultschen Begriff des Dispositivs beziehen (vgl. z.B. Candeias 2004; Opitz 2004; Sablowski 1994; Demirović 1992).

Foucault versteht ein Dispositiv als Verknüpfung von diskursiven Elementen (also Macht-Wissen) und sozialen Praktiken, wie sie in Institutionen, Architektur oder in administrativen Maßnahmen wirksam werden. Das Dispositiv bezeichnet diejenigen spezifischen Verknüpfungen von diskursiven Elementen und sozialen Praktiken als „Netz" (Foucault 1978c: 119f.), welche in *einer* veränderbaren, strategischen Ausrichtung gestaltet sind. Ein Dispositiv existiert deshalb nicht als Entität, sondern wird in seiner strategischen Gerichtetheit zwischen „funktioneller Überdeterminierung" und einer „ständigen strategischen Auffüllung" ausbalanciert (ebd.: 121).

Foucault favorisiert in Übereinstimmung mit Jessop ein „strategisches Modell" der Analyse (Foucault 1994, 1983: 124). Er interessiert sich jedoch nicht für ‚strategische Praktiken' sozialer AkteurInnen, sondern für Kräfte in ihrer Beziehung zu Machtverhältnissen.

„[M]an [kann] ‚Machtstrategie' die Gesamtheit der Mittel nennen, die aufgeboten werden, um ein Machtdispositiv funktionieren zu lassen oder aufrechtzuerhalten. Man kann auch in dem Maße von den Machtverhältnissen eigenen Strategien sprechen, in dem sie Weisen der Einwirkung auf ein mögliches, eventuelles Handeln anderer darstellen. Man kann also in den Begriffen der ‚Strategien' die Mechanismen entschlüsseln, die in Machtverhältnissen zum Zuge kommen. Aber der wichtigste Punkt ist selbstverständlich die Beziehung zwischen Machtverhältnissen und Strategien der Auseinandersetzung. [...] Jegliche Machtbeziehung impliziert deshalb – zumindest virtuell eine Kampfbeziehung" (Foucault 1994: 259).

Foucault fragt in seinen früheren Arbeiten danach, wie Diskurse als „taktische Elemente oder Blöcke im Feld der Kräfteverhältnisse" (Foucault 1983: 123) bzw. in übergreifenden „strategischen Komplexen" von Macht und Wissen wirken (ebd.: 125). In seinen Analysen der Gouvernementalität stehen demgegenüber Typen strategischer Rationalität im Vordergrund (vgl. z.B. Foucault 2006, 2000a und b). Darunter können Kraftlinien verstanden werden, welche die Beziehung zwischen Rationalität und heterogenen Techniken, Effekten, Konflikten und Widerständen organisieren. Strategien entstehen aus den Möglichkeitsbedingungen, die aus der Heterogenität resultieren und reagieren zugleich auf sie (vgl. hierzu ausführlicher Bröckling et al. 2000: 21ff.).

Das Verständnis der Kraftlinien gleicht der von Jessop beschriebenen ‚strategischen Selektivität' der institutionellen Arrangements. Aus der Makroperspektive lassen sich diese Arrangements besonders unter

3 PRAXIS ALS ANALYSEFIGUR

Berücksichtigung der Heterogenität der einzelnen Elemente als ‚strategisch' begreifen. So besteht eine erhöhte ‚Anfälligkeit' dafür, dass spezifische Elemente durch Diskurse, lokale Praktiken oder soziale AkteurInnen aufgegriffen und im Hinblick auf Zielsetzungen etc. ‚strategisch gelenkt' werden.

Dabei bleibt der analytische Stellenwert der ‚strategischen Praktiken' sozialer AkteurInnen jedoch ungeklärt. Wenn die Praktiken sozialer AkteurInnen nicht (letztlich) aus ‚strategischer Selektivität' abgeleitet werden sollen, ist es erforderlich, ihnen in der Analyse einen Eigensinn und eine relative Unabhängigkeit einzuräumen, ohne jedoch ein intentionales Subjekt (wieder-)einzusetzen. Weiterführend ist Jessops Vorschlag, die Frage der Strategien mit lokalen ‚Interessen' von AkteurInnen zu verknüpfen, die „relativ, relational, konjunkturell und strategisch" zu denken sind (Jessop 2007 [1997]: 86).[1]

Das Potenzial des Strategiebegriffs für die Analyse von Diskursen besteht darin, den Blick auf lokale, multiple und widersprüchliche strategische Praktiken zu lenken. Das ermöglicht es, Regulation als *dynamischen* Prozess zu betrachten, als kompromisshafte Formierung, die sich zwischen *verschiedenen* strategischen Praktiken sozialer AkteurInnen und der strategisch-strukturellen ‚Gerichtetheit' der institutionellen Arrangements vollzieht (Sablowski 1994: 139; Demirović 1992: 130f.; Krebs/Sablowski 1992: 118). Ein dynamischer Blickwinkel auf Strategien im Kontext von Regulation erfordert zuallererst, dass vorab weder nach einer kohärenten Logik, einem stabilen, Herrschaft sichernden Projekt (vgl. Fromm 2004) oder ‚strukturellen Formen' gefragt, noch von einer voluntaristischen Gestaltung der Prozesse ausgegangen wird (Jessop 2001: 33; Sablowski 1994: 154). Die Gestaltung eines Regimes als Struktur bleibt vielmehr analytisch zunächst offen (s. auch Jessop 2001: 33). Der Gewinn dieser Perspektive besteht darin, Wissen und seine Materialisierung im Kontext widersprüchlicher, „molekularer" (Borg 2001: 71) Praktiken sozialer AkteurInnen erfassen zu können.

Theoretisch ist dies bedeutsam, weil Kontingenz in die Beziehung zwischen Hegemonie und Regulation eingelagert wird: „Hegemoniale Projekte[2] sind somit immer auch als der gesellschaftlichen Entwicklung

---

1 Jessop (2007 [1987]) setzt sich in seinem Aufsatz „Macht und Strategie" mit Poulantzas und Foucault auseinander und entwickelt dabei Überlegungen zu einer strikt relationalen Analyse von Regulation.
2 Bei einem ‚hegemonialen Projekt' handelt es sich um eine gleichsam lokale, auf institutionelle und diskursive Felder spezifizierte Form, wie z.b. „das neoliberale Projekt" (Candeias 2004) oder „das hegemoniale Projekt der Globalisierung" (Borg 2001). Ich verallgemeinere Überlegungen zu ‚hegemonialen Projekten' im Hinblick auf ‚strategische Praktiken'.

117

vorausgreifende, artikulierte Zukunftsentwürfe zu betrachten, die nicht schon von vornherein mit einem kohärenten Ensemble von Akkumulationsregime und Regulationsweise verkoppelt sein müssen" (Borg 2001: 73f., Hervorhebung R.B.) An dieser Aussage ist der zeitliche und epistemologische Bruch zwischen ‚hegemonialen Projekten' und Regulationsweise bzw. Akkumulationsregime bemerkenswert. Denn hierdurch wird die strategische Distanz als Zwischenraum sichtbar gemacht, der zugleich in praktischer, epistemologischer wie auch zeitlicher Hinsicht bedeutsam ist. Auch Sablowski bezieht sich auf ein solches Moment, wenn er sich gegen ein in den 1980er Jahren im Rahmen der Regulationstheorie diskutiertes „theoretisch nicht zu fassendes Moment der Freiheit" (Sablowski 1994: 138) wendet. Er interpretiert „dieses Unerklärliche" (ebd.) als analytische Schwäche. Es wird jedoch als ‚Bewegungsdynamik' greifbar, wenn ‚Freiheit' als ungerichtetes, nicht an Subjekte oder ihr Handeln gebundenes Moment, sondern als Zeichen der Unmöglichkeit verstanden wird, soziale Verhältnisse und Strukturen zu determinieren.[3]

Für die Analyse von Hegemonie und Regulation unter dem ‚Primat der Praxis' ist der Aspekt der strategischen Distanz konstitutiv (s. auch Krebs/Sablowski 1992: 110). Denn zunächst wird der gestaltende, aktive Aspekt im Hinblick auf Hegemonie ins Blickfeld gerückt. Dessen Berücksichtigung ist nur deshalb erforderlich, weil es nicht möglich ist, soziale Verhältnisse in Gegenwart wie Zukunft zu determinieren. Ferner bildet die strategische Distanz die Antriebsenergie für hegemoniale Praxis, weil sie beinhaltet, dass soziale AkteurInnen diese Distanz zu überbrücken suchen, indem sie darauf abzielen, Hegemonie zu formieren und eine konsensuale Perspektive für Gegenwart und Zukunft zu organisieren (Demirović 1992: 155). Schließlich basiert das strategische Handeln (partiell) auf der antagonistischen Form sozialer Praxis. Deshalb schließt hegemoniale Praxis *prinzipiell* Strategien subalterner Kollektive und Bewegungen ein, wie sie auch eine andere Konzeption von Ordnung und Entwicklung der Gesellschaft denkbar werden lässt (Hirsch 2002: 214; Demirović 1992: 155). Daraus ist abzuleiten, dass die Dynamik und Beweglichkeit von Hegemonie über die Analyse von Praktiken in den Blick genommen werden kann. „In einer dynamischen Perspektive werden dabei soziale Auseinandersetzungen um die Ausbildung von Re-

---

3 Ähnlich versteht Foucault Freiheit auch als ein intransitives Moment. Er grenzt Macht von Herrschaft und Gewalt ab, indem er sie daran knüpft, dass Handlungs- und Bewegungsmöglichkeiten vorhanden sind, es also um „eventuelle[s] Handeln" geht (Foucault 1994: 255). Er analysiert Freiheit darüber hinaus empirisch als lokale, situierte Freiheiten (vgl. exemplarisch Foucault 1997).

gelmäßigkeiten kollektiver Praktiken ins Zentrum gerückt." (Sablowski 1994: 145)

Das bedeutet jedoch nicht, dass auf die Perspektive der Struktur verzichtet werden muss (Krebs/Sablowski 1992: 118), vielmehr bleibt diese als Fluchtpunkt der Analyse bestehen. Ich schlage also vor, den analytischen Ausgangspunkt in der ‚strategischen Praxis' zu nehmen und damit Hegemonie als Praxis *im Hinblick* auf Regulation zu verstehen.

Mit Gramsci bestimmen sich Intellektuelle über ihre Funktion, Kollektive zu konstituieren, Wissen zu systematisieren sowie Wissen und Lebensweisen zu organisieren.[4] Mit dem Fokus auf ‚die Intellektuellen' wird es möglich, nach den Logiken gesellschaftlicher Gruppen als „Träger[n] [...] institutioneller oder verhaltensmäßiger Strategien" (Dosse 1999b: 389) zu fragen, ohne dadurch in einen methodologischen Individualismus zurückzufallen. Diese Strategien formieren sich jedoch nicht im luftleeren Raum. Vielmehr werden konkrete Akkumulations- und Regulationspraktiken, bestehende Interessenkoalitionen und soziale Kräfteverhältnisse als strategische Bedingungskonstellation wirksam (Hirsch 2002: 66f.; Borg 2001: 69; Jessop 2001; Demirović 1992).

Diskurse als Einsätze in Hegemonie

Im Hinblick auf die Analyse, wie politische Praxis mit Diskursen über Gesundheit aussieht, gehe ich davon aus, dass Diskurse plural formiert und in sich heterogen sind. Ohne dass ich den Begriff des Diskurses damit abschließend definieren möchte, werde ich wie die regulationstheoretischen Ansätze zunächst vom foucaultschen Diskursverständnis im Sinne einer Verschränkung von Wissen und Macht ausgehen (vgl. z.B. Sablowski 1994; Demirović 1992). Wissen-Macht-Komplexe sind in theoretisch-analytischer Hinsicht für Hegemonie bedeutsam, da Wissen nach Gramsci ein zentrales Medium der Organisation eines ‚willentlichen Konsenses' darstellt. Weil Handeln und Wissen miteinander verknüpft sind, kommt keine Form der Herrschaft ohne systematisiertes Wissen, also Diskurse, als Grundlage von Konsens aus. Das beinhaltet zugleich, dass keine Hegemonie ohne die Praxis der *Systematisierung* von Wissen bestehen kann (Hirsch 2002: 66f.; Borg 2001: 80; Jablonka 1998; Sablowski 1994: 146f.; Demirović 1992: 149; Keil 1992; Krebs/Sablowski 1992: 116). Demirović versteht die Praxis der Hegemoniebildung wie folgt:

---

4 Vgl. hierzu auch Kapitel 1.

„Sie [die Intellektuellen] kämpfen mit ihren Konzeptualisierungsstrategien um die Grenzen zwischen den Geltungsbereichen und die Reichweite von allgemein verbindlich gewordenen Begriffen, in denen die sozialen Akteure ihre Praxis leben. Grenzen, in denen eine Praxis als eine des guten oder schlechten Geschmacks, eines guten und verallgemeinerbaren Wissens oder einer Spinnerei, eines eigennützigen und verallgemeinerbaren Interesses gilt. [...] Die diskursiven Praktiken der Intellektuellen sind also von entscheidender Bedeutung für die gesellschaftliche Entwicklung, insofern sie bestimmte Tendenzen ausmachen, sie verstärken, befestigen und zu einer stabilen Lebensweise verallgemeinern." (Demirović 1992: 151; s. auch Sablowski 1994: 147, 150)

Das hier angedeutete Diskursverständnis ist zu unterscheiden von einem, das Diskurse an eine „hegemoniale Gruppe" zurückbindet, die eine Diskursführerschaft ausübt (Jablonka 1998: 30). Vielmehr nähert sich Demirović an einen Diskursbegriff an, wie er bei Foucault angelegt ist. Hubert Dreyfus und Paul Rabinow (1994: 72) zufolge handelt es sich bei einem Diskurs um seriöse Sprechakte, die durch die Regeln einer Expertengemeinschaft und ihre Prozeduren der Validierung definiert werden. Das ist von Bedeutung, weil Demirović mit Diskursen nicht nur Wissen, sondern auch die Regelmäßigkeiten produzierenden Praktiken bezeichnet. Wenn Demirović (1992: 146) im Anschluss an Gramsci konstatiert, dass Hegemonie vermittels theoretischer und praktischer Tätigkeiten durch Intellektuelle organisiert wird, so rückt er diesen Aspekt in den Vordergrund. Genauer gesagt, sind damit zwei bedeutsame Komponenten benannt: zunächst die hegemoniale Form der Organisiertheit und schließlich eine nicht-kausale Beziehung zwischen Praxis und Hegemonie (‚vermittels').

Es wurde bereits ausgeführt, dass eine strategische Distanz, eine Kontingenz zwischen Hegemonie und Regulation besteht. Diese ist für die Einschätzung des Effekts von Diskursen von zentraler Bedeutung. Das zeigt sich pointiert in einer Aussage der Politologen Frank Pearce und Steve Tombs (1998: 38): „[S]ocial relations are dependent on, and sometimes transformed by, the forms of understandings that we develop to describe them, and by our capacity to have a reflexive relation to the understandings."[5]

---

5 Pearce und Tombs haben 1998 unter dem Titel „Toxic Capitalism: Corporate Crime and the Chemical Industry" eine Studie über Veränderungen in der chemischen Industrie veröffentlicht. Darin untersuchen sie den strukturellen Wandel der industriellen Gesellschaften, die Rolle des Staates in der weltökonomischen Situation und die damit verbundenen Strategien des hegemonialen Blocks in den USA. Mit dem Begriff des hegemonialen Blocks definieren sie sowohl die Beziehungen der Produktion als auch die Rolle von AkteurInnen (Pearce/Tombs 1998: 35f.). Besonders interessant

3 PRAXIS ALS ANALYSEFIGUR

Diese Aussage enthält zwei wesentliche Aspekte: So werden Diskurse prinzipiell in Bezug *auf die Praxis* der AkteurInnen und damit letztlich auf die konflikthafte Gestaltung der sozialen Verhältnisse selbst relevant (Gramsci 1991: 11, § 12, 1384ff.). Ob beispielsweise staatliche Gesundheitsversorgung als Grundrecht in einer demokratischen Gesellschaft oder als marktförmige Dienstleistung verstanden wird, beeinflusst die institutionelle Ausgestaltung der Gesundheitsversorgung wie auch das von den AkteurInnen (ÄrztInnen, PatientInnen und Personal in Einrichtungen des Gesundheitswesens) gelebte Verhältnis (s. auch Sablowski 1994: 145).

Zugleich setzen Pearce und Tombs die Gestaltung sozialer Verhältnisse nicht mit Diskursen gleich – zwischen Diskursen, Hegemonie und sozialen Verhältnissen bleibt eine strategische Distanz bestehen. Diesen Aspekt rückt auch Erik Borg in den Vordergrund, wenn er konstatiert, dass ein „Diskurs der Entwicklung der sozialen Kämpfe eine Richtung gibt" (Borg 2001: 74), deren Ausgang jedoch ungewiss bleibt. Und auch Norman Fairclough stellt im Anschluss an Jessop fest, dass „different narratives [...] *seek* to give meaning to current problems by constructing them in terms of past failures and future possibilities" (Fairclough o.J.a: 2, Hervorhebung R.B.; s. auch Krebs/Sablowski 1992: 110). Es ist deshalb nicht abzusehen, welche Effekte Diskurse auf soziale Verhältnisse haben, wie AkteurInnen sie aufgreifen oder sich zu ihnen positionieren.

Die strategische Distanz zwischen Diskursen und sozialen Verhältnissen ist für die Formierung von Hegemonie höchst relevant: Sie bildet eine Voraussetzung für Reflexivität sowie kritische, gegenhegemoniale Diskurse und demzufolge für soziale Veränderung (Görg 1994b: 47; s. auch Demirović 2003; Fairclough 1999). Sie kennzeichnet ferner die hegemoniale Praxis, insofern das Macht-Wissen der Intellektuellen auf Verallgemeinerung *ausgerichtet* ist, aber sie nicht bewirken kann.

Das streicht heraus, dass es sich bei dem Hegemonial-Werden von Diskursen um einen Prozess handelt, der auf Verallgemeinerung angewiesen ist. Er stützt sich darauf, dass sozial und historisch (bereits) ein Feld von Diskursen besteht, in das Intellektuelle mit Diskursen intervenieren (ohne dass sie über diese verfügen könnten). Das heißt: Jedes mediale, wissenschaftliche, politische oder künstlerische Wissen wird zu bereits bestehenden Wissensfeldern in Beziehung gesetzt und kann diese z.B. unterlaufen, verschieben oder verstärken, gleichsam ‚einspuren'. Die Verallgemeinerung von Diskursen ist insofern ein Prozess, der auf

---

ist, wie sie diese Konzepte mit Überlegungen aus der Gouvernementalitätstheorie dynamisieren (ebd.: 38ff.).

eine strukturelle Performativität⁶, eine wiederholte Einsetzung von Diskursen verwiesen ist. Diesen Aspekt rückt Demirović in den Vordergrund, wenn er von „realen strategischen Linien" (Demirović 1992: 150) der Wissenspraktiken spricht, deren Fluchtpunkt jene „kollektiven [gleichwohl umkämpften, R.B.] Regelmäßigkeiten" (ebd.: 149)⁷ bilden, welche die hegemoniale Form auszeichnen. Demirović benennt damit, dass Strategie und Verallgemeinerung ungleichzeitig sind. Diese Ungleichzeitigkeit ist von struktureller Bedeutung, da Regulation sich aus „regionalen und ungleichzeitig fortgeschrittenen Versatzstücken" (Keil 1992: 279) von Diskursen und sozialen Praktiken formiert (s. auch Hirsch 2002). Mit der Sicherung der Akkumulation durch Regulation wird strategische Distanz nicht eliminiert, sondern bleibt strukturell wirksam:

„Es ist ein Merkmal von Herrschaft, durch Wissen zu herrschen und auf diesem Wissen beruhende Strategien und Entscheidungen erfolgreich gegen Widerstrebende durchzusetzen. Aus der Komplexität des Wissens selbst, aus Inkonsistenzen, aus Reibungen unter denen, die herrschen, aus unvorhergesehenen Folgen, aus Widerstand resultiert Kontingenz." (Demirović 2003: 47)⁸

Daraus folgt jedoch nicht, dass die strategische Distanz zwischen Diskursen, Hegemonie und Regulation eine theoretisch-analytische ‚Black-Box' (Candeias 2004: 42) oder eine Leerstelle wäre. Sie ist vielmehr durch soziale Kräfteverhältnisse sowie Regulations- und Akkumulationspraktiken bedingt und deshalb sozial und historisch unterschiedlich ausgeformt (Hirsch 2002: 66). Das zeigt sich beispielsweise darin, dass

---

6   Mit dem Konzept der Performativität beziehe ich mich auf Butlers Lesart des derridaschen Konzepts der Iteration, das Wiederholung und Verschiebung miteinander verknüpft (vgl. Butler 1991). Allerdings geht es mir in diesem Zusammenhang nicht um das sprachtheoretisch bedeutsame Moment der Bedeutungsverschiebung, sondern um die soziale Praxis des ‚Einspurens' durch Wiederholung.

7   Es ist interessant, dass Demirović Regelmäßigkeiten im Anschluss an Links Konzept der Normalisierung (vgl. Link 1997) als statistischen Begriff versteht und damit soziale Abweichungen und Toleranzzonen mitdenkt. Das zeigt, dass der Begriff der Normalisierung einen Ansatzpunkt dafür bildet, die soziale Regulierung von Ein- und Ausschlüssen wie auch den Eigensinn des Anormalen als Bestandteil von Hegemonie mitzudenken (Demirović 1992: 138).

8   Deshalb ist die Spannung zwischen strategisch gerichteter Verallgemeinerung und strategischer Praxis von Diskursen grundlegend, gleich ob eine stabilisierte Regulation zugrunde gelegt oder ihre Ausbildung untersucht wird. Sie kann, wie bereits ausgeführt, analytisch und theoretisch weder über den Umweg einer kohärenten Logik noch über die reine Analyse der Pluralität und Differenzierung von Diskursen aufgelöst werden.

3 PRAXIS ALS ANALYSEFIGUR

AkteurInnen, wenngleich ihre Spielräume strukturell bedingt sind, die strategische Distanz mitgestalten. „Kontingenz [wird] strategisch hergestellt, indem Akteure aus affirmativen oder kritischen Gründen systematisch die innere Logik der gesellschaftlichen Zusammenhänge zerstören." (Demirović 2003: 52) Handlungsspielräume und -begrenzungen durch Kräfteverhältnisse müssen insofern als Bestandteil der Verschaltung von Macht und Wissen selbst betrachtet werden (Krebs/Sablowski 1992: 110). Die strukturelle Bedingtheit von Diskursen ist vor diesem Hintergrund eine analytische Frage, die nur in Verbindung mit der Analyse der konkreten sozialen Kräfteverhältnisse, der konkreten Funktion von Intellektuellen sowie der Akkumulations- und Regulationspraktiken erfasst und reflektiert werden kann (vgl. Hall 2000; Görg 1994b: 42f.).[9] In den je verschiedenen sozialen und politischen Feldern bildet der Einsatz von Diskursen eine hegemoniale Praxis sozialer AkteurInnen. Diese basiert logisch auf jener strategischen Distanz zu sozialen Verhältnissen, die sie gleichzeitig zu überwinden sucht. Auf dieser Grundlage verstehe ich Diskurse als konkret zu bestimmende, sozial bedingte und strategische ‚Einsätze' sozialer AkteurInnen in einen gesellschaftlichen Raum, die in Bezug auf ein Akkumulationsregime und eine Regulationsweise hegemonial zu werden trachten.

Zusammenfassend kann am Ende dieses Abschnitts festgehalten werden, dass die diskutierten Ansätze das Anliegen teilen, den Fokus auf die sichernde Funktion von Hegemonie und Regulation für postfordistische Akkumulation zu überwinden. Vielmehr problematisieren sie, durch welche Praktiken Hegemonie und Regulation miteinander vermittelt werden. Dadurch wird das Theorem des ‚unproblematischen Funktionierens' von Hegemonie und Regulation brüchig und als Terrain für *Fragen* nach möglichen Wirkungszusammenhängen geöffnet.

Jessop gelingt es mit seinem Vorschlag, Regulationsweise *und* Praxis als strategisch zu verstehen, Hegemonie in ihrer Emergenz und ihrer Kontingenz in den Blick zu nehmen. Diese beiden Aspekte sind interessant, weil sie Hegemonie nicht von ihrer Funktion, sondern von einer immanenten Dynamik her begreifbar machen. Diese speist sich aus einer strategischen Distanz zwischen einer auf Hegemonie abzielenden Praxis und der ‚strategischen Gerichtetheit' der Regulationsweise. Daraus wurde eine analytische Perspektive abgeleitet, die ihr Augenmerk auf multiple, strategische und widersprüchliche Praktiken sozialer und politi-

---

9 Letzteres ist bedeutsam, weil der Zugang zu einer kapitalismuskritischen Perspektive auf Diskurse immer auch einen heuristischen Charakter hat, da die Identifizierung der sozialen Verhältnisse prinzipielle analytische Setzungen beinhaltet (Sablowski 1994: 138).

scher AkteurInnen im Hinblick auf Hegemonie richtet, ohne die Intentionalität von Subjekten aufzurufen oder die Bedeutung der Struktur der Regulationsweise wie der Hegemonie zu vernachlässigen. Damit wird eine neue Perspektive auf die Beziehung zwischen Hegemonie und Diskursen eröffnet. Im Vordergrund steht die strategische Praxis. Zwar zielen AkteurInnen mit dem Einsatz von Diskursen auf Hegemonie ab, indem sie darauf abzielen, dass diese als Handlungsorientierungen und Bewertungsschemata wirksam werden. Gleichwohl verfügt keine AkteurIn, keine politische Partei oder soziale Gruppe über die Wirkung der Diskurse. Kontingenz bzw. strategische Distanz zwischen Diskursen und sozialen Verhältnissen macht Dynamik von Diskursen im Kontext von Hegemonie greifbar, die einerseits gegenhegemoniale Diskurse und andererseits die Zielorientierung auf Hegemonie hervorbringt. Auf dieser Grundlage wird im Folgenden der Fokus darauf gelegt, Diskurse als nicht-intentionalen, strategischen Einsatz sozialer AkteurInnen zu untersuchen, der auf Hegemonie und Regulation abzielt.

Hegemonie und Diskurs: Zur Theorie einer hegemonietheoretischen Diskursanalyse in Anknüpfung an die Critical Discourse Analysis

Im Folgenden werden die theoretischen Grundlagen einer hegemonietheoretischen Diskursanalyse entwickelt. Hierzu knüpfe ich an die theoretischen Überlegungen zur Beziehung zwischen Diskursen, Praxis und Hegemonie an, das der Diskurstheoretiker Norman Fairclough in seiner Variante der Critical Discourse Analysis (CDA) ausgearbeitet hat. Sein Ansatz erlaubt es, die theoretischen Überlegungen über die Beziehung zwischen Hegemonie und Diskursen im Hinblick auf eine empirische Analyse von Diskursen weiterzuführen. Im Zentrum des Diskursverständnisses der CDA steht die Unterscheidung zwischen Diskurs als geregelter Struktur von Sprache und lokaleren, spezifischeren Diskursen als ‚stabilisierten Repräsentationen'.

Der Begriff der Repräsentation ist in mehrfacher Weise von tradierten Bedeutungen abzugrenzen: Zunächst beziehe ich mich *nicht* auf den Begriff der politischen Repräsentation, mit dem die Stellvertretung politischer Interessen von Personen oder Gruppen durch Organisationen, Parteien oder Personen bezeichnet ist. Zudem ist Repräsentation weder auf eine auktoriale Intention zurückzuführen noch als Abbildung sozialer Wirklichkeit, d.h. als deren Darstellung zu verstehen. Anders als in Analysen von Repräsentationen in der Tradition von Emile Durkheim und Marcel Mauss (1987: 249ff.) stehen in der vorliegenden Arbeit keine kollektiven, verobjektivierten Formen sozialer Bedeutungen zur Disposition. Statt nach Kohärenz und Kollektivität zu fragen, zielt die Analyse darauf ab, strategische und selektive Repräsentationen im Hinblick auf Hegemonie zu erforschen.

Auf dieser Grundlage wird ein praxisorientierter Zugang zu Diskursen entwickelt, in dessen Zentrum der Begriff der Produktion steht. Dieser erfasst, wie theoretisch entfaltet wird, über die gängigen Begriffe der Konstitution und der Konstruktion hinausgehend die strukturelle Situierung von Diskursen wie auch die strategisch anvisierte aktive Veränderung von Welt. Daran anknüpfend wird ein Konzept politischer Praxis entwickelt, welches die Frage des politischen Einsatzes von Repräsentationen expliziert.

Seit den 1990er Jahren ist generell ein gestiegenes Interesse der Sozialwissenschaften an Diskurstheorien und Diskursanalysen zu verzeichnen, das – wie es in Konzepten wie Wissensgesellschaft oder Postmoderne zum Ausdruck gebracht wird – als Ausdruck und Bestandteil einer gestiegenen Reflexivität und eines zunehmenden Bewusstseins der Kontingenz von Wissen zu werten ist. Die verschiedenen Diskursanalysen zeichnen sich durch einen kleinsten gemeinsamen Nenner der analytischen Perspektive aus: Sie fragen nach der Konstitution bzw. Konstruktion von Welt im konkreten Bezug auf Zeichen und auf Regelsysteme oder Strukturen in der Konstitution von Bedeutung (Keller 2004: 7).

Dem inzwischen breiten und vielfältigen Spektrum von Diskursanalysen liegen dabei unterschiedliche theoretische Konzepte von ‚Diskurs'[10] sowie unterschiedliche theoretische und methodologische Schwerpunkte zugrunde.[11] Diese lassen sich grob in analytische Zugänge unterscheiden, welche die Konstitution von Bedeutung axiomatisch auf ein intentionales Subjekt zurückführen,[12] und solche Ansätze, die sich aus der Perspektive sozialer bzw. struktureller Machtverhältnisse mit Prozessen der Konstitution von Bedeutung befassen.[13] Darunter be-

---

10 Für einen Überblick vgl. Keller (2005).
11 Für einen guten Überblick über verschiedene Diskursanalysen vgl. Keller (2005, 2004); für Methoden, Theorien und empirische Analysen vgl. Keller et al. (2003, 2001) sowie Angermüller et al. (2001).
12 Dazu rechne ich solche, die sich auf Ethnomethodologie, symbolischen Interaktionismus, Phänomenologie und/oder Wissenssoziologie stützen (z.B. Viehöver 2003; Keller 2003; Knoblauch 2001; kritisch: Pieper 2006).
13 Hierunter sind poststrukturalistisch orientierte Diskursanalysen zu subsumieren, wie auch solche Ansätze, die sich mit der sozialstrukturellen Herstellung von Bedeutung befassen. Poststrukturalistische Diskursanalysen teilen das Interesse an der inneren Struktur von Diskursen; sie beziehen sich theoretisch auf die Arbeiten von Jacques Derrida, Judith Butler,

finden sich jedoch nur einige wenige, die theoretisch und methodologisch an der Analyse von Hegemonie orientiert oder in dieser Hinsicht anschlussfähig sind. Hierzu sind an Ernesto Laclau und Chantal Mouffe orientierte Zugänge zu Diskursen[14] sowie Ansätze der Kritischen Diskursanalyse[15] zu rechnen. Ich greife im Folgenden Überlegungen aus diesen beiden theoretischen Konzepten für die Entwicklung eines hegemonietheoretischen Zugangs zu Diskursen auf. Als konzeptioneller Ausgangspunkt wird die

---

Ernesto Laclau und Chantal Mouffe, vor allem aber auf die von Michel Foucault. Hierzu liegt inzwischen eine Vielzahl an Publikationen vor. Für eine theoretische Grundlegung einer Diskursanalyse als Gesellschaftsanalyse vgl. Bublitz (1999); für einen Überblick über internationale Strömungen in der Rezeption der foucaultschen Diskursanalyse vgl. Diaz-Bone et al. (2007); für empirische Untersuchungen auf der Grundlage von Foucault vgl. exemplarisch Bruns (2006), Krasmann (2006), Hanke (2003) und Waldschmidt (1996). Einen guten Überblick über die Anwendung der foucaultschen Diskursanalysen (in) der Politik bieten Kerchner/Schneider (2006). Einen anderen Fokus haben solche Analysen, die sich mit den sozialstrukturellen Ausprägungen von Sprache bzw. dem Sprachgebrauch befassen. Hierzu gehören alle Varianten ideologiekritischer Diskursanalysen (vgl. Pêcheux 1982), verschiedene Ansätze Kritischer Diskursanalysen, Untersuchungen zum historischen Sprachwandel in Gesellschaften (vgl. z.B. Stötzel/Wengeler 1995) und im weiteren Sinne auch historisch-politische sprachwissenschaftliche Ansätze (z.B. Maas 1984).

14 Das Diskurskonzept Laclaus und Mouffes ist zwar nicht auf empirische Forschung ausgelegt, es wird aber in den Sozial- und Politikwissenschaften zunehmend für Diskursanalysen fruchtbar gemacht. Eine Einführung geben Phillips/Jørgensen (2004). Einen Überblick über die Bandbreite der Umsetzung des Konzepts in der empirischer Forschung von Politik bietet der Sammelband von Howarth et al. (2000); s. auch Nonhoff (2006a).

15 Unter der Bezeichnung Critical Discourse Analysis versammelt sich ein breites Spektrum von Ansätzen, deren kleinster gemeinsamer Nenner darin besteht, dass sie die Beziehung zwischen Texten und außertextuellen Elementen wie Kultur, Gesellschaft in ihrer Verbindung mit Macht und Herrschaft ins Zentrum der Analyse stellen. Für einen Überblick vgl. Meyer (2001) und Wodak (2001). Auch der diskurs-historische Ansatz, wie er im deutschsprachigen Raum von Ruth Wodak begründet und in Analysen zu Antisemitismus und nationaler Identität umgesetzt wurde (vgl. Reisigl/Wodak 2001; Wodak et al. 1998), sowie die Ansätze von Utz Maas (1984) und Siegfried Jäger (2004) werden zur CDA gerechnet. Siegfried Jäger entwickelte seine Variante der Kritischen Diskursanalyse unabhängig vom angloamerikanischen Forschungsstrang der CDA. Zwischen beiden Ansätzen bestehen erhebliche theoretische, methodische und analytische Unterschiede; vgl. hierzu ausführlicher Meyer (2001), weiter die Beiträge in Keller et al. (2001).

Beziehung zwischen Diskursen und Sozialstruktur gewählt.[16] Damit das theoretisch entwickelte Potenzial einer dynamischen Analyse von Hegemonie nicht mit dem Begriff der Sozialstruktur verschenkt und eine Äquivalenzbeziehung zwischen Struktur und Diskursen gesetzt wird, gilt es die Beziehung zwischen beiden genauer zu fassen.

Ein solcher Zugang kann sich nicht primär auf das hegemonietheoretische Diskursverständnis von Laclau und Mouffe stützen, da dieses sich dadurch auszeichnet, dass die Trennung zwischen diskursiven und nichtdiskursiven Elementen, wie sie Foucault begründet hatte, aufgehoben wird (Laclau/Mouffe 2000: 144).[17] Laclau und Mouffe integrieren beides in einen Diskursbegriff, der die Gesamtheit der symbolischen Ordnung der Gesellschaft, also auch z.b. Institutionen und Rituale, einschließt. Unter ‚Diskurs' verstehen sie unter Anknüpfung an Foucault, Derrida und Lacan ein temporäres, unabgeschlossenes System, das sich durch die Artikulation einzelner, differentieller, aber nicht identitätslogischer Elemente auszeichnet (ebd.: 149). Sie weisen zwar sowohl die Exteriorität als auch die Interiorität des Sozialen gegenüber dem Diskursiven zurück, grenzen sich jedoch gegen eine Separierung beider Bereiche ab (vgl. ebd.: 167).

Für mein Anliegen, die Beziehung zwischen Sozialstruktur und Diskursen zum Ausgangspunkt hegemonietheoretischer Überlegungen zu machen, bietet die CDA des britischen Diskurstheoretikers Norman Fairclough produktive Ansatzpunkte, da sein Zugang zu Diskursen sich auf Foucault, Althusser, Laclau und Mouffe sowie Gramsci stützt (vgl. besonders Fairclough/Chouliaraki 1999; Fairclough 1995, 1992) und deshalb besonders geeignet ist, um die Beziehung von Diskursen zu Hegemonie zu fokussieren.

Fairclough entwickelt seine Theoreme und Ansätze zur CDA beständig weiter. Das hat zur Folge, dass seine Arbeiten sich durch unterschiedliche Schwerpunkte, verschiedene Theorieansätze und Zugänge auszeichnen,[18] die im Hinblick auf eine hegemonietheoretisch orientierte

---

16 Unter Sozialstruktur verstehe ich allgemein die Struktur einer Gesellschaft oder eines sozialen Systems, wobei die relevanten Dimensionen variabel sind. Ausschlaggebend ist vielmehr, dass mit dem Strukturbegriff die relative Autonomie und die Verobjektivierung der Beziehung zwischen verschiedenen Elementen bezeichnet sind. Erst dadurch wird Kohärenz und Stabilität erzeugt.
17 Damit schließe ich an kritische Einschätzungen des Diskursbegriffs bei Laclau und Mouffe an, wie sie aus verschiedenen theoretischen Richtungen vorgebracht wurden (Keller 2005: 162; Hall 2000: 71f.; Chouliaraki/ Fairclough 1999: 121).
18 Das hat auch zur Folge, dass die Rezeption Faircloughs in der Bundesrepublik in der Regel auf einzelne Aspekte abhebt (z.b. Nonhoff 2006a;

Methodologie zu fokussieren und zu erweitern sind. Wie zu zeigen sein wird, werde ich nicht dem in der Forschung vorgeschlagenen Untersuchungsdesign im Anschluss an Fairclough folgen (vgl. z.b. Phillips/Jørgensen 2004; Fairclough 2003, 1995; Titscher/Meyer/Vetter 1998),[19] sondern einen Zugang entwickeln, der auf die Beziehung zwischen Repräsentationen, sozialer bzw. politischer Praxis und Hegemonie fokussiert.

Theoretische Grundlagen der CDA

Der Ansatz der CDA ist in besonderem Maße dazu geeignet, die Beziehung zwischen Gesellschaft und Diskursen als Ausdruck und Bestandteil sozialer Machtverhältnisse zu fassen (Keller 2005: 155f.; Philipps/Jørgensen 2004: 63f.): Denn sie räumt Gesellschaft Priorität vor Sprache ein, indem sie die Beziehung zwischen Sprache/Diskurs und Gesellschaft als *soziale* fasst und in ein Modell der sozialen Praxis integriert.

Soziale Praxis: Dualität von Handlung und Struktur

Soziologische Grundlegung der CDA ist das Theorem der Dualität von Handlung und Struktur (Fairclough 1992: 72). Die CDA setzt daran an, dass soziales Leben durch soziale Praktiken konstituiert ist, und steht damit in der Tradition von soziologischen Ansätzen, die den Dualismus zwischen Mikro- und Makrosoziologie überwunden haben, wie z.b.

Diaz-Bone 2002), so dass nur wenige Arbeiten einen Überblick geben (z.B. Keller 2005; Titscher et al. 1998). Aus dem angloamerikanischen Raum liegt mit Phillips/Jørgensen (2004) eine theoretisch fundierte Übersicht mit methodischen Hinweisen vor; Blommaerts Anliegen besteht darin, die CDA im Hinblick auf transnationale Bewegungen und Globalisierung weiterzuentwickeln (vgl. Blommaert 2005).

19 Faircloughs Analysemodell umfasst drei Ebenen, die in jedem Sprachgebrauch untersucht werden: erstens die Textebene, d.h. die linguistische Systematik des Textes, zweitens die Ebene der diskursiven Praxis, worunter er die konkreten Praktiken der Produktion und der Konsumtion der Texte versteht, und drittens die Ebene der weiteren sozialen Praxis (Fairclough 1992; vgl. auch Phillips/Jørgensen 2004; Titscher et al. 1998). Fairclough erfasst diese drei Ebenen in seinen empirischen Forschungen in der Regel mittels der Analyse von Genres (vgl. Fairclough 2000a, 1995b); sein Schwerpunkt liegt auf der Kombination von empirischen Analysen mit theoretischen Überlegungen (vgl. Fairclough 2006, 1999, 1995a, 1992, o.J.a, b und c). Vorrangig methodisch-methodologische Überlegungen finden sich in Fairclough (2003, 2002, 2001b und c); theoretische Konzeptionen unter besonderer Berücksichtigung von Gesellschaftstheorien in Chouliaraki/Fairclough (1999).

3 PRAXIS ALS ANALYSEFIGUR

auch Pierre Bourdieus Konzept des Habitus. In Anknüpfung an diese Ansätze definiert die CDA soziale Praktiken als im weiteren Sinn relativ stabilisierte, also institutionalisierte Formen sozialen Handelns, die Menschen als Medien und als Grundlage für soziale Interaktion dienen (Chouliaraki/Fairclough 1999: 21). Auch in der CDA werden soziale Praktiken nicht als voluntaristische Akte verstanden, sondern als strukturell strukturierte Phänomene, die überall im sozialen Leben durch Handeln erzeugt und als soziale Felder, z.B. Ökonomie, Politik, Kultur oder Alltagswelt, je unterschiedlich ausgestaltet werden. Damit verwenden Lillie Chouliaraki und Norman Fairclough in Anknüpfung an Bourdieu (ebd.: 100ff.) ein Konzept der Strukturierung, das auf relationalen Beziehungen basiert (z.b. Bourdieu 1993: 107f.). Dieses modifizieren Chouliaraki und Fairclough in der Weise, dass aus der Relationalität eine beständige Anfechtung bzw. Möglichkeit der Veränderung resultiert.[20]

Mit dieser Auffassung positioniert sich die CDA *zwischen* Strukturalismus und interaktionistischen Theorien. Zwar verstehen Chouliaraki und Fairclough ‚Diskurs' in Anlehnung an die Ethnomethodologie als elementaren Bestandteil der interaktiven Konstruktion von Wirklichkeit, weil sie davon ausgehen, dass Sprache in einer Gesellschaft indexikalisch verwandt wird. Damit ist gemeint, dass sprachlicher Sinn auf reziproken Leistungen von TeilnehmerInnen basiert, welche die situativen, interpretierten Handlungen interpretierend zum jeweiligen Kontext *und* zu den sozio-symbolischen Regelwerken des Common Sense in Beziehung setzen.

Der Common Sense, also Wissen und Erfahrungen, die kollektiv und unhinterfragbar sind, ist jedoch, wie bereits deutlich geworden ist, aus einer hegemonietheoretischen Perspektive kein ‚natürlicher Bestandteil' von Gesellschaften, sondern eine spezifische *Form* der gesellschaftlichen Organisation von Wissen und Repräsentationen. Dieses Argument bringt auch Fairclough mit Gramsci gegen das Konzept des Common Sense vor. Er sieht ihn als Ergebnis hegemonialer Prozesse, welche sich durch Generalisierung spezifischer Vorstellungen, Diskurse und sprachlicher Konventionen auszeichnen und in bestimmten Fällen den Effekt

---

20 Allerdings verdeutlicht ihre Bourdieu-Rezeption, dass die strukturale Analyse von Herrschaftsbeziehungen ein diskursanalytisch orientiertes Konzept zwar inspirieren und dessen theoretische Reflexion vorantreiben, aber nicht in eine hegemonietheoretische Diskursanalyse umgesetzt werden kann. So führt ihr ‚empirischer' Einwand, dass Bourdieu diskursiv vermittelte soziale Wandlungsprozesse nicht hinreichend berücksichtige (Chouliaraki/Fairclough 1999: 103f.), in der Konsequenz zu der in der Soziologie und der Politologie vorgebrachten Kritik an der im Habitus-Konzept angelegten Statik (vgl. exemplarisch Demirović 1992).

von Natürlichkeit (z.B. Identität, Geschlecht) hervorrufen können (Fairclough 1995a: 82, 94; Fairclough 1992). Diskurse werden im Zuge von Prozessen in einen Common Sense integriert und haben dann den Effekt, dass sie in Bezug auf soziale Machtverhältnisse als *neutral* erscheinen. Die scheinbare Neutralität der Kollektivierung von Sprache und Wissen im Konzept des Common Sense ist demzufolge auf die Problemstellung der theoretischen Ansätze zurückzuführen. Entsprechend kritisieren Chouliaraki und Fairclough an der Fokussierung der ‚joint action' der Sprache in verschiedenen theoretischen Richtungen, wie sie z.B. in Schütz' Phänomenologie, im symbolischen Interaktionismus, in der Ethnomethodologie, in Wittgensteins linguistischer Philosophie oder in Gadamers Hermeneutik entwickelt worden sind (Chouliaraki/Fairclough 1999: 47), dass Interaktionen deshalb romantisiert werden können, weil soziale Strukturiertheit nicht berücksichtigt wird. Dadurch wird die Geronnenheit sozialer Entitäten und der Widerstand gegenüber sozialem Wandel negiert (Fairclough 2001a: 4).

Geht man von der Prämisse der Dualität von Handlung und Struktur aus, so bilden soziale Praktiken eine intermediäre Ebene, die zwischen AkteurInnen und Strukturen vermittelt, aber gleichzeitig nicht in beidem aufgeht. Das macht sie als analytischen Ansatzpunkt für die CDA interessant: „The advantage of focusing upon practices is that they constitute a point of connection between abstract structures and their mechanisms, and concrete events – between ‚society' and people living their lives." (Chouliaraki/Fairclough 1999: 21) Denn auf dieser Grundlage kann die Spannung zwischen dem ‚Ereignis' auf der einen Seite und ‚Strukturen' auf der anderen Seite aufrechterhalten werden. Indem Chouliaraki und Fairclough soziale Praktiken auf einer intermediären Ebene ansiedeln, betrachten sie diese stets als Einzelereignisse, welche zu einem bestimmten Zeitpunkt und an einem bestimmten Ort in einer bestimmten Situation vorkommen. In diesem Sinne sind soziale Praktiken immer (auch) einzigartig. Andererseits sind sie aber auch in hohem Ausmaß routinisiert und institutionalisiert, verlaufen gleichförmig, gleichartig und sind eingebunden in feststehende Strukturierungen. Genau darin besteht ihr struktureller Aspekt (Chouliaraki/Fairclough 1999: 22). Auf dieser theoretischen Grundlage lässt sich eine strukturelle Ambiguität sozialer Praktiken aufrechterhalten: Sie werden einerseits durch die Trägheit und Permanenz sozialer Strukturierungen in eine institutionelle Form gegossen, verstetigt und in dieser Verstetigung immer wieder aufs Neue verfestigt. Andererseits enthalten soziale Praktiken stets auch ein Innovationspotenzial, d.h. die Möglichkeit, von routinisierten und insti-

3 PRAXIS ALS ANALYSEFIGUR

tutionalisierten Formen abzuweichen, Strukturen zu verändern und so sozialen Wandel herbeizuführen (vgl. auch bereits Fairclough 1992).[21] Auf dieser Grundlage integriert die CDA die Ambiguität und das Sowohl-als-auch sozialer Praktiken („practices have partly the character of both [events and structures]" Chouliaraki/Fairclough 1999: 22) in ein dialektisches Verständnis der Beziehung zwischen Sozialstruktur und sozialen Praktiken (Fairclough/Wodak 1997: 258). Soziale Praktiken und Sozialstruktur werden dabei als verschiedene Ebenen beibehalten. Z.B. ist es Fairclough zufolge von zentraler Bedeutung, zwischen der medizinischen Behandlung in einem Krankenhaus und dem staatlichen Gesundheitssystem zu unterscheiden. Gleichwohl können die Ebenen der Sozialstruktur und die der sozialen Praktiken nicht klar voneinander getrennt werden. Vielmehr durchdringen sie sich wechselseitig, ohne die jeweils spezifische Gestalt zu verlieren. Die Annahme einer dialektischen Beziehung schließt ein, dass soziale Praktiken und Sozialstruktur sich gegenseitig lediglich *partiell* internalisieren und genau deshalb wechselseitig übereinander hinausschießen.

Die Annahme der dialektischen Beziehung ist für einen hegemonietheoretischen Zugang in zweifacher Hinsicht relevant: Zum einen folgt daraus, dass die beiden Ebenen als (relativ) autonome bestehen bleiben, deren Beziehung jedoch dem soziohistorischen Wandel unterworfen ist. Zum anderen bildet das Übereinander-Hinausschießen die theoretische Grundlage dafür, dass Sozialstruktur und soziale Praktiken sowie die Beziehung zwischen beiden als veränderlich und ständig beweglich zu verstehen sind (s. auch Fairclough o.J.a: 4). Aus diesem Grund lege ich der zu entwickelnden Methodologie den Begriff der Produktion zugrunde. Denn er erfasst die Gleichzeitigkeit von struktureller Situierung *und* aktiver Veränderung. Darin unterscheidet er sich von den Begriffen der Konstruktion bzw. der Konstitution, die beide kein analytisches Verständnis der Beziehung zu materiellen Strukturen vermitteln.

Gleichwohl bleibt zu bedenken, dass es sich bei der durch die CDA zugrunde gelegten Beweglichkeit und Dialektik zwischen Sozialstruktur und sozialer Praxis um eine theoretische Prämisse handelt, welche keiner empirischen Bearbeitung zugänglich ist (vgl. Phillips/Jørgensen 2004: 89), sondern um eine Methodologie, die das Untersuchungsdesign und das methodische Vorgehen als Heuristik anleiten kann. Die Prämisse der Beziehung zwischen Sozialstruktur und sozialen Praktiken ist deshalb in empirischen Untersuchungen je unterschiedlich zu füllen.

---

21 Butlers Konzept der Performativität arbeitet genau mit dieser strukturellen Ambiguität, indem sie Veränderung als performative Umarbeitung von ‚Normen', genauer gesagt von hegemonialen Formen der Normalisierung konzeptionalisiert (vgl. Butler 1991).

Sprache als Terrain und Objekt sozialer Auseinandersetzungen

Grundlegend für einen hegemonietheoretischen Zugang zu Diskursen ist die Art und Weise, wie Sprache im Hinblick auf Gesellschaftlichkeit konzeptualisiert wird. Die CDA unterscheidet sich in dieser Hinsicht von poststrukturalistisch orientierten Diskursanalysen, insbesondere dort, wo diese sich in der saussureschen Semiologie verorten.

Die CDA bezieht sich wesentlich auf die Critical Linguistics, die Ende der 1970er Jahre in Abgrenzung zu den dominanten Theorien der Pragmatik, z.b. der Sprechakttheorie, und der quantitativen Sprachtheorie entwickelt worden ist, wie sie Labov in den 1960er Jahren mit seiner Studie zur sozialen Stratifikation von Sprachgewohnheiten in den USA begründet hatte (Blommaert 2005: 9f.). Die Critical Linguistics beinhalten einen Zugang zu Sprache, der sich von der in poststrukturalistischen Theorien vielzitierten Grundlegung der modernen Sprachwissenschaften durch Ferdinand de Saussure abgrenzt.

De Saussure unterscheidet in seinen Vorlesungen Sprache (,langue') als autonomes sprachliches System von ,parole', der gesprochenen und geschriebenen Sprache, und postuliert die Vorgängigkeit des sprachlichen Systems vor dem Sprachgebrauch. Er bestimmt ähnlich wie Durkheim die Sprache als einen ,fait social', eine soziale Tatsache. Damit fasst er Sprache als eine außerhalb von Individuen stehende soziale Institution. Den zentralen Ansatzpunkt hierfür bildet sein Zeichenbegriff. De Saussure zufolge gründet die Bedeutung der Zeichen, welche Signifikanten (Lautbilder) mit Signifikaten (sinnhafte Bedeutungen, Vorstellungen) verknüpfen (vgl. de Saussure 1967 [1916]), in der Differentialität des Zeichensystems. Die Bedeutung eines Zeichens wird mithin erst durch seine isolierte/unterscheidende Stellung innerhalb eines Gefüges von Zeichen hergestellt. Indem de Saussure von Sprache als einem System spricht, geht er davon aus, dass ihr prinzipiell die Differenz als Organisationsprinzip zugrunde liegt. Zum anderen, das ist für die CDA ausschlaggebend, geht er damit davon aus, dass der Sprachgebrauch konzeptionell vom System der Sprache isoliert werden kann.

Für poststrukturalistische Zugänge zu Diskursen ist der Aspekt zentral, dass Bedeutung über die Differentialität der Zeichen im System der Sprache bzw. im Diskurs hergestellt wird und nicht eine vor- oder außerhalb des Systems der Sprache liegende Referenz widerspiegelt. Das bildet die theoretische Voraussetzung dafür, die Analyse von Diskursen von subjektorientierten Zugängen zu lösen. Dessen Problematik besteht aus dem Blickwinkel eines poststrukturalistischen Zugangs darin, dass ein autonomes, cartesianisches Subjekt eingesetzt wird, welches über Sprache und Bedeutung verfügen kann. Das wirft jedoch das Problem einer soziologischen Verkürzung des Diskursbegriffes auf, das dann entsteht, wenn Diskurse als Quasi-Akture entworfen werden, die Prozesse der Konstruktion und Konstitution von Bedeutung steuern, während Gesellschaft als neutrale Fläche der Einschreibung konzeptualisiert wird (Reichert 2004: 22ff.).[22] Demgegenüber gründet der spezifische Zugang der Critical Linguistics in einer soziolinguistischen Kritik an de Saussure. So kritisierten soziolinguistische Theorien der 1970er Jahre – durchaus in Überstimmung mit der in poststrukturalistische Ansätze mündenden Kritik am Strukturalismus[23] – an de Saussures Ansatz, dass daraus ein individualisierender Zugang zum Sprechen und zum Sprachgebrauch resultiere (Dosse 1999a; vgl. auch Keller 2005: 104-106). Damit verbunden wurde eingewandt, dass insbesondere die synchrone Betrachtung der Sprache als System die Sichtweise auf sozialen Wandel und die Konstituierung neuer Sprachelemente verstelle (Fairclough 1995a: 73; Fairclough 1992: 63, 65). In Anknüpfung an soziolinguistische Grundannahmen wendet sich die CDA damit gegen das Postulat der Homogenität und Unabhängigkeit von Sprache als sozialer Tatsache; vielmehr sieht sie linguistische Formen und Eigenschaften von Sprache gleichermaßen durch soziale Beziehungen und Prozesse begrenzt und gestaltet (Fairclough 1995a: 73). Deshalb ist für die CDA die Perspektive grundlegend, dass eine sozial produzierte und deshalb ebenso starke wie veränderliche Verbin-

---

22 In der ersten Welle der Rezeption poststrukturalistischer Zugänge in der Bundesrepublik wurde das Theorem, dass Diskurse sich in Wirklichkeit ‚einschreiben' würden, mit der konstruktivistischen Annahme, dass Diskurse Wirklichkeit konstruieren würden, gleichgesetzt. Seit einigen Jahren rücken soziologische Implikationen von Diskursen und Diskursanalysen stärker in den Vordergrund. Im Kontext dieser Diskussionen wird das Konzept der ‚Einschreibung' zunehmend kritisch hinterfragt (vgl. Reichert 2004; Keller 2005).

23 De Saussures Einfluss machte sich insbesondere im Strukturalismus Lèvi-Strauss', Roland Barthes' und der frühen Arbeiten Foucaults geltend. Im Zuge der Strukturalismuskritik der 1970er wurde de Saussures Fokussierung der Synchronizität von Sprache, die Ausklammerung des Sprachgebrauchs sowie die Annahme der Fixierbarkeit von Bedeutung in Zeichen zunehmend problematisiert und von dort aus weiterentwickelt; hier waren insbesondere die Arbeiten von Jacques Derrida und Julia Kristeva bedeutsam. Aus hermeneutischer Sicht, z.B. von Paul Ricoeur, wurde an de Saussure bemängelt, dass er die Interpretationsleistung der Individuen vernachlässige (Keller 2005: 104f.; Dosse 1999a). Die kontroversen Einwände verweisen auf die bereits angesprochene Stellung des Subjekts in der Bedeutungsproduktion. Diesbezüglich besteht bis heute eine wesentliche Differenz zwischen hermeneutischen und poststrukturalistischen Diskursanalysen.

dung zwischen Sprachsystem, -gebrauch und Bedeutung von Sprache besteht (Titscher/Meyer/Vetter 1998: 179; Fairclough 1992).

Von einer solchen Verbindung ausgehend lassen sich sowohl (linguistische) Systematik als auch Bedeutungen von Sprache als zugleich gesellschaftliche wie sprachliche Elemente betrachten. Beide hier skizzierten Ansätze, die poststrukturalistische wie die soziolinguistische Rezeption de Saussures, weisen die Vorstellung eines Subjekts zurück, das über Sprache und Bedeutung autonom verfügen könnte. Das ermöglicht es, das Verständnis der Konstitution von Bedeutungen durch Sprache aufzugreifen und im Hinblick auf ihre sozial-strukturelle Situierung umzuarbeiten.

Das soziolinguistische Verständnis von Sprache und Bedeutung, nach dem beide als *sozial* konstituierte aufgefasst werden, bildet die Grundlage dafür, Sprache und Bedeutung in ein hegemonietheoretisches Konzept von sozialer Umkämpftheit und Auseinandersetzungen zu integrieren.

Fairclough hat in Anknüpfung an den Sprachphilosophen Vladimir N. Volosinov die Beziehung von Sprache zu Sozialstruktur in Analogie zur sozialen Praxis als dialektisch konzeptualisiert. Sprache kann somit als strukturierendes wie gleichzeitig strukturiertes Element von Sozialstruktur verstanden werden, das Veränderung zugleich anstoßen wie ausdrücken kann. Volosinov sieht das in der Ubiquität der Sprache begründet. Folgt man seiner Argumentation, so ist sprachliche Bedeutung weit vor der Abgeschlossenheit eines hegemonialen Projekts ein Indikator wie auch ein Gegenstand des sozialen Wandels und sozialer Auseinandersetzungen. Denn Bedeutung und Form von Sprache werden im Prozess der sozialen Auseinandersetzungen, welche die Sozialstruktur produzieren und verändern, geformt. Statt dass soziale Wirklichkeit durch Sprache widergespiegelt werden kann, werden Repräsentationen sozialer Wirklichkeit in/durch soziale Auseinandersetzungen wie durch eine Linse gebrochen.

Deshalb sind Sprachgebrauch und Bedeutung gleichzeitig Objekt wie Terrain sozialer Auseinandersetzungen und Praktiken. Sie verschieben Elemente des Sozialen und verweisen dadurch gleichzeitig auf sie (Chouliaraki/Fairclough 1999: 48f.). „The meanings of words are derived not from fixed relationships between abstract signs, but from the accumulated dynamic social use of particular forms of language in different contexts and for different and sometimes conflicting purposes. The nuances and connotations of words reflect this social and often contested history." (Mayhin 2004: 65)

Die CDA geht dieser Grundannahme folgend, wie poststrukturalistische Zugänge, von einer unhintergehbaren Pluralität von Bedeutung*en*

3 PRAXIS ALS ANALYSEFIGUR

in Sprache aus, die erst durch hegemoniale Prozesse prinzipiell reduziert oder geschlossen wird (Fairclough 1989: 89f.). Daraus resultiert erstens eine irreduzible Eigendynamik von Sprache und ihre gleichzeitige Verflechtung mit Sozialstruktur sowie hegemonialen Prozessen. Zweitens folgt daraus ein spezifischer Zugang für das Verständnis sozialer Veränderung und sozialen Widerstands in/durch Sprache. Während einige poststrukturalistische Zugänge das Moment der Veränderung in Diskurse hineinverlagern, sie z.B. als Störung im Prozess der iterativen Performativität konzeptualisieren (vgl. Butler 1991), und andere Veränderung als *Folge* des theorie-politischen Einsatzes in Diskurse verstehen (vgl. Engel 2002; Schäfer 1995), ermöglichen die Anwendung des Praxisbegriffs und des Prinzips der Dialektik, soziale Veränderung über Diskurse an AkteurInnen zurückzubinden, ohne ein autonomes Subjekt (wieder-) einzusetzen.

Politik als Form sozialer Praxis

Die hegemoniale Struktur von Diskursen

Einen wesentlichen Ausgangspunkt der CDA bildet die Unterscheidung von Diskurs (im Singular) und Diskursen (im Plural). Der Begriff des Diskurses (im Singular) bezieht sich auf die semiotische Ebene sozialer Praktiken, d.h. „language use as a form of social practice" (Fairclough 1992: 63). Fairclough wählt den Begriff der Semiosis, um die sprachliche Ebene von Diskurs um eine bildliche Ebene, d.h. um visuelle Produkte und Prozesse der Visualisierung zu erweitern (vgl. Fairclough 2003).[24] Semiosis steht – wie Sozialstruktur – in einer dialektischen Beziehung zu sozialer bzw. diskursiver Praxis. Als abstrakte Kategorie der Semiosis ist Sprache für ihn Struktur; sie bildet geronnene, stabile Optionen innerhalb einer Gesellschaft und Kultur, die AkteurInnen sich durch Diskurse aneignen und die sie in diesem Prozess umarbeiten und reartikulieren. Auf dieser Ebene bilden Diskurse/Semiosis in der CDA heuristische Begriffe, welche auf die sprachlich-semiotische Ebene sozialer Praktiken abheben und nach ihrer empirischer Ausprägung zu fragen erlauben. Demzufolge variiert die Relevanz von Diskurs (im Singular) im Umfang wie auch zeitlich, örtlich und kulturell je nach konkreter sozialer Praxis (Fairclough 2003, 1995). Das lässt sich empirisch gut belegen, denn es ist evident, dass im Fußballspiel diskursiv-semiotische

---

24 Allerdings hält er den Begriff der Semiosis vage und fundiert ihn nicht theoretisch. Andere AutorInnen haben die CDA für die Analyse visueller Repräsentationen nutzbar gemacht. Für eine Einführung vgl. Kress/van Leeuwen (1990).

135

Elemente eine weitaus geringere Rolle spielen als in der sozialen Praxis des Geständnisses (vgl. Foucault 1983) oder in den Formen der Konstituierung von Subjekten in Ratgeberliteratur (vgl. z.B. Fairclough 2006; Duttweiler 2005; Bröckling 2000). Sprache tritt, wie Fairclough es in direktem Bezug auf Foucault formuliert,[25] empirisch als diskursive Praxis ausschließlich im Rahmen von Ordnungen des Diskurses in Erscheinung (vgl. Foucault 1998, 1995: 72). Fairclough greift wie Siegfried Jäger (2004) und Jürgen Link den foucaultschen Gedanken auf, dass Diskurse einer inneren und äußeren Strukturierung, Begrenzung, einer ‚Zähmung' unterliegen. Sprache und Diskurse treten demzufolge empirisch stets in schon organisierter, gesteuerter und kontrollierter Form auf. Gleichwohl ist das nicht als innere Struktur von Wissenssystemen zu verstehen, wie sie etwa im foucaultschen Konzept der Archäologie angelegt ist. So sieht Foucault (1995) eine diskursive Formation dann vorliegen, wenn spezifische Regelhaftigkeiten bezogen auf Objekte des Diskurses, auf Subjektpositionen, auf thematische Optionen und auf zirkulierende Begriffe zu finden sind.

Fairclough wendet gegen Foucault ein, dass dieser die Ordnung der Diskurse durch die Reduktion auf die interne Regelhaftigkeit mit Sozialstruktur ineinanderfallen lasse (Fairclough 1995a: 57).[26] Als Gegenentwurf bietet er an, die Strukturierung von Diskursen als Bestandteil und Ergebnis sozialer Praktiken zu konzeptualisieren: „An order of discourse is a network of social practices in its language aspect." (Fairclough 2003: 24)

Um das zu operationalisieren, transferiert die CDA beide Konzepte – soziale Ordnung und Diskurs – auf eine Mesoebene. Fairclough bezieht sich dabei direkt auf das Konzept der Artikulation, wie es Laclau und Mouffe entwickelt haben. Diskurse sind demzufolge empirisch in pluralen lokalen Ordnungen organisiert, die sich aus verschiedenen Diskurs-Elementen zusammensetzen, welche in spezifischer Weise artikuliert werden. Die Grenzen und Verbindungen zwischen Elementen versteht

---

25 Für eine dezidierte Auseinandersetzung mit Foucaults Ansatz des Diskurses in der CDA vgl. Fairclough (1992: 37-61). Faircloughs wesentliche Kritikpunkte bestehen in der mangelnden empirischen Fundierung von Foucaults Arbeiten, damit einhergehend in der Vernachlässigung der Spannung von sozialem Wandel und Struktur und schließlich in einem unzureichenden Machtbegriff, insofern soziale Kämpfe um Hegemonie unberücksichtigt blieben.

26 Dieser Einwand kann zwar im Hinblick auf die genealogische Methode nur bedingt aufrechterhalten werden, da dort die Verknüpfung von Diskursen mit sozialen Praktiken im Fokus steht (vgl. Foucault 1983), allerdings verschiebt Foucault den Schwerpunkt mit dem Konzept der Gouvernementalität erneut auf epistemische Rationalität.

3 PRAXIS ALS ANALYSEFIGUR

Fairclough jedoch nicht als statisch oder stabil, sondern als Gegenstand beständiger Auseinandersetzungen, in denen sie verschoben und verändert werden können. In Folge dessen können auch die lokalen Ordnungen von Diskursen umgearbeitet werden (Fairclough 1995a: 68f.). Deshalb sind die Ordnungen der Diskurse stets instabil, inkohärent und potenziell veränderbar; die Beziehung zwischen einzelnen Elementen ist nicht vorab zu definieren, denn sie kann widersprüchlich, gespannt, harmonisch sein. Auch können verschiedene Elemente neu artikuliert und andere gleichzeitig herausgelöst werden. Die Veränderbarkeit der Ordnungen von Diskursen gründet sich also nicht zuletzt in der beständigen Veränderung der Verknüpfungen der einzelnen Elemente. Diese sind zugleich Schauplatz wie Einsatz in hegemonialen Prozessen (vgl. Chouliaraki/Fairclough 1999).

Es handelt sich bei diesen lokalen Ordnungen also um institutionelle Regulierungen von Diskursen, welche *als selbst produzierte* wie auch *produzierende Praktiken* erst die Verbindung zwischen einem Text als Ereignis und soziokulturellen Praktiken herstellen. Die Ordnung*en* von Diskursen sind also gleichzeitig Struktur wie soziale Praxis (Phillips/ Jørgensen 2004: 72).

Diskurse/Politik als Feld politischer Umkämpftheit

Folgt man den Überlegungen Faircloughs, so kann das Konzept der sozialen Praxis als Oberbegriff für spezifische Praktiken verwendet werden, z.b. der Ökonomie oder der Politik. Genau genommen müsste in diesem Zusammenhang von der ‚politischen Ordnung' oder der ‚ökonomischen Ordnung' von Diskursen (Fairclough 1997: 88) gesprochen werden. Für das Verständnis von Politik folgt daraus: Sie ist als eine Form sozialer Praxis zu verstehen, die zugleich partiell diskursiv ist. Das ist für meinen Zusammenhang zentral, denn es bildet die Grundlage dafür, ‚Politik' mit Diskursen als zugleich diskursive wie soziopolitische Praxis zu konzeptualisieren, mit der in ein instabiles Gefüge sozialer Kräfteverhältnisse interveniert wird.

Ausschlaggebend für die Konzeption politischen Handelns sind Formen der Institutionalisierung des Politischen. Diese institutionalisierten Formen von Politik sind historisch, sozial und geopolitisch spezifisch zu bestimmen. Im Hinblick auf meine Fragestellung nach dem politischen Einsatz von Gesundheit in Hegemonie und Regulation werden hierfür die politikwissenschaftlichen Basiskonzepte *Polity*, *Policy* und

Politics ausgewählt.[27] Sie erlauben es, analytisch einen direkten Bezug zwischen Diskursen und konkreter politisch institutionalisierter Praxis herzustellen und diese mit politischem Handeln zu verbinden. Die tradierten institutionalisierten Formen von Politik werden um die Momente der Produktion, der Umkämpftheit und der Möglichkeit der Veränderung des Politischen erweitert (ebd.).

Aus politikwissenschaftlicher Sicht bezeichnet *Policy* die inhaltliche Dimension von Politik, also die Handlungsprogramme politischer AkteurInnen und Instanzen, aber auch die inhaltlichen Ergebnisse politischer Willensbildungs- und Entscheidungsprozesse. Es kann zwischen gesellschaftlichen Bereichen, auf die sich Programme und Handlungen beziehen, unterschieden werden. Das bezieht sich wesentlich auf verschiedene Politikfelder, wie z.B. Sozialpolitik und Wirtschaftspolitik. Mit dem Begriff *Politics* ist üblicherweise der Prozess der politischen Willensbildung, der Regierungskunst bezeichnet. Politik erscheint vor dem Hintergrund dieses Konzeptes als konflikthafter, von Macht- und Einflussnahme geprägter Prozess, an dem verschiedene AkteurInnen beteiligt sind. Dieser ist zwar maßgeblich durch die jeweilige Regierungsform, z.b. eine Demokratie, geprägt, lässt sich aber nicht auf diese reduzieren. Vielmehr, so Karl Rohe, ist die *Politics*-Dimension eine Grundgegebenheit jeder Politik und jeden politischen Handelns (vgl. Rohe 1994: 63). *Politics* und *Policy* treten gleichermaßen und miteinander verknüpft im empirisch vorfindbaren politischen Handeln etwa von Parteien oder NGOs auf, ihre Unterscheidung nimmt deshalb vorrangig eine analytische und konzeptuelle Funktion ein. Die Dimensionen von *Politics* und *Policy* sind in *Polity* integriert. Mit *Polity* ist im weiten Sinne der Handlungsrahmen von Politik bezeichnet, der konzeptuell von der politischen Verfasstheit einer Gesellschaft, politischen Institutionen und Organisationen bis zu politischen Orientierungs- und Handlungsmustern reicht. Ausschlaggebend ist dabei die Funktion, die Grundlage für *Politics* bzw. *Policy* zu bilden.

Der Wissenschaftshistoriker Kari Palonen (1993), der sich direkt auf Rohe bezieht, zeigt, dass diese tradierten Basiskategorien zugleich ein Konzept wie eine Praxis sind, Politik zu verstehen und zu repräsentieren: „However, policy is, like *une politique* in French, always a figure of thought, an action as it is planned in advance, a reflected line in action." (Palonen 1993: 9, Hervorhebung R.B.)

---

27 Ich stütze mich hier und im Folgenden auf die Ausführungen Rohes (1994: 61-66), der sehr klar die Differenz wie auch die empirische Gemengelage zwischen Konzepten und der ‚Wirklichkeit' des Politischen aufzeigt.

3 PRAXIS ALS ANALYSEFIGUR

Die konventionalisierten Ordnungen des Politischen, also der Art und Weise, Politik nach den Kategorien von *Politics*, *Polity* und *Policy* zu unterscheiden, vermögen bereits seit den 1970er Jahren die Grenzen des Politischen nicht mehr zu fixieren. Das bildet den Ausgangspunkt des inzwischen breiten Spektrums künstlerisch-ästhetischer oder wissenschaftlicher politischer Praktiken, z.b. der CDA, der Cultural Studies (vgl. exemplarisch Hall 2004, 2000; Du Gay 2002) oder der Queer Theory (vgl. z.b. Jagose 2005; Engel 2002). Dass die Grenzen des Politischen ausgeweitet wurden, ist zugleich Folge, Bestandteil und Ansatzpunkt politischer Praxis. Beispielsweise argumentieren Fairclough und Jessop damit, dass Diskursanalyse deshalb an politischer Bedeutung gewinne, weil Politik zunehmend auf den Einsatz von Medien und Marketing zurückgreife, um *Policy*-Maßnahmen zu popularisieren (vgl. Fairclough 2003, 2000a).

Für meinen Zusammenhang ist zentral, dass Praxis nicht nur die diskursive und soziale Praxis der Erweiterung und Umarbeitung von Grenzen bezeichnet, sondern eine politische Praxis, die auf eine Erweiterung des Politikkonzeptes im tradierten Feld des Politischen zurückzuführen ist. Palonen konnte zeigen, dass seit den 1970er Jahren in Deutschland die stärker handlungsbezogenen Konzepte von Politik, wie ‚politische Aktivität' und ‚Politisierung', im politischen Diskurs an Bedeutung gewonnen haben (vgl. hierzu ausführlich Palonen 1984; für eine stärker konzeptuelle Analyse Palonen 2006). Er (1993: 8ff.) bezeichnet ‚politische Aktivität' als Bewegungsbegriff, der dazu geeignet sei, verschiedene qualitative Dimensionen wie auch die verbale Ebene von Politik als Handeln zu erfassen.[28]

Ebenfalls aus dem Kontext der sozialen Bewegungen heraus wurde der Begriff der Politisierung populär.[29] Darunter ist die Interpretation von Phänomenen von einem politischen Standpunkt aus zu verstehen, welche dadurch einen Spielraum für Veränderung, Wahlmöglichkeiten und Alternativen zu sozial konsolidierten Wahrheiten eröffnet (Palonen 1993: 11). Politisierung erfasst die Praxis, zuvor privatisierte oder als wissenschaftlich evident geltende Bereiche, wie z.b. Körper, Geschlecht, Reproduktion oder Heterosexualität, als sozial gewordene politische Bereiche sichtbar zu machen, sie als solche zu diskutieren und auf dieser Grundlage für Veränderungen zu öffnen. Diese Form politischer

---

28 Bei ‚politischer Aktivität' handelt es sich um eine Übersetzung des englischen Begriffs ‚politicking'. Palonen zufolge handelt es sich hierbei um einen Neologismus.
29 Das stellt auch Rohe (1994: 9-11) fest, integriert aber Politisierung nicht systematisch in das Verständnis von Politik.

Praxis gewann im Fordismus an Bedeutung und wurde zugleich als Krisenelement wirksam.

Politisierung ist also als soziopolitische Praxis zu verstehen, die Pluralität und Veränderung auf allen Ebenen des politischen Handelns – somit auch im Hinblick auf die konkreten, empirisch vorfindbaren Formen von *Politics*, *Polity* und *Policy* – ermöglicht und einsetzt (ebd.). Palonen schlägt vor, den Begriff der Politisierung, also der Produktion und der Sichtbarmachung von gesellschaftlicher Kontingenz, mit dem der De-Politisierung zu verbinden. Unter De-Politisierung ist eine soziopolitische Praxis zu verstehen, welche Kontingenz, Alternativen und Möglichkeiten minimiert und (in der Tendenz) verschließt (vgl. hierzu auch Muntigl 2002; Sondermann 1997).

Politisierung und De-Politisierung sind mit politischer Aktivität verknüpft, welche sich implizit oder explizit auf die beteiligten politischen AkteurInnen bezieht (Palonen 1993: 11), indem sie ihre Reaktionen abschätzt, vorwegnimmt oder direkt auf sie reagiert. Allein politische Aktivität ist also im engeren Sinne eine performative Kunst im arendtschen Sinne, die stets in einem schon als politisch markierten, also politisierten Raum situiert ist. Politisierung beinhaltet demgegenüber eine Re-Interpretation der Situation und öffnet Spielräume für politische Aktivität – sie spielt also mit Kontingenz, indem sie sie strategisch einsetzt. Umgekehrt ist die Strategie der De-Politisierung Palonen zufolge als eine besonders drastische Form der politischen Aktivität zu verstehen, da sie aktiv politische Gestaltung und Veränderbarkeit verschließt (ebd.: 12; vgl. auch Palonen 2006).

Aus der Perspektive eines handlungsbezogenen Politikbegriffs bilden *Policy* und *Polity* – ähnlich wie Herrschaft für Foucault (vgl. Foucault 1994) – Endformen eines prinzipiell offenen Spiels von De-/Politisierung und politischer Aktivität. „[P]olity can be interpreted as a limit concept for politization. It can be seen as a name for the arena of past politizations available for politicking, which stagnated into a more or less definite ‚regime'." (Palonen 1993: 13)

Palonen entwirft also Politik aus der Perspektive der Kontingenz bzw. ausgehend von dem Potenzial von Freiheit im Sinne von möglicher Veränderung. Aus dieser Perspektive begreift er *Polity*, also die politische Ordnung, als Reglementierung und *Policy* als Regulierung der kontingenten Dimension von Politik als Praxis (Palonen 1993: 13). Die institutionalisierten Grenzen und die Formen des Politischen sind vor diesem Hintergrund als spezifischer Effekt politischer Praxis zu konzeptualisieren, welche *auch* diskursiv sind, obgleich sie nicht darauf reduziert werden können. Das bedeutet: sie sind als spezifische Teilelemente (z.B. *Polity*, *Politics*) organisiert, deren institutionalisierte Verbindungen (jedoch) instabil und inkohärent sind. Sie sind folglich der beständigen institutionellen wie auch der inhaltlichen Umarbeitung und Veränderung ausgesetzt. Deshalb bilden politische Praktiken, inklusive der Kategorien von *Polity*, *Policy* und *Politics* einen Gegenstand wie auch einen Einsatz hegemonialer Prozesse. Auf der Grundlage dieser Doppelfunktion werden sie für eine empirische Diskursanalyse interessant.

Repräsentationen als Effekte diskursiver/struktureller Produktion und Selektion

Faircloughs Anliegen ist es, die komplexe Beziehung zwischen lokalen Ordnungen und Texten so zu operationalisieren, dass sie einer empirischen Diskursanalyse zugänglich wird. Hierzu greift er auf linguistische Theorien zurück, insbesondere die Theorie der so genannten Multifunktionalität von Sprache in Texten (Titscher/Meyer/Vetter 1998: 183). Fairclough bezieht sich dabei auf Michael Hallidays Annahme, dass Sprache in der Kommunikation Funktionen erfüllt, welche sich sozial und kulturell herausgebildet haben und im linguistischen System ihre Entsprechung finden. Für Halliday repräsentieren Texte gleichzeitig Aspekte der sozialen, physischen und mentalen Welt (ideationale Funktion), stiften Beziehungen zwischen denjenigen, die an einem sozialen Ereignis teilnehmen, und ihren Haltungen, Wünschen und Werten (interpersonelle Funktion) *und* verbinden schließlich Sprache zu Texten, denn sie produzieren innere Kohärenz, indem sie aktuelle Texte zu vergangenen in Beziehung setzen und darüber hinaus Texte und Kontexte miteinander verbinden (textuelle Funktion) (Halliday 1978: 22, 27, 48, 112f.). Halliday operiert folglich mit einem weiten Textbegriff, der sowohl gesprochene als auch geschriebene Sprache umfasst.

Halliday erfasst auf dieser Grundlage die Konstitution von Bedeutung von so genannten sozial relevanten Kontexten her, wie z.B. dem Schulunterricht. Fairclough greift diese Unterscheidung zwischen Bedeutung und sozial relevanten Kontexten auf (die seinem eigenen Konzept der lokalen Institutionalisierung von Diskursen entspricht) und übersetzt sie in linguistische Kategorien. Die institutionelle Seite des Sprachgebrauchs konzeptualisiert Fairclough mit den Kategorien „genres, discourses and styles" (Fairclough 2003: 28). Unter Genre versteht er Sprachtypen in einer konkreten sozialen Praxis, wobei er diese weiter als den linguistischen Begriff der Textsorten[30] fasst, unter Diskursen

---

30 Unter Genres werden in der Linguistik mehr oder weniger konventionalisierte Textsorten unterschiedlicher Abstraktionsebenen verstanden, wie z.B. verschiedene Formen von Interviews, politische Reden, Kochrezepte usf. Sie zeichnen sich durch ein hohes Maß an Generalisierung und Kon-

Ordnungen von Repräsentationen und unter Stilen Formen der Subjektkonstitution durch Sprachgebrauch (Fairclough 2003: 28, 160; Fairclough 2001a: 2).[31] Diese drei Kategorien bilden in seinem Konzept analytisch distinkte, sich gleichwohl überlappende Formen lokaler Ordnungen des Sprachgebrauchs. Von hier aus bestimmt sich die dreifache Funktion von Diskursen als soziale Praxis wie auch als Struktur des Sprachgebrauchs: Sie tragen zur Konstruktion von sozialen Identitäten (Styles), von sozialen Beziehungen zwischen AkteurInnen, wie z.B. in Interviews (Genres), und von Systemen von Wissen und Bedeutung (Diskurse im Plural) bei (Phillips/Jørgensen 2004: 67).

Die für meinen Zusammenhang relevante Analysekategorie der Diskurse (im Plural) ist in der faircloughschen Konzeption im Verhältnis zu strukturellen Prozessen relevant. Diskurse (im Plural) bilden stabilisierte Formen, also Arten und Weisen, wie Aspekte von sozialer Welt repräsentiert werden. Fairclough grenzt diese von Diskurs (im Singular) ab. Bezieht sich der Begriff des Diskurses (im Singular) allgemein auf sozial und historisch semiotische Elemente in sozialen Praktiken, so definiert Fairclough Diskurse (im Plural) als „diverse representations of social life which are inherently positioned – differently positioned social actors ‚see' and represent social life in different ways, different discourses" (Fairclough 2003: 206).

Unter Diskursen als „more or less durable *ways* of representing" (Fairclough o.J.b: 5) sind verschiedene Abstraktionsebenen subsumiert, z.B. die politische Theorie des Ordoliberalismus in Deutschland oder Gespräche in ‚Arzt-Patient'-Beziehungen. Diskurse definieren sich dadurch, dass sie in einem bestimmten Feld zu einer bestimmten Zeit erzeugt werden, sozial und kulturell sedimentiert sind und eine (relative)

---

  ventionalisierung aus, welche auf prototypische Weise situative Kontexte, die kommunikativ-funktionale und die strukturelle, d.h. die grammatische und thematische Ebene, aufeinander beziehen (Fairclough 2003; Chilton/ Schäffner 2002: 20). Genres zeichnen sich also durch typische linguistische Formen der Textgestaltung aus. Gleichzeitig sind ihre lokalen und typisierten Ordnungen sozialem Wandel und Veränderungen ausgesetzt, in deren Zuge sich die Grenzen der einzelnen Genres verschieben und sich neue Formen herausbilden. Fairclough zeigt dies in seinen eigenen Untersuchungen plastisch, z.B. an der Vermischung der Genres politische Kommentare und Alltagserzählungen („Narrationen"), welche nach seiner Auffassung zu einer Popularisierung politischer Nachrichten führen (für Beispielanalysen vgl. exemplarisch Fairclough 2006, 2000a, 1995b).
31 Die Kategorie der Stile ist diffus angelegt. Sie bezieht sich allgemein auf die Ebene der Person und der Identität und changiert zwischen der Typisierung von Sprachstilen verschiedener AkteurInnen, die auch in der Kritischen Diskursanalyse Jägers eine Rolle spielt (vgl. Jäger 2004; s. auch Fairclough 2003: 159ff.; Fairclough 2000a).

3 PRAXIS ALS ANALYSEFIGUR

zeitliche Stabilität aufweisen (Fairclough 2003: 125). Fairclough sieht einen politischen Diskurs (im Plural) etwa in dem ‚Dritten Weg' Großbritanniens (vgl. hierzu ausführlich Fairclough 2000a), weitere im neoliberalen Diskurs [32] oder im ‚neuen Geist des Kapitalismus' (vgl. Chiapello/Fairclough 2002). Auch politische Prozesse, wie z.b. Globalisierung, können repräsentiert werden und stabilisierte Formen *als* Diskurs annehmen (vgl. Fairclough 2006).

Die zeitliche und räumliche Stabilität von Repräsentationen z.b. als ‚neoliberaler Diskurs' ist Voraussetzung dafür, dass sie mittels spezifischer Techniken tradiert und auf immer weitere soziale Bereiche ausgeweitet werden können. Die Unterscheidung zwischen Diskurs (im Singular) und Diskursen (im Plural) bildet die Grundlage dafür, die spezifischen Verknüpfungen mit sozialen Praktiken ins Blickfeld zu rücken.

„Discourse therefore includes language (written and spoken and in combination with other semiotics [...]), nonverbal communication (facial expressions, body movements, gestures etc.) and visual images. The concept of discourse can be understood as a particular perspective on these various *forms* of semiosis – it sees them as moments of *social practices in their articulation with other non-discursive elements*." (Chouliaraki/Fairclough 1999: 38, Hervorhebung R.B.)

Semiotisch-diskursive Bestandteile sind der CDA zufolge in jeglichen sozialen und auch in politischen Praktiken enthalten, vom Fußballspiel bis zu den Arbeitspraktiken in Call-Centern, Team-Sitzungen oder parlamentarischen Verhandlungen. Gerade in der spezifischen Verknüpfung zwischen diskursiven und nicht-diskursiven Elementen besteht die soziale und strukturelle Wirksamkeit von Diskursen. Fairclough sieht beispielsweise ökonomische Diskurse, unter denen er neue Formen des Managements als besonders bedeutsam einschätzt (vgl. auch Chiapello/ Fairclough 2002), in eine Vielzahl sozialer Praktiken vom Team-Meeting über Evaluation, Zielvereinbarungsgespräche, Vertrauensarbeitszeitmodelle oder Konstitutionen von Subjekten als ‚Unternehmer ihrer selbst' integriert (Fairclough 2001a: 3).

---

32 Gerade in der Bezeichnung ‚der neoliberale Diskurs' zeigen sich jedoch diskursive *und* strukturelle Verkürzungen. Sie hat sich als Verkürzung eines komplexen Gefüges widersprüchlicher nationaler, supranationaler und lokaler Diskurse und sozialer Praktiken durchgesetzt. Candeias (2004) untersucht die Komplexität dieser Prozesse. In der verkürzten Verwendung ‚des neoliberalen Diskurses' werden hingegen Heterogenität, ein breites Spektrum verschiedener Interessen und soziale Kämpfe der Sichtbarkeit entzogen.

143

Mit der Kategorie der Diskurse ist die institutionelle Seite der Bedeutungsproduktion erfasst. Es bleibt jedoch zu klären, wie diese auf die Ebene der Texte als Ereignis bezogen werden kann. In dieser Hinsicht ist der weite Begriff der Praxis, den Fairclough zugrunde legt, produktiv. Denn er schließt den so genannten Inhalt eines Textes wie auch seine linguistische Form ein und bildet die Grundlage dafür, beides auf die Analyseebene der Diskurse zu beziehen. Damit kann Fairclough überzeugend eine Analyse der institutionalisierten Seite der Repräsentationen mit einer Analyse von Repräsentationen in Texten verknüpfen. Ob diese sich zu stabilen Diskursen formieren oder nicht, muss dabei zunächst offen bleiben. Mit Fairclough lässt sich danach fragen, wie Repräsentationen mittels diskursiver und textueller Praktiken in Texten produziert werden und ob diese empirisch als stabilisierte Diskurse, z.b. politischer Prozesse, in Erscheinung treten (vgl. beispielhaft Fairclough 2003: 127ff.). „If content is to enter the realm of practice, it must do so in formal clothing, as in texts or other material forms [...]. For example, the representation of slumps and unemployment as akin to natural disasters may involve a preference for intransitive and attribute rather than transitive sentences [...]." (Fairclough 1995a: 74f.)

Die empirisch vorfindbaren Praktiken der Produktion von Repräsentationen und Diskursen als deren stabilisierte Form sind jedoch nicht als rein linguistische und diskursive zu interpretieren, sondern stets zugleich als soziale *und* politische Praktiken. Sie können als Einsatz in instabile gesellschaftliche Kräfteverhältnisse genutzt werden, um bestehende institutionelle politische Ordnungen zu reproduzieren oder umzuarbeiten und in diesem Zuge neue Formen einzusetzen.

Bis hierher ist also deutlich geworden, dass (stabilisierte) Repräsentationen auch von und mit Politik zugleich auf den institutionalisierenden Einsatz sozialer, diskursiver und politischer Praktiken zurückzuführen sind – also Praxis und Ordnung zugleich sind. Wie aber kann dies an Sozialstruktur zurückgebunden werden?

Das charakteristische Merkmal der CDA besteht darin, dass sie das linguistische Konzept der Textproduktion, welches sich auf allgemeine Praktiken zur Erzeugung eines Textes bezieht (Ulich 2002: 298), in einen neomarxistischen Produktionsbegriff integriert (vgl. hierzu ausführlich Fairclough 1992). Dieser entfaltet seine Produktivität, wie ich im Folgenden ausführen werde, insbesondere dadurch, dass er den Diskursbegriff mit dem Moment der Gestaltung/Bearbeitung von Welt verbindet. Auf dieser Grundlage wird es ferner möglich, dieses Moment an soziale AkteurInnen zurückzubinden, ohne in ein Konzept des autonomen, souveränen Subjekts zurückzufallen.

3 PRAXIS ALS ANALYSEFIGUR

„Alle sozialen Praktiken sind Arbeit, Produktion", schreibt Fairclough in Anknüpfung an Louis Althusser und Etienne Balibar (Fairclough 1999: 373), und „Diskurs figuriert in sozialer Praxis u.a. als Produktionsweise" (ebd.). Althusser hatte in seiner strukturalen Lektüre von Marx eine Unterscheidung zwischen verschiedenen Praxisformen eingeführt, nämlich zwischen ökonomischer, ideologischer, theoretischer und politischer Praxis. Folgt man Althusser, so sind Diskurse als spezifische, isolierbare Praxisformen zu verstehen, die sich durch spezifische Grundmaterien, Arbeitsmittel, Arbeitsweisen und Produktionsverhältnisse auszeichnen (Althusser/Balibar 1972: 70, 78). Damit führt Althusser eine Differenzierung von Gesellschaft in unterschiedliche Bereiche mit je eigenen Dynamiken und Entwicklungsformen ein und generalisiert gleichzeitig die Struktur der Produktion im Praxisbegriff.

Diskurse in der Matrix der Produktion zu konzeptualisieren, ermöglicht es, sie als Praxis *der Gestaltung* von Welt zu verstehen. Wenn also Fairclough die CDA als „materialistische Diskursanalyse" (Fairclough 1999: 373; vgl. auch Chouliaraki/Fairclough 1999: 22) bezeichnet, so geht das über die Einbeziehung der konkreten, materiellen Bedingungen der Produktion von Repräsentationen, z.B. in lokalen Kontexten von Universitäten oder Fernsehstudios, hinaus. Der entscheidende Gewinn liegt vielmehr darin, auf der Grundlage eines marxistischen Arbeitsbegriffs Repräsentationen in Bezug auf das Verhältnis des Menschen zur Welt, nämlich *als* aktive und gestaltende Aneignung und Auseinandersetzung mit der Welt zu konzeptualisieren. Der Begriff der Arbeit verknüpft den Prozess der Produktion von Repräsentationen damit, Welt anzueignen, zu bearbeiten und zu verändern. Althusser (1968: 104) hat dies pointiert formuliert: „Zentral am Produkt ist nicht das Ergebnis, sondern die Veränderung durch menschliche Arbeit. Praxis ist das Moment der Veränderungsarbeit selbst."

Fairclough weist darauf hin, dass die Prozesshaftigkeit der Produktion von Texten als Texturing, als „Arbeit in ihrem semiotisch-diskursiven Modus" (Fairclough 1999: 373) zu bezeichnen ist. Dies hebt hervor, dass Repräsentationen gleichzeitig Produkte von Arbeit wie auch Ressource sind, mithilfe derer konkrete Menschen in konkreten Verhältnissen Welt gestalten und bearbeiten. Damit erweitert die CDA den Produktionsbegriff bis an die Grenze seiner Spezifität. Das hat jedoch den Vorteil, dass die Gestaltung von Diskursen bzw. durch Diskurse an soziale AkteurInnen zurückgebunden wird: Diskurse und Repräsentationen werden als etwas sozial und kulturell Vorgefundenes gefasst, dessen sich Menschen im Hinblick auf Gestaltung strategisch bedienen, ohne jedoch deren Wirkung kontrollieren zu können. „So ‚production' has to be understood in a very broad sense. Any practice of production

145

involves particular people in particular relationships using particular resources – applying ‚technologies' to ‚materials' within a practise of production *to achieve* particular social (economic, political, cultural) effects." (Chouliaraki/Fairclough 1999: 23, Hervorhebung R.B.)

Wenn also Fairclough davon spricht, dass der neoliberale Diskurs sich über seine Verschränkung mit nicht-diskursiven sozialen Praktiken materialisiere, so verknüpft er damit zwei Ebenen: Durch Materialisierung (also die institutionalisierte Verknüpfung mit sozialen Praktiken) entsteht erst die Strukturiertheit von Diskursen, genau genommen erhalten sie erst dadurch ihre Gestalt *als* kulturell und sozial sedimentierte Diskurse. Wie Foucault fokussiert auch die CDA, dass Diskurse *durch* Handeln geformt und strukturiert werden. Steht bei Foucault jedoch die Form und Strukturierung im Vordergrund (vgl. Foucault 1998, 1995), so verknüpft die CDA den Prozess der Herausbildung der inneren und äußeren Struktur der Diskurse mit den strukturellen, materiellen Bedingungen der (jeweiligen) sozialen Praxis (vgl. hierzu auch Fairclough 1992: 57). „Thus the discursive constitution of society does not emanate from a free play of ideas in people's heads but from a social practice which is firmly rooted in and oriented to real, material social structures." (Ebd.: 66)

Ein Beispiel soll verdeutlichen, wie sich eine materialistische und eine poststrukturalistisch-dekonstruktivistische bzw. konstruktivistische Diskursanalyse unterscheiden. Judith Butler (1991) hat etwa die heterosexuelle Matrix als grundlegend für die Konstitution geschlechtlicher Identität untersucht. Sie sieht die Konstitution geschlechtlich-sexueller Identitäten als strukturiertes und strukturierendes *und damit als* materialisiertes Phänomen westlicher Gesellschaften an. Indem sie sexuelle und geschlechtliche Identitäten in ihrer strukturellen Fundierung dekonstruiert, also auf die strukturellen Bedingungen ihrer Denkweise hin untersucht, eröffnet sie den Schauplatz für die Umkämpftheit sozialer Identitäten (vgl. hierzu z.B. auch Engel 2002). Butler nimmt folglich die Materialisierung der heterosexuellen Matrix in Gestalt ihrer Intelligibilität für die Konstitution geschlechtlich-sexueller Identitäten zum *Ausgangspunkt* ihrer Untersuchung.

Das analytische Interesse der CDA besteht wie das von Butler in der Kritik hegemonialer gesellschaftlicher Konzepte. Aber ihr Zugang unterscheidet sich dergestalt, dass die Materialisierung als heterosexuelle Matrix als *Produktion* sozialer AkteurInnen *in* sozialen, politischen und ökonomischen Verhältnissen sichtbar wird, also als machtvoller und selektiver Prozess der aktiven Aneignung und Gestaltung. Dem Verständnis der CDA zufolge werden Diskurse dabei in diesem Prozess mit sozialen Praktiken artikuliert und dadurch institutionalisiert. Das hat drei

3 PRAXIS ALS ANALYSEFIGUR

Konsequenzen: Erstens resultiert daraus die soziale, politische und ökonomische *Wirksamkeit* von Repräsentationen, ihre Institutionalisierung und ihre Materialisierung. Das heißt zweitens, dass Materialisierung an heterogene soziale Kräfteverhältnisse zurückgebunden wird, in denen soziale AkteurInnen agieren. Schließlich folgt daraus drittens, dass Repräsentationen über die spezifischen Bedingungen ihrer Produktion materiell/strukturell situiert sind.

Auf der Grundlage des Konzeptes der Produktion können AkteurInnen als wesentliche Kategorie eines hegemonietheoretisch orientieren Zugangs zu Diskursen eingeführt werden. Die Kategorie der AkteurIn ist nicht zu verwechseln mit der des autonomen, cartesianischen Subjekts. Es geht also nicht darum, eine mögliche Verfügung über Repräsentationen wieder einzuführen.

Mit der Kategorie der AkteurIn ist vielmehr eine strukturelle Position in einem (instabilen) Gefüge sozialer, ökonomischer und politischer Kräfteverhältnisse bezeichnet. Als Grundlage dieser Überlegung dient die Konzeption des sozialen Raums bei Bourdieu. Dieser konzeptualisiert – in Übereinstimmung mit Chouliaraki und Fairclough (1999), die sich auf ihn beziehen – gesellschaftliche Herrschaft als Kräfteverhältnisse, als dynamisches, vielschichtiges Gefüge antagonistischer Beziehungen. Dieses tritt empirisch[33] als sozialer Raum in Erscheinung, der durch ein mehrdimensionales Geflecht relationaler, strukturell ungleicher Beziehungen (zwischen strukturellen, materiellen Bedingungen und Praktiken) konfiguriert ist. Die Klassenstellung von Individuen und sozialen Gruppen definiert Bourdieu (1985: 9ff.) über die relative Stellung innerhalb dieses Gefüges – ohne die sozialen Differenzen als rein deskriptive zu fassen, wie es das Modell der Schichten vornimmt. Verallgemeinert man diese Struktur, so bestimmen sich Positionen niemals absolut, sondern stets über strukturelle Relationen von Kräfteverhältnissen. Dieses Verständnis kann vor allem deshalb für eine hegemonietheoretisch orientierte Methodologie von Diskursen fruchtbar gemacht werden, weil auf dieser Grundlage die Produktion von Repräsentationen heuristisch zu strukturellen Positionen von AkteurInnen in Beziehung gesetzt werden kann.[34] Fairclough verweist auf diesen Zusammenhang, wenn er da-

---

33 Bourdieu hat sein Konzept des sozialen Raumes auf der Basis quantitativer und qualitativer Studien entwickelt. Genau genommen *erfordert* sein Zugang empirische Analysen, denn die gegenwärtige strukturelle Konfiguration von Kräfteverhältnissen ist nur über eine Art synchronen Querschnitt der strukturellen Beziehungen zu erschließen (vgl. Bourdieu 1997 [1979]).

34 „Läßt sich das soziale Feld als mehrdimensionaler Raum von Positionen beschreiben, dann ist jede aktuell eingenommene Position unter Zugrundelegung eines mehrdimensionalen Raums von Koordinaten bestimmbar,

von spricht, dass „differently *positioned* social actors" (Fairclough 2003: 206, Hervorhebung R.B.) soziale Welt auf verschiedene Weisen repräsentieren.

Auf dieser Grundlage wird das Theorem, dass Menschen soziale Wirklichkeit verarbeiten, vermitteln, interpretieren und kommunizieren (Halliday 1978: 48, 112), dahingehend interpretiert, dass sie diesbezüglich nicht als sozial neutrale Individuen agieren, sondern als sozial positionierte AkteurInnen im Hinblick auf strategische Interessen. Es steht ihnen hierfür ein heterogenes Gefüge sozial und kulturell sedimentierter Repräsentationen zur Verfügung, auf die sie in jeweils unterschiedlicher Weise zurückgreifen, die sie aber im Prozess der Verarbeitung und Gestaltung modifizieren (ebd.: 18). Soziale AkteurInnen ‚wählen' also aus dem Set von kulturell-semantischen Bedeutungen.

Hier kommt ein linguistisch fundiertes Konzept von Wahl zum Tragen. Fairclough greift dafür auf die Theoreme der systemisch-funktionalen Linguistik von Halliday (1978) zurück. Hallidays Bestreben war es, Sozialstruktur und Linguistik zu verknüpfen. Aus diesem Grund hat er Bedeutungsproduktion von so genannten sozial relevanten Kontexten, her konzeptualisiert. Mit diesen sozial relevanten Kontexten verbinden sich nach Auffassung Hallidays bestimmte Bedeutungsoptionen. Diese werden niemals vollständig, sondern stets partiell in einer sprachlichen Äußerung innerhalb sozial relevanter Kontexte realisiert. Das bedeutet umgekehrt: Das kulturelle semantische System ist mit Halliday als „potential for use" zu verstehen (Halliday 1978: 72). Einzelne sprachliche Äußerungen und das sprachlich-semantische System sind miteinander verknüpft und zwar in der Weise, dass sie in der Beziehung der Aktualisierung und des Potenzials zueinander stehen (ebd.). Das bedeutet umgekehrt: „[T]ext can be defined as actualized meaning potential." (Halliday 1978: 109)

Mit diesem Konzept der Wahl, in deren Vollzug spezifische semantische Bedeutungen realisiert und andere ausgeschlossen werden, wird das Umkämpftsein von Diskursen theoretisch evident. Bezogen auf das oben angeführte Beispiel kann so erklärt werden, wie oppositionelle AkteurInnen, z.B. Queer-AktivistInnen in Großstädten oder lokale Schwulenverbände in ländlichen Gebieten, Gegen-Diskurse über Homo- und Heterosexualität produzieren können. Wie aber setzen sich bestimmte Diskurse als hegemoniale durch, während andere oppositionell bzw. marginalisiert bleiben?

---

deren Werte denen der relevanten Variablen entsprechen." (Bourdieu 1985: 11)

3 PRAXIS ALS ANALYSEFIGUR

Diskurse, Hegemonie und Herrschaft

Für die CDA sind gerade jene Diskurse von analytischem und theoretischem Interesse, in denen sich verschiedene Diskurse verknoten, wie z.b. in „Wissensgesellschaft" (Fairclough o.J.c: 5), „Flexibilität" oder „lebenslangem Lernen" (Fairclough o.J.b: 3). Auch mit diesem Konzept – oder Bild – des Verknotens bezieht sich Fairclough auf Laclau und Mouffe. Diese haben in Anknüpfung an Lacan Knotenpunkte als privilegierte Signifikanten definiert, um den sich andere herumlagern und deren Bedeutung sich aus der Beziehung zu ihm definieren. Dadurch erfolgt eine (partielle) Fixierung der Signifikantenkette und damit von Bedeutung (Laclau/Mouffe 2000: 149f.). Dem folgend definiert Fairclough diese Knotenpunkte als strategisch: Sie würden verschiedene andere Diskurse integrieren und dadurch selektive strategische Repräsentationen hoch komplexer ökonomischer, politischer, sozialer und kultureller Realitäten schaffen. Knotenpunkte sind gleichzeitig diskursiv wie materiell, denn sie sind materiell situiert und werden über materielle (in Strukturen situierte) Praktiken verbreitet (Fairclough o.J.c). „Discourses can therefore be seen as not just ways of representing with a degree of commonality and stability, but such ways of representing where they constitute nodal points in the dialectical relationship between language and other elements of the social." (Fairclough 2003: 126)

Knotenpunkte sind Fairclough zufolge Ziel wie Medium hegemonialer Prozesse, denn sie artikulieren spezifische Diskurse untereinander und mit sozialen Praktiken. Umgekehrt können Diskurse auch unter bestimmten Umständen als transkontextuelle Techniken wirksam werden, die in verschiedenen sozialen Kontexten eingesetzt werden und dadurch alle Aspekte und Bedeutungen so transformieren, dass sie neue Bereiche erobern und zugleich verändern (Fairclough 2003: 216ff.). Folgt man Fairclough, so sind Knotenpunkte prozessual zu denken, sie werden zeitlich und räumlich spezifisch im dialektischen Prozess zwischen Sozialstruktur und sozialem Handeln hervorgebracht. Dabei können Diskurse nur dann als Bestandteil von Knotenpunkten wirksam werden, wenn diese einen hohen Gebrauchswert für die Realität, die sie repräsentieren sollen, erreicht haben. Das bedeutet, ein Diskurs wird nur wirksam, „in so far as it is capable of *being used* to represent/imagine realities at different levels of abstraction, in different areas of social life (economy, government, education, regional and social disparities etc.), on different scales (international, macro-regional [eg EU], national, local)" (Fairclough o.J.c: 5, Hervorhebung R.B.).

Damit kommt für Fairclough – anders als für poststrukturalistische Ansätze – Diskursen (nur) unter bestimmten Bedingungen eine strukturelle Wirkmächtigkeit in der Produktion sozialer Wirklichkeit zu. Zu diesen Bedingungen rechnet Fairclough, dass soziale Felder, Institutionen und Organisationen (Fairclough o.J.b: 4) für spezifische diskursive Strategien offen sein müssen und diese dadurch leichter Anwendung finden als andere. Wichtig ist auch, ob und auf welche Weise soziale AkteurInnen ihre diskursiven Strategien über Massenmedien oder andere Netzwerke verbreiten können, d.h. ob diese die diskursiven Strategien aufnehmen und weiter transportieren oder nicht. Schließlich ist die Resonanz der Diskurse bedeutsam, d.h. die Frage, ob Diskurse Menschen auch in ihrer Lebenswelt mobilisieren können (ebd.: 3).

Hegemonietheoretisch relevant ist die daraus resultierende Perspektive, dass Diskurse innerhalb eines Netzwerks sozialer Praktiken weder einheitlich noch kohärent (Fairclough 2003: 127) sind; es *kann* sich eine spezifische Formierung herausbilden, welche sozial-strukturell relevant wird, wenn sich spezifische Repräsentationen als hegemonial durchsetzen, während andere marginal, oppositionell oder alternativ sind (vgl. Fairclough 1999). In diesem Sinne sind, wie ich bereits ausgeführt habe, die Ordnungen *von* Diskursen, d.h. die Art und Weise, wie Sprache und Sprachgebrauch in/durch soziale Praktiken gesteuert und kontrolliert wird, mit Gramsci auch im Hinblick auf die Frage von Dominanz bzw. Herrschaft zu sehen. Solange Diskurse/Repräsentationen hegemonial sind, sind sie auch umkämpft, d.h. politische AkteurInnen versuchen ihre Intelligibilität in politischen Prozessen durchzusetzen, aber sie wird auch angefochten.

Dabei werden Knotenpunkte in der Ordnung des Diskurses zwar materialisiert und institutionalisiert, indem sie den Common Sense strukturieren. Aber genau, *weil* die Beziehung zwischen Sozialstruktur und sozialem Handeln dialektisch ist, ist die Umkämpftheit der Ordnung*en* des Diskurses für hegemoniale Prozesse konstitutiv:

„[A] particular structuring of semiotic difference may become hegemonic, become part of legitimizing common sense which sustains relations of domination, but hegemony will always be contested to a greater or lesser extent, in hegemonic struggle. An order of discourse is not a closed or rigid system, but rather an open system, which is put at risk by what happens in actual interactions." (Fairclough 2001a: 2)

Ein so verstandener Begriff von Diskursen nimmt deren innere und äußere Heterogenität, Widersprüchlichkeit und Instabilität im Spannungsfeld von Veränderung und Stabilisierung sozialer Strukturen zum *Ausgangspunkt* der empirischen Analyse. Von dort aus kann gefragt werden, ob es sich um ein relativ kohärentes oder um ein heterogenes, instabiles

3 PRAXIS ALS ANALYSEFIGUR

und widersprüchliches Gefüge von Bedeutungen handelt und in welcher Beziehung diese zu sozialen Strukturierungen stehen.

Was folgt aus den theoretischen Überlegungen zu Hegemonie, Praxis und Diskursen für die empirische Analyse von Hegemonie?

4 Zur Methodologie der Kritischen Interdiskursanalyse

Im Folgenden knüpfe ich an hegemonietheoretische Theoreme der Critical Discourse Analysis (CDA) an, um auf dieser Grundlage die hegemonietheoretischen Prämissen der *Kritischen Interdiskursanalyse* zu entwickeln.

Prinzipien der Kritischen Interdiskursanalyse

Produktion von Repräsentationen

Mit Althusser und Fairclough erfolgt der Zugang zu Diskursen aus der Perspektive des neomarxistischen Verständnisses von Arbeit bzw. Produktion. Dieses schließt verschiedene Formen sozialer Praxis, also auch das Produzieren von Texten und Bedeutungen, als so genanntes Texturing ein. Die Produktion von Repräsentationen ist demnach „Arbeit in ihrem semiotisch-diskursiven Modus" (Fairclough 1999: 373), die ihrerseits in sozialen Praktiken als Produktionsweise wirksam wird. Die Begriffe von Praxis, Arbeit und Produktion sind eng verbunden mit der Perspektive auf soziale AkteurInnen. Menschen be-arbeiten Welt durch soziale Praxis und gestalten sie. Dass Repräsentationen gegenüber einer möglichen endlichen Vielfalt der Konfiguration von Repräsentationen die konkrete, vorfindbare spezifische Ausprägung in Texten annehmen, lässt sich mit Fairclough auf die strukturelle ‚Wahl' der sozialen AkteurInnen zurückführen. Repräsentationen von Welt in Texten als regulierte und regulierende Prozesse basieren darauf, dass die Produktion von Repräsentationen vermachtet ist: Ihr Potenzial zur strategischen Gestaltung von Welt besteht nicht in einer epistemischen Geschlossenheit, sondern darin, dass soziale AkteurInnen stets nur selektiv Bruchstücke und Bestandteile eines bestehenden, spezifischen soziokulturellen Repertoires von Repräsentationen in sozialen Praktiken einsetzen.

Der positiven, empirisch vorfindbaren Gestaltung von Repräsentationen in Texten liegt also ihre Selektivität zugrunde, die es mittels einer Diskursanalyse zu rekonstruieren gilt. Insofern integriert eine hegemonietheoretisch orientierte Diskursanalyse die Frage nach der inneren Geregeltheit von Repräsentationen und verbindet sie mit der Frage danach, mittels welcher Praktiken diese produziert worden sind. Der Begriff des Diskurses umreißt einen Forschungshorizont, nicht aber den Fokus der Analyse: So bleibt es offen, ob Repräsentationen in Texten stabilisierte Muster, also Diskurse bilden.

Der Begriff der Produktion in der Kritischen Interdiskursanalyse führt über den der Konstitution bzw. Konstruktion hinaus. Denn mit strategischer Selektivität ist eine zweifache strukturelle Situierung von Repräsentationen bezeichnet: Zum einen werden selektive Repräsentationen in politischen, sozialen und ökonomischen Strukturen durch konkrete Praktiken sozialer AkteurInnen produziert. Zum anderen wirken sie auf diese Strukturen als diskursive Praxis zurück, indem sie auf spezifische Weise in das soziokulturelle Gefüge der Repräsentationen und Diskurse und damit auch in Hegemonie intervenieren.

Das Theorem der Praktiken wird in den Mittelpunkt der Analyse gerückt. Es ist mit Althusser als empirische Konkretisierung des Theorems der Produktion zu verstehen. Er vertritt die Auffassung, dass verschiedene Praxisformen sich über Arbeitsweisen und Produktionsmittel auszeichnen. Dem folgend werden diskursive Praktiken *und* politische Praktiken als spezifische Praxisformen konkretisiert.

In Abgrenzung zum Konzept der CDA, gegen das vielfach eingewandt worden ist, dass es soziale Praktiken und Hegemonie *voraussetze,* statt sie empirisch zu untersuchen (vgl. z.B. Phillips/Jørgensen 2004: 89), zielt die Methodologie der Kritischen Interdiskursanalyse auf eine stärker textorientierte Fundierung des Praxis- und des Hegemoniebegriffes und eine deutlichere Trennung von Interpretation und Analyse ab.

Interdiskursivität: Heterogene Repräsentationen und ihre Vernetzung

Insofern sich die diskursanalytische Methodologie an Hegemonie orientiert, ist von pluralen Repräsentationen auch *innerhalb* eines Themas wie ‚Gesundheit', ‚Politik' oder ‚Natur' auszugehen. Ein intelligibles Gefüge von Repräsentationen, das sich durch spezifische strategische Selektivitäten auszeichnet, kommt dadurch zustande, dass die verschiedenen Repräsentationen in einem Text miteinander vernetzt sind (Fairclough 2002: 184).

Es ist davon auszugehen, dass spezifische Verknüpfungen von Repräsentationen die Gestalt und Bedeutung der einzelnen Elemente verändern. Z.B. bringt eine widersprüchliche Beziehung zwischen ‚Gesundheit als Selbstbestimmung' und sozialstaatlicher Politik eine andere Bedeutung hervor als eine kausale Beziehung zwischen ‚Gesundheit als Kapital' und sozialstaatlicher Politik. Daraus ist zu folgern, dass die Verknüpfung *zwischen* den Repräsentationen für die Analyse von zentraler Bedeutung ist. Es kommt also darauf an, diese verschiedenen Repräsentationen im Hinblick darauf zu analysieren, wie diese (einzeln) produziert und ausgestaltet sind *und* zueinander in Beziehung gesetzt werden. Mit der Perspektive auf Heterogenität und Pluralität von Repräsentationen wird eine Brücke zu den lokalen Ordnungen des Diskurses geschlagen. Mit Fairclough lassen sich diese wie folgt verstehen: „[They are] consisting of elements which are internally heterogeneous […], the *boundaries* between which are constantly open to being redrawn as orders of discourse are *disarticulated* and *rearticulated* in the course of hegemonic struggle" (Fairclough 1992: 124, Hervorhebungen R.B.).

Fairclough bezieht sich mit den Begriffen der Artikulation und der Re-Artikulation auf die Konzepte von Laclau und Mouffe und meint damit temporäre, instabile Beziehungen. Diese werden durch Praktiken errichtet, wie es mit den Begriffen des ‚Des-artikulierens' und des ‚Reartikulierens' bezeichnet ist. Damit wird ‚Praxis' als Aspekt in den Vordergrund gerückt, der für die Gestaltung intelligibler Muster von Repräsentationen in Texten bedeutsam ist. Repräsentationen in Texten müssen, um kulturell intelligibel zu sein, auf spezifische Weise miteinander verknüpft sein, also eine Textur bilden.[1] Die Formen der Texturen variieren je nach Textsorte und Kontext, z.B. sind sie in einem dadaistischen Gedicht anders ausgestaltet als in einem Kochrezept. Für den hier untersuchten Zusammenhang ist zentral, dass das Gefüge der Textur *produziert* ist, und zwar mittels empirisch beschreibbarer Praktiken. Wie dieser Zusammenhang zwischen ‚Gefüge' und ‚Praxis' zu denken ist, wird anhand des Konzepts des Interdiskurses dargelegt.

---

1 Textur bezeichnet die Qualität eines Textes, kohärent zu sein, anstatt eine unzusammenhängende Anhäufung von Sätzen. Diese Qualität geht auf die textuelle Funktion zurück, welche darin besteht, innere Kohärenz herzustellen, indem Verbindungen zwischen Texten und zwischen Text und Kontext erzeugt werden.

Der Begriff des Interdiskurses ist bei Foucault angedeutet und bezeichnet dort die Überschneidung zwischen verschiedenen Diskursen (Foucault 1995: 226). Im Rahmen von Kritischen Diskursanalysen (Jäger 2004), der Theorie der Kollektivsymbole (z.B. Link 1997, 1982) oder von interpretativ-rekonstruktiven Verfahren (vgl. Höhne 2003; Diaz-Bone 2002; Böke 1996b) ist die Kategorie des Interdiskurses aufgegriffen und ausgearbeitet worden. Sie bezeichnet die kollektiven soziosymbolischen Ordnungen[2] von Gesellschaft, die gleichzeitig ein System, einen Zusammenhang wie auch eine Praxis bilden. Margaret Jäger bringt das pointiert mit der Bezeichnung „prozessierendes Regelwerk" (Jäger 2004: 134[3]) zum Ausdruck. In der Regel wird das Konzept des Interdiskurses nicht hegemonietheoretisch begründet. Eine Ausnahme bildet die Automatische Diskursanalyse Michel Pêcheuxs (ADA), die auf die ideologisch-materiellen Bedeutungsproduktionen in Texten abhebt. In diesem Kontext markieren Interdiskurse den sozial-ideologischen Raum der Entfaltung der strukturierten und strukturierenden Hegemonie von Diskursen.[4]

Es ist bedeutsam, dass Interdiskurse sich nicht einfach aus mehreren Diskursen zusammensetzen, sondern sich gleichzeitig auf Praxis und Struktur beziehen und auf diese Weise idealtypisch als Kollektivierung, also als Hegemonie, wirksam werden können. Diesen Aspekt rückt auch Jürgen Link mit seiner Fassung des Konzepts ‚Interdiskurs' in den Vordergrund. Er bezeichnet damit, dass sich aus dem Repertoire verschiedener Spezialdiskurse (dazu rechnet er vorrangig Wissenschaften) ein stark selektives kulturelles Allgemeinwissen bildet, das im Gegensatz zu distinkten Diskursen gerade nicht geregelt, systematisiert und auf Widerspruchsfreiheit ausgerichtet ist, sondern sich als „fluktuierendes Gewimmel" bezeichnen lässt (Link 1986a: 5). Dieses Gewimmel lässt sich, Link zufolge, empirisch sowohl in einzelnen Texten als auch in einem größeren Sample von Texten analysieren. Ziel der Analyse ist es, die Verknotung einzelner Fäden, d.h. die Knoten, zu isolieren, welche die Strukturen des Interdiskurses *als* Interdiskurs formieren. Link hat hierfür die Kategorie der Kollektivsymbole gewählt, die kollektive synchrone

---

2 Engel (2002: 20) weist darauf hin, dass gegenüber der Vielfalt der symbolischen Ordnungen, d.h. Sichtweisen und Vorstellungen von Welt, die der Art und Weise, wie sie erfahren wird, zugrunde liegen, gleichzeitig Elemente westlich-abendländischen Denkens, wie z.B. Identität und binäre Oppositionen, als konstitutive Elemente wirksam werden.
3 Siegfried Jäger zitiert hier aus Margaret Jäger: „Fatale Effekte. Die Kritik am Patriarchat im Einwanderungsdiskurs", Duisburg: Diss, S. 23.
4 Für theoretische Grundlagen vgl. Pêcheux (1982); Diaz-Bone (2002: 97-106) diskutiert die ADA im Hinblick auf seine diskurstheoretische Erweiterung der bourdieuschen Analyse.

4 METHODOLOGIE DER KRITISCHEN INTERDISKURSANALYSE

symbolische Sinnbildungsgitter bilden, welche es ermöglichen, dass die Kollektivsymbole über verschiedene Felder hinweg als einheitlich wahrgenommen werden (Link 1986b, 1982: 9f.) und umgekehrt zur typisierenden Wahrnehmung dieser Felder beitragen.[5] Ebenso wie Siegfried Jäger halte ich das Konzept der Kollektivsymbole für eine diskursanalytische Methodologie für äußerst fruchtbar (Jäger 2004: 141). Ich schlage jedoch vor, das Theorem, dass Kollektivsymbole „*den* gesamtgesellschaftlichen Diskurs zusammenhalten" (ebd.: 134), im Hinblick auf die Pluralität und Heterogenität von Repräsentationen einerseits und die Frage nach der Praxis der Verbindung andererseits zu öffnen. Kollektivsymbole sind damit als exemplarische, nicht aber paradigmatische Praxis zu verstehen, mit der multiple Diskurse und Repräsentationen miteinander vernetzt werden. So verstanden, bildet Interdiskursivität zugleich das Produkt der *Praxis* der Kollektivsymbole wie eine Struktur der Vernetzung, die dadurch entsteht, dass verschiedene Diskurse bzw. Repräsentationen miteinander verknüpft werden.

Die Prinzipien der Kritischen Interdiskursanalyse können nun wie folgt zusammengefasst werden: Von Althusser und Fairclough wird der Begriff der Produktion übernommen. Dieser impliziert, anders als die Konzepte der Konstitution und der Konstruktion,[6] die strukturelle Situierung von Diskursen wie auch die strategisch anvisierte aktive Veränderung von Welt. Im Anschluss an das Theorem des Interdiskurses wurden das Primat der Heterogenität und Pluralität von Repräsentationen entwickelt und die Frage danach, durch welche Praktiken diese als ‚Gefüge' miteinander vernetzt sind. Die Kritische Interdiskursanalyse ist folglich durch die Prämissen der (1) Heterogenität und Pluralität von Repräsentationen, (2) der Vernetzung zwischen Repräsentationen und (3) der Produktion von Repräsentationen und ihrer Vernetzung geleitet.

---

5   Die Gesamtheit des Kollektivsymbolsystems bezeichnet Link als Sysykoll (Link 1986b: 39). Er beschreibt sehr anschaulich, wie in den 1970er/ 1980er Jahren die Sysykolle Fußball und Auto in verschiedenen Praxisbereichen wirksam wurden (vgl. Link 1982: 11). Über das Auto, so Link, ließen sich politische Freiheit, ökonomischer Wohlstand und sexuelle Potenz verbinden, über den Fußball nationale Solidarität mit wirtschaftlicher Konkurrenz (ebd.: 12).
6   Denn der Begriff der Konstruktion legt den Fokus auf das zu konstruierende Objekt und transportiert damit die Vorstellung eines kohärenten Ergebnisses, während das Konzept der Konstitution bzw. Konstituierung zwar Prozesshaftigkeit und damit auch Materialisierung denken lässt, diese jedoch nicht analytisch auf die aktive Gestaltung von Gesellschaft durch AkteurInnen bezieht (vgl. exemplarisch. Gutiérrez Rodríguez 1999: 166).

Politische Praxis, Repräsentationen und Hegemonie

Den Untersuchungsgegenstand bilden politische Texte,[7] die sich an die Öffentlichkeit wenden. Denn das strategische, aber nicht subjektive Ziel politischer Kommunikation besteht darin, Hegemonie zu erlangen (vgl. Fairclough 1999). Es ist daher sehr wahrscheinlich, dass sich politische Texte auf typisierte Repräsentationen und Praktiken stützen, um mittels bereits intelligibler Muster Konsens zu erzielen. Ein relevantes Kriterium zur weiteren Eingrenzung meines Materials bilden strukturelle antagonistische[8] Positionen. Diese können jedoch nur von einem konkreten Politikfeld aus bestimmt werden (vgl. hierzu ausführlicher Kapitel 6).

Da die Frage danach, wie mit politischen Praktiken Repräsentationen produziert werden, für meine Arbeit zentral ist, greife ich die bisherigen Überlegungen zur politischen Praxis auf und operationalisiere sie für die Analyse.

(1) Zunächst wird die *Policy*-Ebene untersucht, d.h. die Ebene der konkreten politischen Programmatik. Hieran lässt sich zeigen, welche politischen Ziele die jeweiligen AkteurInnen anvisieren und wie sie diese repräsentieren.

(2) Ferner untersuche ich die Repräsentationen von *Polity*, also der institutionellen Gestaltung von Politik, welche den Rahmen und die Grundlage für *Policy* bildet. Bei den Repräsentationen von *Policy* und *Polity* handelt es sich um *spezifische* Repräsentationen von Politik, die prinzipiell auf der selektierenden Praxis der ‚Wahl' basieren. Sie sind kein Abbild einer politischen Wirklichkeit, sondern zielen durch ihre Selektivität auf deren strategische Gestaltung ab.

(3) Schließlich wird die Ebene des politischen Handelns einbezogen, wozu ich im Anschluss an Palonen die Praktiken der *politischen Aktivität* und der *Politisierung* bzw. *De-Politisierung* rechne. *Politisierung* in Texten zeigt Kontingenz an und markiert damit zugleich politische Gestaltbarkeit und Veränderungsmöglichkeiten. *Politische Aktivität* zeigt, welche weiteren politischen AkteurInnen eingeschlossen werden, z.B. in

---

7 In der Untersuchung setze ich das in der Einleitung zugrunde gelegte Verständnis des Politischen um. Ich lege die institutionalisierten Formen von *Polity, Politics* und *Policy* zugrunde und erweitere sie um die Fragen nach politisierten und umkämpften Repräsentationen (Fairclough 1997: 88; Schäffner 1997: 2).

8 Der Begriff des Antagonismus wird hier als Bezeichnung für ein Konfliktverhältnis verwendet, das auf gesellschaftlichen Interessengegensätzen beruht. Im marxistischen Verständnis dagegen ist mit Antagonismus eine nach Auflösung der Widersprüche strebende Betätigungsform gemeint (Haug 1994: 299).

4 METHODOLOGIE DER KRITISCHEN INTERDISKURSANALYSE

der Weise, dass sich auf sie bezogen wird, sich gegen sie abgegrenzt oder ein Bündnis repräsentiert wird. Es handelt sich also um politisches und diskursives Handeln, welches eine Relation zwischen am politischen Prozess beteiligten AkteurInnen errichtet. Praxis als Primat der Analyse zu wählen, bedeutet nicht, dass auf die konstruktivistische Analyse der inneren Geregeltheit von Repräsentationen als Diskursen verzichtet wird. Vielmehr werden in meiner empirischen Analyse drei Ebenen miteinander verbunden: (1) Die Frage nach der (möglichen) inneren Geregeltheit und Stabilität von Repräsentationen *als* Diskursen, (2) die Frage nach der Produktion von Repräsentationen mittels konkreter Praktiken und (3) die Frage der politischen Praxis der politischen AkteurInnen. Was bedeutet das für die Analyse der Repräsentationen von ‚Politik' und ‚Gesundheit'?

(1) Es ist zu vermuten, dass die politischen AkteurInnen auf der Grundlage ihrer strukturellen Positionen selektiv diejenigen Bestandteile des soziokulturellen Repertoires von Gesundheit einsetzen, die im Hinblick auf ihre strategisch-politischen Interessen von Bedeutung sind. Ich gehe deshalb davon aus, dass spezifische Repräsentationen mit antagonistischen politischen Positionierungen korrespondieren (Fairclough 1992: 94). Diesen angenommenen Antagonismus bzw. die Antagonis*men* gilt es empirisch zu überprüfen, denn es zeigt sich erst qua empirischer Analyse, ob und welche Repräsentationen zwischen welchen sozialen AkteurInnen umkämpft sind oder wo und auf welche Weise konsensual auf übergreifende Diskurse zurückgegriffen wird. Trifft die These der Korrespondenz zwischen strukturell-politischer Position und Repräsentationen zu, so müsste ‚Gesundheit' je nach politischer Position bzw. politischen Praktiken unterschiedlich ausgestaltet sein, mithin unterschiedliche Bedeutungen aufweisen.

(2) Es ist jedoch auch theoretisch denkbar – wenn auch nicht wahrscheinlich –, dass Repräsentationen von ‚Gesundheit' quer durch alle gesellschaftlichen und politischen Positionen hindurch keine Unterschiede aufzeigen.

Mit der Analyse lässt sich also überprüfen, ob und inwiefern Repräsentationen von ‚Gesundheit' plural, deutungsoffen und umkämpft sind – also ein Terrain sozialer Auseinandersetzungen bilden – oder ob und auf welche Weise stabilisierte Repräsentationen produziert und verwendet werden.

Eine zweite, damit verbundene Ebene der Analyse bildet die Untersuchung der Praktiken der Produktion von Repräsentationen in Texten. Die dabei eingesetzten Praktiken können unter Umständen auch als politische Praktiken wirksam werden. Wie bereits ausgeführt worden ist, lege ich das Theorem zugrunde, dass Repräsentationen selektiv und produziert sind. Repräsentationen bzw. Diskurse, also ‚stabilisierte Repräsentationen', erhalten dadurch gesellschaftliche und politische Relevanz, dass sie im Hinblick auf Hegemonie eingesetzt werden. Umgekehrt wird die politische Strategie auch in der Produktion von Repräsentationen und Diskursen wirksam, da diese mittels konkreter Praktiken der Selektion erzeugt werden. Das bedeutet, dass empirisch vorfindbare Praktiken in Texten nicht rein sprachlich zu verstehen sind, sondern unter Umständen typisierte politische Praktiken der Repräsentationen ausbilden.

Doch auf welcher Ebene ist nun Hegemonie im Hinblick auf die Repräsentationen von ‚Politik' und ‚Gesundheit' relevant? Wie lassen sich die Fragen nach Hegemonie, politischer Praxis und der Produktion von Repräsentationen in einen analytischen Zugang integrieren?

Es ist bereits deutlich geworden, dass meine Analyse nicht primär darauf abzielt, die innere Regelhaftigkeit und die Produktion von Repräsentationen *als* stabilisierten Mustern freizulegen. Das entspräche einer (reinen) Heuristik von Diskursen. Vielmehr werde ich danach fragen, wie Repräsentationen durch Praktiken produziert werden. Ich beziehe dabei *Politics* ein – damit ist der konflikthafte, von Macht- und Einflussnahme geprägte Prozess der politischen Willensbildung gemeint, an dem verschiedene AkteurInnen beteiligt sind. Dieser politikwissenschaftliche Zugang lässt sich vor dem Hintergrund der hegemonietheoretischen Überlegungen im Anschluss an Laclau/Mouffe und Gramsci als *These* über die sozial vorherrschende Strukturierung politischer Praxis in Gestalt sozialer Umkämpftheit und Konflikthaftigkeit, also als Hegemonie verstehen. Ich überprüfe folglich mittels meiner Analyse, ob und in welchen Kontexten politische Praxis die Struktur der Hegemonie annimmt.

Hegemoniale Praxis zeichnet sich, Laclau/Mouffe und Gramsci zufolge, durch die Praktiken der Pluralisierung, der Differenz(ierung) und der sozialen Umkämpftheit sowie durch Praktiken der Generalisierung und Verallgemeinerung aus. Das bezieht sich nicht nur auf die Repräsentation eines Themas, z.B. ‚Gesundheit' oder ‚Politik', sondern schließt auch die Art und Weise der *Verknüpfung* verschiedener Repräsentationen ein. Ich werde später darauf zurückkommen, wie dies gefasst werden kann.

Zunächst ist bedeutsam, dass sich politische Praxis als hegemoniale Praxis auf beide Ebenen, nämlich die der Produktion der Repräsentationen und der empirischen Gestaltung ihrer Beziehung untereinander bezieht. Von hier aus kann das spezifisch Hegemoniale der politischen Praxis von bzw. mit Repräsentationen in den Blick genommen werden: Pluralität, Differenz(ierung)und Umkämpftheit einerseits sowie Verallgemeinerung und Generalisierung andererseits interpretiere ich als zwei unterscheidbare hegemoniale Kräfte.

Damit knüpfe ich an den Ansatz des Sprachphilosophen Michail Bachtin an, der gesamtgesellschaftlich zwischen zentripetalen Kräften, die auf Einheitlichkeit, Generalisierung, Evidenzen und Wahrheiten ausgerichtet sind, und zentrifugalen Kräften, die auf Pluralität, Differenz(ierung), Veränderung und Variationen hinwirken, unterschieden hat (Mayhin 2004: 65ff.). Die Unterscheidung in zentripetale und zentrifugale Kräfte erfasst theoretisch die widersprüchliche Spannung zwischen beiden Kräften und erlaubt es analytisch, beide als hegemoniale politische Praktiken in den Blick zu nehmen.

Daraus leite ich folgende Überlegungen ab: *Zentrifugale Kräfte* zeigen sich dort, wo (1) Repräsentationen Brüche aufweisen, die im Hinblick auf politische Praktiken von Bedeutung sind. Das bezieht sich zunächst darauf, dass Repräsentationen, z.B. von ‚Gesundheit' oder ‚Politik', in einem Text oder in mehreren Texten plurale, vielfältige oder widersprüchliche Bedeutungen einnehmen können. (2) Zentrifugale Kräfte liegen auch dann vor, wenn *verschiedene* politische AkteurInnen in Texten ‚strategisch positioniert' werden. Dies bezieht sich auf *politische Aktivität*.[9] Palonen zufolge zeichnet sich politische Aktivität dadurch aus, dass sie sich explizit auf die an der Auseinandersetzung beteiligten politischen AkteurInnen bezieht. Sie impliziert ihre Reaktionen, nimmt diese vorweg oder legt sie für die eigene Positionierung zugrunde. Empirisch wird *politische Aktivität* in Texten an spezifischen Praktiken deutlich.

(2a) Ein Beispiel hierfür ist, dass politische AkteurInnen sich von strukturell oppositionellen AkteurInnen abgrenzen. Das kann durch Praktiken in Texten angezeigt werden, z.B. indem in einem Text die Repräsentationen antagonistischer AkteurInnen aufgegriffen und zurückgewiesen werden. In diesem Beispiel wäre also die politisch hegemoniale Praxis empirisch auf der Ebene der Repräsentationen wie auch der spezifischen Praktiken ‚zu lesen'.

(2b) Ein weiteres Beispiel ist die inhaltliche Bewertung der Positionen oder der AkteurInnen selbst, z.B. als Diffamierung, Herabsetzung usf. In diesem Fall zeigt sich die *politische Aktivität* der AkteurInnen darin, wie AkteurInnen und politische Positionen repräsentiert sind.[10]

Zentripetale Kräfte liegen vor, wenn (1) die prinzipielle Pluralität und Vielfalt von Bedeutungen innerhalb eines Textes *und* im Vergleich

---

9 Vgl. hierzu ausführlicher Kapitel 3.
10 Sabine Fromm hat in ihrer Untersuchung gezeigt, dass die Repräsentation ‚politischer Kontrahenten' einen guten Indikator für Hegemonie bildet (Fromm 2004: 90ff.).

zwischen verschiedenen Texten minimiert bzw. verschlossen wird. Idealtypisch zeigen sich zentripetale Kräfte darin, dass verschiedene thematische Repräsentationen, die Elemente eines Textes, quasi aus einer holistischen Perspektive heraus konstruiert werden.[11]

(2) Die zentripetale Kraft hegemonialer Praxis liegt empirisch auch dann vor, wenn Repräsentationen sich – strukturell antagonistische Positionen überspannend – zu Diskursen stabilisiert haben. Muster, also stabilisierte regelhafte Repräsentationen, sind dann hegemonial, wenn sie (nachweisbar) im Textkorpus nicht umkämpft, gebrochen oder widersprüchlich sind. Diese Gleichförmigkeit, die sich als De-Strukturalisierung bezeichnen lässt, beinhaltet keine Neutralität, sondern ist Effekt der Produktion durch spezifische, empirisch beschreibbare Praktiken.

Der Prozess der Kritischen Interdiskursanalyse

Den bisherigen Überlegungen folgend, ist erstens danach zu fragen, wie politische AkteurInnen die Verknotungen, durch die Interdiskursivität (als produzierte Verknüpfung von Repräsentationen) erst erzeugt wird, hervorbringen, stabilisieren oder verändern: Welche sozial und kulturell verfügbaren Repräsentationen sozialer Welt haben welche politischen AkteurInnen ausgewählt? Wie werden jene miteinander verknüpft? Nutzen, reproduzieren oder generieren AkteurInnen kohärente Diskurse? Mittels welcher Praktiken wird Kohärenz ggf. produziert? Um dies analytisch erfassen zu können, werden auf der Grundlage der bisherigen Überlegungen fünf Ebenen für die Analyse miteinander verbunden.

Erstens die Ebene des so genannten Inhalts der Texte, also die Themen im engeren Sinne, wie sie methodisch über eine qualitative Inhaltsanalyse zu rekonstruieren sind (vgl. auch Fairclough 2003).[12] Zweitens

---

11 Hirseland und Schneider haben diesen Mechanismus wie folgt charakterisiert: „Hegemoniale Diskurse haben daher die Tendenz, sich auszuweiten, das Feld der Normen, Werte, Sichtweisen und Wahrnehmungen – und damit der sozialen Beziehungen durch eine (totalisierende) Neubeschreibung der sozialen Welt neu zu ordnen." (Hirseland/Schneider 2001: 391)

12 Hier ist nochmals auf Unterschiede zu der von Jäger entwickelten Variante der Kritischen Diskursanalyse hinzuweisen. Themen sind in dem hier entwickelten Zugang zu Diskursen nicht von vornherein als Diskursfragmente definiert. Jäger analysiert empirisch vorfindbare thematische Abhandlungen als Fragmente eines Diskurses, die sich gleichzeitig auf verschiedenen diskursiven Ebenen wie Wissenschaft, Medien, Alltag, Erziehung usf. vorfinden lassen. Das Zusammenspiel all dieser Ebenen eines Themas bildet einen Diskursstrang. Erst die Stränge konstituieren in ihrer Verschränkung einen gesamtgesellschaftlichen Diskurs (Jäger 2004: 117; Jäger 1993: 183, 186).

4 METHODOLOGIE DER KRITISCHEN INTERDISKURSANALYSE

die Ebene der textinternen Beziehungen. Diese bezeichnen die linguistische *Form* der Texte, welche mit Fairclough als innere Textur der Texte zu verstehen ist, die in Gestalt von grammatischen, lexikalischen und semantischen Strukturen organisiert ist (vgl. hierzu auch Fairclough 2003, 1995).[13] In der Linguistik werden textinterne Beziehungen, also Grammatik, Semantik und Vokabeln, als sprachliche Realisierung von Diskursen betrachtet (Fairclough 2003: 38, 129; vgl. auch Niehr/Böke 2003, Brinker 2001). Konkret sollen anknüpfend an Vorschläge der CDA Metaphern (Fairclough 1992b: 194ff.), grammatische Beziehungen (Fairclough 2003: 36) und Wortkombinationen (Fairclough 2003: 37; Fairclough 1992b: 190) untersucht werden. Das ist in theoretischen Überlegungen begründet: Wortkombinationen sind unter hegemonietheoretischen Gesichtspunkten von besonderem Interesse, weil Common Sense besonders durch den spezifischen Gebrauch von Worten (re-)produziert wird (vgl. Stubbs 2002) und deshalb die Kombination von Worten einen Rückschluss auf mögliche Diskurse erlaubt. Grammatik bildet zum einen ein logisch unumgängliches Medium, das soziale und politische AkteurInnen nutzen *müssen*, um unterschiedliche Repräsentationen sprachlich und textuell realisieren zu können, und zum anderen eine Form, mittels derer hierarchisierte Ebenen in einem Text erzeugt werden können. Metaphern schließlich nehmen eine gesonderte Position ein, insofern sie zugleich – wie Sprache – Terrain wie Objekt sozialer Auseinandersetzungen sind. Die Analyse der textinternen Praktiken, die im Folgenden als textuelle Praktiken bezeichnet werden, zielt darauf ab, die innere Textur der Texte freizulegen.

Die dritte Ebene der Analyse, die der textexternen Beziehungen, zielt bei Fairclough auf die schon konsolidierten sozialen Praktiken ab, die in dem Text zur Anwendung kommen. „The analysis of the ‚external' relations of texts is analysis of their relations with other elements of social events and, more abstractly, social practices and social structures." (Fairclough 2003: 36)

Für die empirische Fundierung eines hegemonietheoretischen Zugangs zu Diskursen kommt der Analyse von textexternen Beziehungen eine besondere Bedeutung zu. Denn sie fokussiert darauf, wo und auf welche Weise sich soziale bzw. politische und diskursive Praktiken überschneiden oder sogar ineinander fallen. Abweichend von Fairclough wird diese Ebene in der Weise methodisch operationalisiert werden, dass der Prozess der Produktion, welcher der Selektivität von empirisch vor-

---

13 Dazu gehören z.B. die Entstehungssituation des Textes, verschiedene Aspekte des Verhältnisses zwischen TextproduzentIn und -rezipientIn sowie Funktionen des Textes (vgl. Brinker 2001; Ballnuß 1996).

findbaren Repräsentationen zugrunde liegt, als hegemoniale *und* als politische Praxis untersucht wird. Als vierte Ebene wird Intertextualität analysiert. Fairclough zielt darauf ab, mithilfe der Konzepte von Intertextualität und Interdiskursivität, die er in Anknüpfung an Bachtin und Kristeva entwickelt hat (Fairclough 1992: 113, 124), die Beziehung von Texten zu ‚sozialen Kontexten' zu konzeptualisieren (vgl. Fairclough 2002). Dabei umfasst Intertextualität eine breite analytische Spanne, die von vagen impliziten Grundannahmen im Text bis zu konkreteren Bezügen eines Textes zu anderen Texten reicht (Fairclough 2003: 40). Die prinzipielle Aussage, dass Texte stets mit anderen Texten durch ‚intertextual chains' vernetzt sind (vgl. Phillips/Jørgensen 2004), wird zu präzisieren und methodisch zu fundieren sein. Fünftens schließlich wird die Ebene der Verknüpfung untersucht. Es wird danach gefragt, wie die Repräsentationen als Gefüge in Texten vernetzt sind und mittels welcher Praktiken Vernetzung produziert wird. Mittels der Analyse dieser verschiedenen Ebenen werden Diskontinuitäten, Verbindungen und Brüche *zwischen* allen Praktiken, Themen und Vernetzungen sichtbar gemacht.

Kritische Rekonstruktion

Abschließend werden die methodologischen Implikationen des Forschungsprogramms der Kritischen Interdiskursanalyse im Hinblick auf den interpretierenden Zugang zu den Daten expliziert. Dabei werden auch Anschlüsse und Abgrenzungen zu hermeneutisch orientierten soziologischen Diskursanalysen skizziert (vgl. Keller 2005, 2004; Diaz-Bone 2002).

Das Untersuchungsmaterial der empirischen Analyse sind Texte, d.h. gesprochene oder verschriftlichte Produkte von Sprache. Wie bis hierher deutlich geworden ist, kombiniert das Programm konstruktivistische und interpretative Zugänge, ohne dass es sich an dem interpretativen Paradigma orientiert. Vielmehr orientiere ich mich an einer ‚interpretativen Analytik', wie sie Foucault anvisiert hatte (vgl. Dreyfus/Rabinow 1994). Sie beinhaltet eine induktive Analyse von Regelhaftigkeiten – zu denen auch Inkohärenzen und Pluralität zu rechnen sind –, die Diskursen zugrunde liegen und im Zuge einer rekonstruktiven Analytik zu ‚entdecken' und zu kategorisieren sind.

Zwar hat Foucault sich gegen hermeneutische Zugänge dezidiert abgegrenzt (vgl. exemplarisch Foucault 1995: 177). Gegen die kategorische Abgrenzung einer Diskursanalyse von hermeneutischen Zugängen wendet sich jedoch Peter Bürger mit dem Argument, dass bereits die Isolierung von Regelhaftigkeiten in Diskursen einen hermeneutischen

4 METHODOLOGIE DER KRITISCHEN INTERDISKURSANALYSE

Zugang zu Texten voraussetzt (vgl. hierzu Bürger 1991; s. auch Dreyfus/ Rabinow 1994). Neuere soziologische Diskursanalysen schließen mit denselben Argumenten an Foucault an, indem sie die Isolierung von textinternen Regelhaftigkeiten in eine hermeneutisch-interpretative Vorgehensweise integrieren (Keller 2005: 263; s. auch Diaz-Bone 2002).

Mir kommt es mit dem Forschungsprogramm der Kritischen Interdiskursanalyse darauf an, ‚Oberflächenphänomene' auf der textuellen Ebene als politisch und potenziell hegemonial produzierte sichtbar zu machen. Damit positioniert sich die von mir entwickelte Kritische Interdiskursanalyse im Kontext von Forschungen, welche diskursive bzw. sozio-symbolische Ordnungen im Hinblick auf Macht- und Herrschaftsverhältnisse untersuchen. Hierzu gehören beispielsweise poststrukturalistische Analysen (vgl. exemplarisch Gutíerrez-Rodríguez 1999; Butler 1991; Foucault 1983; Phillips/Jørgensen 2004: 75), Arbeiten aus dem Kontext der Cultural Studies (vgl. exemplarisch Hall 2004, 2000) sowie die praxeologische Forschung Bourdieus (vgl. exemplarisch Bourdieu 1997 [1979]). Daran anknüpfend bezeichne ich das Forschungsprogramm dieser Arbeit als *kritisch-rekonstruktiv*.

Neuere soziologische Diskursanalysen verstehen den Prozess der Interpretation im Rahmen von Diskursanalysen als Abduktion. Dies verbinden sie mit der Forderung nach Systematisierung und Offenlegung im Sinne einer Datenvalidierung (vgl. Keller 2005; Diaz-Bone 2002). Mit abduktiven Schlüssen sind Ideen, Einfälle und kreative Prozesse gemeint, die in Auseinandersetzung mit dem jeweiligen Datenmaterial auftreten (vgl. Reichertz 2002). Sie bilden, worauf auch Diaz-Bone zutreffend hinweist, keine Alternative zu deduktiven Schlüssen oder induktiven Generalisierungen, sind jedoch ‚zwischengeschaltet'. Eine kritische Interdiskursanalyse *muss* eine Vielzahl solcher Schritte vollziehen, die kontrolliert auf der Basis des empirischen Materials durchzuführen sind und einer empirischen Überprüfung standhalten müssen (Diaz-Bone 2002: 196ff.).

Beim interpretativen Vorgehen im Rahmen der Kritischen Interdiskursanalyse handelt es sich um einen doppelt zirkulären Prozess, der zum einen zwischen Rekonstruktion, erneuter empirischer Überprüfung der Ergebnisse am Material und kontrollierter Integration von Kontextwissen hin- und hergeht. Dieser Prozess begleitet den gesamten Forschungsprozess und ist von zahlreichen Revidierungen und Verwerfungen begleitet. Zum anderen handelt es sich um einen Prozess der Interpretation, der zwischen empirischen Untersuchungsergebnissen und dem regulationstheoretischen Rahmen der Analyse angesiedelt ist.

Mit den verschiedenen methodischen Verfahren werden Einzelergebnisse gewonnen, die sukzessive kategorisiert und erst dann aufeinander bezogen werden. Diese haben sich an dem theoretischen Rahmen der Analyse wie auch an der Plausibilität für das empirische Material zu bemessen und unterliegen deshalb Zuverlässigkeit, Stimmigkeit und Überprüfbarkeit als Gütekriterien qualitativer Forschung (vgl. Lamnek 2005).

Exkurs: Metaphern als hegemoniale Praxis

Metaphern werden gemeinhin als Sprachbilder bezeichnet, welche zur Verbildlichung anderer als jener Bereiche dienen, denen das Bild entstammt. Metaphern sind demnach als verkürzter Vergleich zu verstehen, der in der Übertragung eines Sprachbildes auf einen anderen Gegenstand gründet (vgl. Haverkamp 1983). Wissenschaftlich betrachtet, hat sich das sprachliche Phänomen der Metapher jedoch nicht als kohärentes theoretisches Konzept konsolidiert, das Gegenstand einer geschlossenen Metapherntheorie wäre. Vielmehr wurde die Metapher seit mehr als zweitausend Jahren von zahlreichen theoretischen Ansätzen unter poetologischen, linguistischen, rhetorischen, sprachanalytischen, hermeneutischen, strukturalistischen und philosophischen Fragestellungen problematisiert (vgl. ebd.). Für die vorliegende Untersuchung ist die Frage danach bedeutsam, wie die Beziehung zwischen Macht und Metapher, welche traditionell als Gegenstand der Literatur- und Sprachwissenschaft gilt, konzeptualisiert werden kann. Deshalb werde ich im folgenden Durchgang durch die klassischen Metapherntheorien Verknüpfungen von Macht und Metapher erörtern und schließlich in Anknüpfung an neuere Interaktionstheorien Perspektiven einer machttheoretischen Analyse von Metaphern herausarbeiten.

Rhetorik und Literaturwissenschaften folgten noch bis in die Mitte der 1930er Jahre dem Theorem der klassischen Metapherntheorie, wie sie durch Aristoteles begründet wurde. Aristoteles definierte die Metapher wie folgt: „Metapher ist die Übertragung eines fremden Nomens, entweder von der Gattung auf die Art oder von der Art auf die Gattung oder von einer Art auf eine andere oder gemäß der Analogie." (Aristoteles, Poetik: 1457b 6-9, zit. nach Ricoeur 2004: 20[14]) Paul Ricoeur sieht als zentrales Merkmal der aristotelischen Definition, dass das Nomen als ‚fremd' von der gewöhnlichen, gebräuchlichen Sprachverwendung abgegrenzt wird. Das impliziert die Auffassung, dass Metaphern ein sprachlicher Sonderfall seien (ebd.: 23f.). Die Bezeichnung ‚fremdes

---

14 Ricoeur zitiert aus der „Poetik" in der französischen Übersetzung („Poétique") von Hardy, Paris 1932.

4 METHODOLOGIE DER KRITISCHEN INTERDISKURSANALYSE

Nomen' verweist aber auch darauf, dass der in der Übertragung verschobene (griechisch *alltrios* = *entlehnte*) Sinn, der in der Metapher ausgedrückt wird, unzweifelhaft lokalisiert werden kann. Ricoeur zufolge spielt diese Unterscheidung zwischen der Übertragung vom ‚ursprünglichen' auf den ‚neuen' Bereich im Metaphernverständnis der Rhetorik in Nachfolge Aristoteles' eine zentrale Rolle (ebd.: 168). Dabei sind die beiden Aspekte der Metapher, welche Kövecses als Quell- und Zielbereich bezeichnet, für Metapherntheorien konstitutiv (Kövecses 2002: 12).

Die beiden wesentlichen Stränge in der Nachfolge Aristoteles' sind die so genannte Vergleichstheorie und die Substitutionstheorie (vgl. z.B. Black 1983). Ausgangspunkt beider Ansätze ist, dass die Metapher auf der Übertragung eines sprachlichen Bildes auf einen anderen, ihm fremden Bereich basiert, wie es sich z.B. in der populären Metapher ‚Achilles ist ein Löwe' zeigt („Löwe' wird dadurch zur Metapher, dass der Begriff auf ‚Achilles' übertragen wird). Substitutionstheorie und Vergleichstheorie unterscheiden sich hierbei nur graduell: Substitutionstheoretische Ansätze nehmen in den Blick, dass mit der metaphorischen Übertragung eine Bedeutung transferiert wird, die auch wörtlich ausgedrückt werden könnte. In der Vergleichstheorie wird demgegenüber der verkürzte Vergleich fokussiert, der als Bezugspunkt für die Übertragung vom Quellbereich (‚Löwe') auf den Zielbereich (‚Achilles') dient. Beide Ansätze teilen die Annahme, dass ein metaphorischer sprachlicher Ausdruck prinzipiell durch einen wörtlichen sprachlichen Ausdruck ersetzt werden könnte, dass also der „Informationsgehalt der Metapher gleich Null [ist]", wie Ricoeur es formuliert (Ricoeur 2004: 25). Das impliziert ein Verständnis der Metapher als eines sprachlichen Sonderphänomens, welches von wörtlicher, buchstäblicher Sprache unterschieden werden kann. Die Metapher erscheint hier als sprachliches Ornament, als (verzichtbare) Dekoration, deren Funktion primär in Erbauung und Unterhaltung besteht.

Das Phänomen der Macht ist gemäß der Substitutions- wie auch der Vergleichstheorie der Metapher prinzipiell äußerlich; Macht setzt erst mit dem Missbrauch der Rhetorik ein. Das Potenzial hierzu ist in der paradoxen Beziehung der Rhetorik zum philosophischen Prinzip der Wahrheit angelegt (vgl. Ricoeur 2004). Ricoeur zufolge zeichnet sich Rhetorik dadurch aus, dass sie sich stets vom philosophischen Paradigma der Wahrheit loslösen kann, indem sie sich auf ihre Künstlichkeit, d.h. Uneigentlichkeit der Sprache beruft. Anderseits ist Rhetorik genau darin begründet, dass sich hinter scheinbarer Wahrheit die bloße „Kunst der ‚schönen' Rede" verbirgt (Ricoeur 2004: 42). Erst, wenn der Einsatz von Metaphern das philosophische Wahrheitskriterium verletze, würden diese zu einem Machtinstrument.

Darüber hinaus implizieren Substitutions- und Vergleichstheorie Annahmen über Sprache und Bedeutung, die aus poststrukturalistischer Sicht auf der Hegemonie westlicher Denkmuster basieren. Indem, wie deutlich geworden ist, im Verständnis der Metapher wörtliche und buchstäbliche Sprache von metaphorischer Sprache abgegrenzt werden, wird Sprache prinzipiell die Möglichkeit zugeschrieben, soziale Wirklichkeit vollständig und direkt, eben buchstäblich, abzubilden. Der im kulturellen Konsens unterstellte ontologische Gehalt der Metapher (vgl. Derrida 1998 [1978]) zeigt sich insbesondere daran, dass die Vergleichstheorie eine objektive Vergleichbarkeit annimmt, welche als Eigenschaft den Gegenständen innewohnt, noch *bevor* sie im Prozess der Metaphorisierung in Quell- und Zielbereichen abgebildet werden. Das bedeutet, dass die klassische Metapherntheorie auf metaphysischen Annahmen basiert. Martin Heidegger hat dies in seiner viel zitierten Aussage „Das Metaphorische gibt es nur in der Metaphysik" (zit. nach ebd.: 204) auf den Punkt gebracht.

Heidegger zufolge gründet die Unterscheidung zwischen Eigentlichkeit und Bildhaftigkeit von Sprache in der Ontologie des Seins und ihrer Erkenntnis. Er zieht eine Parallele zum Prinzip der Metaphysik, das Sinnliche auf das Nicht-Sinnliche zu übertragen (Ricoeur 2004: 256f.). Hierin ist nicht nur die Abstraktion vom Sinnlichen enthalten, sondern auch der metaphysische Sprung vom Sinnlichen zu dessen Erkenntnis. Die metaphysische Sicht auf Erkenntnis bezieht diese auf die Sache selbst und nicht auf die Problematik der Erkenntnis, d.h. das metaphysische Denken leitet Erkenntnis aus der Vernunft ab, welche sie selbst der Reflexion entzieht. Indem Heidegger eine Parallele zwischen Metaphysik und Metapher eröffnet, rekurriert er auf die Metaphysik des Verweises von der Bildhaftigkeit auf die Eigentlichkeit, auf die ursprüngliche Bedeutung der Metapher. Ähnlich wie Heidegger kritisiert Derrida die Metaphysik der Metapher in seinem programmatischen Aufsatz „Der Entzug der Metapher" (1998 [1978]). Derrida fasst die Metapher als immanentes Problem der westlichen Philosophie seit Aristoteles. Sprache und Schrift sind für ihn im metaphysischen Denken durch das Prinzip von Identität – d.h. des ‚Mit-sich-identisch-Seins', von Präsenz – als Möglichkeit zu ‚sein', gekennzeichnet. Dieses Prinzip strukturiert auch die (philosophische) Problematik der Metapher: Derrida zufolge beruhen die metaphysischen Annahmen über Sprache und Metapher auf einer Gewaltförmigkeit der Identitätslogik, insofern diese Veränderbarkeit von Bedeutung im Spiel der Differenzen, Polysemie, Uneindeutigkeit und Überschüsse zu kontrollieren und stillzustellen versucht. Erst durch diese Gewaltförmigkeit wird der Schein erzeugt, dass die Metapher einen ursprünglichen, kohärenten und zugänglichen Sinn besitzt, wie es in der Unterscheidung von Quellbereich und Zielbereich angelegt ist. Gleichwohl gehört die Metapher grundlegend zum Prinzip von Sprache: Derrida konstatiert, dass ein Denken und ein Sprechen über die Metapher außerhalb metaphorischen Denkens nicht möglich ist. Denn die ‚Metapher *als* Metapher' verweist als ‚supplément' auf die Spur[15]; sie ‚ist' für Derrida also nicht, sondern vollzieht sich als Bewegung der Sprache, die als Spur innerhalb eines Gefüges von Bedeutungsverweisungen wirksam wird. Derrida zeigt die Metapher deshalb als polysemisch, als dissonales Potenzial (ebd.: 215ff.), zugleich Trope der Rhetorik, Bewegung in der Sprache und Metapher für die Metaphysik von Sprache und Schrift. Deshalb ist die Metapher nicht stillzustellen, bewegt sich die Metapher in der/durch die Metaphysik der Schrift und der Sprache und ist das Sprechen über die Metapher nur in der/durch die Metapher möglich. „Jede Aussage, gleichgültig über welches Thema – also auch jede Aussage über die Metapher selbst –, wird sich ohne Metapher nicht bilden lassen, wird *nicht ohne* Metapher auskommen." (Ebd.: 199)

Sind Sprache und Schrift prinzipiell metaphorisch – und erscheint das Metaphorische als Unmöglichkeit der Präsenz – so ist es nicht möglich, sich vollständig der Metapher zu entledigen. Genau weil die Metapher ein Entzug des Seins ist, kann nach Derrida nur ein Entzug des Metaphysischen dazu führen, die Metapher als metaphysischen Begriff zu überwinden (ebd.: 219). Dadurch wird die Metapher einerseits obsolet, denn sie bezieht sich auf keine ursprüngliche Bedeutung, auf welche „die Metaphysik metaphorisch zielen könnte" (ebd.: 218). Andererseits können Identität und Präsenz der Sprache im Sprechen nicht eingeholt werden, denn es könne nicht wörtlich, buchstäblich gesprochen werden. Deshalb ist das Sprechen grundlegend auf Quasi-Metaphorizität verwiesen. Ein Entzug der Metapher hat für Derrida deshalb einen ‚doppelten Sinn':

„[D]en Sinn einer doppelten Faltung, eines Rück-zugs (‚repli') – den Sinn dessen, was sich wie eine Welle vom Strand zurückzieht –, und den Sinn einer Rück-kehr, einer Wiederholung, durch die ein supplementärer Zug hinzu-

---

15 Die supplementäre Logik der Schrift meint nach Derrida, dass Schrift als Spur innerhalb eines Verweisungszusammenhangs wirksam wird. Die Spur der Schrift beinhaltet eine ‚différance' im Hinblick auf ein konstitutives Anderes, das ihr zugrunde liegt, aber nicht sichtbar wird. Deshalb wird diese als ‚supplément' wirksam, deren Bewegung aus ihrer (beständigen) Verschiebung heraus sichtbar wird (vgl. Kimmerle 1988).

kommt, den Sinn einer zusätzlichen Metapher, den Sinn einer durch einen doppelten Zug markierten Metapher [...], den Sinn eines Diskurses, dessen rhetorischer Rand, dessen rhetorische Grenze oder Einfassung nicht mehr durch eine einfach und unteilbare Linie, durch einen linearen und nicht zerlegbaren Zug beschrieben werden kann [...]. Der Entzug der Metapher führt zu einer ab-gründigen Verallgemeinerung des Metaphorischen – Metapher der Metapher im zweifachen Sinn –, die den Rahmen ausweitet oder vielmehr die Ränder invaginiert." (Ebd.: 219)

Eine dekonstruktive Lektüre von Metaphern greift für das Anliegen dieses Buches zu kurz, weil sie Sprache fokussiert und über kein theoretisches Instrumentarium verfügt, diese konkret als *sozial* und *politisch* produzierte sowie umkämpfte sichtbar zu machen.

Auch Susanne Lüdemann (2004: 37), die ihren Entwurf eines politisch Imaginären in der/durch die Metaphernanalyse soziologischer Theorien über den ‚Organismus' und ‚den Gesellschaftsvertrag' entwickelt, problematisiert die Buchstäblichkeit der Metapher als Illusion, die in der Repräsentation erzeugt wird. Sie schlägt vor, die Metapher als heuristischen Begriff zu nutzen, um herauszufinden, was in einer gegebenen Gesellschaft als buchstäblich wahrgenommen wird, sich also als hegemonial durchgesetzt hat. Das setzt jedoch die Wirksamkeit der analysierten Metaphern in der Strukturierung kollektiver Wahrnehmung, d.h. soziale und kulturelle Hegemonie, bereits voraus. Eine so begründete Heuristik kann Buchstäblichkeit zwar als Schein dekonstruieren, indem sie die Kontingenz und mithin die Produziertheit der Repräsentationen zutage fördert, es entgleitet ihr jedoch der Prozess der gesellschaftlichen Produktion von Metaphern. Das zeigt sich bei Lüdemann in ihrem vagen Hinweis, dass es „Determinanten dieser Wahrnehmung" der Illusion der Repräsentation gibt, wofür sie beispielhaft „institutionelle Voraussetzungen, diskursive Traditionen und de[n] Widerstand gegen diese [...] [wie auch, R.B.] metaphysisch-ontologische Rahmenbedingungen" (Lüdemann 2004: 37) anführt.

Um die strukturellen Faktoren in einen konzeptuellen Zugang zu Metaphern zu übertragen, schlage ich vor, Praktiken der sozialen Produktion von Repräsentationen mittels Metaphern zu untersuchen. Das bedeutet, Metaphern nicht (allein) im Hinblick auf ihre innere Kohärenz zu betrachten, sondern ihre Prozesshaftigkeit und Partikularität zu berücksichtigen. Neuere metapherntheoretische Ansätze, welche Sprache weniger im Hinblick auf philosophische Implikationen als vielmehr als soziales System reflektieren, setzen Gesellschaft/Kultur und Metaphern zueinander in Beziehung und führen damit die Perspektive auf ‚Metaphern als Praxis' weiter.

Bereits in den 1930er Jahren wurde die klassisch-metaphysische Sicht auf Metaphern in den Literatur- und Sprachwissenschaften in Frage gestellt. Max Black (vgl. Black 1983; Richards 1983) entwickelte die so genannte Interaktionstheorie, welche einen spezifischen Typus von Metaphern erfasst. Der von Black im Anschluss an Ivor Richards entwickelte Begriff der Interaktion setzt sich dagegen ab, dass die Metapher eine bloße Übertragung eines Sprachbildes von einem Bereich zum anderen beinhalte. Vielmehr hebt er darauf ab, dass sich eine wechselseitige, *aktive* Beziehung zwischen zwei Vorstellungen vollzieht (Black 1983: 70). Für eine machtanalytische Untersuchung von Metaphern ist dieser Aspekt bedeutsam, denn er ermöglicht es, Metaphorisierung als Ereignis zu verstehen (vgl. Ricoeur 2004), das zwischen der Iteration bestehender sozialer und kultureller Konstrukte und ihrer Neuerfindung oszilliert. Metaphern können so – wie diskursive Praktiken in der CDA – als Praktiken betrachtet werden, die das sozio-symbolische System einer Gesellschaft konsolidieren oder verändern.

Machtanalytisch relevant ist vor allem die Verknüpfung von Metaphern mit Gesellschaft/Kultur. Black führt diese Ebene mit dem Verweis darauf ein, dass Interaktionsmetaphern auf der Anwendung von kulturell sedimentierten Regeln basieren, denen die TeilnehmerInnen einer Sprachgemeinschaft unterliegen (Black 1983: 70f.). Kulturell sedimentierte Regeln der Metaphernbildung kommen für ihn unabhängig vom Wahrheitsgehalt des Sprachbildes zur Anwendung, vielmehr bildeten sich Metaphern in der Regel aus einem „System von Halbwahrheiten" oder „Allgemeinplätzen", die zum Alltagswissen jeder Kultur gehörten (ebd.: 71). Ob Löwen tatsächlich mutig sind, ist nach dieser Aussage irrelevant, bedeutsam ist vielmehr, dass eine kulturelle Übereinkunft über diese Annahme besteht. Die kulturelle Übereinkunft bei Black deckt sich mit der Illusion der Buchstäblichkeit, wie sie Lüdemann thematisiert hat, denn beide betrachten die Ebene der sozialen und kulturellen Wahrnehmung. Entsprechend sieht Black die Grenze von Interaktionsmetaphern dort, wo kulturelle Übereinkünfte einer Gesellschaft verletzt werden: nämlich im Bereich dessen, was in einer jeweiligen Gesellschaft oder Kultur als nicht-intelligibel gilt. Gleichwohl ist die Beziehung zwischen den Regeln der kulturellen Übereinkunft und der sozialen Produktion von Metaphern bei Black nicht systematisiert, beide stehen als Teilbereiche (relativ) unverbunden nebeneinander. Es ist wenig plausibel, warum er das Interaktionstheorem auf einen spezifischen Bereich der Metaphernbildung bezieht und als eine Metaphernvariante *neben* vergleichs- und substitutionstheoretischen Metaphern stellt (ebd.: 77ff.).

Neuere interaktionstheoretische Metapherntheorien bieten hier eine Erweiterung an, indem sie den Prozess der sozialen und kulturellen Konstruktion von Metaphern ins Blickfeld rücken. Sie diskutieren Metaphern als zentrales Medium der menschlichen Wahrnehmung und Kommunikation in einer Sprachgemeinschaft (vgl. Lakoff/Johnson 2003; Pielenz 1993). So gehen George Lakoff und Mark Johnson davon aus, dass alltägliche Wahrnehmung und Kommunikation grundsätzlich metaphorisch ist, insofern Menschen Gegenstände und Phänomene meist von den Begriffen einer anderen Sache bzw. eines anderen Vorgangs her verstehen (Lakoff/Johnson 2003: 11, 70). Dieser Grundsatz symbolischer Kommunikation sei kulturell in dem Maße notwendig, wie die Abstraktion und Komplexität von Konzepten, wie Freiheit, Liebe oder Gesundheit, ihrer unmittelbaren Erfahrbarkeit[16] entgegenstünden (ebd.: 81, 138). Lakoff und Johnson entwickeln eine Theorie der konzeptuellen Metaphern, wobei sie unter einem Konzept komplexe Sprachbilder mit beschreibbarer Gestalt (ebd.: 15) verstehen, welche sozial und kulturell zur Konzeptualisierung von Erfahrungen verwandt werden (ebd.: 137); Beispiele hierfür sind Kausalität (ebd.: 91), Unterhaltung oder Krieg (ebd.: 97). Ein Konzept, so Lakoff und Johnson, gibt spezifische Dimensionen vor und strukturiert die Beziehung zwischen diesen Dimensionen (ebd.: 102): So basiert zum Beispiel die Metaphorisierung von Auseinandersetzungen als ‚Streit' auf der konzeptuellen Metapher ‚Krieg'.

Auch Lakoff und Johnson sind – wie Derrida – der Auffassung, dass menschliche Sprache, Kommunikation und Wahrnehmung prinzipiell metaphorisch sind. Das interaktionstheoretische Paradigma nimmt jedoch Metaphern nicht im Hinblick auf Sprachlichkeit und Denken als System, sondern als Medium der Kommunikation zwischen Gesellschaft und Individuum in den Blick. Metaphern werden so als Bestandteile der interaktiven Konstruktion der Alltagswelt verstanden, insofern sie zu soziokulturellen Symbolen geronnen sind. Das trifft vor allem auf jene Metaphern zu, die als selbstverständliche Elemente in den kulturellen Sprach- und Wortschatz eingegangen sind. Metapherntheoretische Ansätze bezeichnen diese als ‚tote Metaphern', die genau in dem Moment,

---

16 Rudolf Schmitt (1993: 101ff.) hat eingewandt, dass der Erfahrungsbegriff und mit ihm die Vermittlung zwischen Gesellschaft und Subjekten nicht geklärt werde, da allgemeine soziokulturelle Metaphern als universal gültig gesetzt und die Konstruktionsleistungen von Subjekten keine Rolle spielen würden. An Lakoffs und Johnsons Begründung von Konzepten in Erfahrung ist darüber hinaus zu kritisieren, dass unberücksichtigt bleibt, dass Erfahrungen – auch physische – soziokulturell variieren und nur unter Bezugnahme auf soziale und kulturelle Wissensbestände kommuniziert werden können. Erfahrung ist somit als sozial situierter Prozess zu verstehen (vgl. z.B. Skeggs 1997).

in dem sie lexikalisiert werden, den Status von Metaphern verlieren. ‚Lebendige Metaphern' sind diesen Ansätzen zufolge jene, die im Wortschatz den Status des Metaphorischen, des Uneigentlichen, noch nicht verloren haben (vgl. Lüdemann 2004; Kövecses 2002).

Georg Stötzel und Thorsten Eitz zufolge ist die Entwicklung der Bezeichnung ‚Standort Deutschland' ein aktuelles Beispiel für einen solchen Prozess. Sie zeigen, dass der Begriff seit 1992 als zentrales Schlagwort im wirtschaftspolitischen Diskurs verwandt wurde (Stötzel/ Eitz 2002: 387ff.). Er zeichnet sich metaphorisch dadurch aus, dass er den geographischen Begriff des Raumes mit einem nationalen Konstrukt kurzschließt. Ihren Untersuchungen zufolge ist ‚Standort' unter der rotgrünen Bundesregierung seit 1998 als Metapher im wirtschaftspolitischen Diskurs in den Hintergrund getreten (ebd.: 389). Er bildet jedoch inzwischen einen elementaren Bestandteil des Wortschatzes der Bundesrepublik Deutschland. Die Begrifflichkeit ‚Standort Deutschland' hat also, wissenssoziologisch gesprochen, qua wissenschaftlich-institutioneller Legitimierung einen Prozess der Objektivation, d.h. der Vergegenständlichung und Selbstverständlichung, durchlaufen und ist zum Medium symbolischer Verständigung geronnen. Aus einer hegemonietheoretischen Perspektive ist der Prozess der Verobjektivierung ein konstitutiver Bestandteil von Hegemonie, der dann abgeschlossen ist, wenn der Begriff ‚Standort Deutschland' den Status eines unhinterfragten Mediums von Kommunikation erlangt hat. Wie kann die Verwendung von Metaphern noch vor ihrer Verobjektivierung als ‚praktischer Einsatz' in Hegemonie verstanden werden?

Black zufolge besteht eine machtanalytische Relevanz der Metapher darin, dass sie soziale Vorstellungen und Wahrnehmungen des Quellbereichs und des Zielbereichs verändert. Übertragen auf die Metapher ‚Achilles ist ein Löwe' hat das zur Folge, dass spezifische Aspekte von Achilles ins Blickfeld gerückt und andere, z.b. allgemein menschliche Eigenschaften oder physische Merkmale, verborgen werden. Umgekehrt schreibt sich die Metapher ‚Achilles ist ein Löwe' in das semantische Feld der Vermenschlichung von Tieren ein und verfestigt darüber hinaus Männlichkeitskonstrukte, indem ‚Mut' von einem Mann auf ein Tier zurücktransferiert wird. Metaphern funktionieren so gleichsam als Filter, die spezifische Aspekte im Quell- und im Zielbereich symbolisch erhellen (Pielenz 1993: 100; s. auch Black 1983; Lakoff/Johnson 2003; Kövecses 2002) und andere gleichzeitig verbergen. Beispielsweise wird, indem Deutschland als Wirtschaftsstandort metaphorisiert wird, ein nationales Konstrukt (‚Deutschland') durch eine globalisierte und wettbewerbsorientierte Sicht überdeterminiert. Umgekehrt verändert die nationale Konstruktion die Perspektive auf einen ‚Wirtschaftsstandort', indem sie den Standort regional bindet und diesen zugleich mit anderen ‚Wirtschaftsstandorten' vergleichbar macht. Dabei handelt es sich um eine Strukturierung, die das Handeln, Denken und Wahrnehmen der Arbeitenden in Betrieben bereits (partiell) anleitet (vgl. Drinkuth 2005). Michael Pielenz kommt in seiner Untersuchung über Anschlüsse zwischen Argumentation und Metapher zu dem Schluss, dass konzeptuelle Metaphern darüber hinaus als Verfügungsraum wirksam werden, d.h. einen Spielraum für die Beurteilung von Handlungen, Definition von Zielen und der Rechtfertigung argumentativer Schlussregeln erzeugen. Das bedeutet für ihn, dass Metaphern quasi selbstbestätigend wirksam werden, indem sie einen Entwurf der Wirklichkeit produzieren, zugleich argumentativ absichern und seinen Geltungsanspruch aufrechterhalten. Insofern ist für ihn die Metapher „ein Hort bewährter Meinungsnormen" (Pielenz 1993: 109). Bezogen auf die lexikalisierte Metapher ‚Standort' folgt daraus nicht nur, dass die Metapher Handlungsorientierungen und Wahrnehmungen (mit-)strukturiert, z.B. wirtschaftspolitische Maßnahmen anregt, welche die Wettbewerbssituation der deutschen Wirtschaft im internationalen Wettbewerb verbessern. Vielmehr wirken Metaphern in dem Maße, wie sie lexikalisiert sind, legitimierend, insofern sie ihre scheinbare Faktizität zirkulär bestätigen.

Metaphern stehen in doppelter Weise in einem Machtverhältnis zur sozialen Wirklichkeit, d.h. sie werden „wirklichkeitsstrukturierend" (Pielenz) wirksam: Metaphern dienen dazu, dass Menschen sich in einer spezifischen Gesellschaft und Kultur verständigen und miteinander kommunizieren. Dabei sind sie jedoch nicht nur *Medien* sozialer Konstruktion der Alltagswelt, sondern selbst ‚konstituierte Konstituenten'. Metaphern werden unter widersprüchlichem Einfluss verschiedener sozialer AkteurInnen *als* Medien der Kommunikation sozial produziert. Sie können sich unter bestimmten Umständen als hegemoniale durchsetzen (vgl. Pielenz 1993) und entfalten in dem Maße ‚eigenständige' soziale Wirksamkeit, wie sie spezifische, individuelle wie kollektive Handlungsoptionen (mit) zu strukturieren vermögen. Dabei tritt mit zunehmender kultureller Sedimentierung ihre Kontingenz und Produziertheit in den Hintergrund: „Sie [die Metapher] tritt mit dem trügerischen Anspruch auf soziale Objektivität an, bietet aber in Wahrheit lediglich einen höchst unvollständigen und inkonsistenten und deshalb immer kritisierbaren Entwurf einer möglichen Welt." (Pielenz 1993: 109)

5 Methoden und Prozess der kritischen Interdiskursanalyse

Die Analyse von Diskursen fragt nach: (1) der inneren Geregeltheit von Repräsentationen als Diskursen, (2) der Produktion von Repräsentationen mittels Praktiken und (3) den spezifisch politischen und hegemonialen Praktiken, die die politischen AkteurInnen einsetzen. Diese Fragen werde ich mit einer Methodik untersuchen, die die Analyse der Inhalte, der textexternen, textinternen und der intertextuellen Praktiken sowie der Vernetzung der Repräsentationen umfasst.

Eine empirische Interdiskursanalyse, welche die Praktiken der Produktion von Repräsentationen ins Zentrum der Analyse rückt, bedarf der Bezugsebene der Inhalte von Texten, also der ‚Themen' (vgl. auch Fairclough 2003: 129). Diese sind nicht identisch mit der Kategorie der Repräsentationen, weil sie weder deren Spezifität noch deren Selektivität aufweisen. Sie bilden vielmehr einerseits eine kategoriale Hilfe, um den Text für eine Analyse ‚aufzubrechen' (Strauss/Corbin 1996), und andererseits ein systematisches Zwischenergebnis als Grundlage für die Rekonstruktion der Repräsentationen. Sie sind im Hinblick auf die Praktiken der Produktion *und* der Vernetzung zu rekonstruieren. Das Ziel der Analyse besteht darin, unter Berücksichtigung von Pluralität, Inkohärenz und Widersprüchen regelhafte Ausprägungen zu rekonstruieren und diese sodann zu strukturellen Positionen in Beziehung zu setzen.

In der Auswertung wird vom Text als Einzelfall ausgegangen. Dies beinhaltet einen Zugang zu den Daten, der darauf abzielt, komplexe Gefüge einzelner Komponenten und deren Interaktion in den Blick zu nehmen. „Ziel dieses Auswertungsschrittes ist die […] Charakterisierung des jeweiligen Einzelfalls unter den für den untersuchten Gegenstand relevanten Gesichtspunkten. Hier wird die individuelle Ausformung eines vermuteten überindividuellen [...] Phänomens eruiert." (Lamnek 2005: 689) Erst dann erfolgt in Anlehnung an das Theoretical Sampling die Auswahl von weiteren Texten nach dem Kriterium antagonistischer Positionen sowie der analytische Vergleich der Texte an. Auch diese Texte werden zunächst als Einzelfall behandelt. Aus dem Vergleich heraus werden Hypothesen entwickelt und Typisierungen generiert.

Für die multidimensionale Analyse im Hinblick auf Hegemonie und politische Praxis ist die Triangulation der Dateninterpretation von zentraler Bedeutung (Lamnek 2005; Flick 2004: 97; Schmitt 1997: 74). Es werden im Rahmen von Diskursanalysen angewandte methodische Auswertungsverfahren der qualitativen Inhaltsanalyse bzw. der Grounded Theory (vgl. exemplarisch Lamnek 2005; Fromm 2004; Fairclough 2003; Waldschmidt 2003; Diaz-Bone 2002) mit verschiedenen linguistischen Verfahren zur Textanalyse kombiniert. Hierdurch wird eine (theoretisch) begründete Multiperspektivität in der Datenauswertung systematisch für den Prozess der Rekonstruktion genutzt.[1] Die methodischen Verfahren zielen auf eine Mikroanalyse der Texte ab, wobei der Fokus auf der sequentiellen Analyse einzelner Textabschnitte (Mayring 1993; s. auch Fromm 2004; Diaz-Bone 2002) liegt, welche durch die Feinanalyse einzelner Sätze ergänzt wird. Die qualitativen Elemente der Auswertung werden dabei durch die quantitative Analyse von Frequenzen ergänzt, die partiell als Parameter für Signifikanz herangezogen werden (Lamnek 2005: 505). Von Anselm Strauss und Juliet Corbin (2006) wird die Anregung übernommen, Memos zu verfassen, d.h. aus der empirischen Analyse heraus Texte unterschiedlichen Abstraktionsniveaus zu entwickeln, welche etwa theoretische Überlegungen, Kategoriensysteme, Hypothesen fixieren. Sie bilden die Grundlage der empirischen Rekonstruktion und der Interpretation der Ergebnisse.

Der Analyseprozess erfolgt in drei Schritten, die fortlaufend aufeinander bezogen und überprüft werden: Im ersten Schritt werden die einzelnen Methoden der Text- bzw. Diskursanalyse angewendet. Im zweiten Schritt werden die einzelnen methodischen Schritte zirkulär und interpretierend zueinander in Beziehung gesetzt. Das erfordert gegebenenfalls ein erneutes Durcharbeiten und Kategorisieren der einzelnen Texte. Der dritte Schritt besteht schließlich im einzelfallorientierten Vergleich der einzelnen Texte: Sobald ein interpretativer Schritt im

---

1 Damit wird berücksichtigt, dass Rekonstruktion stets aus einem bestimmten Blickwinkel erfolgt, der Gegenstand der Analyse also im Prozess der Interpretation (mit-)konstruiert wird (Flick 2004: 56).

Hinblick auf die Strukturierung und Regelhaftigkeit eines Textes gemacht wird, werden die zuvor analysierten Texte erneut daraufhin überprüft, ob sie dieses Ergebnis stützen, widerlegen oder neue Erkenntnisse fördern. Das Vorgehen folgt der Methodologie der Grounded Theory dahingehend, dass die einzelnen Texte und der gesamte Textkorpus nicht mit unabhängigen methodischen Schritten en bloc bearbeitet, sondern zirkulär in den Prozess der interpretativen Rekonstruktion integriert werden (vgl. Strauss/Corbin 1996).

Analyse der Inhalte

Grundlage des ersten Analyseschritts bildet ein methodisches Vorgehen, das Ansatzpunkte der qualitativen Inhaltsanalyse (vgl. Mayring 2005, 1993) mit dem Verfahren der Grounded Theory (Strauss/Corbin 1996) im Hinblick auf die Entwicklung von Kategorien verbindet. Den Ausgangspunkt der Analyse bildet die theoretisch entwickelte und analytisch operationalisierte Frage, wie mit Gesundheit ‚Politik' gemacht wird. Zunächst wird rekonstruiert, wie ‚Gesundheit' in den einzelnen Texten inhaltlich ausgestaltet ist. Welche verschiedenen Bedeutungen nimmt Gesundheit jeweils an? Als Auswertungseinheit werden *alle* Textstellen eines Textes definiert, welche Aussagen zur Thematik Gesundheit enthalten (vgl. Mayring 1993: 49).

Ich folge der Methodik der qualitativen Inhaltsanalyse dahingehend, dass ich im ersten Schritt der Analyse aus diesen Textstellen (unter Beibehaltung ihrer Pluralität und Heterogenität) mithilfe von Paraphrasierung und Generalisierung Kategorien auf dem größtmöglichen Abstraktionsniveau generiere (Mayring 2005, 1993: 57). Dabei werden Elemente einer explikativen und einer reduktiven Inhaltsanalyse[2] miteinander kombiniert. So werden gegebenenfalls verschiedene Gesundheitsmodelle auf unterschiedlichem Abstraktionsniveau kategorisiert, etwa übergreifende Konzepte eines biomedizinischen oder alternativen Gesundheitsverständnisses, oder – auf einer niedrigeren Abstraktionsebene – ein emanzipatives Gesundheitsverständnis, ein Modell der Salutogenese usf. In diesen Analyseschritt wird systematisch Vorwissen über die Verschiedenartigkeit sozio-symbolischer Diskurse über Gesundheit einbezogen. Als Ausgangspunkt dienen die in den Texten enthaltenen Aussa-

---

2   Während eine explikative Inhaltsanalyse detaillierte Analysen einzelner Partikel einschließt und Kontexte einbezieht, ist eine reduktive Inhaltsanalyse auf Zusammenfassung und Strukturierung ausgerichtet. Letztere basiert in der Regel auf den expliziten Aussagen und dem Auffinden von Variablen in einem Text (Lamnek 2005: 501).

gen zu Gesundheit in ihrem jeweiligen Kontext, die sodann systematisch am Kontextwissen überprüft werden. Plurale Inhalte werden systematisch in die weitere Analyse integriert (vgl. ähnlich auch Strauss/Corbin 1996). Mit diesem Analyseschritt wird herausgearbeitet, wie Gesundheit in den einzelnen Texten thematisiert und inhaltlich gewichtet wird. Ferner wird gezeigt, ob und welche AkteurInnen ein kohärentes Konzept ausgewählt oder möglicherweise verschiedenartige inhaltliche Bestimmungen kombiniert haben. Nach dem gleichen Muster erfolgt die Analyse der Inhalte der politischen Programmatik (*Policy*) bzw. der institutionellen Gestaltung von Politik (*Polity*). So wird ermittelt, wie diese thematisiert werden und welches Gewicht sie einnehmen.

Da die vorliegende Untersuchung dem Prinzip der Interdiskursivität folgt, steht die Frage nach dem politischen Einsatz von Diskursen über Gesundheit in einem direkten Bezug zu der Frage, mittels welcher Praktiken die Repräsentationen von Gesundheit und von Politik mit weiteren Repräsentationen vernetzt werden. Um das rekonstruieren zu können, werden weitere relevante Themen der Texte aus dem empirischen Material heraus bestimmt. Dieses Vorgehen orientiert sich an dem Theorem der induktiven Kategorienentwicklung der Grounded Theory (vgl. ebd.). Die behandelten Themen in den einzelnen Texten werden in strukturellen Kategorien zusammengefasst, z.B. ‚Natur', ‚Umwelt' oder ‚Ökonomie'. Die empirische Relevanz dieser Themen wird sodann auf der Grundlage des Quervergleichs aller Texte bestimmt. Auf diese Weise können erste Aussagen über die Gewichtung von Gesundheit und Politik im Verhältnis zu anderen Themen getroffen werden. Die offenen, empirisch zu bestimmenden Themen werde ich im Folgenden als X bezeichnen.

Die zentralen Themen werden ausgewählt (Fairclough 2003: 129); daran schließt sich die Paraphrasierung und Generalisierung der einzelnen Textpassagen zu diesen Themen an. Auf dieser Grundlage werden erneut strukturelle Kategorien auf unterschiedlichem Abstraktionsgrad entwickelt. Anders als bei der Methodik der qualitativen Inhaltsanalyse bilden diese noch keine *eigenständigen* Ergebnisse (Mayring 1993: 54, 82ff.), sondern die Bezugseinheiten für die Analyse textinterner, textexterner und intertextueller Praktiken sowie der Vernetzungen.

Analyse textexterner Beziehungen

Die Analyse textexterner Beziehungen zielt darauf ab, die Beziehungen von Repräsentationen zu diskursiven Praktiken herauszuarbeiten, welche auch (partiell) als soziale bzw. politische Praktiken zu verstehen sind. Textexterne Beziehungen umfassen also die Dialektik zwischen ‚dem Innen' der Texte und ‚ihrem Außen'. Der Fokus der Analyse liegt zum einen auf der Frage, wie Repräsentationen durch den Einsatz spezifischer diskursiver und textueller Praktiken von politischen AkteurInnen konfiguriert werden. Zum anderen soll herausgefunden werden, ob und auf welche Weise Repräsentationen mittels politischer und hegemonialer Praktiken produziert werden.

Um diese Praktiken in den Blick nehmen zu können und ihre Untersuchung für eine empirische Analyse zu operationalisieren, setze ich an der Konzeption der diskursiven Praktiken an: Diskursive Praktiken können als politische und hegemoniale Praktiken eingesetzt werden. Es ist ausgeführt worden, dass die Gestaltung der Repräsentation in Texten auf einer strukturellen Wahl der AkteurInnen basiert, die aus einem soziosemantischen Repertoire einer Gesellschaft spezifische Elemente auswählen.

Diese Praktiken sollen mittels eines vorab festgelegten heuristischen Kategoriensystems (vgl. Mayring 2005, 1993) und eines Verfahrens in den Texten ‚gelesen' und gegebenenfalls als *spezifische* politische Praktiken rekonstruiert werden können. Hierzu habe ich Vorschläge von Fairclough aufgegriffen und um Kategorien aus dem Analyseschema des Kommunikationswissenschaftlers Theo van Leeuwen (1996, 1995) ergänzt.

Ausgewählt wurden die Kategorien der *Ein- und Ausschlüsse* und der *Hierarchisierung*, da sie auf die *Praxis* der Selektion von Repräsentationen fokussieren. Diese sind gegebenenfalls als politische Praktiken zu interpretieren, nämlich dann, wenn sie in signifikanter Weise in Repräsentationen von Politik, Gesundheit und X sowie in möglichen Verknüpfungen zwischen den Themenfeldern zum Einsatz kommen. Ergänzend werden die diskursiven Praktiken der *Deaktivierung/Aktivierung* und der *Setzungen* hinzugezogen, insofern diese – wie noch deutlich werden wird – die Ebene der Repräsentation von *Polity*, also der institutionellen Regelung von Politik, und der politischen Aktivität spezifizieren und vertiefen. Um die größtmögliche analytische Reichweite des Instrumentariums zu erzielen, werden die diskursiven Praktiken jeweils im ganzen Text untersucht. Sie werden um spezifische, für das politische Feld relevante Kategorien erweitert und sodann erläutert.

Diskursive Praktiken

Ich unterscheide idealtypisch zwischen vier diskursiven Praktiken, die in Bezug auf verschiedene Repräsentationen isoliert oder in (teilweiser) Kombination untersucht werden.

Abbildung 1: Kategorien diskursiver Praktiken und ihr Bezug

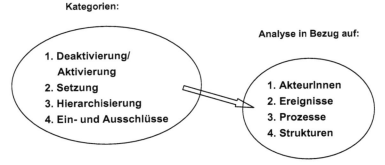

Die Repräsentation von *AkteurInnen* ist für die Analyse politischer Texte besonders fruchtbar. Denn sie kann mit empirischem Kontextwissen über am Politikprozess beteiligte (z.B. Krankenkassen, Bundesministerium, Ärztekammer) und davon betroffene AkteurInnen (wie PatientInnen, ÄrztInnen) innerhalb eines konkreten Politikfeldes verglichen werden. Ziel ist die *Rekonstruktion* der spezifischen Ausprägung der Repräsentationen und einer möglichen Spezifik der Praktiken der Produktion. Sollten empirisch signifikante strukturelle Muster aufzufinden sein, so werden diese als Produkt *politischer* Praxis interpretiert werden. Hierzu wird van Leeuwens Kategorisierung der *möglichen* Repräsentation sozialer AkteurInnen (van Leeuwen 1996)[3] für eine Heuristik aufgegriffen und modifiziert. Es werden folgende Kategorien für die Analyse genutzt:
1. Ein- und Ausschluss spezifischer sozialer AkteurInnen;
2. aktive versus passive Repräsentation sozialer AkteurInnen;

---

3 Van Leeuwen hat auf der Grundlage der funktionalen Grammatik die prinzipiellen Möglichkeiten der Repräsentationen sozialer AkteurInnen in der englischen Sprache untersucht, systematisiert und einen umfassenden Vorschlag zur Kategorisierung entwickelt. Dabei bezieht er sich auf verschiedene linguistische Parameter und Ebenen (van Leeuwen 1996: 34, 67). Das Schema wird heuristisch genutzt, deshalb werden Unschärfen, die aus der Differenz zwischen der englischen und deutschen Sprache resultieren, zurückgestellt.

5 METHODEN UND PROZESS DER KRITISCHEN INTERDISKURSANALYSE

3. personalisierte versus de-personalisierte Repräsentation sozialer AkteurInnen. Dabei wird berücksichtigt, ob AkteurInnen als Einzelpersonen oder als Kollektiv repräsentiert werden (vgl. ebd.).

Ad 1.: Zunächst werden aus dem gesamten Text Ein- und Ausschlüsse in der Repräsentation sozialer AkteurInnen herausgefiltert. Welche sozialen AkteurInnen werden als handelnde Subjekte repräsentiert, also als zum Handeln Ermächtigte repräsentiert, und welche an politischen Prozessen beteiligte oder davon betroffene AkteurInnen werden davon ausgeschlossen?

Van Leeuwen (1996: 38-41) schlägt vor, zwischen Unterdrückung und In-den-Hintergrund-Rücken sozialer AkteurInnen zu differenzieren. Unterdrückung ist als Praxis zu verstehen, mit der spezifische Personengruppen unsichtbar gemacht werden – die Repräsentation der AkteurInnen ist also mittels der Praxis der De-/Aktivierung ausgelöscht. Im Rahmen einer empirischen Analyse ist diese diskursive Praxis am Kontextwissen zu überprüfen. Von ‚Auslöschung' kann nur dann gesprochen werden, wenn die Signifikanz der Praxis des Ausschlusses aus dem Kontextwissen empirisch rekonstruiert und belegt werden kann. Anders ist es beim hierarchischen Mechanismus des In-den-Hintergrund-Rückens sozialer AkteurInnen. Van Leeuwen (ebd.: 41) verweist darauf, dass in diesem Fall die sozialen AkteurInnen an anderer Stelle repräsentiert sind, z.B. als Objekte. In diesem Fall lässt sich der Prozess des In-den-Hintergrund-Rückens dadurch sichtbar machen, dass die Spuren der sozialen AkteurInnen rekonstruiert werden.

Ad 2.: Aktive und passive Repräsentationen beziehen sich auf die grammatischen Konstruktionen. Prinzipiell können in Texten sowohl soziale AkteurInnen als auch unbelebte Gegenstände (z.B. Computer), Strukturen oder Institutionen als handelnde Subjekte repräsentiert sein.

Ad 3.: Schließlich ist es bedeutsam, ob und welche AkteurInnen in den zu untersuchenden Texten als Gruppe konstituiert werden bzw. unbestimmt bleiben und welche AkteurInnen in den Texten als konkrete Personen (z.B. als namentlich genannte MinisterIn) spezifiziert werden (ebd.: 44f.). Betrachtet man das Gefüge der Relationen zwischen einzelnen AkteurInnen und Gruppen, so können Rückschlüsse auf Isolierungen, Generalisierungen, Vereinzelungen oder auf Mechanismen der Personalisierung[4] gezogen werden (ebd.: 49ff.).

Die Rekonstruktion der einzelnen Praktiken bildet noch kein ‚eigenständiges' Ergebnis der Analyse. Vielmehr lässt sich im Vergleich

---

4 Soziale AkteurInnen können in den Texten als Menschen oder in ihrer institutionellen Funktion repräsentiert werden.

der Repräsentationen aller Akteure im Text die Besonderheit eines Textes herausarbeiten. Zieht man das empirische Kontextwissen hinzu, so lassen sich Rückschlüsse auf Repräsentationen von Politik und politische Aktivität ziehen. Welche AkteurInnen werden z.b. als ‚Individuen' repräsentiert, obwohl sie im spezifischen Politikfeld die höchste Entscheidungsfunktion einnehmen? Welche AkteurInnen werden als Gruppe repräsentiert? Welche AkteurInnen werden als gestaltungsmächtig (aktiv) repräsentiert und welche sind demgegenüber in den Hintergrund gerückt (ausgeschlossen) oder werden als de-aktiviert/passiv repräsentiert? Geben die Repräsentationen erste Hinweise auf tradierte Diskurse?

Über die Repräsentation von AkteurInnen hinaus ist die Repräsentation von *Ereignissen, Themen, Prozessen und Strukturen* in die Analyse einzubeziehen – Kategorien, die in unterschiedlichem Maße abstrakt sind.

Die Analyse der Repräsentationen von *Ereignissen*, wie z.b. einer Demonstration, eines Kongresses oder eines Bankraubs, ist analog zur Analyse von Repräsentationen politischer AkteurInnen angelegt. Das heißt: Es wird Kontextwissen aus Zeitungsartikeln, Forschungsliteratur, Internetpublikationen genutzt, um die Selektivität der Repräsentationen zu rekonstruieren. Dadurch wird erfasst, welche Differenzen zwischen den Repräsentationen etwa in der Presseberichterstattung einer bestimmten Zeitung und in dem zu analysierenden Text bestehen. Es ist beispielsweise signifikant, ob eine Demonstration als politischer Beitrag zur Gestaltung von Gesellschaft oder als Störung einer sozialen Ordnung repräsentiert wird. Gleichermaßen kann eine Hierarchisierung innerhalb der Repräsentation von Ereignissen erfolgen, so z.B. wenn das Buffet eines Kongresses gegenüber den gehaltenen Reden in den Vordergrund gerückt wird. Schließlich kann ein Ereignis selbst grammatisch als aktiv handelndes Subjekt repräsentiert und dadurch mit Einfluss ausgestattet sein, oder als Objekt, das durch andere AkteurInnen gestaltet wird. Gleichwohl ist davon auszugehen, dass ‚Ereignisse' in politischen Texten anders als in den Medien (vgl. Fairclough 1995b) eine untergeordnete Rolle spielen.

Anders bei *Prozessen* und *Strukturen*: Es ist davon auszugehen, dass diese von größerer empirischer Relevanz in politischen Texten sind. Denn mit Prozessen ist die Repräsentation von Aktivitäten bezeichnet: Es können dynamische von ‚deaktivierten' Aktivitäten unterschieden werden und Aktionen ohne Einfluss von solchen, die als (bloße) Reaktion repräsentiert sind (van Leeuwen 1995: 85ff., 93ff.). Letzteres ist zum Beispiel in der Repräsentation von Emotionen versus aktiver Gestaltung der Fall (ebd.: 85ff.).⁵ Auch in der Repräsentation von Aktivitäten können die Praktiken der Hierarchisierung sowie der Ein- und Ausschlüsse wirksam werden.

Strukturen (z.B. Globalisierung, Marktwirtschaft, Sozialstaat) unterliegen der größten Abstraktion. Dabei ist zu berücksichtigen, dass ihrer Beschreibung immer eine ‚Wahl' zugrunde liegt, sie also stets partikular ist. So impliziert die Repräsentation von strukturellen Prozessen in Begriffen des Neomarxismus etwa grundlegende Annahmen über Hegemonie, die Bedeutung kapitalistischer Produktionsprozesse usf., ohne dass diese im Einzelfall ausgewiesen werden müssen. Die Kategorisierung der Repräsentationen auf der Ebene von Strukturen ist auf die Kenntnis theoretischer, wissenschaftlicher und politischer Modelle verwiesen. Es ist analytisch jedoch wenig aussagekräftig, z.b. Ein- und Ausschlüsse von Begriffen und Zusammenhängen im Rahmen eines theoretischen Modells zu untersuchen. Deshalb wird die Analyse von Strukturen im Hinblick auf Ein- und Ausschlüsse nur bei starker empirischer Evidenz hinzugezogen und durch die Analyse weiterer diskursiver, textueller und intertextueller Praktiken ergänzt. Damit soll eine größere Zuverlässigkeit der Interpretation erreicht werden.

Mit *‚Stimmen'* ist direkt oder indirekt repräsentierte Rede bezeichnet, mittels derer Meinungen, Positionen oder Gefühle verschiedener sozialer AkteurInnen in einen Text integriert werden. Die Analyse von ‚Stimmen' (‚Voices'⁶) wird in das Instrumentarium der Kritischen Interdiskursanalyse im Hinblick auf die Analyse von Dialogizität, Offenheit und Pluralität integriert. Anknüpfend an das Konzept der Dialogizität, wie es von Bachtin entwickelt wurde, nutzt Fairclough (2003: 41) im Rahmen der CDA die Breite der integrierten ‚Stimmen' als Indikator für das Ausmaß der Offenheit, der Pluralität und der Heterogenität von Texten. Idealtypisch finden sich am anderen Ende der Skala Texte, welche alle bis auf eine ‚Stimme', damit also Pluralität, ausschließen.

‚Stimmen' können auch indirekt repräsentiert sein, indem beispielsweise politische AkteurInnen auf gegensätzliche politische Positionen Bezug nehmen, diese bestätigen, widerlegen, unterlaufen oder sich davon abgrenzen. Eine auf diese Weise weit gefasste Heuristik von ‚Stim-

---

5   Van Leeuwens Analyse von Schulbüchern hat ergeben, dass Handlungen von Kindern und MigrantInnen in diesen auffallend häufig als reaktiv repräsentiert wurden (van Leeuwen 1995).
6   Die Kategorie ‚Voices' spielt auf Kämpfe um Partizipation und gesellschaftliche De-Hierarchisierung (rassistisch) diskriminierter und de-privilegierter gesellschaftlicher Gruppen an. ‚Sprechen' und Repräsentation sind für soziale Macht- und Herrschaftsverhältnisse konstitutiv. Deshalb sind sie als Medium politischer Intervention geeignet (vgl. exemplarisch Engel 2002; Spivak 1988).

men' bildet einen guten Indikator für die politische Aktivität der einzelnen AkteurInnen und für mögliche hegemoniale Praktiken. Denn sie erlaubt es, sowohl Bezüge zu als relevant angesehenen politischen AkteurInnen als auch die Position zu diesen AkteurInnen zu rekonstruieren: Welche AkteurInnen grenzen sich gegen welche ‚Stimme' ab? An welche ‚Stimme' wird angeknüpft? Auf welche Weise erfolgt dies jeweils? *Setzungen* sind prinzipiell als unausgewiesene Behauptungen zu verstehen, die jedoch in Abhängigkeit vom Genre eine unterschiedliche Funktion und Bedeutung als diskursive Praxis einnehmen.[7] Im Genre der politischen Texte ist von einer hohen Verbreitung und strategischen Bedeutsamkeit von Setzungen auszugehen. Denn die Ausrichtung auf Überzeugung und Common Sense legen es nahe, dass die AkteurInnen mit Behauptungen statt mit *Fragen* oder *offenen Argumentationen* operieren.

Zu heuristischen Zwecken nutze ich folgende von Fairclough (2003: 55) vorgeschlagene Kategorien: a) die Suggestion von Faktizität, b) den imaginären Konsens sozialer Werte und c) den Ausschluss alternativer Möglichkeiten. Die Besonderheit der ‚Suggestion von Faktizität' und des ‚Ausschlusses alternativer Möglichkeiten' besteht darin, dass sie mit zeitlichen und räumlichen Dimensionen operieren. Denn mittels der ‚Suggestion von Faktizität' werden Gegenwart und Vergangenheit als geschlossen repräsentiert, d.h. Kontingenz und Gestaltungsmöglichkeiten sind aus der Repräsentation ausgeschlossen; der ‚Ausschluss alternativer Möglichkeiten' bezieht diesen Mechanismus in gleicher Weise auf die Zukunft. ‚Suggestion von Faktizität' und ‚Ausschluss alternativer Möglichkeiten' bilden also probate Praktiken, um Zwangsläufigkeit zu repräsentieren. Der ‚imaginäre Konsens von Werten' bezieht sich auf die Ebene der (Repräsentation einer) imaginären Gemeinschaftlichkeit.

Alle drei Typen von Setzungen können prinzipiell heuristisch auf vier der fünf Kategorien, nämlich AkteurInnen (z.B. deren Funktion), Ereignisse (z.B. kausale Wirkungen oder Folgen), Prozesse (Wirksamkeit von Handeln) oder Strukturen (Zusammenhänge) angewendet werden. Im Ergebnis lässt sich ein Muster von Setzungen herausarbeiten, das dann als bedeutsam gilt, wenn es häufig verwandt wird und wenn es die Repräsentationen auffallend ‚filtert'.

---

7   So können etwa im Genre der wissenschaftlichen Texte das Fehlen von argumentativen Belegen oder Nachweisen als Indikatoren für Setzungen gewertet werden, während dieser Schluss nicht für Ratgeber oder politische Reden gilt.

Intertextuelle Praktiken

Intertextualität als Praxis wird für die vorliegende empirische Untersuchung in der Weise operationalisiert, dass der spezifische Ein- und Umbau *anderer Texte* in den zu untersuchenden Text analysiert wird. Grundlage dessen bildet ein Verfahren, welches Anleihen an eine historische Quellenanalyse macht (Titscher/Meyer/Vetter 1998: 194; Wodak et al. 1998: 46f.). Ausgehend von textuellen Verweisen, Belegen und Quellenangaben in jedem einzelnen Text des Textkorpus werden Materialien recherchiert, welche die politischen AkteurInnen bzw. die zuständigen Fachreferate oder RedenschreiberInnen zur Erstellung der analysierten Reden verwendet haben. Dies wurde gegebenenfalls unterstützt durch persönliche Anfragen bei den politischen Akteuren, Pressestellen oder Fachreferaten.[8] Ziel ist es, ein genaueres und vollständigeres Wissen über die konkreten intertextuellen Bezüge des zu analysierenden Textes zu erhalten. Diesen werde ich der Präzision halber im Folgenden als Primärtext bezeichnen.

Damit wird ein zweiter Textkorpus aus Sekundärtexten erzeugt, der einen größeren Umfang aufweist als die Primärtexte. Die Rekonstruktion der Quellen (Berichte, Zeitungsartikel, Zitate, Fachartikel, Studien) und die Analyse der damit indirekt zitierten AkteurInnen (FachexpertInnen, PolitikerInnen, JournalistInnen, politische Gremien usf.) dient dazu, die Sensibilität in der Untersuchung wie auch die Validität der Analyse zu erhöhen. So lässt der Korpus der Sekundärtexte unter Umständen bereits Rückschlüsse auf die Produktion und die strukturellen Besonderheiten der Repräsentationen zu, beispielsweise, wenn vorrangig dekontextualisierte Zitate berühmter PolitikerInnen oder aber wissenschaftliche Studien verwendet werden.

Das so recherchierte Quellenmaterial wird mit signifikanten Textpassagen in den Primärtexten kontrastiert. Dabei kann herausgearbeitet werden, welche Passagen, Fragmente, Perspektiven, Sätze, Zahlen usf. welche AkteurInnen ein- bzw. ausgeschlossen haben. Ziel ist jedoch nicht, wie in der diskurs-historischen Methode, die Freilegung von „Verzerrungen der Realität in den Texten" (Titscher/Meyer/Vetter 1998: 196), sondern die Rekonstruktion der strukturellen Besonderheiten der Repräsentationen und der Praktiken der Produktion/Vernetzung in den Primärtexten. Deshalb bedarf es keiner Vollständigkeit, um Ergebnisse zu generieren. Die Ausschlüsse sind mit den Einschlüssen zu kontrastie-

---

8 So wurden die politischen AkteurInnen persönlich oder/und die zuständigen Pressereferate per E-Mail oder telefonisch mit der Bitte um Informationen über die verwendeten Quellen kontaktiert.

ren, also mit den Elementen, die positiv selektiv in die Texte eingebaut werden. Das bildet die Grundlage dafür, spezifische Praktiken als politische herauszuarbeiten. So lässt sich beispielsweise dann von solchen intertextuellen Ein- und Ausschlüssen auf spezifische politische Praktiken schließen, wenn subjektive Elemente von Arbeit eingeschlossen, strukturelle Rahmenbedingungen von Arbeit (Bezahlung, Interessenvertretung in Betriebs- oder Personalräten, Arbeitsplatzgestaltung etc.) jedoch ausgeschlossen werden.

Beide Analyseschritte, die der Heuristik der diskursiven Praktiken und die intertextuelle *empirische* Analyse des Einbaus vom ‚Außen' in das ‚Innen', werden auf jeden einzelnen Text des Textsamples angewandt. Damit werden Zwischenergebnisse generiert, die der Entwicklung von Hypothesen dienen und in die Rekonstruktion der Regelhaftigkeiten und Strukturierungen der Repräsentationen einfließen.

Analyse textinterner Beziehungen

Bei den methodischen Verfahren des textanalytischen Teils meiner Untersuchung knüpfe ich an diskursanalytische, linguistische und grammatische Untersuchungen politischer Sprache an (vgl. exemplarisch hierzu Jäger 2004; Niehr/Böke 2003; Böke 2000; für eine Metaphernanalyse von therapeutischen Settings vgl. Schmitt 1997, 1993). Wie diesen Untersuchungen geht es mir darum, Diskurs-Konstituenten aus einem Sample von Texten herauszuarbeiten (vgl. Niehr/Böke 2003; Böke 2000; Jäger 1993). Anders als bei ihnen liegt der Fokus hier jedoch zum einen darauf, zu erfassen, wie politische AkteurInnen etwa Metaphern als (politische) Praktiken zur Produktion von Repräsentationen einsetzen;[9] zum anderen besteht das Ziel der Analyse darin, aufzuzeigen, wie eine Textur, d.h. eine spezifische Form der Vernetzung von Repräsentationen in den Texten, erzeugt wird. Diese wird mittels einer Feinanalyse der einzelnen Texte und des komparativen, einzelfallorientierten Vergleichs zwischen den Texten herausgearbeitet.

Metaphern

Im Folgenden wird es zunächst darum gehen, eine Methode zur Analyse von Metaphern zu konstruieren. Den zahlreichen Arbeiten, welche Metaphern in politischen Diskursen analysieren (vgl. z.B. Lakoff/Johnson

---

9 Muntigl (2002) hat mit einem ähnlichen Ansatz die Praktiken der EU untersucht.

5 METHODEN UND PROZESS DER KRITISCHEN INTERDISKURSANALYSE

2003; Musolff 2003; Hülsse 2003; Lakoff 2002; Böke 2000, 1996a und b; Hoinle 1999; Chilton 1996), liegen in der Regel keine konkreten Vorschläge zur methodischen Umsetzung oder eine Methodenreflexion zugrunde (vgl. z.b. Lakoff/Johnson 2003; Niehr/Böke 2003; Hoinle 1999; Chilton 1996; Schäffner 1993). Die Gemeinsamkeit der Untersuchungen besteht jedoch darin, dass sie hermeneutisch vorgehen und eine induktive Kategorienbildung der einzelnen Metaphern in einem Textkorpus vornehmen.[10] So schlägt etwa Karin Böke (1996b: 443f.) vor, zwischen einer konkreten metaphorischen Äußerung (‚token'), dem Ereignis der Metapher im Text und dem davon abstrahierten Metapherntyp (‚type'), z.B. ‚Argumentieren ist Krieg', zu unterscheiden. Ziel ist es, mittels quantitativer und qualitativer Verfahren die Bedeutung von Metaphern in einem Diskurs zu bestimmen (ebd.; Niehr/Böke 2003). Die Kriterien dieser Kategorienbildung bleiben jedoch zumeist vage (Hülsse 2003: 44f.). Eine Ausnahme bildet Schmitt (1997, 1993), dessen systematische Vorschläge zum Vorgehen qualitativer Metaphernanalysen im Folgenden aufgegriffen und im Hinblick auf die Fragestellung und die hegemonietheoretisch orientierte Perspektive der Untersuchung modifiziert werden.

Metaphernanalysen sind prinzipiell auf eine quasi ethnographische Perspektive, also eine ‚künstliche Distanz' zum empirisch vorfindbaren Sprachgebrauch verwiesen, die im Prozess der Interpretation wiederholt herzustellen und zirkulär zu revidieren ist. Dieser Prozess ist vielfach beschrieben worden (z.B. Lakoff/Johnson 2003; Schmitt 1997) und wird in Anknüpfung an Schmitt (1997: 74f.) mithilfe von etymologischen Wörterbüchern, Fachwörterbüchern, Synonymlexika und Wörterbüchern über zeitgenössischen Sprachgebrauch validiert. Diese dienen zunächst als heuristische Hilfsmittel für die Bestimmung von Metaphern in den Texten, jedoch nicht der Bildung von Kategorien. Vielmehr werden Metaphern induktiv aus dem Text heraus bestimmt. Hierzu erweist sich ein in Anlehnung an Schmitt weit gefasster Metaphernbegriff als funktional: Als Metaphern werden alle Formulierungen in einem Text erfasst, die mehr als nur wörtliche Bedeutung haben (Schmitt 1997: 76). Dieses Mehr ist aus dem unmittelbaren Kontext der Metaphern heraus zu bestimmen, z.B. ist der Satz ‚Wege zu einer besseren Gesundheit' im Ge-

---

10 Hülsse verfolgt in seiner Untersuchung das Anliegen, Metaphernanalysen in der sozialwissenschaftlichen Hermeneutik zu verankern und mit konstruktivistischen Theoremen zu verbinden. Es bleibt jedoch ein Bruch zwischen der Interpretation von Sinnschichten und der Haltung der „künstlichen Dummheit" auf der einen Seite (Hülsse 2003: 53) sowie der rekonstruktiven Analyse von im politischen Diskurs bereits sedimentierten Metaphernbilder auf der anderen Seite bestehen (ebd.: 52ff.).

gensatz zu ‚der Weg nach Hamburg' als metaphorisch zu verstehen. Er verweist gleichzeitig auf einen Prozess (‚Wege') wie auf eine finale Zielsetzung (‚zu').

Im Gegensatz zum Gros der Metaphernanalysen, welche die Metaphorisierung vorab festgelegter Themenbereiche untersuchen, z.b. den Diskurs über Einwanderung (Niehr/Böke 2003), reflexive pädagogische Arbeit (Schmitt 1997, 1993) oder die Europäische Union (Hülsse 2003; Musolff 2003; Schäffner 1993), sieht die vorliegende Untersuchung ihr Ziel darin, die Metaphorisierung *verschiedener* Bereiche in einem Text zu rekonstruieren. Daraus folgt, dass ich die Differenzierung zwischen Quellbereich (Herkunftsbereich der Metapher) und Zielbereich (Themenbereich, auf den die Metapher projiziert wird) nicht aufgeben, sondern für die Untersuchung nutzbar machen werde.

In einer Wort-für-Wort-Analyse werden alle Metaphern, welche im Text auftreten, gesammelt und sequentiell mit ihrem unmittelbaren Textkontext aus dem Textzusammenhang herausgelöst, z.B. ‚wirtschaftliche Belastungen steigen durch Stress'. Dieser Arbeitsschritt führt zu einer Verfremdung des Sinnhorizontes des gesamten Texts, erlaubt es jedoch gerade dadurch, mit einem quasi ethnographischen Blick weitere Metaphorisierungen im Text zu entdecken (s. auch Schmitt 1997: 76). Sodann liegt eine Menge unsortierter Einzelmetaphern (zusammen mit dem unmittelbaren Kontext) vor. Erst dann werden induktiv aus dem Material heraus übergreifende Kategorien gebildet und erste Interpretationen entwickelt, die sich nach dem tradierten semantischen Gehalt der Metaphern, also dem Quellbereich, und der Übertragung auf den Zielbereich richten (vgl. Niehr/Böke 2003; Böke 2000, 1996a und b). Hiermit setzt der Prozess der Kategorisierung der Metaphern und der Interpretation der Metaphern als Praktiken der Produktion von Repräsentationen ein, die zirkulär am Material entwickelt und überprüft werden. Die in der Forschung diskutierten Probleme der Abgrenzung zwischen Metaphern (vgl. z.B. Schmitt 1997), welche aus der forschungspraktischen Anwendung von pragmatischen[11] oder semantisch-konzeptionellen[12] Abgrenzungsmodi resultieren (Niehr/Böke 2003: 332), werden dabei zurückgestellt. Denn die Analyse der Metaphern zielt nicht auf die Rekonstruktion einheitlicher Bedeutungen im Textkorpus ab. Dagegen

---

11 Linguistische Pragmatik stützt sich auf die Sprechakttheorien von John L. Austin und John R. Searle und befasst sich mit dem kommunikativen Aspekt sprachlich-sozialer Verständigung (Brinker 2001: 15).
12 Semantisch lassen sich z.b. Weg- und Bewegungsmetaphern bestimmen, die in politischen Texten häufig vorkommen, wie z.b. ‚Schritte für Gesundheit', der ‚Weg zum Ziel', ‚einmalige Ausrutscher' usf. (vgl. hierzu Klein 2002; Hoinle 1999).

wird der Einwand, dass Metaphern polysemisch sein können (vgl. Schmitt 1997; Böke 1996a) aufgegriffen, indem verschiedene tradierte Bedeutungen einzelner Metaphern systematisch berücksichtigt werden. Alle Metaphern eines Textes sind auf diese Weise in metaphorische Felder zu integrieren. Da es mir im Gegensatz zu anderen Metaphernanalysen (vgl. exemplarisch Musolff 2003; Hülsse 2003; Hoinle 1999) *nicht* darauf ankommt, die Gesamtheit der Metaphern in Bezug auf ein Thema zu klassifizieren und zu interpretieren, sondern sie im Hinblick auf heterogene Praktiken politischer AkteurInnen zu untersuchen, werden die Metaphern sodann nach ihren verschiedenen Bedeutungen in einem Text klassifiziert und quantifiziert. Dabei wird dezidiert Pluralität erfasst, und zwar dadurch, dass registriert wird, a) ob und auf welche Weise in einer einzelnen Rede eine Metapher auf verschiedene Zielbereiche übertragen wird und b) ob ein Zielbereich mittels verschiedener, auch widersprüchlicher Metaphern verbildlicht wird. Damit lassen sich Bildbrüche (vgl. hierzu Pêcheux 1984) und Widersprüche erfassen, welche auf umkämpfte Bereiche von ‚Politik' und ‚Gesundheit' hinweisen *können.*

Erst daran schließt sich eine komparative, einzelfallorientierte Analyse der Texte an, welche zum Ziel hat, die Unterschiede – und die Gemeinsamkeiten – der Metaphernbereiche und der Praktiken des Einsatzes von Metaphern vergleichend zu rekonstruieren. Dabei werden die Unterschiede *in* einem Text, bzw. die Pluralität der Praktiken einer politischen AkteurIn, systematisch berücksichtigt. Es wird also nicht *ein* (Be-)Deutungsfeld rekonstruiert, sondern es kann idealtypisch zum einen die Vielfalt und Brüchigkeit der Bedeutungsfelder und zum anderen die *Produktion* der Bedeutungen rekonstruiert werden. Damit soll der Fokus auf Inkohärenz und Pluralität von Metaphern eingelöst und die These überprüft werden, dass die politische Metaphorik mit den strukturellen Positionen der politischen AkteurInnen variiert.

Es wird dabei die unterschiedliche Gewichtung der Metaphern in den einzelnen Texten erfasst, um vor diesem Hintergrund ihre relative Bedeutung in diesen einschätzen zu können. Ferner wird dabei ausgelotet, wie die politischen AkteurInnen Metaphern in den einzelnen Texten einsetzen – und wo Unterschiede und Gemeinsamkeiten bestehen. Werden z.B. ‚Gesundheit' und ‚Politik' gleichermaßen metaphorisiert? Wird ein Bereich ausgenommen? Bestehen signifikante Unterschiede darin, welche Metaphern z.b. zur Verbildlichung von ‚Gesundheit' oder ‚Politik' eingesetzt werden?

Auf diese Weise lässt sich berücksichtigen, dass die Metaphorisierung von Bereichen variiert (vgl. Niehr/Böke 2003) und deshalb nicht vorab festgelegt werden kann, ob und auf welche Weise thematische

Felder metaphorisiert werden. So ist es denkbar, dass etwa ‚Gesundheit' *nicht* verbildlicht wird oder selbst eine metaphorische Funktion im Text einnimmt. Frank Liedtke (2002: 263) hat die These aufgestellt, dass ‚Gesundheit' in politischen Texten als Medium zur semantischen Reinigung anderer Themenbereiche eingesetzt wird. Umgekehrt wird berücksichtigt, dass eine Metapher aus einem metaphorischen Feld, z.B. die der ‚Partnerschaft', auf unterschiedliche Zielbereiche übertragen werden kann, z.B. auf Unternehmen oder auf die Zusammenarbeit zwischen Bundesregierung und anderen politischen AkteurInnen. Im einzelfallorientierten Vergleich der Texte können unter Berücksichtigung des Zielbereichs und des Quellbereichs Heterogenitäten und Gemeinsamkeiten semantischer Praktiken mit/durch Metaphern herausgearbeitet und auf konkrete Themenbereiche bezogen werden.

Schließlich wird mittels der komparativen Analyse der Texte rekonstruiert, auf welche Weise die verschiedenen politischen AkteurInnen Metaphern als *politische Praxis* einsetzen. Die Unterschiede in der Metaphorik werden auf die im dritten Kapitel dieser Studie entwickelten analytischen Achsen des Politischen, die institutionelle Regulierung von Politik (*Polity*), die politische Programmatik (*Policy*) und das diskursivpolitische Handeln (*politische Aktivität, De-/Politisierung*), zurückbezogen und systematisiert. Auf dieser Grundlage werden Aussagen über die strukturelle Verwendung der Metaphorik entwickelt. Im Vergleich zwischen den Texten kann gezeigt werden, wo (lediglich) Differenzen in der Verbildlichung von Themenbereichen bestehen und welche Bereiche im Sinne hegemonialer Praxis politisch umkämpft sind.

Kombinationen von Wörtern

Gegenstand eines weiteren Analyseschrittes ist der *Wortgebrauch eines Textes* (vgl. Stubbs 2002). Typischerweise wird der Gebrauch von Wörtern im Rahmen historischer Untersuchungen bzw. von Korpusanalysen, d.h. computergestützten Analysen großer Textmengen (vgl. z.B. Teubert 2003; Jung 1997) verwandt. Ziel dieser Untersuchungen ist es, Schlüssel-, Leit-, Fahnen- oder Stigmawörter[13] in schriftlichen oder mündlichen politischen Texten diachron auf ihren sozialen und historischen

---

13 Oswald Panagl (1998: 21) definiert die einzelnen Begriffe und grenzt sie voneinander ab. Seiner Auffassung nach besteht das wesentliche Merkmal von Fahnenwörtern darin, dass sie ‚voluntaristisch getönt' sind und bewusst als Kampfbegriffe gewählt werden; demgegenüber sieht er Leit- oder Schlüsselwörter als neutrale Charakteristika einer spezifischen Epoche oder eines Zeitgeistes. Meines Erachtens unterschätzt er dadurch den politischen Gehalt von Leit- oder Schlüsselwörtern.

Bedeutungswandel (vgl. z.B. Jung 1997; Stötzel 1995) oder synchron auf ihre soziokulturellen Bedeutungen und Konnotationen zu untersuchen (vgl. z.b. Niehr/Böke 2003; Stubbs 2002).

„Word and context are inseparable", schreibt Michael Stubbs (2002: 100) und begründet das damit, dass die meisten Wörter bezogen auf den gesamten Wortschatz der Sprache selten vorkommen, dass sie aber mit hoher Wahrscheinlichkeit dort auftreten, wo Themen in spezifischer Weise behandelt werden. Dabei ist zu berücksichtigen, dass die Validität der Wortanalysen als eigenständiger Analyseschritt – durch ihre (theoretische) Ablösung von semantischen Prozessen ohnehin eingeschränkt – an sehr große Samples (Gesamtmenge der Wörter) gebunden ist, welche zwischen einigen hundert und zehntausend Wörtern schwanken (vgl. hierzu Stubbs 2002). Gleichwohl kann die Analyse von Wörtern und Wortkombinationen auch für kleinere Textsamples als Instrument zur Generierung von Zwischenergebnissen und zur Validierung der Typenbildung eingesetzt werden.

Analysiert werden die Kombinationen verschiedener Wörter, und zwar der Verben, Substantive und Adjektive, sowie ihre Verknüpfungen im Text. Es werden gegebenenfalls semantische Beziehungen zwischen den Wörtern bestimmt.[14] Diese Bestimmung kann Hinweise darauf geben, ob spezifische Muster als Charakteristikum einzelner Diskurse zu isolieren und von einander abzugrenzen sind. Dieser Analyseschritt trägt der Überlegung Rechnung, dass verschiedene Diskurse zwar die gleichen Wörter aufweisen können, diese jedoch auf unterschiedliche Weise verknüpfen (vgl. auch Fairclough 2003: 130f.). So zeichnet sich der medizinkritische Diskurs der Medikalisierung nicht durch die Verwendung der Wörter ‚Gesundheit', ‚Emanzipation', ‚Medizin', ‚Herrschaft' aus,

---

14 Semantische Beziehungen zwischen Wörtern können in Gestalt von Antonymen, Heteronymen, Hyponymen und Synonymen vorliegen. Antonyme, also Gegensätze, sind logisch inkompatibel, aber nicht gleichrangig, da sie auf einer Skala angeordnet sind (z.b. ‚effektiv' und ‚ineffektiv'). Es können auch heteronyme, d.h. gleichrangige, Beziehungen vorliegen. Diese zeigen Alternativen auf einer Skala von Möglichkeiten an, z.B. zwischen ‚Montag' und ‚Freitag'. Schließlich ist Synonymie die einfachste Bedeutungsbeziehung; sie liegt dann vor, wenn zwei Ausdrücke dieselbe Bedeutung haben, wobei wesentlich häufiger eine partielle (z.B. wie in ‚Karte' und ‚Eintrittskarte') als eine totale Synonymie, d.h. die vollständige Übereinstimmung der Ausdrucksbedeutungen, vorliegt. Schließlich kann eine semantische Beziehung als Hyponymie gestaltet sein. Darunter ist die Beziehung zwischen einer semantischen Einheit A zu verstehen, die im Gegensatz zu B noch weitere Aspekte umfasst. Z.B. ist ‚Ente' (= B) ein Hyponym von A = ‚Vogel' (Löbner 2002: 124-128).

sondern durch die Besonderheit der Wortverknüpfungen,[15] z.B. der Antonymie zwischen ‚Medizin' und ‚Emanzipation'. Es ist also die Vernetzung von Wörtern in einem Text zu untersuchen, mit der Repräsentationen als Diskurse gestaltet werden (s. auch Fairclough 2003; Stubbs 2002). Sodann werden die Wortkombinationen für die einzelnen Texte quantifiziert, wobei signifikante Veränderungen, Verschiebungen und Variationen von Kombinationen in einem Text berücksichtigt werden.

Grammatik und Satzbau

Die wenigen bisher vorliegenden Untersuchungen über die Grammatik der politischen Sprache legen den Schwerpunkt auf die isolierte Untersuchung ihrer grammatischen Strukturen (vgl. exemplarisch Heinze 1979[16]). In Abgrenzung dazu setze ich die Analyse einiger grammatischer Strukturen im Text dazu ein, um Dimensionierungen im Text zu erfassen (vgl. Eisenberg 2004: 33).

Für diesen Analyseschritt bietet sich zunächst die Untersuchung der Satzkonstellationen als Parataxis, Hypotaxis oder als eingeschobener Satz an. Versteht man unter Parataxis die gleichrangige Verknüpfung zwischen zwei Hauptsätzen, so erfasst der Begriff der Hypotaxis die hierarchisierende Verknüpfung zwischen einem Haupt- und einem Nebensatz (ebd.: 5). Auf der Grundlage dieser basalen Unterscheidung wird der Text durchgearbeitet. In Anlehnung an die Kategorien der funktionalen Grammatik, wie sie Fairclough (2003: 89) verwendet, werden die Texte auf folgende Beziehungstypen hin untersucht:
- kausale Beziehungen (Grund, Konsequenz und Zweck);
- konditionale Beziehungen;
- temporale Beziehungen;
- additive Beziehungen;
- elaborative Beziehungen (Erklärung oder Wiederholung);
- kontrastive Beziehungen.

---

15 Empirisch lässt sich das mittels Korpusanalysen belegen, in denen gezeigt werden konnte, dass sich semantische Felder häufig durch die Verteilung gleichzeitig auftretender Wörter auszeichnen (vgl. Stubbs 2002). Korpusanalysen werden vorrangig in der Korpus-Linguistik als semantische Analysen großer Textmengen mithilfe statistischer Verfahren durchgeführt (Teubert 2003: 363).
16 Heinze (1979: 27f.) beispielsweise befasst sich damit, die Abweichungen gesprochener Bundestagsreden von ihren schriftlichen Protokollen systematisch zu beschreiben.

5 Methoden und Prozess der Kritischen Interdiskursanalyse

Zusätzlich wird die grammatische Struktur der Texte bestimmt. Dabei werden die verschiedenen grammatischen Formen (der Subjekte, Objekte), semantische Unterschiede zwischen Verben (Zustands-, Vorgangs- oder Tätigkeitsverben), Modaladverbien und -partikel, Präpositionen, Rangierpartikel, Possessivpronomen, Passivkonstruktionen usf. erfasst. Wie werden grammatische Konstruktionen und Beziehungen in der Produktion von Repräsentationen wirksam? Die Analyse von grammatischen Elementen und Beziehungen dient dazu, für die Besonderheiten der Repräsentationen zu sensibilisieren. Denn sie schärft den analytischen Blick dafür, dass Repräsentationen im Text einander nach-, vor- oder untergeordnet sind, und fungiert insofern als heuristisches Element. Darüber hinaus werden grammatische Parameter in besonderer Weise für die Analyse genutzt: als Indikatoren und Belege für diskursive Praktiken, als Belege für die Kategorienbildungen auf allen Ebenen der Analyse und schließlich im Hinblick auf die strukturelle Ausprägung der Repräsentationen in den jeweiligen Texten.

Grammatische Elemente dienen z.b. als spezifische textuelle Indikatoren für diskursive Praktiken von Setzungen, etwa in Form von Adverbien wie ‚unzweifelhaft', ‚unbestritten'. Auch die Repräsentation von AkteurInnen, z.b. als aktiv und passiv, wird wesentlich über grammatische Elemente und Beziehungen realisiert. Zum Beispiel sind passive Satzkonstruktionen oder Nominalisierungen textuelle Praktiken, mittels derer AkteurInnen als ‚passive Objekte' repräsentiert werden können, während eine grammatische Subjektposition unter Umständen eine Repräsentation als aktiv hervorbringt.

Die Satzkonstruktionen werden explizit in die Analyse einbezogen, insofern sie als Grundlage dafür dienen, Unterschiede und strukturelle Besonderheiten in einem Text herauszuarbeiten. So können beispielsweise in der Repräsentation von ‚Politik' und ‚Gesundheit' finale oder konditionale Satzkonstruktionen dominieren. Finale Satzkonstruktionen (‚um zu') verweisen auf Ziel- und Zwecksetzungen und bilden so Indikatoren, welche der Rekonstruktion von *Policy* dienlich sind. Eingeschobene Sätze oder hypotaktische Sätze verweisen dagegen auf die hierarchische Nachordnung einzelner Themen. Liegt ein signifikantes Muster von Satzkonstruktionen bezogen auf ein Thema vor, so werden diese als relevante textuelle Praxis der Produktion von Repräsentationen gewertet.

Verdichtung und Vernetzung

Die bisherigen Schritte der Analyse sind als getrennte rekonstruiert worden. Der *Prozess* der Interpretation und Kategorienbildung verläuft jedoch zirkulär. Insbesondere die Analyse von Grammatik und Satzbau wird auf allen Ebenen der Analyse genutzt und zur Überprüfung von Zwischenergebnissen herangezogen. Jedoch erst, *nachdem* die Analyseschritte methodisch für einen Text abgearbeitet sind, werden in einem nächsten Schritt die Einzelergebnisse zu den einzelnen Texten mit dem Ziel der Rekonstruktion der Regelhaftigkeit, d.h. der Strukturierung, der thematischen Komplexe aufeinander bezogen.

Die Ergebnisse der Analyse der textinternen Praktiken, d.h. der Metaphern, der Wortkombinationen und der Grammatik, sowie der textexternen Praktiken, d.h. der diskursiven und der intertextuellen Praktiken, werden sukzessive zu den Inhalten in Beziehung gesetzt. Dadurch wird die Besonderheit der einzelnen Repräsentationen, d.h. von ‚Gesundheit', *Policy* und *Polity* sowie X (als Variable für weitere relevante Themen), herausgearbeitet. Die Analyseergebnisse werden auf ihre Aussagefähigkeit und Signifikanz für die Rekonstruktion der Strukturierung von Repräsentationen überprüft. So kann es beispielsweise signifikant für Repräsentationen von Politik sein, wenn MinisterInnen als aktive, dynamische AkteurInnen, Bevölkerungsgruppen hingegen als passive Objekte repräsentiert sind.

Umgekehrt ist jedoch auch möglich, dass die diskursiven Praktiken der Aktivierung/Deaktivierung usf. *keine* Aussagekraft entfalten. Greift man das Bild der Interdiskursivität auf, welches auf der Verkettung von diskursiven Fäden basiert, so bilden diese *nicht aussagekräftigen* Praktiken ‚lose Fäden', die nicht zur Produktion von Repräsentationen oder Diskursen beitragen. Diese werden jedoch (noch) nicht verworfen, vielmehr wird in einem letzten Auswertungsschritt entschieden, ob sie dazu geeignet sind, die Rekonstruktion der strukturellen Ausprägung der Praktiken der Produktion von Repräsentationen zu vertiefen. – In diesem Fall werden sie gesondert analysiert, und von der Fokussierung auf die spezifischen Themen, wie sie in der Inhaltsanalyse rekonstruiert wurden, wieder abgelöst.

Mit dem Analyseschritt des In-Beziehung-Setzens der verschiedenen Ergebnisse der Analyse setzt der einzelfallorientierte Vergleich ein, mit dessen Hilfe die strukturellen Besonderheiten des einzelnen Textes rekonstruiert werden. Zeichnen sich einzelne Diskurselemente ab? Werden ‚andere' Diskurse erkennbar zitiert? Zeichnen sich im Vergleich zwischen Texten Ähnlichkeiten oder Unterschiede in den Repräsentationen von Gesundheit, politischer Programmatik und institutioneller Regulie-

5 Methoden und Prozess der Kritischen Interdiskursanalyse

rung ab? Welche Praktiken weisen signifikante Übereinstimmungen auf? Welche bilden auch im einzelfallorientierten Vergleich ‚lose Fäden'?

In einem zweiten Schritt wird die Gestaltung der Beziehung zwischen den Repräsentationen fokussiert. In welcher Weise verbinden politische AkteurInnen ‚Gesundheit' mit politischer Programmatik (*Policy*), mit institutioneller Regulierung (*Polity*), mit X? Das In-Beziehung-Setzen der analysierten Themen in den Texten bildet partiell eine *diskursive* Praxis, die gegebenenfalls als *politische* Praxis zu interpretieren ist. Es sind prinzipiell verschiedene Gestaltungen denkbar: So könnte ‚Gesundheit' etwa als Ergänzung, Widerspruch oder Erweiterung zu anderen Themen in Beziehung gesetzt sein. Lässt sich hieraus ein signifikantes Muster rekonstruieren? Welche Beziehungen zwischen welchen Repräsentationen bleiben ‚offen', stehen in Widerspruch zueinander oder enthalten widersprüchliche Elemente? Vernetzungen *zwischen* Repräsentationen stützen sich folglich auf die Regelhaftigkeit der Repräsentationen und werden zugleich durch Praktiken erzeugt (vgl. ähnlich auch Diaz-Bone 2002). Insofern es sich um signifikante Muster handelt, sind diese Praktiken der Vernetzung als *politische* Praktiken zu interpretieren.

Auf der Grundlage dieser einzelnen analytischen Schritte wird die Regelhaftigkeit der Repräsentationen konstruiert und kategorisiert. Erst damit sind die Rekonstruktion der Selektivität der Repräsentationen, der eingesetzten Praktiken und die Bestimmung möglicher Diskurse abgeschlossen. Der Prozess der Interpretation und Rekonstruktion verläuft zirkulär, denn die strukturelle Ausprägung des einzelnen Textes ist stets auf die vergleichende Analyse verwiesen.

Dabei ist besonders der Blickwinkel von Hegemonie zu berücksichtigen, der die Analyse des politischen Einsatzes von ‚Gesundheit' anleitet. Ich habe ausgearbeitet, wie Hegemonie auf der Textebene als ‚Hegemonie zweiter Ordnung' untersucht wird, also im Hinblick auf die Regelhaftigkeiten der Repräsentationen und die Praktiken ihrer Produktion und Vernetzung. Die Unterscheidung zwischen zentrifugalen Kräften, also solchen, die auf Generalisierung ausgelegt sind, und zentripetalen Kräften, die Pluralität und Differenzen bewirken, dient als Analyseraster für die Rekonstruktion und Interpretation von Praktiken als hegemoniale Praktiken. Auf dieser Grundlage werden die Praktiken der Produktion und der Repräsentationen von ‚Gesundheit' und ‚Politik' unter dem Blickwinkel von Hegemonie rekonstruiert und interpretiert.

6 EMPIRISCHE UNTERSUCHUNG DES POLITISCHEN EINSATZES VON *GESUNDHEIT*

Das Politikfeld Arbeitsschutz als Untersuchungsfeld

Für die Diskursanalyse des politischen Einsatzes von ‚Gesundheit' wurde das Feld der Arbeitsschutzpolitik ausgewählt. Das ist erstens darin begründet, dass dem Arbeitsschutz eine hohe strategische Funktion für postfordistische Regulation zukommt, da er auf die Regulierung der Beziehung zwischen Kapital und Arbeit abzielt. Genauer gesagt, schützt er ArbeitnehmerInnen vor der „Verfügungsgewalt der Arbeitgeber" (Pieper/Vorath 2005: 113f.). Zweitens ist der Arbeitsschutz gegenwärtig im Umbruch: Seit Mitte der 1990er Jahre bildet er den Gegenstand eines staatlichen und institutionellen Reformprozesses, der seit einigen Jahren intensiv und mit hoher Geschwindigkeit vorangetrieben wird.

Exkurs: Neuere Entwicklungen in der Arbeitsschutzpolitik

Einen Ausgangspunkt für die gegenwärtigen Reformen im Arbeitsschutz bildete das novellierte Arbeitsschutzgesetz (ArbSchG) von 1996. Es wird unter ArbeitsschutzexpertInnen übereinstimmend als innovativ eingeschätzt (vgl. exemplarisch Oppolzer 2006; Pickshaus/Urban 2002; Gerlinger 2000; Bieback/Oppolzer 1999; Rosenbrock/Müller 1998). Ein Fortschritt besteht darin, dass das novellierte Gesetz erstmals in der Geschichte des Arbeitsschutzes das Paradigma der Verhütung von Arbeitsunfällen überschritten hat, indem es ArbeitgeberInnen darauf verpflichtet, sich an den Zielen der Beseitigung aller arbeitsbedingten Gesundheitsgefahren und der umfassenden menschengerechten Gestaltung von Arbeit zu orientieren (ArbSchG § 2, Abs. 1). Das beinhaltet eine Aufwertung des Prinzips der Prävention insgesamt, auf das auch die Unfallversicherungen verpflichtet wurden; vor allem aber schloss das Gesetz erstmals die Prävention psychosozialer Risiken durch Arbeit ein – wie es von ArbeitsschutzexpertInnen bereits seit Ende der 1970er Jahre gefordert worden war.

Gleichzeitig umfasst das Gesetz erste Ansätze zu einer Deregulierung des Arbeitsschutzes, die weitere Reformen in den Institutionen des dualen Arbeitsschutzsystems angestoßen haben. Das ArbSchG setzte die EU-Rahmenrichtlinie 89/391/EWG vom 12. Juni 1989 sowie einzelne Richtlinien der EU in nationales Recht um (vgl. Gerlinger 2000) und folgte dabei den EU-Maßgaben, indem es die auf detaillierten Verordnungen beruhende Regelung durch die Festlegung allgemeiner Schutzziele ersetzte und den Betrieben hinsichtlich der Gestaltung und der Umsetzung einen großen Freiraum ließ (vgl. Pieper/Vorath 2005). Das Gesetz wirkte als Katalysator für interne Reformen in der staatlichen Arbeitsaufsicht/Gewerbeaufsicht sowie in den Unfallversicherungen und Berufsgenossenschaften (BG), welche seit 1884 das Haftungsrecht und die Aufgaben der Unfallversicherungen institutionell organisieren (vgl. Kreck 2001). Das Arbeitsschutzgesetz löste in beiden Institutionen einen Reformprozess aus. Das organisatorische Selbstverständnis wurde nunmehr als Beratung (statt wie bis dato als Überwachung) definiert; damit einhergehend wurden Handlungsstrategien modifiziert.

Diese inhaltlichen Veränderungen hatten in Kombination mit Personalknappheit zur Folge, dass auf eine flächendeckende Aufsichtstätigkeit der staatlichen Arbeitsaufsicht verzichtet wurde (Gerlinger 2000: 356) und einige Länder aus dieser ausstiegen. Begünstigt durch ökonomische Probleme (vgl. Angermaier 2005), setzte in den BG ein interner Reformprozess ein, der sich an der Einhaltung allgemeiner Schutzziele orientierte, wie sie im ArbSchG angelegt sind. So wurde die Systematik des berufsgenossenschaftlichen Regelwerks grundlegend reformiert (vgl. BGZ 2006; HVBG 2006; ausführlich hierzu Rosenbrock/Lenhardt 2002) und damit einhergehend die Zahl der für die Betriebe rechtsverbindlichen Normen drastisch reduziert (vgl. Pieper/Vorath 2005).

Dieser Reformprozess setzte zu Beginn dieses Jahrhunderts ein und ist gegenwärtig noch nicht abgeschlossen. Er ist eingebettet in den Kontext einer seit Mitte der 1990er Jahre geführten Debatte über die organisatorische und ökonomische Effizienz des dualen Arbeitsschutzsystems (vgl. Reusch 2003; Hien 2003; IG Metall 2003). Dabei handelt es sich nicht um eine prinzipiell neue Thematik, denn bereits in den 1970er Jahren wurden Auseinandersetzungen um die Doppelzuständigkeit von staatlicher Arbeitsaufsicht und Berufsgenossenschaften geführt. Kennzeichnend ist vielmehr, dass sie gegenwärtig unter den Vorzeichen der Kostenersparnis und des Bürokratieabbaus steht (Gerlinger 2000: 369).[1] In diese Debatte brachte die rot-grüne Bundesregierung 2002/2003 den Masterplan Bürokratieabbau ein, der den Arbeitsschutz zum vorrangigen Gegenstand von Deregulierungsmaßnahmen erklärte. Geplant waren unter anderem die Modernisierung der Arbeitsstättenverordnung (ArbStättV), die Privatisierung der Unfallversicherung und die Reform des Jugendarbeitsschutzgesetzes (vgl. Kabinettsbeschluss 2003). In Folge wurden verschiedene Verordnungen revidiert, welche nach §§ 18, 19 ArbSchG den Arbeitsschutz oder seinen Geltungsbereich betreffen. Die wesentliche Veränderung besteht darin, dass verbindliche Regelungen und Vorschriften durch allgemeine Schutzziele abgelöst wurden. Genau das wird von Seiten der Gewerkschaften kritisiert, z.b. bei der Neuregelung der Arbeitsstättenverordnung vom 25.08.2004 (vgl. Faber 2005; Pieper/Vorath 2005) und der Gefahrstoffverordnung vom 01.01.2005 (vgl. Heilmann 2005; Wriedt 2003).

Einen weiteren Schwerpunkt der Reformen bildet die Restrukturierung der Gesetzlichen Unfallversicherungen (GUV) (vgl. M. Schröder 2007, 2006; Beschluss Bund-Länder Arbeitsgruppe 2006; DGB 2005). Die geplante Fusion der Berufsgenossenschaften wird im Kern von allen ArbeitsschutzakteurInnen[2] mitgetragen, wobei die anvisierte Zahl der Berufsgenossenschaften von insgesamt 9 aus fachlichen Gründen umstritten ist (vgl. Schröder 2006). In ähnlicher Weise findet auch die nationale Arbeitsschutzstrategie, die seit Dezember 2005 geplant ist, weitgehende Zustimmung (vgl. Reusch 2006). Sie zielt im Kern darauf ab, die Zusammenarbeit zwischen Bund, Ländern und Unfallversicherungen mit Hilfe intermediärer Institutionen zu optimieren und den Arbeitsschutz insgesamt an national definierten strategischen Zielen auszurichten (vgl. Gemeinsame Deutsche Arbeitsschutzstrategie 2006).

---

1   Die Bundesrepublik brachte bereits Mitte der 1990er Jahre auf europäischer Ebene Initiativen zur Deregulierung des Arbeitsschutzes ein, wozu z.b. die Rücknahme der EU-Richtlinie (die Grundlage des novellierten Arbeitsschutzgesetzes ist) gehörte (Gerlinger 2000: 402).
2   Unter ArbeitsschutzakteurInnen werden Personengruppen verstanden, die im dualen Arbeitsschutzsystem der Bundesrepublik Deutschland eine Funktion einnehmen. Hierzu gehören z.b. SicherheitsingenieurInnen, BeamtInnen der staatlichen Arbeitsaufsicht/Gewerbeaufsicht, Angestellte der Berufsgenossenschaften, UnternehmerInnen und Gewerkschaften (vgl. hierzu ausführlich Pieper/Vorath 2005; Kreck 2001). Für die Position des DBG zur Reform der Berufsgenossenschaften vgl. M. Schröder (2006, 2003); IG Metall (2002).

Keine Übereinstimmung herrscht hingegen beim Vorschlag der Reform des Leistungsrechts der GUV: Die Bund-Ländergruppe sieht vor, die bisherige Unfallrente in eine einkommensabhängige Erwerbsminderungsrente und in eine einkommensunabhängige Zahlung zum Ausgleich des Gesundheitsschadens (Schmerzensgeld) aufzuteilen. Gerade dieser Punkt wurde von Seiten der Gewerkschaften, der ArbeitgeberInnen und der CDU kritisiert, so dass der Gesetzesentwurf im Juli 2007 zunächst aufgeschoben wurde (vgl. M. Schröder 2007).[3]

Die hier in aller Kürze skizzierten Prozesse der Transformation im Arbeitsschutz verdeutlichen zwei Aspekte: Es zeichnet sich eine Tendenz dazu ab, dass der Spielraum für Arbeitsschutzmaßnahmen in den einzelnen Betrieben erweitert wird. Indem die Überwachungs- und Regelungsdichte gesenkt wird und gleichzeitig verbindliche Regelungen durch allgemeine Schutzziele ersetzt werden, erhalten in der Tendenz „einzelkapitalistische[ ] Profitinteressen" (Hirsch 2002: 189) ein stärkeres Gewicht. Gleichwohl – auch das haben die Ausführungen gezeigt – ist Arbeitsschutzpolitik überall dort, wo sie unmittelbar die Regulierung der Arbeitsbedingungen von ArbeitnehmerInnen betrifft, politisch umkämpft.

Daraus erschließt sich, dass das Politikfeld für die Analyse diskursiver hegemonialer und politischer Praktiken von Interesse ist. Es ist davon auszugehen, dass das Thema ‚Gesundheit' in diesem Feld mittelbar eine Rolle spielt: So werden erstens mit dem Thema ‚Gesundheit/Krankheit' die Bereiche problematisiert, die einer politischen Regulierung bedürfen; zweitens werden durch die diskursive Gestaltung von ‚Gesundheit' die politischen Instrumente ‚nahegelegt', die die für eine effektive Regulierung des Problems geeignet sind. Deshalb ist anzunehmen, dass

---

3 2007 fusionierten der Hauptverband der Gewerblichen Berufsgenossenschaften und der Bundesverband der Unfallkassen zur Deutschen Gesetzlichen Unfallversicherung (DGUV). Sie ist in sechs Landesverbänden organisiert, die gemeinsame regionale Aufgaben ihrer Mitglieder in den Bereichen Prävention und Rehabilitation übernehmen. Im Jahr 2008 wurde das Unfallversicherungsmodernisierungsgesetz (UVMG) verabschiedet, das zukünftige Reformen des Arbeitsschutzes steuert. So hat der Gesetzgeber die Zahl der Berufsgenossenschaften und der Unfallversicherungen vorgegeben. Es ist geplant, die BGs bis Ende 2009 von 23 auf 9 zu reduzieren; ferner wird geprüft, ob die Unfallkassen von 27 auf 17 vermindert werden können. Ein Kern des Gesetzes besteht in der Verabschiedung einer Gemeinsamen Deutschen Arbeitsschutzstrategie (GDA), mit der die Zuständigkeiten des Staates, des Bundesministeriums für Arbeit und Soziales, der Bundesländer und der Träger der Gesetzlichen UV festgelegt werden sollen. Das zukünftige Regel- und Vorschriftenwerk soll überschaubar und transparent sein und Doppelungen vermeiden. Informationen über www.dguv.de, Stand 17.08.09.

Repräsentationen von Gesundheit im Politikfeld Arbeitsschutz auf die Ebenen von *Policy* (der inhaltlichen Ziele) und *Polity* (der institutionellen Regulierung des Gesundheits- und Arbeitsschutzes) bezogen werden und dass umgekehrt kontroverse Positionen zu diesem Thema (verschiedene) Repräsentationen von Gesundheit zum Einsatz bringen.

INQA als Initiative der Bundesregierung im Politikfeld Arbeitsschutz

Die Texte, die im Folgenden untersucht werden sollen, werden aus dem Kontext der ‚Initiative Neue Qualität der Arbeit' ausgewählt (z.B. Pickshaus/Urban 2004; Engelen-Kefer 2003; Römer 2003). Diese entfaltet als strategische Initiative der Bundesregierung Rückkoppelungseffekte auf das Politikfeld Arbeitsschutz.

Die ‚Initiative Neue Qualität der Arbeit', im Folgenden mit INQA abgekürzt, wurde 2001 vom Bundesministerium für Wirtschaft und Arbeit als Beitrag zur Agenda 2010 angestossen (vgl. Rückert 2003; Kilger/Bieneck 2002; Riester 2002). Sie bezieht sich nicht ausschließlich auf das Politikfeld Gesundheits- und Arbeitsschutz, stützt sich jedoch maßgeblich darauf. Von dort aus entwickelt sie im Rahmen einer Netzwerk- und Bündnisstrategie (vgl. Zwingmann 2004) Querschnittsthemen und Handlungsfelder, welche weitere sozial- und beschäftigungspolitisch relevante Felder einschließen (vgl. Thiehoff 2007). Zudem bezieht INQA explizit Position für eine Deregulierung im Arbeitsschutz (vgl. z.B. Thiehoff 2007; Peiffer/Lauterbach 2003: 148) und steht in einem reflexiv-kritischen Verhältnis zu der tradierten Form und Arbeitsweise des dualen Arbeitsschutzsystems.[4] Weil die Ideen und Ansätze von INQA im Rahmen eines offenen und pluralen Netzwerks durch verschiedene AkteurInnen getragen und verbreitet werden, ist

---

4 Als ersten Indikator sehe ich die mit INQA verbundene Imagekampagne für Arbeitsschutz, die damit begründet wird, dass der klassische Arbeitsschutz aufgrund seines negativen, passiven Bildes vom Menschen mangelnde Medienresonanz erfahren habe. Unter Verzicht auf die Angabe von Zielgruppen wird postuliert, dass Sicherheit, Gesundheit und Wettbewerbsfähigkeit nicht nur Klarheit schaffen, sondern auch ein positives, vermarktungsfähigeres Image bewirken würden (Schulz 2004: 206; Thiehoff 2003: 3). Einen weiteren Indikator sehe ich in der expliziten Thematisierung der Strategie einer Verhaltensoptimierung *als Alternative* zum bisherigen Arbeitsschutz. Diese wird unterlegt mit einem systemtheoretischen Modell von Organisation (Thiehoff 2003: 12, 203), das hierdurch a priori Macht- und Herrschaftsbeziehungen vernachlässigt (Thiehoff 2004).

INQA als strategischer Umschlagplatz für Reformen im Arbeitsschutz einzuschätzen (s. exemplarisch Thiehoff 2007: 115).[5] Im Kontext von INQA ist die Restrukturierung des Arbeitsschutzes und seine zukünftige politische Gestaltung reflexiv thematisiert worden. Die ArbeitsschutzakteurInnen, insbesondere die Gewerkschaften, nahmen die Verabschiedung des Masterplans Bürokratieabbau (vgl. Kabinettsbeschluss 2003), dem vergleichbare Initiativen einiger Bundesländer folgten (vgl. Bayerische Deregulierungskommission 2003), zum Anlass, nunmehr den Umstrukturierungsprozess in der Arbeitsschutzpolitik als Konfliktfeld zu eröffnen. Die Strategien und Initiativen der Bundesregierung und der Länder zur Deregulierung und zum Bürokratieabbau sind seither Gegenstand zahlreicher Kontroversen, die in einer breiteren Öffentlichkeit ausgetragen werden (vgl. exemplarisch Anonymus 2005b und c; Angermaier 2005; Gensch 2005; Faber 2005; Heilmann 2005).[6]

Vor allem der Dachverband DGB und die IG Metall standen INQA zunächst weitgehend positiv gegenüber. Sie sahen sie als mögliches „‚gegentendenzielles Projekt'" zur Wettbewerbsorientierung (Pickshaus/ Urban 2002: 4), in dem gewerkschaftliche Initiativen zur humanen Gestaltung von Arbeit verankert werden könnten (vgl. exemplarisch Zwickel 2002). Inhaltlich wurde diese Strategie dadurch begünstigt, dass die Ausrichtung von INQA an der Agenda 2010 prinzipiell von den Gewerkschaften mitgetragen wurde (vgl. Anonymus 2002a). Ferner ist das Konzept der Qualität als Krisenphänomen der kapitalorientierten Wettbewerbsstrategie gegenwärtig ausgesprochen anschluss- und legitimationsfähig (vgl. Kurz-Scherf 2005), da es all die Elemente einschließt, die über ökonomische Produktivität und Wettbewerb hinausgehen. Vermutlich ist der Begriff der ‚Qualität der Arbeit' deshalb in auffallender Wei-

---

5   „Alles, was durch subsidiäre Lösungen der Unternehmen selbst geregelt und gelöst wird, benötigt keine staatlichen Setzungen mehr. Sogar Deregulierung durch verantwortliches Selbstmanagement wird möglich." (Thiehoff 2007: 115)
6   Einen Indikator für die politische Strategie der Gewerkschaften und anderer ArbeitsschutzakteurInnen, die Debatten um die Deregulierung im Arbeitsschutz in eine breitere Öffentlichkeit hineinzutragen, bildet die Zahl der Veröffentlichungen zum Thema Deregulierung in fachspezifischen Medien. So verzeichnet ‚Prävention-online', das fachspezifische Portal für Arbeitsschutz, Gesundheitsschutz, Umweltschutz und Qualität, unter dem Stichwort ‚Deregulierung' 90 Artikel, die bis auf zwei Ausnahmen alle nach 2003 erschienen sind (www.praevention-online.de/pol, Stichwort ‚Deregulierung', Stand 10.12.2006). Auch die gewerkschaftsnahe Zeitschrift ‚Gute Arbeit' (vormals ‚Arbeit & Ökologie-Briefe. Fachinformationen zu Arbeit, Gesundheit und Ökologie im Betrieb', vgl. www.gutearbeit.online.de, Stand 10.12.2006) führt in ihrem Archiv das Stichwort ‚Deregulierung' ab 2003 auf.

se plural und deutungsoffen⁷ (vgl. ebd.; Siebern-Thomas 2005; Kuhn 2004).

Der Textkorpus: Politische Reden aus dem Kontext von INQA

Für die Untersuchung von hegemonialen Prozessen eignen sich prinzipiell alle Medien, die der politischen Kommunikation dienen, indem sie sich an die Öffentlichkeit richten.

Ich habe das Genre der politischen Rede⁸ ausgewählt, weil es am stärksten auf politische Persuasion und Hegemoniebildung ausgerichtet ist (vgl. exemplarisch Kopperschmidt 1995). Ferner gewinnen politische Reden mit der Medialisierung der Politik im Allgemeinen und der Integration politischen Marketings in die Politik im Besonderen gesamtgesellschaftlich an Bedeutung (vgl. Fairclough 2006, 2000a). Die Entscheidung für das Genre der politischen Rede trägt zudem der Fragestellung meiner Untersuchung in mehrfacher Weise Rechnung: Erstens ist es dazu geeignet, die Pluralität politischer AkteurInnen und damit auch (mögliche) Antagonismen zu erfassen. Zweitens ist davon auszugehen, dass politische Reden aufgrund ihrer Ausrichtung an Persuasion und Hegemonie gängige Muster der Intelligibilität einsetzen. Das beinhaltet, dass den einzelnen Reden grundsätzlich eine strategische, aber nichtintentionale Ausrichtung auf Hegemonie unterstellt werden kann. Drittens sind Öffentlichkeitsarbeit und Public Relations im Rahmen von INQA bedeutsam, weil die Initiative unter Einbeziehung politischen Marketings strategisch und inhaltlich im Hinblick auf ihre Öffentlichkeitswirksamkeit konzeptualisiert wurde (vgl. Schulz 2004; Thiehoff 2003).

Im Rahmen der Initiative präsentieren politische AkteurInnen INQA auf öffentlichen Veranstaltungen, um Zielsetzung, Kampagnen und Slogans zu verbreiten (Zwingmann 2004: 214). Zugleich bildet INQA ein Medium, in dem sich verschiedene politische AkteurInnen strategisch positionieren können. Denn die Organisationsform des Netzwerks lässt

---

7 Gegenwärtig wird das Thema Qualität von unterschiedlichen Institutionen und NGOs aufgegriffen. Zu nennen sind die Projekte ‚Decent Work' der International Labour Organization (ILO), ‚Gute Arbeit' (IG Metall und Zeitschrift), die Arbeitsgruppe ‚Arbeit in Würde' (Attac) sowie nationale und internationale kirchliche Projekte zur ‚Guten Arbeit' (für einen Überblick vgl. Klute et al. [2004]).

8 Im Anschluss an Schäffner (1997: 2) stützt sich die Definition einer politischen Rede auf folgende Kriterien: Erstens erfüllt sie Funktionen im Bezug auf politische Aktivitäten, zweitens behandelt sie politische Themen behandelt und drittens wendet sie sich an ein breiteres Publikum.

ein hohes Maß an Heterogenität und Pluralität politischer Positionen zu. Daraus kann jedoch nicht geschlossen werden, dass die beteiligten AkteurInnen einen politischen Einfluss auf die Gestaltung und Zielrichtung der gesamten Initiative haben (s. auch Pickshaus/Urban 2004: 227). Weil vor dem Hintergrund der skizzierten politischen Reformen im Politikfeld Arbeitsschutz davon auszugehen ist, dass Gewerkschaften und das Bundesministerium für Arbeit gegensätzliche Positionen zur Regulierung und politischen Gestaltung im Arbeitsschutz vertreten, habe ich Reden dieser beiden politischen AkteurInnen für die Analyse ausgewählt. Im Laufe des Untersuchungsprozesses sollte das Sample nach empirisch gewonnenen Kriterien in Anlehnung an das Theoretical Sampling der Grounded Theory (Strauss/Corbin 1996) sukzessive erweitert werden.

Quellentexte

Den Ausgangspunkt der Analyse bildeten zwei Reden, die 2004 gehalten wurden: Die Rede „*Wege zu mehr Produktivität und Wachstum*" von Wolfgang Clement, des damaligen Ministers für Wirtschaft und Arbeit, sowie die Rede „*Gute und Gesunde Arbeit. Eine Grundbedingung für Qualität und Innovation*" von Ursula Engelen-Kefer, der damaligen stellvertretenden Vorsitzenden des Deutschen Gewerkschaftsbundes (DGB). Beide Reden bildeten Hauptprogrammpunkte auf der Abschlussveranstaltung der Expertenkommission ‚Die Zukunft einer zeitgemäßen betrieblichen Gesundheitspolitik', die am 21.04.2004 in der Akademie der Wissenschaften in Berlin stattfand.[9] Der Expertenkommission kommt eine hohe strategische Funktion zu. Denn sie interveniert in die Auseinandersetzungen um die sozialstaatliche Regulierung mit einem Modell des betrieblichen Gesundheitsschutzes, das sich an Governance und einer ‚Corporate Social Responsibility/Corporate Citizenship'[10] der Unternehmen orientiert (Römer 2003: 4).

---

9 Die Expertenkommission setzte sich u.a. aus VertreterInnen der Bertelsmann Stiftung, der Hans-Böckler-Stiftung, der BGs, der Bundesanstalt für Arbeitsschutz und Arbeitsmedizin, der Krankenkassen, der Gewerkschaften, der Unternehmen, von Bund und Ländern sowie aus Arbeits-, Gesundheits- und SozialwissenschaftlerInnen zusammen (vgl. Bertelsmann Stiftung/Hans-Böckler-Stiftung 2004).
10 Der Begriff bezeichnet allgemein das bürgerschaftliche Engagement von Unternehmen, das im Kontext der Pläne einer Reform der Beziehungen zwischen Staat, Wirtschaft und Gesellschaft partiell Staatsfunktionen ersetzt und ‚verantwortliches Handeln' zugleich an ökonomischen Kriterien bemisst (vgl. Bürsch 2006).

Beide Reden wurden aus dem Internet heruntergeladen, sie waren über öffentlich zugängliche Links erhältlich. Die Unterschiede zwischen der mündlichen und der digitalen Version der Reden können deshalb zurückgestellt werden, da Letztere virtuell verbreitet werden. Der Zugriff auf die digitalen Versionen der Reden vereinfachte die Arbeitsabläufe dieser Studie, insofern sie als Grundlage für einzelne Analyseschritte sowie für die Überprüfung der empirischen Ergebnisse dienen konnten.

Die Analyse der beiden Reden zeigt, dass die Reden von Clement und Engelen-Kefer gegensätzliche Typen bilden, da sie sich auf allen Analyseebenen unterscheiden. Hegemoniale versus oppositionelle Positionierung, umkämpfte und geschlossene Bereiche stellen sich sehr eindeutig dar – weitaus eindeutiger, als ich es aufgrund meiner theoretischen und methodologischen Überlegungen vermutet hatte. Da die politische Rede Engelen-Kefers eindeutig gewerkschaftlichen Positionen entspricht, es sich bei der Rede Clements jedoch um einen Typus der Repräsentation von Politik handelt, der bislang nur selten qualitativ erforscht wurde,[11] habe ich zum Vergleich eine weitere Rede aus dem damaligen Bundesministerium für Wirtschaft und Arbeit herangezogen, und zwar die Rede des damaligen Staatssekretärs Rezzo Schlauch mit dem Titel „*Die neue Qualität der Arbeit*", die er am 25.06.2004 anlässlich der RKW[12]-Jahrestagung ‚Rationalisierung – Roadmap zum Erfolg' gehalten hat. Auch diese Rede habe ich aus dem Internet heruntergeladen. Es stellte sich heraus, dass das Sample unter dem Gesichtspunkt der Rekonstruktion politischer, diskursiver und hegemonialer Praktiken bereits gesättigt war. Denn es handelt sich bei der Rede Schlauchs um eine Variation des Typus, den die Rede Clements repräsentiert.

Alle drei Reden stammen aus dem ersten Halbjahr 2004, also einem Zeitraum, in dem die Restrukturierung des Arbeitsschutzes unter der Maßgabe von Deregulierung und Bürokratieabbau in die öffentliche Diskussion geriet. Die Relevanz der drei Reden als Untersuchungsgegenstand begründet sich deshalb in ihrer hohen strategischen Funktion.

Die schriftliche Version von *Ursula Engelen-Kefers* Rede mit dem Titel „*Gute und gesunde Arbeit: Eine Grundbedingung für Qualität und Innovation*" umfasst 2.301 Wörter. Sie entspricht in Inhalten und Argumentationen der Position des DGB (vgl. DGB 2005; Hien 2003). Engelen-Kefer wendet sich in ihrer Rede ausdrücklich gegen die Deregulie-

---

11 Eine Ausnahme bilden einige Arbeiten von Fairclough (2006, 2000a).
12 Bei dem RKW handelt es sich um das Rationalisierungs- und Innovationszentrum der Deutschen Wirtschaft e.V. Es verfolgt die Aufgabe die Leistungs- und Innovationsfähigkeit der mittelständischen Wirtschaft zu stärken. Vertreten sind die Sozialpartner, Verbände, Organisationen und Einzelpersonen. (vgl. www.rkw.de, Stand 15.05.2007).

rung des staatlichen Arbeitsschutzes und fordert den Erhalt und die Optimierung bestehender Strukturen im Arbeitsschutz, also der staatlichen Arbeitsschutzaufsicht und der gesetzlichen Unfallversicherung. Die Verbesserung von Arbeitsbedingungen der Beschäftigten bildet das zentrale politische Ziel, wozu ihrer Auffassung nach eine effiziente und wirksame Umsetzung der bereits zur Verfügung stehenden Arbeitsschutzmaßnahmen beitragen kann. Deren gesamtgesellschaftliche Notwendigkeit begründet sie mit der positiven Rückwirkung von betrieblicher Gesundheitspolitik auf den Arbeitsmarkt, die Sozialversicherungen und die Wettbewerbsfähigkeit sowie mit den negativen wirtschaftlichen Auswirkungen gesundheitlicher Schäden infolge von unterlassenen Arbeitsschutzmaßnahmen.

Die schriftliche Version von *Wolfgang Clements* Rede mit dem Titel „Wege zu mehr Produktivität und Wachstum für Unternehmen" umfasst 2.364 Wörter. Clement befasst sich in seiner Rede mit der Frage, auf welche Weise die wirtschaftliche und politische Produktivität durch die Förderung von Humanressourcen gesteigert werden kann. Diese Strategie sieht er als politische Option zur Gestaltung der betrieblichen Gesundheitspolitik unter veränderten Arbeitsverhältnissen. Dabei adressiert er Unternehmen als verantwortliche AkteurInnen für betriebliche Gesundheitspolitik im Kontext der gemeinschaftlichen Strategie von INQA.

Rezzo Schlauch stellt in seiner Rede, die 1.115 Wörter umfasst, INQA als praxisbezogenes Konzept für den Gesundheitsschutz dar, das für die Unternehmen Kosten reduziert und volkswirtschaftlich zur Modernisierung der Wirtschaft im Sinne der Agenda 2010 beiträgt. Es handelt sich um eine „Routinerede" (Schlauch).[13] Sie ist in besonderem Maße als Vergleichsbasis geeignet, da sich aufgrund ihrer ‚Routine' Unterschiede zu den beiden anderen Reden erfassen lassen, die durch ihren Anlass auf hohe Öffentlichkeitswirksamkeit ausgerichtet sind.

Ich habe den Textkorpus nach dem theoretisch deduzierten Kriterium zusammengestellt, dass die Reden antagonistische Positionen zur sozialstaatlichen Regulierung des Arbeitsschutzes im Kontext von INQA repräsentieren. Sie bilden daher weder das Spektrum des gesamten Diskurses über Arbeitsschutz im Kontext von INQA noch Veränderungen und Verschiebungen im zeitlichen Verlauf ab. Die Reden werden vielmehr explorativ auf hegemoniale und politische Praktiken der Pro-

---

13 Wie bereits erwähnt, sind die politischen AkteurInnen über die Pressestelle der Bundesministerien für Arbeit und für Wirtschaft, bzw. über öffentlich zugängliche Mailadressen kontaktiert worden. Die Anfrage an Rezzo Schlauch wurde per E-Mail durch sein Sekretariat mit dem Hinweis auf den Status einer Routinerede abschlägig beantwortet.

duktion der Repräsentationen von Gesundheit, Politik und Ökonomie sowie ihrer Vernetzung untersucht.[14]

Ergebnisse der empirischen Analyse

Die beiden Reden von Engelen-Kefer und Clement repräsentieren zwei konträre Typen, wenngleich in beiden Ökonomie neben Politik und Gesundheit das wichtigste Thema bildet. Die Divergenzen zwischen den beiden Reden zeigen sich vor allem in der Weise, wie Gesundheit und Politik verknüpft sind, d.h. in der politischen Zielsetzung und den Formen institutioneller politischer Gestaltung (*Policy* und *Polity*) des Arbeits- und Gesundheitsschutzes und der Praktiken der *Politisierung* und *De-Politisierung*.
Dem Einsatz von Metaphern kommt in beiden Reden eine besondere Bedeutung für die politische Praxis zu. Aus diesem Grund berücksichtige ich die Analyse von Metaphern zum einen als Praktiken der Produktion von Repräsentationen einzelner Themen, greife sie aber zum anderen als ‚losen Faden' der Analyse wieder auf (vgl. hierzu ausführlicher Kapitel 5). Im zweiten Teil dieses Kapitels werden die Ergebnisse der Analyse der politischen Metaphorik darlegt, d.h. der Art und Weise, wie politische Prozesse mit Metaphern verbildlicht werden und diese in Praktiken der *Politisierung* und der *De-Politisierung* eingebunden werden. Dabei kommet es mir nicht auf eine deskriptiv-hermeneutische Typologie an, sondern darauf, wie Metaphern politisch eingesetzt werden.[15]

Zwei Typen strategischer Politik mit *Gesundheit*

Im ersten Teil wähle ich die Form der komparativen Einzelfalldarstellung, d.h. ich werde zunächst die Ergebnisse der Analyse von Engelen-Kefers Rede präsentieren und anschließend die Ergebnisse der Analyse von Wolfgang Clements Rede vergleichend darstellen. Angeleitet wird die Ergebnisdarstellung durch folgende Fragen: Wie werden in den je-

---

14 Daher besteht das Ziel der Analyse nicht darin, die Ergebnisse insgesamt auf die politischen Positionen der GRÜNEN oder der SPD, der Dachverbände der Gewerkschaften und der Einzelgewerkschaften zurückzubeziehen.
15 In diesen Teil der Ergebnisdarstellung habe ich zusätzlich Schlauchs Rede einbezogen. Alle Textbelege werden in der Darstellung kursiv markiert, die relevanten Passagen hebe ich durch eigene Unterstreichungen hervor. Die Häufigkeit eines Begriffs oder einer Metapher in der jeweiligen Rede wird in Klammern angegeben.

weiligen Reden Repräsentationen von Gesundheit produziert? Wie werden sie regelhaft mit Politik und Ökonomie verbunden? Mittels welcher diskursiven, textuellen und politischen Praktiken werden diese Repräsentationen hergestellt?

Ursula Engelen-Kefer: Gesundheit als Norm im staatlich regulierten Arbeitsschutz

Gesundheit als Natur und der Schutz durch den Staat

Der Begriff Gesundheit wird bereits in der Überschrift „*Gute und gesunde Arbeit: Eine Grundbedingung für Qualität und Innovation*" (Z. 1f.) eingeführt. Auch im Weiteren bildet Gesundheit den inhaltlichen Schwerpunkt der politischen Rede. Interdiskursiv knüpft Engelen-Kefer an ein biomedizinisches Krankheitsmodell an. Das wird angezeigt, indem auf Krankheit bzw. gefährdete Gesundheit („*Gesundheitsgefahren*" Z. 265) fokussiert wird, Krankheit und Kranke verobjektiviert werden („*Die Zunahme von Haut- und Lungenerkrankungen im Kfz-Gewerbe wie auch in vielen anderen Branchen*" Z. 322f.), gesundheitlich Geschädigten ein Objektstatus verliehen wird („*Die Beschäftigten fallen spätestens durch dauerhafte gesundheitliche Schäden aus dem Berufsleben heraus*" Z. 131f.) und Krankheit in Verbindung mit Leiden und Schwäche repräsentiert wird („*Zugleich nimmt die Angst [mit zunehmendem Alter] zu, eigene Schwächen oder gar Gesundheitsprobleme zu benennen*" Z. 153f.).

Krankheit/Gesundheit, Körper und Psyche gehören hier zum Bereich der Natur, denn sie werden in quantitativen Begriffen eines abstrakten, mechanistischen, verobjektivierten Modells beschrieben. Das beruht epistemologisch darauf, dass der Mensch in Subjekt und Objekt gespalten wird. Dadurch wird der „Körper zum Sitz der Krankheit" (Foucault 1993) und zum Repräsentanten der Natur des menschlichen Wesens (vgl. exemplarisch Rittner 1982).

Die anthropologische Fundierung von Gesundheit zeigt sich besonders darin, dass in der Rede Engelen-Kefers gesundheitsförderliche Aspekte von Arbeit, aber auch subjektive Komponenten von Gesundheit ausgeschlossen und dadurch die komplexen Beziehungen zwischen Arbeit und Gesundheit auf die schädlichen Aspekte der Arbeit für die Natur des Menschen reduziert werden. Das ist diskursiv dadurch realisiert, dass „*psychische [...] und psychosomatische [...] Erkrankungen*" (Z. 128) in IT-Berufen thematisiert werden,[16] dass Gesundheitsschäden bzw.

---

16 Weitere Beispiele sind: „*Erkrankungsformen*" (Z. 161), und „*dauerhafte[n] gesundheitliche[n] Schäden*" (Z. 131f.).

Gesundheitsbelastungen[17] in Arbeitsprozessen begründet werden[18] und Engelen-Kefer Krankheitsraten als Indikatoren für die fehlende Umsetzung von Arbeitsschutzmaßnahmen verwendet (Z. 322ff.).[19] Die Aussage ‚Arbeit ist gesundheitsschädlich' bildet einen Topos[20] der Rede, welcher eine axiomatische Rolle einnimmt, d.h. die Grundlage ihrer gesamten Argumentationen und politischen Forderungen bildet.[21] Die diskursive Besonderheit der politischen Rede Engelen-Kefers besteht – wie sich im Vergleich zu Clement zeigen wird – darin, dass Gesundheit mit dem Wert Gerechtigkeit verknüpft ist, wie sich an Begriffen wie „*gesundheitsgerechte*" (Z. 23) oder „*menschengerecht*" (Z. 289) zeigt.

Damit sind absolute Kriterien bezeichnet, deren Geltung aus humanistischen Werten abgeleitet wird. Für den klassischen Arbeitsschutz ist das Verständnis ‚menschengerechter Arbeit' in zweifacher Hinsicht grundlegend. Alfred Oppolzer (2006: 59-62) stellt heraus, dass es Ausdruck der sozialen Debatten um die Qualität von Arbeit zu Beginn der 1970er Jahre ist, die sich in einer gesetzlichen Verankerung des Begriffs im Betriebsverfassungsgesetz (1972) und im Arbeitssicherheitsgesetz (1973) niederschlagen. Dieses Verständnis habe auch zunehmend die rechtlichen Regelungen des Arbeits- und Gesundheitsschutzes (z.B. im ArbSchG oder des Arbeitszeitgesetzes [ArbZG]) bis Anfang des 21. Jahrhunderts geprägt. Das zeige sich darin, dass z.b. Maßnahmen gegen

---

17 In der Arbeitswissenschaft ist der Begriff der Belastung nicht wertend. Er bezeichnet nach der internationalen Norm ISO 6395 2004 „Grundsätze der Ergonomie für die Gestaltung von Arbeitssystemen" die „Gesamtheit der äußeren Bedingungen und Anforderungen im Arbeitssystem, die auf den physiologischen und/oder psychologischen Zustand einer Person einwirken" (Oppolzer 2006: 78).
18 Z.B. wird Altersdiskriminierung als Ursache für Mobbing-Prozesse benannt (Z. 131).
19 Weitere textuelle Praktiken bestehen in der Häufigkeit von Wortkombinationen, die den Bereich ‚Gesundheit und Arbeit' verknüpfen (12x), in der Konzentration auf strukturelle Belastungen durch Arbeit generell („*arbeitsbedingten Erkrankungen*" Z. 142f.) oder auf deren Häufung in bestimmten Branchen („*IT-Berufe-Belastung-psychischen und psychosomatischen Erkrankungen*" Z. 86-88).
20 Der Begriff des Topos bezeichnet hier ein Zwischenergebnis der Analyse. Es handelt sich um eine stabile Repräsentation, die sich durch die gesamte Rede zieht, in Argumentationen eingesetzt wird und aus der politische Forderungen abgeleitet werden.
21 Das zeigt sich an kausalen Bezügen zu sozialpolitischen und ökonomischen Maßnahmen, welche textuell durch konditionale und kausale Satzbeziehungen angezeigt sind, wie z.b. in der Verknüpfung von Erkrankungen mit „*steigende[r] Altersarbeitslosigkeit innerhalb der IT-Branche*" (Z. 160f.).

Monotonie und Unterforderung in den Arbeitsschutz integriert wurden. Ferner unterliege ‚menschengerechte Arbeit' einer wissenschaftlichen Verobjektivierung durch die Arbeitswissenschaften[22], die beurteile, ob eine Arbeit den physischen, psychischen und sozialen Erfordernissen und Bedürfnissen des Menschen entspreche. Kriterien dieser Bewertung seien verobjektivierbare, messbare Auswirkungen auf den Menschen. Körperliche Belastungen würden auf der Grundlage von biologisch-physiologischen Messwerten[23] bestimmt, die in Normsystemen gesichert würden (Oppolzer 2006: 59f.; s. auch Scheuch 2003). Dieses Vorgehen greift laut Klaus Scheuch jedoch nicht für psychische Belastungen, weil diese nicht über biologische Toleranzwerte verobjektiviert werden können (Scheuch 2003: 621).

Zusammenfassend lässt sich feststellen, dass ‚menschengerechte Arbeit' zugleich einen humanistischen Wert wie ein tradiertes Verfahren zur Verobjektivierung in den Arbeitswissenschaften bezeichnet. Engelen-Kefer legt einen kritischen, humanistischen und objektivierten Maßstab auf die Bewertung von Arbeit an. Mit dieser Haltung positioniert sich Engelen-Kefer in gewerkschaftlichen und sozialpolitischen Diskursen und Projekten zur Humanisierung der Arbeit. Diese entfalteten sich Anfang der 1970er Jahre im Rahmen der sozialpolitischen Auseinandersetzungen um Lebensqualität (vgl. exemplarisch Kasteleiner 1975; Eppler 1974) und werden gegenwärtig unter Berücksichtigung des Wandels zu postfordistischen Arbeitsverhältnissen in dem 2004 vom Vorstand der IG Metall verabschiedeten Projekt ‚Gute Arbeit' fortgeführt. Letzteres zielt darauf ab, mit den Instrumentarien des Arbeits- und Gesundheitsschutzes auf die Probleme des Leistungsdrucks und der Ausweitung der Arbeitszeit, die Notwendigkeit alternsgerechter Arbeit und die zunehmende Prekarisierung der Arbeit zu reagieren (vgl. Pickshaus 2004a; Detje et al. 2003).

In den Diskursen um Humanisierung der Arbeit in den 1970er Jahren war Humanisierung Gegenstand politischer wie wissenschaftlicher Kontroversen (vgl. exemplarisch Wachtler 1979; Weil 1975), wobei die politischen Forderungen über den Arbeits- und Gesundheitsschutz hinausgingen. Noch in den 1970er Jahren bildete der klassische Humanitätsbegriff, der Freiheit, Gerechtigkeit, Selbstentfaltung und Selbstverwirklichung als *Recht* beinhaltete, einen Schwerpunkt in der Legiti-

---

22 Bei den Arbeitswissenschaften handelt es sich um ein multi- bzw. interdisziplinäres Gebiet, in dem Erkenntnisse aus den Natur-, Human-, Technik- und Sozialwissenschaften im Hinblick auf die Erforschung menschengerechter Arbeit zusammengefasst werden (Oppolzer 2006: 60).
23 Hierzu gehören z.b. die Messung von Herzfrequenz, Stoffwechselveränderungen oder der Motorik und Haltung einzelner Muskelgruppen.

mation politischer Forderungen hinsichtlich Arbeitsgestaltung und -organisation (Matthöfer 1980: 16ff.; Kasteleiner 1975: 65). Im Kontrast dazu ist in der Rede Engelen-Kefers Gesundheit nunmehr Selbstbestimmung gegenübergestellt.[24] Anders als in der politischen Debatte um Humanisierung der Arbeit sind Gesundheit, das Humane und Selbstbestimmung des-artikuliert; Selbstbestimmung spielt als politischer Topos keine Rolle (mehr). Sie ist jedoch nicht durch einen vergleichbaren gesellschaftspolitischen Signifikanten ersetzt worden, sondern hinterlässt eine Leerstelle.

Das in dieser Rede eingesetzte anthropologisch fundierte biomedizinische Gesundheitsverständnis als Maßstab für die Bewertung von Arbeit setzt an einer dichotomen Konstruktion von Gesundheit und Krankheit an. Dieses Verständnis von Gesundheit ist, wie Foucault in seiner Archäologie des ärztlichen Blicks gezeigt hat, strukturell normativ (Foucault 1993, 1976). Denn indem die Medizin im 19. Jahrhundert Krankheit nicht länger als eigenständige Entität behandelte, sondern konzeptionell als Abweichung in das menschliche Leben integrierte, vollzog sie einen entscheidenden epistemologischen Bruch. Sie orientierte sich fortan an der Unterscheidung zwischen „dem Normalen" und „dem Pathologischen" (Foucault 1993: 153, 207).

Das ist insofern maßgeblich, als die Medizin damit den Code ‚normal/pathologisch' hervorgebracht hat. Dieser war noch in der fordistischen Gesellschaftsformation damit verbunden, dass institutionalisierte Techniken eingesetzt wurden, um Abweichungen und Korrekturbedürftigkeiten zu normalisieren (Foucault 1976: 84; s. auch Fraser 2003). Der biomedizinische Krankheits- und Gesundheitsbegriff ist somit mit der normativen institutionellen Aufforderung zur Herstellung von Gesundheit verbunden. So ist dem Adjektiv der „*menschengerechten Arbeit*" (Z. 289) der Verweis auf den (möglichen) Schaden von Arbeit, die *nicht* gesundheitsgerechte Gestaltung von Arbeit und die Aufforderung zur Verbesserung inhärent.

Diese Repräsentation von Gesundheit begründet und legitimiert den *Schutz*charakter des Arbeitsschutzes. Das zeigt sich an den Begriffen des Arbeits*schutzes* (Z. 297, 360, 365, 413) oder des betrieblichen Gesundheits*schutzes* (Z. 183). Der Schutz ist paradigmatisch an die staatlich-gesetzliche Regulierung geknüpft. So wird Arbeitsschutz mit den Begriffen der Politik (Z. 282), des Rechts (Z. 260), des Gesetzes (Z. 282) oder der Aufsicht (Z. 382) kombiniert. Der an juristischer Regelung ori-

---

24 „*Auch wenn die Arbeit im Dienstleistungsbereich wie insgesamt in ‚neuen' Berufen in manchen Fällen* selbstbestimmter *ist –* weniger gesundheitsschädlich ist sie nicht.*" (Z. 122ff.)*

entierte Blick wird daran besonders deutlich, dass ‚Gesetz' als grammatisch aktives Subjekt repräsentiert wird.[25] Arbeitsschutz wird als juridisch-politische Norm verwendet, die konstitutiv und eindeutig mit sozialstaatlicher Verrechtlichung[26] verknüpft ist. Dabei ist das Leitbild der sozialstaatlichen Schutzgarantie (Z. 278ff.) an die prinzipielle Einhaltung des Rechts gebunden, umgekehrt unterminiert die Nicht-Einhaltung bestehender Rechtsvorschriften die Möglichkeit der sozialstaatlichen Garantie. Die Konstruktion von Garantie verweist auf das Leitbild von individueller und sozialer Sicherheit, wie es dem fordistischen männlich codierten Normalarbeitsverhältnis und der Vorstellung einer sozialstaatlichen Regulierung des Lebenslaufs von der Ausbildung bis zur Rente zugrunde lag. Mit dem Wandel hin zu postfordistischen Produktionsverhältnissen ist das männlich codierte Normalarbeitsverhältnis auch für zuvor abgesicherte Bevölkerungsgruppen erodiert.

Auf eine wachsende Zahl gegenwärtiger Arbeitsverhältnisse finden die gesetzlichen Regelungen des Arbeitsschutzes keine Anwendung. Heimarbeit und vor allem private Hausarbeit – bei Letzterer handelt es sich um eine gegenwärtig zunehmende und steuerlich geförderte Beschäftigung – sind z.b. aus dem Geltungsbereich des Arbeitsschutzgesetzes (ArbSchG) explizit ausgenommen (Müller-Petzer 2003: 85f.; s. auch Brüggemann 1999). Auch irreguläre Arbeit, so genannte Schwarzarbeit, oder regulär irreguläre Arbeit (wie sie durch Werk- und Honorarverträge geregelt ist oder bei SubunternehmerInnen und freiberuflicher Arbeit vorliegt) ist ausgenommen, weil keine rechtliche Grundlage im Sinne des tradierten Arbeitsvertrags vorliegt (Gensch 2003: 184); bei geringfügig Beschäftigten, Zeit- oder LeiharbeiterInnen werden rechtliche Regularien des Arbeitsschutzes aufgrund fehlender personeller und organisatorischer Strukturen nur unzureichend umgesetzt (Pröll 2004: 63ff.). Bruno Zwingmann kommt vor dem Hintergrund der Ausbreitung der verschiedenen Formen prekarisierter Arbeitsverhältnisse zu dem

---

25 „*Es [das Arbeitsschutzgesetz] fordert Arbeitgeber wie Arbeitnehmer auf,* aktiv betriebliche Prävention zu betreiben und die Arbeitsbedingungen nach dem Stand der arbeitswissenschaftlichen Erkenntnisse und dem Stand der Technik menschengerecht zu gestalten." (Z. 286-289)
26 Die Eindeutigkeit dieser Verknüpfung beinhaltet eine *Vereindeutigung*: So stehen dem Grundgedanken sozialstaatlicher Sicherung, die Frank Nullmeier als „de[n] Inbegriff jener politisch-rechtlichen Regelungen, die darauf gerichtet sind, das größtmögliche Maß gleicher subjektiver Handlungsfreiheiten durch die Sicherung der Bedingungen einer gleichermaßen allen zukommenden Möglichkeit sozialer Wertschätzung zu erreichen", definiert (Nullmeier 2000: 413), Transformationsprozesse nach den Maßgaben internationalen Wettbewerbs gegenüber.

Schluss, dass die auf „den klassischen Arbeitsvertrag und einen relativ festen örtlich-zeitlichen Bestand der Arbeit gegründeten Arbeitsschutz- und vor allem Arbeitszeitbestimmungen [...] ins Leere zu laufen drohen" (Zwingmann 2002: 55). Politische Lösungen dieser Problematik für den Arbeitsschutz müssten die paradoxen und widersprüchlichen Entwicklungen innerhalb prekarisierter Arbeit einbeziehen, die sich im Spannungsfeld zwischen dem „klassischen freiberuflichen Arbeitskraftunternehmer" (Zwingmann 2003) und prekarisierten Formen einfacher Dienstleistungs- und Industriearbeit bewegen (vgl. Zwingmann 2002). Diese strukturellen Prozesse stehen im Widerspruch dazu, dass Sozialstaatlichkeit und Sicherheit in/bei der Arbeit in der Rede Engelen-Kefers konstitutiv und eindeutig miteinander verknüpft sind. Besonders deutlich wird das dort, wo die Rednerin den Verlust des Berufslebens mit einer Metapher der ‚falschen, unkontrollierten Bewegung' in Kombination mit einer Containermetapher[27] als Verlust von Sicherheit verbildlicht: „*Die Beschäftigten fallen spätestens durch dauerhafte gesundheitliche Schäden aus dem Berufsleben heraus.*" (Z. 131f.)

Das fordistische Bild des männlichen Normalarbeitsverhältnisses bildet auch nach seiner Erosion im Übergang zum Postfordismus die Basis gewerkschaftlicher Politik. Vor dem Hintergrund seines empirischen Bedeutungsverlusts, aber auch der immanenten Ausblendung geschlechtlich und national ungleicher Arbeitsverhältnisse besteht seine zentrale Bedeutung gegenwärtig darin, dass es ein normatives Leitbild für Arbeitsverhältnisse und soziale Sicherung vorgibt (vgl. Dörre 2005a). Sich auf dieses politisch zu beziehen, impliziert, dass die strategische Reichweite und die strukturellen Hintergründe des Normalarbeitsverhältnisses ausgeklammert werden.

Diese Logik zeigt sich in der Rede Engelen-Kefers darin, dass das gegenwärtig massiv umkämpfte Paradigma der sozialstaatlichen Regulierung – wie sie strukturell für den Fordismus typisch war – durchgängig und ungebrochen als Rahmen für die Politisierung von Arbeitsschutz eingesetzt wird.[28] Damit ist verknüpft, dass Defizite im Arbeitsschutz als *personelle* Defizite markiert und dadurch auf die unzulängliche Umsetzung durch ArbeitgeberInnen reduziert werden. Zwar sind strukturelle

---

27 Diese verbildlichen Räume und Behältnisse, die andere Dinge oder Lebewesen umschließen können.
28 Dass hiermit nicht das gesamte Spektrum gewerkschaftlicher Positionen abgebildet ist, zeigen die unterschiedlichen Stellungnahmen aus dem Gewerkschaftslager zu den Transformationen der staatlichen Politik des Arbeitsschutzes. Anders als der DBG tritt etwa die Hans-Böckler-Stiftung für Reformprojekte der betrieblichen Gesundheitspolitik insgesamt ein (vgl. exemplarisch Bertelsmann Stiftung/Hans-Böckler-Stiftung 2004).

Mängel benannt,²⁹ sie sind jedoch weder ausgearbeitet noch in die Art und Weise der Repräsentation des Arbeitsschutzes integriert. Der Fokus liegt vielmehr darauf, staatliche Maßnahmen als Deregulierung, Bürokratieabbau und Entstaatlichung (z.B. Z. 71ff., 493-496) zu repräsentieren. Damit wird an eine Lesart des Neoliberalismus angeknüpft, die diesen mit einem Machtverlust staatlicher Politik verbindet. Die strategische Ausrichtung der Politik wird damit tendenziell nivelliert: Bei dem von Engelen-Kefer angeführten Rückzug des Staates handelt es sich aus regulationstheoretischer Sicht um einen neuen Schub der Durchstaatlichung (Hirsch 2002: 125, vgl. auch Kapitel 1).

Mit dem Paradigma der Entstaatlichung ist in der Rede Engelen-Kefers verknüpft, dass die maßgeblichen politischen AkteurInnen, wie die Bundesregierung (vgl. hierzu Kabinettsbeschluss 2003) und auch die Länder (vgl. exemplarisch Bayerische Staatsregierung-Deregulierungskommission 2003), aus der Repräsentation von Deregulierung ausgeschlossen sind.

Dieser diskursive Ausschluss ist textuell durch die grammatische Aktivierung des Masterplans Bürokratieabbau einerseits („*Der ‚Masterplan Bürokratieabbau' darf nicht*" Z. 498f.) und Passivkonstruktionen andererseits realisiert.³⁰ Gleichwohl wird die politische Absicht, die metaphorisch entschleiert werden muss („*unter dem Deckmantel*" Z. 71), klar benannt: „*wird versucht, den Arbeits- und Gesundheitsschutz Schritt für Schritt abzubauen*" (Z. 72f.).³¹ Sie ist jedoch textuell de-personalisiert, d.h. keinen politischen AkteurInnen zugeordnet, durch eine Passivkonstruktion, die Aktivierung von Prozessen („*während [...] der Abbau der Rahmenbedingungen voranschreitet*" Z. 490f.) und eine teleologische Zweckbestimmung der Prozesse selbst („*Prozesse [...], die das Ziel haben*" Z. 494f.).

Indem die politischen AkteurInnen dem Blickfeld entzogen und Prozessen eine gewisse Eigenständigkeit verliehen wird, setzt sich Engelen-Kefer von diesen AkteurInnen ab, ohne sich zu ihnen selbst in Oppositi-

---

29 „*Dass hier noch Vieles verbessert werden kann, steht außer Frage. Sicher gibt es Verfahren oder Regularien, die vereinfacht und verbessert werden können.*" (Z. 257f.)

30 „*[L]eider erleben wir derzeit das glatte Gegenteil: Unter dem Deckmantel des Bürokratieabbaus und der Standortdebatte um Niedriglohnsektoren oder Sonderwirtschaftszonen wird versucht, den Arbeits- und Gesundheitsschutz Schritt für Schritt abzubauen. Statt über Investitionen wird über neue Subventionen – nun auch bei den Löhnen – diskutiert.*" (Z. 69-73)

31 Ein weiteres Beispiel ist: „*dass [...] politische Prozesse eingeleitet werden, die das Ziel haben, bestehende Standards und Strukturen im Arbeits- und Gesundheitsschutz einzureißen*" (Z. 493-496).

on zu setzen oder diese zu diffamieren. Sabine Fromm (2004: 90) beschreibt dieses Muster in ihrer Analyse politischer Texte als typisch für oppositionelle Positionierungen.

Auf einer makropolitischen Ebene wird der Staat in der Rede von Engelen-Kefer wieder in die Funktion des maßgeblichen politischen Akteurs eingesetzt, indem auf seine regulierende Funktion für die Wirtschaft insistiert wird („*Zugleich wird aber sichtbar, dass es unverzichtbar ist, auch von Seiten des Staates regulierend in das Wirtschaftsgeschehen einzugreifen*." Z. 332f.). Damit verbunden wird Deregulierung als „*[H]erausstehlen aus staatlicher Verantwortung*" (Z. 379f.) und als Instrument für die (einseitige) Durchsetzung von Wirtschaftsinteressen markiert (Z. 498f.). Obgleich Engelen-Kefers Repräsentation von Deregulierung mit einer anti-etatistischen Lesart des neoliberalen Projektes kongruiert, unterscheidet sie sich von dieser dadurch, dass sie die staatliche Strategie nicht totalisiert, d.h. als *hermetisch* repräsentiert, sondern diese durch Kontingenz politisiert. So wird davon gesprochen, dass „*versucht wird, den Arbeits- und Gesundheitsschutz Schritt für Schritt abzubauen*" (Z. 72f.). Das Partizip ‚versucht' markiert dabei die Zielrichtung der politischen Maßnahmen, nämlich den Abbau des Arbeitsschutzes. Dieser wird gerade nicht im Hinblick auf seine teleologische Vollendung repräsentiert, sondern als offener Prozess, dessen Ausgang (noch) ungewiss ist.

Kontingenz und Antagonismus als Muster der Repräsentation gesundheitsgerechter Gestaltung von Arbeit

Die politische Gestaltung von Gesundheit bei der Arbeit ist in Engelen-Kefers Rede gemäß dem strukturellen Antagonismus zwischen Arbeit und Kapital repräsentiert. Das wird daran deutlich, wie ArbeitgeberInnen und Gewerkschaften jeweils im Verhältnis zu ArbeitnehmerInnen dargestellt sind.

ArbeitgeberInnen, UnternehmerInnen und Führungskräfte einerseits und ArbeitnehmerInnen andererseits sind stets kollektiviert und in ihrer strukturellen Position, jedoch niemals als Individuen repräsentiert. Es ist signifikant, dass ArbeitgeberInnen dort, wo sie im Bezug auf Arbeit zusammen mit ArbeitnehmerInnen genannt sind, in den Hintergrund gerückt werden, indem Engelen-Kefer sie an letzter Stelle nennt („*Gewerkschaften und Arbeitgeber sehen*" Z. 36f., s. auch Z. 273f.) oder den ArbeitnehmerInnen nachordnet (z.B. Z. 171-174). Ferner sind ArbeitgeberInnen durchgängig negativ als diejenigen benannt, die sich nicht für die Gesundheit ihrer MitarbeiterInnen interessieren (Z. 308ff.) und sich weigern, die gesetzlichen Regularien im Arbeitsschutz umzusetzen[32]; schließlich ist ihr Verhalten direkt negativ bewertet, z.b. in „*die von den Unternehmen offensichtlich immer noch nicht ernst genommen werden*" (Z. 205 ff.).

Im Kontext der negativen Haltung der ArbeitgeberInnen zum Arbeitsschutz sind dichte Argumentationen eingesetzt, die sich auf Wissen stützen, das aus Daten (Z. 293), Erfahrungen (Z. 308), einer Erhebung der Gewerbeaufsicht (Z. 312) und einer wissenschaftlichen Studie (Z. 360; vgl. Hien et al. 2002) stammt. Auch die „*Zunahme von Haut- und Lungenerkrankungen im Kfz-Gewerbe wie auch in vielen anderen Branchen*" (Z. 222f.) wird in diesem Kontext als Indikator für die fehlerhafte Umsetzung des Arbeitsschutzes verwendet. Hierzu bezieht sich Engelen-Kefer nahezu durchgängig auf Expertenwissen von ArbeitsschutzakteurInnen wie der Gewerbeaufsicht (Bayerisches Staatsministerium für Gesundheit, Ernährung und Verbraucherschutz 2002). Damit *widerlegt* sie die Aussagen des Berichtes bayerischen der Deregulierungskommission (Bayerische Staatsregierung – Deregulierungskommission 2003), die sie mit „*im Freistaat Bayern also, der in seinem Deregulierungsbericht behauptet, in den Kleinbetrieben sei der Arbeits- und Gesundheitsschutz ohne Fehl und Tadel*" (Z. 314ff.) zusammenfasst.

Mit der negativen Repräsentation von ArbeitgeberInnen korrespondiert die *Eindeutigkeit*, mit der Gewerkschaften als politische Vertretung kollektiver Interessen von ArbeitnehmerInnen repräsentiert sind. Das entspricht dem tradierten Verständnis von Gewerkschaften. Denn diese werden aus sozialwissenschaftlicher Sicht als

„autonome Verbände (Koalitionen) von Lohnabhängigen [definiert], die sich zur Wahrnehmung und Durchsetzung ihrer Interessen sowohl im Betrieb wie allgemein in Wirtschaft und Politik zusammengeschlossen haben. Sie sind mit der Durchsetzung der kapitalistisch-industriellen Produktionsweise entstanden, gelten als die ursprüngliche Form der Arbeiterbewegung und stellen bis heute eine ihrer organisatorischen Säulen dar" (Lösche 1995).[33]

Folgt man der Diagnose von Walther Müller-Jentsch (1997: 127), dass MigrantInnen und Frauen in den Gewerkschaften stets unterrepräsentiert waren, so beruhte das ‚Kollektivsubjekt Arbeiterklasse' auf signifikan-

---

32 Z.B. auch: „*Führungskräfte hatten sich beharrlich und jahrzehntelang geweigert*" (Z. 364).
33 Für eine differenzierte Darstellung von Gewerkschaftstheorien, die Aufgaben und Funktionen von Gewerkschaften im Lichte ihres historischen Wandels reflektieren, sowie die Analyse ihrer Organisationsstruktur und Programmatik siehe Müller-Jentsch (1997: 84-137).

ten Ausschlüssen. Darüber hinaus ist es in seiner historischen Form mit dem Übergang zum Postfordismus durch gesellschaftliche Individualisierungs- und Pluralisierungsprozesse erodiert. Das belegt der massive Mitgliederverlust der DGB-Gewerkschaften, welche zwischen 1992 und 1999 rund ein Drittel ihrer Mitglieder verloren haben (Wiesenthal/Clasen 2003: 313f.). Die Darstellung der Rolle der Gewerkschaften in der Rede Engelen-Kefers entspricht zum einen dem institutionellen Status als repräsentative Organisation (Müller-Jentsch 1997: 80),[34] schließt jedoch dadurch die empirisch vorzufindende Pluralität und Heterogenität unter Arbeitenden und den Grad ihrer gewerkschaftlichen Organisierung aus. Das hat den Effekt, dass Beschäftigte nahezu durchgängig als passive Objekte repräsentiert sind, während Gewerkschaften gegenüber Betrieben ein possessives Verhältnis einnehmen („*unsere Betriebe*" Z. 60). Desgleichen sind „*unsere Betriebs- und Personalräte*" (Z. 400f.) zwar als aktive, jedoch hilfsbedürftige Subjekte repräsentiert.[35]

Zum anderen sind Gewerkschaften durchgängig als aktives, dynamisch-handelndes politisches Subjekt aufgeführt. Es wird eindeutig an die Traditionslinie der politischen Repräsentation der Arbeiterklasse durch die Gewerkschaften angeknüpft.[36] Im Einklang damit sind Gewerkschaften nahezu durchgängig als politische Kollektivsubjekte benannt („*der Deutsche Gewerkschaftsbund [...] hat sich zusammen mit [...] auf [...] verständigt*" (Z. 32ff.).[37] Sie werden in Kombination mit Tätigkeitsverben und Adverbien genannt, welche semantisch Aktivität und Klarheit markieren („*Wir sagen klipp und klar*" [Z. 441]). Darüber hinaus erzeugen Technikmetaphern, wie in „*Wir Gewerkschaften fordern deshalb mit allem Nachdruck*" (Z. 171), und temporale Adverbien,

---

34 Müller-Jentsch (1997: 98) definiert diesen Status wie folgt: Gewerkschaften können ihre Ansprüche und Forderungen im Interesse aller Mitglieder, aber in relativer Unabhängigkeit von ihrer Zustimmung vertreten. Umgekehrt können sie Mitglieder auf die juristisch getroffenen Vereinbarungen verpflichten. Diese Funktionen haben ihr Äquivalent in der juristisch wirksamen Betrachtungsweise als ein ‚Vertragssubjekt', das die Gesamtheit repräsentieren kann.
35 Siehe auch: „*[W]ir finden es wünschenswert, dass auch unsere Betriebs- und Personalräte sich an außerbetriebliche Stellen wenden können, um sich beraten und unterstützen zu lassen.*" (Z. 400ff.)
36 „*Es geht vielmehr um sehr konkrete Probleme im Arbeitsleben. [...] Und es geht um sehr praktische Hilfen, um die Situation der Beschäftigten am Arbeitsplatz zu verbessern. Denn unser Anliegen muss es sein, für die arbeitenden Menschen in Deutschland und Europa gute und gesundheitsgerechte Arbeitsbedingungen zu schaffen.*" (Z. 22ff.)
37 Z.B. auch: „*der DGB ist der Auffassung*" (Z. 378), „*wir Gewerkschaften*" (Z. 171f.).

wie in „*Wir wollen dazu beitragen, dass sich diese Erkenntnis endlich durchsetzt*" (Z. 178), eine zusätzliche Dynamisierung.

Schließlich positioniert Engelen-Kefer Gewerkschaften vielfach in Opposition zu einem hegemonialen Diskurs. Das zeigt sich daran, dass sie Negationen (27x), wie z.B. „*keine Bürokratie*" (Z. 252),[38] oder adversative Konjunktionen einsetzt (15x).[39] Darüber hinaus ist das Modalverb ‚dürfen' in der negierten Form eingesetzt und markiert dadurch semantisch Verbote (Engel 2004: 246f.), und zwar überall dort, wo Engelen-Kefer sich strategisch zu makropolitischen Entwicklungen positioniert, z.B. in „*[D]ie Initiative für eine Neue Qualität der Arbeit darf nicht zur Symbolik verkommen.*"[40] (Z. 488f.)[41]

Die oppositionelle Positionierung ist vielfach als „Diskussion mit einem imaginären Kontrahenten" (Fairclough 2003) organisiert. Peter Muntigl (2002: 71) hat diese diskursive Praxis in Anknüpfung an Charles Antaki und Margaret Wetherell als ‚show concession' bezeichnet (Muntigl 2002: 71). Das beinhaltet, dass zunächst Zugeständnisse an eine hegemoniale Position gemacht werden, an die sich die Setzung der gegenteiligen Auffassung anschließt.[42] Die Besonderheit dieser diskursiven Praktiken besteht darin, dass die hegemoniale Position selbst unmarkiert bleibt, d.h. nur indirekt über Abgrenzung benannt wird. Das ist als Indiz für eine oppositionelle Positionierung zu hegemonialen Diskursen zu werten (vgl. Fromm 2004).

Wie sich im Vergleich mit der Rede Clements zeigen wird, ist die oppositionelle Positionierung der Gewerkschaften konstitutiv damit verknüpft, dass Arbeitsbedingungen politisiert werden: Ihre Verbesserung ist direkt und durchgängig als die zentrale Zielsetzung benannt (Z. 19f., Z. 22ff., Z. 83f., Z. 87f., Z. 242f., Z. 265f., Z. 467ff.) und mit dem Erhalt des staatlichen Arbeitsschutzes verbunden (Z. 245f., Z. 282-294, Z. 332-

---

38 Ein weiteres Beispiel ist: „*verbessern heißt nicht abschaffen*" (Z. 259).
39 Dazu gehören ‚doch' (11x), ‚statt' (1x) und ‚sondern' (3x).
40 Auch Hien spricht von der Gefahr symbolischer Politik (vgl. Hien 2003: 2), worunter er in der politikwissenschaftlichen Diskussion eine unwirksame ‚Schein-Politik' verstanden wird.
41 Siehe auch: „*[D]er ‚Masterplan Bürokratieabbau' darf nicht zum Persilschein für [...] Wirtschaftsinteressen werden*" (Z. 498f.) oder „*der DGB ist der Auffassung, dass sich der Staat [...] nicht aus seiner Verantwortung stehlen darf*" (Z. 379f.).
42 Siehe z.B. auch: „*Was wir derzeit unter dem Stichwort ‚Bürokratieabbau' erleben, ist abenteuerlich. Sicher gibt es Verfahren und Regularien, die vereinfacht und verbessert werden können. Aber verbessern heißt nicht abschaffen – schon gar nicht, wenn es um Schutzrechte für die Arbeitnehmerinnen und Arbeitnehmer geht.*" (Z. 257-260, vgl. auch Z. 239-243)

352, Z. 382-385, Z. 443f.). Das zeigt sich beispielsweise in der Vielzahl der Verknüpfungen mit Final- und Konditionalsätzen (16x). Es werden verschiedene textuelle und diskursive Praktiken der Politisierung von Arbeit eingesetzt. Zunächst politisiert Engelen-Kefer Bedingungen auf Arbeitsmärkten, indem sie sie mit Containermetaphern verbindet. Auf diese Weise stellen Arbeitsmärkte in den EU-Beitrittsländern – gerade weil sie die lokalen Standortbedingungen globaler Prozesse bilden, denen sie selbst weitgehend entzogen sind – gleichsam „glokale Orte" (Robertson) dar. In der Rede Engelen-Kefers sind mit diesen ‚Orten' Eingriffsmöglichkeiten für politische Interventionen verbunden; dadurch werden Kontingenz und Gestaltungsmöglichkeiten sichtbar gemacht.[43] Ferner wird Verzeitlichung als textuelles Mittel zur Kontingenzproduktion, d.h. zur Politisierung, eingesetzt – dadurch werden Prozesse in der Gegenwart relativiert und für plurale Umgangs- und Deutungsweisen geöffnet. Beispielsweise spricht Engelen-Kefer explizit vom „*Nachholbedarf*" (Z. 54, s. auch Z. 232); in anderen Fällen nutzt sie temporale Adverbien.[44] Eine weitere textuelle politisierende Praxis besteht darin, zwischen einem ‚wir' und den Prozessen zu unterscheiden (Z. 493-496) und beide als Entitäten gegenüberzustellen (Fairclough 2000a: 27). Dadurch wird ein äußerlicher Blick auf die Prozesse, in diesem Fall auf den Abbau des Gesundheits- und Arbeitsschutzes, konstruiert („*erleben wir*" Z. 69). Dieser wird dadurch als unabgeschlossen („*versucht*" Z. 72) und als beobachtbar repräsentiert. Diese Strategie unterbricht, wie im Vergleich zur Rede Clements deutlich werden wird, die Repräsentation von Prozessen als teleologisch.

Die Politisierung von Arbeitsbedingungen ist damit verknüpft, dass in der gesamten Rede ein starker und eindeutiger Fokus auf die sozialstaatliche Regulierung des Arbeitsschutzes gelegt wird.[45] Dieser Fokus wird durch diskursive Setzungen (z.B. Z. 382-385) erzeugt. Ein Beispiel hierfür ist die Verwendung des Modalverbs ‚müssen' – eine Praxis, die ein starker Indikator für diskursive Setzungen ist, da ‚müssen' semantisch am stärksten unter allen Modalverben objektiv begründeten Zwang

---

43 „*Doch wir haben mit der EU-Osterweiterung die große Chance, die Bedingungen auf den Arbeitsmärkten in den Beitrittsländern zu verbessern.*" (Z. 83f.)
44 „*[L]eider erleben wir derzeit das glatte Gegenteil: Unter dem Deckmantel des Bürokratieabbaus und der Standortdebatte um Niedriglohnsektoren oder Sonderwirtschaftszonen wird versucht, den Arbeits- und Gesundheitsschutz Schritt für Schritt abzubauen.*" (Z. 71ff.)
45 Ein Beispiel hierfür ist: „*Deshalb ist es zwingend notwendig, über staatliche Rahmensetzungen und die von Ländern und Berufsgenossenschaften getragenen überbetrieblichen Aktivitäten die Qualität der Arbeitsbedingungen zu verbessern.*" (Z. 511ff.)

markiert (Engel 2004: 246f.).⁴⁶ Das wird durch die Verwendung textueller Praktiken der Hervorhebung, wie z.b. exklusive Adjektive und Adverbien (21x) verstärkt.⁴⁷

Die Kontextualisierung von Arbeitsschutz in Wettbewerb und Beschäftigungspolitik

Arbeitsschutz ist in der Rede als kompatibel mit der europäischen Wettbewerbsstrategie, mit der nationalen Arbeitsmarkt- und Beschäftigungspolitik⁴⁸ und mit der Senkung von Lohnnebenkosten repräsentiert. Dies entspricht der gewerkschaftlichen Strategie, sich an sozialpartnerschaftlichen Reformstrategien zu beteiligen, wie z.b. dem ‚Bündnis für Arbeit, Ausbildung und Wettbewerbsfähigkeit', das von 1998 bis 2002 bestand (vgl. Wiesenthal/Clasen 2003). Die Repräsentationen in der Rede verweisen auf den Kompromiss der Gewerkschaften, die Steigerung der internationalen Wettbewerbsfähigkeit, die Sanierung der öffentlichen Haushalte und die Bekämpfung der Arbeitslosigkeit mitzutragen.

In der Rede Engelen-Kefers gehen die Vorgaben der EU-Beschäftigungsstrategie nach 2001 verabschiedeten Maßgaben des Europäischen Rates Stockholm, die auf die Erhöhung der Beschäftigungsquote älterer ArbeitnehmerInnen abzielen, wie auch die wirtschaftspolitische Strategie der Senkung der Lohnnebenkosten als unhinterfragte Faktizitäten, als Vorannahmen, in den Text ein (vgl. Fairclough 2003). Die politischen Ansätze, „*Sozialabgaben [...] zu reduzieren*" (Z. 192f.) und die „*faktische Lebensarbeitszeit [zu] erhöhen*" (Z. 224f.) werden hierdurch de-politisiert, d.h. sie werden durch diese Schließung als *nicht* politisch gestaltbar repräsentiert.⁴⁹

---

46 Die Bedeutsamkeit zeigt sich an der häufigen Verwendung (20x) und weiterhin daran, dass der ‚semantische Zwang' vielfach noch durch Wiederholung verstärkt wird („*Diesen Wettbewerbsvorteil müssen wir nutzen. Die betriebliche Gesundheitspolitik muss deshalb zu einem zentralen Element für eine tragende Innovationsstrategie werden*" (Z. 62-65, vgl. auch Z. 94., Z. 526f.).
47 Das wird durch Begriffe wie ‚sogar', ‚zentral' (3x), ‚entscheidend' (1x), ‚wichtig' (1x), ‚notwendig', ‚groß' (2x), ‚erheblich' oder ‚gerade' (11x), ‚insbesondere/besonders' (5x) oder auch ‚vor allem' (1x) noch verstärkt.
48 Der Begriff der Beschäftigungspolitik als Synonym für Arbeitsmarktpolitik bezeichnet bereits ein Ergebnis der Transformation zum Postfordismus. Bezog Arbeitsmarktpolitik sich ehemals auf politische Maßnahmen zur Absicherung gegen Folgen von Arbeitslosigkeit sowie auf Arbeitsvermittlung, so stützt sie sich seit Mitte der 1990er Jahren auf die Strategien der Aktivierung bzw. Responsibilisierung (Müller-Jentsch 1997: 309ff.).
49 Das funktioniert dadurch, dass die Senkung von Sozialabgaben als Bedingung in einen Konditionalsatz eingesetzt ist (Z. 192f.) oder dass politi-

6 EMPIRISCHE UNTERSUCHUNG

Die Begründung, dass Arbeitsschutz kompatibel mit beschäftigungs- und sozialpolitischen Maßgaben sei, ist als geschlossene, nahezu hermetische Argumentation in einem geschlossenen Block organisiert (Z. 180-232). Den Anfang und das Ende dieses Abschnitts markieren Verknüpfungen von Finalsätzen mit kausalen Konjunktionen;[50] gleichermaßen wird in diesem Kontext häufig das Modalverb ‚müssen' verwendet, welches die politischen Forderungen nach „*alterns- und altersgerechte[n] Arbeitsstrukturen*" (Z. 158f.) als alternativlos erscheinen lässt.[51]

Diese Argumentation ist in die übergreifende Strategie eingebettet, die Gestaltung der Arbeitsbedingungen und -strukturen als Beitrag zur Senkung von Sozialabgaben zu repräsentieren, sie also über die implizite Verknüpfung mit (möglicherweise auftretenden) Krankheiten zu rekontextualisieren (vgl. Fairclough 2003).[52] Ähnlich ist die Darstellung der Integrationsfähigkeit von Arbeitsschutz in (internationalen) Wettbewerb organisiert. Wettbewerb ist als Ort oder als Rahmenbedingung konstituiert[53], an dem bzw. unter der sich Konkurrenz ereignet (Z. 81f.) und Standortvorteile realisieren (Z. 100f.). In der Rede Engelen-Kefers sind weder Nationen oder multinationale Unternehmen als gestaltende AkteurInnen benannt, noch ist Wettbewerb als Produkt politischer und

---

sche AkteurInnen nicht differenziert (vgl. auch Fairclough 2000a), sondern in eine ‚unbestimmt-inklusive Gemeinschaft' eingeschlossen werden: „*Wenn wir also nach Möglichkeiten suchen, die Sozialabgaben für Arbeitgeber und Beschäftigte zu reduzieren*" (Z. 137ff.).

50 „*Denn der betriebliche Gesundheitsschutz ist auch ein entscheidender Hebel, um die Probleme der demographischen Entwicklung für Arbeitsmarkt und Sozialversicherungen zu entschärfen*" (Z. 183ff.); „*Daher müssen wir alle Anstrengungen darauf richten, [...] zu verbessern.*" (Z. 228ff.)

51 Beispiele hierfür sind: „*Wenn wir also nach Möglichkeiten suchen, die Sozialabgaben für Arbeitgeber und Beschäftigte zu reduzieren, dann sollten wir auch und nicht zuletzt in den Betrieben selbst ansetzen*" (Z. 192ff.), und: „*Die Probleme der demographischen Entwicklung lassen sich nicht nur über die Rentenversicherung lösen. Das muss in erster Linie in den Betrieben geschehen – deshalb brauchen wir alterns- und altersgerechte Arbeitsstrukturen.*" (Z. 221f.)

52 Fairclough zufolge ist Rekontextualisierung in der Regel ein Effekt davon, dass verschiedene Genres gemixt werden, z.B. dass Managementpraktiken in akademischen Praktiken und Sprache untersucht und dabei *transformiert* werden (Fairclough 2003: 22ff.). Ich beziehe den Begriff der Rekontextualisierung stärker auf die empirische Ebene von Texten – damit ist eine politische Praxis bezeichnet, mit der über ‚neue Verknüpfungen', z.B. zwischen Arbeitsschutz und Wettbewerb, beide Repräsentationen (in diesem Fall die des Arbeitsschutzes wie auch des Wettbewerbs) verändert werden.

53 Z.B. „*im internationalen Wettbewerb*" (Z. 86, s. auch Z. 100f.) oder „*mit dem globalen Wettbewerb*" (Z. 117).

ökonomischer Prozesse repräsentiert. Gilbert Weiss bezeichnet diese Strategie als „de-politization of socio-economic fields of activity" (Weiss 2000: 48). Er sieht sie als Kennzeichen der Rhetorik der Globalisierung im Sinne eines konsolidierten „Globalization-speak" (van der Walt 2004; s. auch Fairclough 2000, 1999). Nationaler Wettbewerb wird auch durch Metaphern aus dem Sportbereich, wie ‚konkurrieren' und ‚sich behaupten', verbildlicht (vgl. Hoinle 1999; Musolff 1993); hierdurch wird eine relationale, ökonomisch überdeterminierte Beziehung der Konkurrenz zu anderen Nationen gestiftet, die ich in Anlehnung an Hirsch als Metapher des nationalen Wettbewerbsstaates bezeichne (vgl. Hirsch 1996).

Die diskursive De-Politisierung sozioökonomischen politischen Handelns zeichnet also auch die Repräsentation von Globalisierung und internationalem Wettbewerb in der Rede Engelen-Kefers aus und unterscheidet sich hiervon doch in einem wichtigen Punkt: Bleiben Globalisierung und internationaler Wettbewerb auch hier de-politisiert, so werden sie doch strategisch um Arbeitsschutz erweitert, dieser wird also rekontextualisiert. Arbeitsschutz kann, so die politische Strategie in der Rede Engelen-Kefers, bruchlos-harmonisch in internationale Wettbewerbsstrategien integriert werden.[54]

Kontingenz und Antagonismus:
Politische Praxis als hegemoniale Praxis

Dass das biomedizinische Modell von Gesundheit mit sozialstaatlicher Regulierung verknüpft ist, gewinnt nur Evidenz durch den Topos, dass Arbeit (potenziell) gesundheitsschädlich ist. Ohne diesen Topos wäre auch die nachfolgende Abgrenzung vom neoliberalen Diskurs, der Arbeitsschutz als (bloße) Bürokratie verhandelt, nicht plausibel.

Es konnte aufgezeigt werden, dass das Spektrum der (inter-)diskursiven Praktiken von Ausschlüssen über De-/Aktivierungen und De-/Personalisierungen, Hierarchisierungen und Setzungen bis hin zu Auseinandersetzungen mit imaginären Kontrahenten reicht. Ferner sind aus den Diskursen, den Repräsentationen sowie den textuellen und (inter-)diskursiven Praktiken spezifische Muster der Vernetzung herausgearbeitet worden, die sich auf die Regelhaftigkeit der Repräsentationen und der

---

54 „*Wir können nicht mit den Arbeitsbedingungen in Billiglohnländern konkurrieren. Doch wir haben mit der EU-Osterweiterung die große Chance, die Bedingungen auf den Arbeitsmärkten in den Betrieben zu verbessern. <u>Denn wir werden uns im internationalen Wettbewerb nur behaupten können</u>, wenn wir das Know-How stärken und die <u>Arbeitsbedingungen in den Betrieben stärken</u>*." (Z. 81-84)

Praktiken ihrer Produktion stützen und in diesen zugleich als politische – in diesem Fall als hegemoniale – Praxis wirksam werden.

Die Regelhaftigkeit der Praktiken und Repräsentationen habe ich als ‚Kontingenz und Antagonismus' typologisiert. Wie bereits deutlich geworden ist, folgt die Repräsentation gesundheitsgerechter Gestaltung von Arbeit dem tradierten Muster des Antagonismus zwischen Arbeit und Kapital und verleiht dadurch der oppositionellen Positionierung der Gewerkschaften gegenüber ArbeitgeberInnen Evidenz. Diese Repräsentation stützt sich wesentlich auf zwei diskursive Praktiken: erstens auf den kontrastiven Einsatz von Aktivierung (Gewerkschaften, ArbeitgeberInnen, Sozialstaat) und De-Aktivierung (ArbeitnehmerInnen), mit dem auf vereindeutigende Weise die tradierten strukturell antagonistischen Positionen zwischen Kapital und Arbeit markiert sind. Zweitens stützt sich die oppositionelle Positionierung darauf, dass sich Engelen-Kefer eindeutig vom hegemonialen Diskurs absetzt und zugleich Prozesse und Bedingungen politisiert – das bezieht sich auf den Abbau des Gesundheits- und Arbeitsschutzes und die (prinzipielle) Gestaltbarkeit der Arbeitsbedingungen.

Abgrenzung gegenüber einer hegemonialen Position, Politisierung und die Generalisierung der politischen Forderungen verweisen aufeinander, denn erst in ihrer Kombination bilden sie „Grenz-Fronten" (Laclau/Mouffe 2000: 177), welche die auf Hegemonie abzielende politische Aktivität der Gewerkschaften als *Alternative* sichtbar machen. Das heißt: In der Rede Engelen-Kefers wird die Doppelbewegung zwischen hegemonialen Positionen als konstitutivem *und gleichzeitig* umkämpftem, unabgeschlossenem Außen sowie der politischen Aktivität (der Gewerkschaften) als auf Veränderung abzielender politischer Gestaltung sichtbar.

Das korrespondiert damit, dass in der Rede Engelen-Kefers die typischen Merkmale hegemonialer Praxis, d.h. die Praktiken von Pluralisierung, Differenzierung und Umkämpftheit auf der einen Seite sowie Generalisierung und Verallgemeinerung auf der anderen Seite vorzufinden sind (vgl. hierzu Kapitel 4). Dass diese konstitutiv miteinander verbunden sind und eine Voraussetzung für politisch oppositionelle Strategien bilden, zeigt sich empirisch darin, dass der Fokus der sozialstaatlichen Regulierung des Arbeits- und Gesundheitsschutzes mit der Politisierung der Arbeitsbedingungen verknüpft ist.

Darüber hinaus sind Antagonismus und Kausalität aufeinander bezogen: Die Eindeutigkeit und die Häufigkeit, mit der Argumentationen, kausale Bezüge und Expertenwissen eingesetzt sind, zeigen deutlich, dass Engelen-Kefer sich des Sprachspiels von Rationalität und Wahrheit bedient und auf der Grundlage des ‚besseren Arguments' auf Überzeugung abzielt. Der Gegensatz zwischen oppositioneller und hegemonialer Position wird durch Rationalität und Wahrheit stabilisiert, d.h. abgesichert. Diese sind als normative Maßstäbe für die Bewertung der politischen Maßnahmen im Arbeitsschutz eingesetzt. Das zeigt sich nicht zuletzt in der Semantik von Heimlichkeit und Unredlichkeit (die z.B. durch Begriffe wie „*unter dem Deckmantel*" [Z. 493] oder „*herausstehlen*" [Z. 380] erzeugt werden), mit der staatliche Maßnahmen der Deregulierung im Arbeitsschutz repräsentiert werden.

Antagonismus und Kontingenz bilden die Form und die Gestaltung der Vernetzungen der Repräsentationen in der Rede Engelen-Kefers, also die ihr innewohnende Logik, die eine immanent hegemoniale ist. „Ohne Äquivalenz und Grenz-Fronten ist es unmöglich, von Hegemonie im eigentlichen Sinne zu sprechen." (Laclau/Mouffe 2000: 177)

Wolfgang Clement: Gesundheit als Humankapital und die gemeinschaftliche Gestaltung des Gesundheitsschutzes

Wolfgang Clements Rede setzt im Unterschied zu der Engelen-Kefers inhaltlich weder auf direkte Argumentationen noch auf innere Stringenz und Logik. Vielmehr folgen Form, Inhalt und Aufbau der Rede einem Zugang, der aus dem Management bekannt ist: der *praktischen* Lösung anstehender Probleme (vgl. Nigsch 1997). Das zeigt sich daran, dass strukturelle Hintergründe, Zusammenhänge, politische Positionen und Entscheidungen aus der Rede weitgehend ausgeschlossen sind. Clement beginnt mit einer Situationsanalyse, der sich eine Handlungsoption, die Repräsentation von Defiziten, eine Lösungsstrategie, konkrete Ansätze zur praktischen Umsetzung und politische Strategien anschließen.

De-politisierte Globalisierung und die Freiheit des Marktes

Die Rede beginnt mit der Analyse der Ausgangssituation – der Globalisierung. Diese Thematik wird bereits mit dem ersten Satz eingeführt (Z. 3). Globalisierung und Wettbewerb ist – wie bei Engelen-Kefer – in den gängigen Mustern des „Globalization-speak" dargestellt (van der Walt 2004). Auch bei Clement ist die Repräsentation von Globalisierung der politischen Gestaltung entzogen, insofern keine handelnden AkteurInnen benannt sind, sondern „*Globalisierung*" (Z. 24), Prozesse, z.B. „*Veränderungen*" (Z. 12), oder Bereiche der wirtschaftlichen Produktion[55] als grammatische Subjekte eingesetzt werden. Markiert durch Metaphern aus dem Bereich des Organismus/Körpers („*Wachstum*" Z. 79)

---

55 Als Subjekte fungieren z.B. die Begriffe „*Produktion*" (Z. 15), „*Dienstleistungen*" (Z. 15); „*Volkswirtschaft/en*" (Z. 12, Z. 18); „*Produktivität*" (Z. 20) oder „*Wettbewerbsfähigkeit*" (Z. 40).

6 EMPIRISCHE UNTERSUCHUNG

sowie aus dem Bereich der Natur und der Evolution, wie z.B. *"Entwicklung"* (Z. 91)[56] wird Globalisierung als zwangsläufig, natürlich und teleologisch repräsentiert (vgl. Hoinle 1999). Dies entspricht der Sachzwanglogik der Globalisierung (Hirsch 2001a: 201; Bourdieu 1998b: 39ff.). Anders als bei Engelen-Kefer erstreckt sich diese Form der Darstellung jedoch auch auf Arbeitsbedingungen. Indem Veränderungsprozessen ein Subjektstatus verliehen wird (und dieser mit einer Setzung verbunden ist),[57] werden Arbeitsbedingungen de-politisiert.

Clement nimmt eine affirmative Haltung zur Globalisierung und zum internationalen Wettbewerb ein. Dass er sich *in* diesem Diskurs positioniert, wird mittels verschiedener textueller und diskursiver Praktiken realisiert: zunächst durch den häufigen Bezug auf eine Gemeinschaft (angezeigt durch das Personalpronomen ,wir'), z.b. *"unsere Volkswirtschaft"* (Z. 22) oder *"unsere wichtigste Ressource sind qualifizierte Beschäftigte"* (Z. 20f.).[58] Ferner sind menschliche AkteurInnen in diesem Zusammenhang ausschließlich als Ressourcen im ökonomischen Wettbewerb repräsentiert, als *"gut ausgebildete, motivierte und engagierte Menschen"* (Z. 21).[59] Am deutlichsten wird die Affirmation im Kontext des Wettbewerbs: Wie bei Engelen-Kefer ist Wettbewerb als Ort metaphorisiert,[60] an dem nationale Konkurrenz stattfindet. Ebenso wie sie verbildlicht Clement Wettbewerb mit der Metaphorik des nationalen Wettbewerbsstaates.[61] Jedoch dominieren bei Clement im Verhältnis zu Engelen-Kefer der direkte Vergleich mit anderen Staaten bzw. Wirt-

---

56 Weitere Beispiele für Metaphern aus dem Bereich der Natur sind *"Quellen"* (Z. 16) oder *"Ressource"* (Z. 20, Z. 21).

57 *"Tatsache ist, dass die Veränderungen der Arbeitswelt atemberaubend sind und damit für nicht wenige eben auch furchteinflößend."* (Z. 13f.)

58 Die Metaphorik der Gemeinschaft werde ich im zweiten Teil des Kapitels erläutern.

59 S. auch: *"qualifizierte Beschäftigte"* (Z. 23), die *"unsere wichtigste Ressource sind"* (Z. 20f.) bzw. auf die *"wir uns stützen"* können (Z. 23f.). Im Folgenden sind ArbeitnehmerInnen nur dort als handelnde Subjekte benannt, wo sie sich zu wenig am Arbeitsplatz engagieren (*"Nur noch 12 % der Mitarbeiterinnen und Mitarbeiter engagieren sich [...] ernsthaft an ihrem Arbeitsplatz"* [Z. 67f.]), sie über Arbeitsbeginn und -ende nach Maßgaben der Arbeitsmenge mit entscheiden (*"Die Mitarbeiter entscheiden in Abstimmung mit ihren Führungskräften und den Teammitgliedern selbst"* [Z. 159ff.]) oder Fitnessstudios und Kantinen nutzen (*"So können die Mitarbeiter und ihre Angehörigen sie* [ansprechende Verpflegungs-, Gesundheits- und Fitnesseinrichtungen] *an sieben Tagen in der Woche nutzen"* [Z. 167f.]).

60 Das zeigen auch folgende Beispiele: *"[i]n diesem globalen Wettbewerb"* (Z. 18) oder *"im internationalen Wettbewerb"* (Z. 22).

61 Was sich z.b. an der Verwendung von Metaphern aus dem Sportbereich zeigt, wie *"Wir sind dann im internationalen Wettbewerb gut"* (Z. 22).

225

schaftsräumen (z.B. Z. 85f.) und der Rang Deutschlands unter den europäischen Staaten (Z. 94-101). Geht es bei Engelen-Kefer um das „*[B]ehaupten*" im internationalen Wettbewerb (Engelen-Kefer 2004: Z. 86), so ist bei Clement eine Spitzenposition angezielt.[62] Dieses Streben erhält jedoch erst *innerhalb* der Perspektive des Wettbewerbs Evidenz. Eine sozial institutionalisierte Praxis, welche Wettbewerb voraussetzt und ihn zugleich intelligibel macht, ist das Ranking, also die rangbasierte Skalierung nach zuvor definierten Zielwerten.[63] Die Praxis des Rankings stützt sich auf Raummetaphorik. Sie bildet die Grundlage dafür, dass Indikatoren wie Engagement oder Wirtschaftswachstum ‚verortet' und damit gemessen und skaliert werden können,[64] dass angegeben wird, ob die entsprechenden Werte steigen und sinken oder ob der betreffende Staat im Vergleich zu anderen Nationen und Wirtschaftsräumen einen vorderen, mittleren oder letzten Rang einnimmt.

So gibt der im Text zitierte Innovationsanzeiger (European Innovation Scoreboard) den Rang Deutschlands bezüglich verschiedener Innovationsindikatoren bezüglich der EU-Vorgaben an (vgl. z.B. EIS 2004); die Beschäftigungsquote in Deutschland wird nach den Maßgaben des Europäischen Rates Stockholm und den 2002 verabschiedeten Vorgaben von Barcelona skaliert. Beide Instrumente sind Teil europäischer Politikstrategien. Der Innovationsanzeiger ist im Rahmen der Lissabon-Strategie, in welche die Agenda 2010 eingebettet wurde, implementiert worden; die Beschäftigungsstrategie der EU ist im Rahmen des Luxemburg-Prozesses beschlossen und 2005 überarbeitet worden.[65] Aus der Position im Ranking (verstärkt durch die Autorisierung der EU[66]) werden politische Maßnahmen abgeleitet. Das ist insofern de-politisierend, weil die Entscheidungen nicht normativ oder politisch begründet werden, sondern als zwangsläufig dargestellt werden. Dies zeigt sich pointiert an dem Einsatz des kausalen Modalpartikels ‚also': „*Im europäischen Vergleich liegt Deutschland knapp unter dem EU-Durchschnitt*

---

62 „*In diesem globalen Wettbewerb werden die Volkswirtschaften am besten bestehen, die den größten Wertschöpfungsanteil erzielen.*" (Z. 18f., s. auch Z. 22f.).
63 Dass die Position im Ranking als Modus der nationalen Vergemeinschaftung konstituiert wird, verdeutlichen folgende Äußerungen: „*Wir sind weiterhin stark bei*" (Z. 107), „*Unsere Stärke zeigt sich auch in*" (Z. 110) oder „*Gerade bei [...] müssen wir aber besser werden*" (Z. 113).
64 „*Wir brauchen belastbare Informationen, wo wir im internationalen Vergleich mit unserem Arbeitsschutzsystem und der betrieblichen Gesundheitsförderung stehen.*" (Z. 259ff.)
65 Vgl. ec.europa.eu/employment_social/employment_strategy/ index_de.htm, Stand 28.07.2007.
66 „*Die EU hat die Mitgliedsstaaten bereits aufgefordert*" (Z. 206).

6 EMPIRISCHE UNTERSUCHUNG

der 15 Mitgliedsstaaten mit 40%, wir haben hier also dringenden Reformbedarf." (Z. 211f.)

Globalisierung selbst ist als unhinterfragte Faktizität (z.B. Z. 13f.) repräsentiert, jedoch wird die *Wahrnehmung* von Globalisierung und von veränderten Arbeitsbedingungen politisiert. Das funktioniert dadurch, dass Globalisierung und die Wahrnehmung dieser Prozesse als Entitäten gegenübergestellt sind (vgl. Fairclough 2003).[67] Diese Praxis dient bei Engelen-Kefer dazu, den Abbau des Arbeitsschutzes als kontingent zu repräsentieren. Im Gegensatz dazu wird bei Clement die Wahrnehmung von Globalisierung relativiert: „*Tatsache ist, dass die Veränderungen der Arbeitswelt atemberaubend sind und damit für nicht wenige eben auch furchteinflößend.*" (Z. 13f.); „*Eine Dämonisierung der Globalisierung würde uns nicht weiterhelfen.*" (Z. 25)

Im ersten Fall erfolgt die Relativierung über eine Eingrenzung der Emotionen auf eine Anzahl von Menschen („*nicht wenige*" Z. 14) und eine Erweiterung („*eben auch*" Z. 14), im zweiten Fall über die Repräsentation von Dämonisierung und Angst als Aktivität.[68] Diese Aktivität ist jedoch textuell negiert wie die Kombination mit einem Konjunktiv II als hypothetisch repräsentiert: „*Eine Dämonisierung der Globalisierung würde uns nicht weiterhelfen.*" (Z. 25)

Schließlich wird die Wahrnehmung der Globalisierung mittels der Verwendung einer semantischen Dichotomie zwischen Freiheit und Einschränkung als veränderbar repräsentiert. So ist durch die Kombination von Setzungen, temporalen Adverbien[69] und der Negation der Wahrnehmung[70] eine Grenzüberschreitung verbildlicht, die implizit zu einer positiven Bewertung von Globalisierung führt.[71] Denn eine Grenze ist (gegenwärtig) semantisch mit Einschränkung, eine Grenz*überschreitung* hingegen mit Freiheit und Weiterentwicklung konnotiert (vgl. auch Z. 168f.).

Nach demselben Muster funktioniert die diskursive Strategie der Historisierung (Z. 27-33), wobei die historische Anspielung selbst vage

---

67 „*Tatsache ist, dass die Veränderungen der Arbeitswelt atemberaubend sind und damit für nicht wenige eben auch furchteinflößend.*" (Z. 13f., s. auch Z. 7f.)
68 Die Metapher des Dämons, die aus dem Herkunftsbereich der Märchen und Mythen stammt, dient hier dazu, die Entstehung des Schrecklichen auf der Ebene der *Wahrnehmung* zu metaphorisieren. Das zeigt sich an dem aktiven Prozess, etwas zu einem Dämon zu machen = zu dämonisieren (vgl. auch Hoinle 1999).
69 Beispiele hierfür sind „*heute*" (Z. 15) oder „*keine Grenzen mehr*" (Z. 17).
70 Wie z.B. „*nie geahnte Möglichkeiten*" (Z. 15).
71 „*Für die Suche nach neuen Produktideen, Finanzierungsquellen und Standorten gibt es faktisch keine Grenzen mehr.*" (Z. 16f.)

bleibt: „*Schon ein Blick in die Wirtschaftsgeschichte, in der mit Beginn des ersten Weltkriegs eine 40 Jahre andauernde Periode der <u>Entglobalisierung</u> einsetzte, sollte uns davon abhalten.*" (Z. 27ff.)[72] Der Fokus liegt dabei auf dem Begriff ‚Entglobalisierung', der eine Störung eines ansonsten teleologisch verlaufenden Prozesses nahelegt. Dadurch wird Globalisierung de-kontextualisiert: Zeitliche, örtliche und qualitative Unterschiede von Globalisierung werden ebenso wie ihre politischen und ökonomischen Bedingungen ausgeschlossen.

In ähnlicher Weise führt auch der Rekurs auf David Ricardo als Autorität (Z. 30-33) eine semantische Konnotation von Freiheit ein.[73] Die von Ricardo begründete klassische Außenhandelstheorie wird in der Rede Clements zum Beweis erhoben und mit einer autorisierenden Elternmetapher verstärkt.[74] Gerechtigkeit wird daran anknüpfend als gleiche Chance codiert am Wettbewerb teilzunehmen: „*Alle können gewinnen, wenn sich alle auf ihre jeweiligen Stärken besinnen.*" (Z. 34f.)

Sowohl Ricardo als auch Clement schließen die Möglichkeit internationaler Ausbeutung aus. So macht Ricardo Ulrich Menzel zufolge keine Aussage darüber, welche Beziehung zwischen dem Einsatz komparativer Vorteile im Außenhandel und dem Wohlstandsgewinn von Nationen besteht. Weil dieser auf Austauschrelationen basiert (Ware und Arbeitsstunden), besteht die Möglichkeit, dass mehr Arbeit gegen weniger Arbeit getauscht wird. Bereits die Theorie beinhaltet deshalb das Potenzial zur internationalen Ausbeutung (vgl. Menzel o.J.: 5f.). Zudem sind die Vorteile der Spezialisierung im Außenhandel an die Bedingungen des Freihandels gebunden, während in der Theorie Ricardos nicht hinreichend reflektiert wird, dass Produktion und internationaler Austausch wesentlich politisch bestimmt würden.

Auch bei Clement ist die Möglichkeit der strukturellen Ausbeutung wie auch die Einbettung in Herrschaftsverhältnisse ausgeschlossen. Sie stehen im Widerspruch dazu, dass Clement davon spricht, dass „*internationale Arbeitsteilung [...] wohlstandsmehrend ist*" (Z. 31f.).

---

72 Es bleibt unklar, ob Clement sich damit (auch) auf Wirtschaftsprozesse und/oder auf die Barbarei der beiden Weltkriege oder des Nationalsozialismus bezieht.
73 Ricardos Theorem der komparativen Kostenvorteile suchte auf der Basis der Arbeitswerttheorie nachzuweisen, dass nationale Vorteile im Außenhandel dann zum Tragen kommen, wenn der relative Nachteil in der Produktion am geringsten ist, also eine Spezialisierung auf die Güter erfolgt, die im Vergleich mit anderen Ländern am günstigsten produziert werden können (Menzel o.J.: 5).
74 „*Denn schon vor fast 200 Jahren <u>hat der Vater</u> der klassischen Außenhandelstheorie, <u>David Ricardo, gezeigt</u>*" (Z. 30f.).

6 EMPIRISCHE UNTERSUCHUNG

Die Semantik von Freiheit versus Einschränkung ist typisch für neoliberale ökonomische Positionen, die mit der Transformation zum Postfordismus an Popularität gewonnen haben. Auf der Grundlage eines negativen Freiheitsbegriffs werden staatliche Interventionen als Einschränkung entworfen, während die Universalisierung des Wettbewerbs mit Freiheit konnotiert wird. Diese erstreckt sich auch auf das marktförmige Verhalten von Individuen (vgl. Schui/Blankenburg 2002).

In der Rede Clements wird ‚das marktförmige Verhalten von Individuen' im Rekurs auf den ehemaligen US-Außenminister Robert Reich über ihr Humankapital *direkt* in den transnationalen Wettbewerb eingebunden.[75] Individuen werden nach einem Rational-Choice-Modell als marktförmig Handelnde dargestellt, die ihre Fähigkeiten und Kenntnisse (also ihr Humankapital) nach den Prämissen des internationalen Wettbewerbs ausgestalten und vermarkten. Das marktförmige Handeln von Individuen wird als Bedingung für die Position des nationalen Staates im internationalen Wettbewerb repräsentiert. Das heißt: Der nationale Wettbewerbsstaat und das marktförmige Handeln der Individuen werden konstitutiv aufeinander bezogen.

In der Rede Clements kann Globalisierung einzig durch die Stärkung des Humankapitals aktiv gestaltet werden.[76] Metaphorisch kommt der *„Stärkung der humanen Ressourcen"* (Z. 44f.) die Funktion zu, der Globalisierung als grammatischem Subjekt die Steuerung der Geschwindigkeit und der Richtung der Bewegung[77] zu entreißen und aktiv die Bewegung zu gestalten.[78]

---

75 „*Die Wettbewerbsfähigkeit eines Landes hängt weniger von der Menge des Geldes ab, das seine Bürger sparen und investieren, als von den Kenntnissen und Fähigkeiten, die sie zur Weltwirtschaft beitragen können.*" (Z. 40ff.)
76 „*In diesem Prozess müssen wir also keinesfalls zu Getriebenen der Globalisierung werden. Denn die Gestaltungsmöglichkeiten für eine Stärkung der humanen Ressourcen sind enorm.*" (Z. 43ff.)
77 ‚Getrieben-Werden' gehört zur Bewegungs- bzw. Wegmetaphorik (vgl. Hoinle 1999) und markiert eine negative, unkontrollierte Bewegung. Getrieben-Werden verbildlicht gleichzeitig Flucht wie Zurückweichen-Müssen und ist dadurch mit den Emotionen von Furcht und Gefahr konnotiert. In Clements Rede wird der Aspekt betont, dass Kontrolle und Steuerung der Bewegung externalisiert sind, also selbst nicht mehr kontrolliert werden können. Insofern bildet das Getrieben-Werden in dieser Rede einen Gegenpol zum Konstrukt der Autonomie und der aktiven, eigenmächtigen Gestaltung.
78 Weder die Globalisierung noch die Richtung der Bewegung sind als inhaltlich gestaltbar oder veränderbar repräsentiert. Vielmehr wird die ‚Stärkung' des Humankapitals als einzige Option dargestellt (Z. 44). ‚Stärkung' wird der Metapher der ‚nährenden Eltern' zugeordnet, die unterstützen, helfen und fördern (vgl. Lakoff 2002). Das Stärken-Können ist

Ökonomisierung von Gesundheit
im europäischen Wettbewerbsstaat

Gesundheit nimmt in der Rede von Engelen-Kefer ein großes Gewicht ein. Bei Clement hingegen spielt Gesundheit inhaltlich eine untergeordnete Rolle. So taucht der Begriff erst auf der zweiten Seite auf; Gesundheit wird jedoch sodann über die gesamte Rede hinweg wiederholt thematisiert. Ich werde im Folgenden zeigen, dass bei Clement Gesundheit anders als bei Engelen-Kefer nicht durch Naturalisierung festgeschrieben wird, sondern als Humankapital und als kontingent, d.h. als gestalt- und veränderbar, repräsentiert ist.

Wie Engelen-Kefer führt Clement Gesundheit über den Begriff der *„gesundheitsgerechten Gestaltung der Arbeit"* (Z. 57f.) ein. Dabei steht dieser im Kontext des Konzepts ,Mensch und Unternehmen', das 1992 vom Arbeitgeberverband Gesamtmetall vorgestellt worden ist und auf die Steigerung der Motivation von MitarbeiterInnen abzielt (Z. 51).[79] Anders als Engelen-Kefer positioniert Clement sich mit dem Begriff der ,gesundheitsgerechten Gestaltung der Arbeit' nicht in gewerkschaftlichen Diskursen, sondern repräsentiert ihre Anschlussfähigkeit an die Förderung von Humanressourcen bzw. Humankapital. Diese Anschlussfähigkeit wird dadurch hergestellt, dass aus dem Konzept der Metallarbeitgeberlnnen alle mit dem Ziel der Steigerung des Humankapitals kompatiblen Maßnahmen herausgegriffen werden, während alle jene Vorschläge zur Steigerung der Motivation der MitarbeiterInnen ausgeklammert sind, die einen Bruch zu Strategien postfordistischer Regulationsweise darstellen würden. Das sind insbesondere die im Konzept der MetallarbeitgeberInnen aufgeführten Vorschläge, ein angemessenes Arbeitsentgelt zu zahlen und vertrauensvoll mit dem Betriebsrat zusammenzuarbeiten (Arbeitgeberverband Gesamtmetall 1992: 12).

Mittels dieser (gängigen) Praxis der selektiven Auswahl positiver Belege wird Gesundheit bruchlos in Humankapital integriert und die Verknüpfung zwischen Gesundheit und Humanressourcen – obgleich dieser Begriff in der Publikation der MetallarbeitgeberInnen nicht erwähnt wird – als historische Tradition repräsentiert. Dies ist textuell realisiert durch eine temporale Präposition, ein heraushebendes Adverb und einen wirtschaftswissenschaftlichen Begriff: *„Die deutschen Metallarbeitgeber setzten <u>also schon vor über zehn Jahren klar</u> auf ein <u>Investment</u> in ‚Human Ressources'."* (Z. 53f.) Auch im Folgenden ist Gesundheit am stärksten und am häufigsten als Humankapital bzw. Humanres-

---

metaphorisch mit dem Stärken-*Müssen* verknüpft, zeigt also eine Schwäche an.

79 Diesen Hinweis verdanke ich Klaus Pickshaus, der das Ressort Arbeits- und Gesundheitsschutz bei der IG Metall leitet.

source konstituiert; deren Bedeutung für Wirtschaftswachstum wird jedoch gesetzt, nicht begründet (z.B. Z. 81ff.). ‚Gesundheit' bildet die Nahtstelle zur Steigerung der ökonomischen Produktivität durch die verbesserte Inwertsetzung des Humankapitals (Z. 77) bzw. der Humanressourcen (Z. 44f., Z. 60, Z. 117, Z. 129).[80] Die Repräsentation von ‚Gesundheit als Humankapital' hat ihre Wurzeln in wirtschaftswissenschaftlichen Analysen von Gesundheit, der Gesundheitsökonomie.[81] Gary Becker (1996) argumentiert, dass Investitionen in psychische und physische Gesundheit wie Bildung und Ausbildung den Wert des Humankapitals steigern bzw. erhalten. Es wird demzufolge durch Morbidität und Mortalität vermindert. Im Nachfragemodell für Gesundheitskapital steht dagegen die doppelte Funktion von Gesundheit als ‚Konsumgut' wie als ‚Investitionsgut' im Vordergrund (vgl. Grossman 1972). Individuen können durch Investitionen in Gesundheit ihren eigenen ‚Gesundheitskapitalstock' erhöhen und dadurch den Anteil der Zeit steigern, die sie Einkommen und Güter produzieren (ebd.: 224).

Individuen werden in diesem Kontext als Rational-Choice-AkteurInnen entworfen, die sich unter den Bedingungen der Allokation von Zeit für oder gegen Investitionen in Gesundheit entscheiden (können). Sie sind folglich ProduzentInnen ihres eigenen Gesundheitszustandes und (Mit-)GestalterInnen ihrer eigenen Lebensdauer. Ziel ist ein (nach ökonomischen Effizienzkriterien) individuell optimaler ‚Gesundheitskapitalstock'. Die ökonomische Produktivität von ‚Gesundheitskapital' auf der Mikroebene, so die Ökonomin Brit Albers (2003: 1), erweise sich in aggregierter Form als ein bedeutender Wirtschaftswachstumsfaktor, da er die Qualität und Quantität des Arbeitsangebotes steigere.

In der Rede Clements sind unter ‚Humankapital' verschiedene menschliche Fähigkeiten und Eigenschaften subsumiert, wie z.B. „*gut ausgebildete, motivierte und engagierte Menschen*" (Z. 21).[82] Gesundheit ist

---

80 Die Begriffe weisen Überschneidungen auf, setzen jedoch unterschiedliche Schwerpunkte. Während der Begriff des Humankapitals auf das Leistungspotenzial der Arbeitskräfte fokussiert, beziehen sich Humanressourcen auf die individuellen und sozialen Investitionen in die Produktion von Wissen, Fähigkeiten, Kenntnissen, Einstellungen, moralischen Normen, Werten und Orientierungen (Alisch et al. 2004b: 1410f.; Alisch et al. 2004a: 488f.).
81 Für einen Überblick vgl. Hajen et al. (2006); Bröckling (2003) und Foucault (2006) haben die politische Rationalität der Humankapitaltheorie analysiert.
82 Weitere Beispiele sind: „*Kenntnisse [...] und Fähigkeiten*" (Z. 41), „*[m]otivierte, leistungsfähige und innovative Beschäftigte*" (Z. 74), „*Be-*

vollständig in die Reihe der übrigen Faktoren des Humankapitals eingeordnet. Die Reihung erfolgt nicht direkt, indem alle Eigenschaften und Fähigkeiten nacheinander aufgezählt würden. Der diskursive Mechanismus besteht vielmehr in der Gleichförmigkeit der Repräsentation, die durch den ganzen Text hindurch ein Verweissystem erzeugt. Diese Gleichförmigkeit besteht darin, dass *alle* Eigenschaften und Fähigkeiten, die unter Humanressourcen subsumiert sind, in das Deutungsfeld der ‚ökonomischen Verwertung' integriert sind.[83]
Durch diese Repräsentation wird eine ökonomische Perspektive generalisiert. Sie bildet die Grundlage dafür, dass heterogene Eigenschaften, Verhaltensweisen und Merkmale von Menschen, wie Motivation, Engagement, Fähigkeiten und Gesundheit, miteinander gleichgesetzt sind. Reihung erzeugt den Effekt der Repräsentation als *oberflächliche* Gleichförmigkeit, während tiefer gehende Beziehungen wie die der Hierarchie, der Asymmetrie oder des Widerspruchs vollständig ausgeblendet werden (Fairclough 2000a: 29, 49). So basiert die gleichrangige Auflistung von Gesundheit und Engagement darauf, dass zwischen beiden kein Widerspruch besteht; hierfür ist die Ausblendung von Krankheitsphänomenen wie Arbeitssucht oder Burn-out-Syndrom konstitutiv. In der psychologischen Fachliteratur wird ein überhöhter Energieaufwand, der sich u.a. durch freiwillige unbezahlte Mehrarbeit und die Verleugnung eigener Bedürfnisse auszeichne, zu den Warnsymptomen eines beginnenden Burn-out-Syndroms gerechnet (Burich 2006: 25).

Gleichwohl geht die Repräsentation von Gesundheit bei Clement nicht in einer ökonomischen Rationalität auf. *„Wohlbefinden und Gesundheit der Beschäftigten"* (Z. 234) ist auch als eigenständiges Ziel betrieblicher Gesundheitspolitik benannt. So z.B. dort, wo Clement aus dem Bericht der Expertenkommission ‚Die Zukunft einer zeitgemäßen betrieblichen Gesundheitspolitik' zitiert: „*Wohlbefinden und Gesundheit*

---

schäftigungsfähigkeit" (Z. 219), „*Gesundheit und Qualifikation*" (Z. 222) und „*Fähigkeiten und [...] Gesundheit*" (Z. 283f.).

[83] So sind Qualifikation, Motivation und Engagement als „*Ressource*" für „*Produktivität*" bzw. als Voraussetzung für „*internationale Wettbewerbsfähigkeit*" benannt (Z. 20f.; Z. 74f.), „*Kenntnisse [...] und Fähigkeiten*" sind auf die „*Weltwirtschaft*" (Z. 42), gesunde Arbeitsbedingungen sowie „*Qualifikationen und Fähigkeiten*" sind auf Leistungsfähigkeit bezogen (Z. 141ff.). Weiter ist „*mit leistungsfähigen und motivierten Beschäftigten*" als Bedingung für eine Steigerung der Ergebnisse aufgeführt (Z. 177ff.); die frühzeitige Förderung „*von Gesundheit und Qualifikation*" ist als Voraussetzung für die Nutzbarkeit der Potenziale Älterer (Z. 221-224) und die „*Förderung der Fähigkeiten*" *und der Gesundheit der Mitarbeiter*" ist als Bedingung für „*erfolgversprechende Innovationen*" (Z. 283ff.) angeführt.

6 EMPIRISCHE UNTERSUCHUNG

[sollten] zuallererst aus sozialer Verantwortung heraus geschützt werden [...]. Darauf abzielende Aktivitäten und Investitionen dienen – wenn sie professionell und mit nachhaltiger Wirkung durchgeführt werden – darüber hinaus jedoch auch, wegen ihrer positiven Konsequenzen für das Arbeitsverhalten, dem Unternehmenszweck und erhöhen die Wettbewerbsfähigkeit." (Z. 234-239, zit. nach Bertelsmann Stiftung/Hans-Böckler-Stiftung 2004: 22f.)

Es zeigt sich gleichwohl, dass Gesundheit in diesem Beispiel mittels verschiedener textueller Praktiken in den Hintergrund gerückt wird. So ist im Verb ‚sollten' die semantisch externe Aufforderung zum Handeln (Engel 2004: 247) benannt, die in der Rede Clements mit einem Konjunktiv verknüpft ist. Der Schutz von Wohlbefinden und Gesundheit wird damit als abstrakte, hypothetisch-moralische Verpflichtung repräsentiert. Ferner werden soziale und politische AkteurInnen auf der grammatischen Ebene durch eine Passivkonstruktion dem Blickfeld entzogen. Darüber hinaus wird im nächsten Satz, der einen erheblich größeren Raum einnimmt, der Schutz von Gesundheit um die Zielsetzungen der Profitsteigerung („*Unternehmenszweck*" Z. 225) und der Wettbewerbsfähigkeit erweitert. Gesundheit wird dadurch diskursiv ökonomischen Zwecken untergeordnet.[84] Die strategische Erweiterung des Schutzcharakters betrieblicher Gesundheitspolitik um Wettbewerb und Profitsteigerung zeichnet sich also anders als bei Engelen-Kefer – die durchgängig den Schutzcharakter von Arbeitsschutz bzw. betrieblicher Gesundheitspolitik in den Vordergrund stellt – dadurch aus, dass Gesundheitsschutz, Profitsteigerung und die Verbesserung von Wettbewerbsfähigkeit als miteinander harmonisierende Ziele repräsentiert sind.

Die Voraussetzung dafür, dass die Repräsentation von Harmonie zwischen Gesundheitsschutz, Effizienzsteigerung und Wettbewerbsfähigkeit Plausibilität gewinnt, liegt darin, dass strukturelle Arbeitsbedingungen sowie potenziell gesundheitsschädigende Effekte von Arbeit ausgeschlossen sind. Das zeigt sich beispielsweise daran, wie Umstrukturierungsmaßnahmen des Automobilzulieferers ‚Die Brose Gruppe' repräsentiert sind (Z. 147-169). Diese Maßnahmen (Desktop-Sharing, verbesserte Kommunikationstechnik) sind als gelungenes Beispiel dafür angeführt, wie Gesundheitsförderung und die bessere Verwertbarkeit von Qualifikationen und Fähigkeiten im Hinblick auf Leistungsfähigkeit miteinander verbunden werden können (Z. 141ff.). Vergleicht man die Selbstdarstellung der ‚Brose Arbeitswelt' (Die Brose Unternehmens-

---

84 Das findet sich auch an anderen Stellen, an denen Gesundheit durch hypotaktische oder eingeschobene Sätze in den Hintergrund gerückt wird (z.B. Z. 141ff., Z. 199-202, Z. 221-224).

gruppe o.j.) mit der Rede Clements, so zeigt sich, dass Clements Rede die Umstrukturierungsmaßnahmen der ‚Brose Arbeitsgruppe' (vollständige Abschaffung von Überstundenvergütungen und Ersetzen der tariflichen Leistungszulage durch Leistungsprämien) vollständig ausschließt (ebd.: 1).

Zudem haben arbeitswissenschaftliche Untersuchungen in Call-Centern gezeigt, dass Desktop-Sharing häufig zur Folge hat, dass Arbeitende nicht über ausreichenden Platz und geeignete Möbel verfügen. Dadurch werden ergonomische Richtlinien nicht eingehalten, ungeeignetes Sitzen belastet die Rückenmuskulatur, große Enge und Flexibilität an den Arbeitsorten führen zu einem erhöhten Stresspegel bei den MitarbeiterInnen und erschweren die notwendige Entlastung (vgl. Scherrer 2001).

Indem die möglichen psychischen und physischen Belastungen durch Arbeit einerseits und die Kürzung des Gehalts andererseits ausgeschlossen werden, können die Beziehungen zwischen Personalmanagement, Steigerung der Arbeitseffizienz und Arbeitsmotivation von Clement als harmonisch repräsentiert und das als „Kunststück" (Z. 153) bezeichnet werden. Gesundheit wird auf diese Weise als ein unproblematisches Outcome, als Mehrwert von Prozessen des Personalmanagements repräsentiert. Das zeigt sich daran, dass die Repräsentation betrieblicher Maßnahmen mit der Angabe von Outputs verbunden wird, wie z.B. „*in deren Folge bislang über 4.500 Maßnahmen zu Verbesserung der Beschäftigungsbedingungen [...] ergriffen wurden. Folge: Seit 1994 konnte im Unternehmen ein Produktivitätszuwachs von 156 % erreicht werden*" (Z. 122-127; vgl. auch Z. 134-137).

In diesem Beispiel deutet sich eine Repräsentation von ‚Gesundheitsschutz als Ware' an, die innerbetrieblich von ArbeitgeberInnen gegen die Flexibilisierung von Arbeitszeiten nach der Maßgabe betrieblicher Erfordernisse eingetauscht wird (Z. 164f.). Wird Gesundheitsförderung aber gegen eine Leistung von ArbeitnehmerInnen eingetauscht, so ist sie den betrieblichen Interessen gegenübergestellt und gerät zumindest in die Nähe von privaten Interessen: „*Ziel der variablen Arbeitszeit ist es, betriebliche und private Interessen zu verbinden und die Arbeitsleistung der Mitarbeiter effizienter zu gestalten*" (Z. 157f.). Der Tauschcharakter von Gesundheitsschutz gegen Arbeitsleistung beinhaltet – auf der Ebene der Repräsentation – eine Verschiebung von der gesetzlich verankerten Fürsorgepflicht (vgl. hierzu Müller-Petzer 2003) in eine freiwillige Leistung von ArbeitgeberInnen. Gleichzeitig ist dadurch das Verhältnis zwischen ArbeitgeberInnen und ArbeitnehmerInnen nach einem Rational-Choice-Modell als strukturell symmetrisch konzipiert, so dass der Tausch ‚Gesundheitsschutz' gegen ‚Flexibilisierung der Arbeitszeiten nach der Maßgabe des Arbeitsanfalls' als vernünftiges Verhalten marktförmig handelnder Individuen repräsentiert ist.

INQA als Modell der gemeinschaftlichen politischen Gestaltung des Gesundheitsschutzes

Anders als Engelen-Kefer bezieht sich Clement in seiner Rede nicht auf den staatlichen Arbeitsschutz, sondern stellt die Initiative Neue Qualität der Arbeit' (INQA) als ein positives und wegweisendes Modell für die Gestaltung des Gesundheitsschutzes insgesamt dar.

INQA wird in der Rede Clements relativ spät eingeführt und zwar als politische Fortführung der Umstrukturierungsmaßnahmen der ‚Brose Arbeitswelt': „*Solche guten Beispiele sollten in der Praxis Nachahmung und breite Anwendung finden. Deshalb unterstützt das Bundesministerium für Wirtschaft und Arbeit zusammen mit seinen Partnern im Rahmen der Initiative INQA die Verbreitung von innovativen Lösungen zur Modernisierung der Arbeitswelt, und ich wiederum unterstütze diese Initiative sehr.*" (Z. 172-177)

Mit den beiden Zielsetzungen der Modernisierung der Arbeitswelt (Z. 175) und der Steigerung der wirtschaftlichen Qualität (Z. 177ff.) wird auf die Agenda 2010 angespielt. Auch an anderer Stelle wird die Zielsetzung der Agenda 2010 („*Fortschritt Europas auf dem Weg zum wettbewerbsfähigsten und dynamischsten Wirtschaftsraum*" Z. 103f.) erwähnt, diese aber nicht auf INQA bezogen.

Das ist besonders bemerkenswert, weil Clement an demselben Tag, an dem er die Rede gehalten hat, dem Kabinett Vorschläge zur politischen Deregulierung des Arbeitsschutzes unterbreitete.[85] Deshalb ist der Ausschluss dieser Umstrukturierungspläne aus der Rede Clements als Produktion einer ‚politischen Leerstelle', einer öffentlich repräsentierten Distanz zwischen INQA und Deregulierung im Arbeitsschutz, zu interpretieren.

Ich werde im Folgenden skizzieren, wie Deregulierung dennoch implizit die Repräsentation von INQA und des betrieblichen Gesundheitsschutzes strukturiert. In Engelen-Kefers Rede ist der staatliche Arbeitsschutz als Struktur sowie als Instanz repräsentiert, welche die für den Erhalt und die Sicherung von Gesundheit bei der Arbeit notwendigen Regularien kontrolliert und durchsetzt. Demgegenüber ist bei Clement INQA nicht als Struktur, sondern als „*Rahmen*" eingeführt, in dem das „*Bundesministerium für Wirtschaft und Arbeit*" (Z. 173), „*seine[ ] Partner[ ]*" (Z. 174) und „*ich*" (Z. 175) agieren. Auch im Weiteren wird eine

---

85 Vgl. www.hvbg.de/d/pages/presse/archiv/archiv04/clement_vorschlag. html, Stand 05.10.2006.

indirekte Abgrenzung zu institutionellen Regulierungsformen erzeugt, indem Clement die Organisationsstruktur von INQA nicht ausführt, sondern offenlässt (vgl. auch Z. 246ff., Z. 251-254) und Partner von INQA benennt (Z. 173f., Z. 186, Z. 218), die beteiligten politischen AkteurInnen jedoch ebenso vage hält wie ihre Funktion im Kontext von INQA.[86] Eine vergleichbare Vagheit findet sich dort, wo Arbeitsschutz in Verbindung mit Wissens- und Kompetenzressourcen, nicht aber bezogen auf Strukturen oder institutionelle Aufgaben thematisiert wird: „*Wir haben [...] der Kompetenzverteilung im Arbeitsschutz Rechnung getragen.*" (Z. 181f.)

Im Vordergrund der Repräsentation von INQA steht Handeln, z.B. „*Aktivitäten*" (Z. 187).[87] Das unterstreicht, dass es sich hier um eine an praktischen Lösungen orientierte Repräsentation politischer Gestaltung von Gesundheitsschutz handelt. Das wird noch deutlicher, wenn man berücksichtigt, dass INQA z.b. mit „*Identifizierung und Verbreitung*" (Z. 273) oder „*Vorhaben*" (Z. 272)[88] verknüpft wird.[89]

Handeln ist im Kontext von INQA als gemeinschaftlich repräsentiert: Die Metapher der ‚intimen Partnerschaft' (3x) rückt die Ebene der Beziehung ins Blickfeld, während Gemeinsamkeit (5x) Konsens verbildlicht. Ferner wird auffallend häufig das unbestimmte Pronomen ‚wir'/‚uns' (11x) verwendet. Damit ist Gemeinschaft metaphorisiert, welche inhaltlich zwischen ‚INQA', der ‚Bundesregierung' und einer ‚ökonomisch-nationalen Gemeinschaft' changiert.

Die Gemeinschaftsmetaphorik und die handlungsorientierte Repräsentation von INQA sind in der Rede von Clement mit zwei strategischen Ausrichtungen verknüpft, welche aufeinander verweisen: Zum einen die Rolle des Staates als unterstützender Akteur und zum anderen die Verantwortung der Betriebe für Gesundheitsschutz.

---

86 Clement benennt zwar „*Wirtschaft*", „*Gewerkschaften*", „*Sozialversicherungsträger*", „*Bertelsmann Stiftung*", „*Hans Böckler Stiftung*", Länder und „*andere wichtige Partner*", ohne deren Rolle und Funktion jedoch zu spezifizieren (Z. 173-176).
87 Desgleichen „*Vorgehen*" (Z. 186), oder Ausbau (Z. 252).
88 Das zeigt sich auch an der Verwendung der Begriffe „*Kompetenzverteilung*" (1x, Z.182), „*Entwicklung*" (2x, Z. 181, Z. 197), „*Handlungsfelder*" (2x, Z. 187f.), „*Überwindung*" (1x, Z. 204), „*Maßnahmen*" (2x, Z. 189, Z. 191), „*den Erhalt und die Förderung*" (1x, Z. 219) sowie „*Implementierung*" (1x, Z. 277).
89 In ähnlicher Weise ist betriebliche Gesundheitspolitik, welche nicht mit INQA identisch, aber auf diese bezogen ist, repräsentiert: Clement verknüpft sie z.B. mit „*Empfehlungen*" (2x, Z. 242f.), „*Förderung*" (1x, Z. 246) und „*Neuausrichtung*" (1x, Z. 251).

Der Staat bzw. das Bundesministerium für Wirtschaft und Arbeit spielen in der gesamten Rede nur eine marginale Rolle. Auffallend ist jedoch, dass Clement den Staat erstens in einer Unterstützungs- und Hilfsfunktion („*Deshalb unterstützt das Bundesministerium für Wirtschaft und Arbeit zusammen mit seinen Partnern*" (Z. 173f., s. auch Z. 253f.) und zweitens als einen gleichrangigen Akteur unter anderen benennt („*die der Unterstützung der überbetrieblichen Akteure, der Wissenschaft und des Staates bedürfen*" Z. 239f., s. ähnlich auch Z. 114f., Z. 262f.). Anders als Engelen-Kefer, die den Rückzug des Staates als neoliberale Strategie der Entstaatlichung repräsentiert, wird bei Clement der Staat in eine konsensuale Gemeinschaftlichkeit eingeordnet (vgl. auch: „*Wir brauchen eine Verständigung auf nationale Ziele, in die sich Staat und Sozialversicherung [...] einbringen.*" [Z. 262]). Das repräsentiert eine korporative Form des Regierens, die auf einer Partnerschaft zwischen Regierung, Wirtschaft und Ehrenamt beruht (Fairclough 1999: 375).

Mit der Repräsentation von Konsensualität wird politisches Handeln de-politisiert, indem komplexe institutionelle Entscheidungsstrukturen und -prozesse der Sichtbarkeit entzogen werden. Auch durch Subjektivierung, wie sie durch die Verwendung des Personalpronomens ‚ich' angezeigt ist (8x), werden politische Bewertungen und Positionen de-politisiert.[90]

Im Bericht der Expertenkommission ‚Die Zukunft einer zeitgemäßen betrieblichen Gesundheitspolitik' wird empfohlen, die Betriebe stärker in die betriebliche Gesundheitspolitik bzw. den Gesundheitsschutz einzubeziehen (Z. 249; Bertelsmann Stiftung/Hans-Böckler-Stiftung 2004: 25, 78). Diese politische Strategie hebt Clement mit „*das ist richtig*" (Z. 235) ausdrücklich positiv hervor. Die Empfehlung impliziert, dass die Verantwortung *und* die Steuerung für den Gesundheitsschutz vom Bereich des staatlichen Arbeitsschutzes auf die Unternehmen verlagert werden.

Über diese direkte politische Empfehlung hinausgehend wird die Rolle der Betriebe im Gesundheitsschutz in der Rede Clements unterstrichen. So sind Unternehmen in der gesamten Rede als aktiv handelnde AkteurInnen repräsentiert, also als solche mit Gestaltungsmacht für betrieblichen Gesundheitsschutz. Besonders deutlich zeigt sich das darin, dass durchgängig Beispiele von Unternehmen herangezogen werden, welche Humanressourcen fördern (MetallarbeitgeberInnen, Deutsche

---

90 Wie z.B. „*Deshalb liegt es an uns allen, ob diese Initiative weiter ausgebaut und erfolgreich ist. Ich bin daran sehr interessiert und zu dieser Zusammenarbeit gern bereit.*" (Z. 269f.)

Bahn AG, Frauenrath Bauunternehmen GmbH[91], Brose Arbeitsgruppe). Deren Maßnahmen hebt Clement durchgängig mittels gefühlsmäßig wertender Angaben positiv hervor („*Zum Glück*" Z. 116).[92]

Die politische Stärkung der Eigenverantwortung von Betrieben ist verbunden mit der Konstruktion politischer Gemeinschaftlichkeit: „*Denn die Förderung einer modernen betrieblichen Gesundheitspolitik ist zwar eine gemeinsame Aufgabe, sie erfordert jedoch konkrete Beiträge aller – ganz gemäß der INQA-Konzeption ‚Gemeinsam handeln – jeder in seiner Verantwortung'.*" (Z. 246ff.) Mit dem INQA-Motto ‚Gemeinsam handeln – jeder in seiner Verantwortung' ist das Leitbild der Agenda 2010 zitiert, das staatliche Deregulierung mit dem Aufruf zu mehr Eigenverantwortung verbindet (G. Schröder 2003: 8).[93] In der Rede werden an verschiedenen Stellen die Schlüsselworte Eigenverantwortung und Eigeninitiative verwendet, z.B. „*Ich würde sagen, das ist beispielhafte Eigeninitiative!*" (Z. 138, s. auch Z. 113ff., Z. 246ff.)

Dadurch wird auf die Agenda 2010 und die politische Strategie des Abbaus und der Umgestaltung gesetzlicher Regulierungen im Arbeitsschutz angespielt, ohne dass sie direkt benannt werden. Ich interpretiere das als Verkettung ‚indirekter Verweise'. Die Repräsentation von INQA erhält innerhalb dieser Verweiskette die Bedeutung als eine Alternative zum staatlichen Arbeitsschutz, in der Handlungsorientierung, Eigenverantwortung und Gemeinschaftlichkeit verbunden sind.

Symmetrie und Verweise: Dys-Hegemonie und De-Politisierung

Wie aus der Übersicht deutlich wird, erhalten in der Rede Clements ökonomische Prozesse ein erheblich größeres Gewicht als bei Engelen-Kefer. Es wird ferner ersichtlich, dass unter den textuellen Praktiken Metaphern eine quantitativ und qualitativ größere Bedeutung haben. Schließ-

---

91 Das Frauenrath Bauunternehmen GmbH ist zwar in der Rede Clements nicht direkt benannt, sondern ist als „*mittelständiges Bauunternehmen*" (Z. 130) bezeichnet. Jedoch ist dieses Bauunternehmen mit seinem Modellprojekt über die Homepage von INQA zu recherchieren (www.inqa-bauen.de/dokumente/af2010.pdf, Stand 05.06.2007), denn es hat den ersten Preis im ersten nationalen Wettbewerb Europäische Woche ‚Sicherheit und Gesundheit bei der Arbeit 2004' gewonnen, die den Schwerpunkt ‚Gesundes Bauen' hatte (de.osha.europa.eu/topics/europ_woche_europ/wettbewerb/ew_ea_archiv/nat_preistraegerw2004, Stand 12.08.2006).
92 Dazu gehören auch: „*gute Beispiele*" (Z. 116) oder „*so finde ich es richtig*" (Z. 118).
93 „Wir werden Leistungen des Staates kürzen, Eigenverantwortung fördern und mehr Eigenleistung von jedem Einzelnen abfordern müssen. Alle Kräfte der Gesellschaft werden ihren Beitrag leisten müssen [...]. Wir werden eine gewaltige gemeinsame Anstrengung unternehmen müssen [...]." (G. Schröder 2003: 8)

lich zeigt sich im Vergleich, dass die (inter-)diskursiven Praktiken der Ein- und Ausschlüsse eine größere Rolle spielen, während die Praxis der Aktivierung einzelner politischer AkteurInnen, die für Engelen-Kefers Repräsentation politisch oppositioneller Aktivität konstitutiv ist, fehlt. Dieser Befund verweist darauf, dass sich auch die Typen der Vernetzung zwischen den Repräsentationen und Praktiken in beiden Reden unterscheiden. In Clements Rede habe ich die Regelhaftigkeit der Vernetzungen und die darin wirksame Praxis als ‚Symmetrie und Verweise' typologisiert. Das stützt sich auf den empirischen Befund, dass die Repräsentationen ökonomischer Prozesse auf dem Ausschluss diskursiver Kontexte, Differenzierungen, Strukturen und politisch gestaltender AkteurInnen beruhen. Hierdurch werden einerseits ‚glatte', harmonische Repräsentationen teleologischer Entwicklungen, wie im Fall der Globalisierung, oder harmonische Gleichrangigkeiten produziert, wie sie den Repräsentationen von ‚Gesundheitsschutz als Ware' oder von ‚Gesundheit als Humankapital' zugrunde liegen. Dieser Typus der Repräsentation wird als *Logik der Oberfläche* bezeichnet; sie basiert auf Praktiken des Ausschlusses von Strukturierungen, Kontexten und Bedingungen.

Derselbe Typus findet sich im Bereich der *Polity*, also der institutionellen Gestaltung von Politik: Auch hier werden Strukturen, Funktionen und Bedingungsgefüge ausgeschlossen, so dass etwa der ‚Staat als gleichrangiger politischer Akteur unter anderen' oder Clement als Alltagsmensch (vgl. Fairclough 2000) mit einer subjektiven politischen Auffassung repräsentiert wird. Damit korrespondiert auf der anderen Seite eine Metaphorik der Gemeinschaft und der Partnerschaft. In Verbindung dieser textuellen und diskursiven Praktiken wird politische Gestaltung als konsensuale, symmetrische Gemeinschaftlichkeit repräsentiert. Die repräsentierte konsensuale Gemeinschaftlichkeit ist mit Rancière als „certain regime of the perceptible" (Rancière 1999: 102) zu bezeichnen, mit dem zivilgesellschaftliche Konflikte und die Möglichkeit für Menschen, ihre Freiheit zur Gestaltung der Lebens- und Arbeitsbedingungen einzusetzen, der Repräsentation entzogen werden (ebd.).

Des Weiteren gehören Verweise zu den typischen Merkmalen der Rede. Sie bilden eine spezifische Form der Vernetzung: etwa dort, wo Faktoren der Humanressourcen *gleichförmig* repräsentiert werden, indem eine Vielzahl – sich teilweise wiederholender – Faktoren benannt werden, die gleichermaßen auf das Deutungsfeld des ökonomischen Verwertungsprozesses bezogen werden. Vernetzung besteht aber auch dort, wo ein politischer Kontext diskursiv ausgeschlossen, aber (inter-)diskursiv zitiert wird, wie am Beispiel der Beziehung zwischen INQA, Deregulierung im Arbeitsschutz und der Agenda 2010 gezeigt worden ist. In beiden Fällen sind die Praktiken indirekt, insofern sie im ersten Fall Kontextwissen über Begriffe aufrufen und im zweiten Fall Ähnlichkeiten herstellen. Das zeigt, dass das Konzept der Interdiskursivität als (aktiver) Praxis der Verkettung von Repräsentationen und Praktiken in einem Text nur begrenzt aussagekräftig ist, da Ähnlichkeiten und Gleichförmigkeiten, um bildlich zu sprechen, Parallelen, jedoch keine Überschneidungen erzeugen.

Mit der strukturellen Dominanz der Logik der Oberfläche korrespondiert, dass Politisierung, also die Repräsentation von Kontingenz im Sinne der Möglichkeit politischer Veränderung, in der Rede Clements nur in Bezug auf die Wahrnehmung von Globalisierung eine Rolle spielt.

Im Hinblick auf die beiden gegenläufigen, aber sich in einer hegemonialen Struktur ergänzenden Kräfte (vgl. hierzu ausführlich Kapitel 4), liegt die Besonderheit der Rede Clements darin, dass sie sich überwiegend durch zentripetale hegemoniale Kräfte auszeichnet, also solche, die auf Einheitlichkeit, Generalisierung und Evidenzen ausgerichtet sind. Zentrifugale Kräfte, die auf Pluralität, Veränderung und Differenzierung ausgerichtet sind, fehlen hingegen weitgehend.[94]

Die Rede ist folglich nicht nach tradierten Regeln von *Politics* organisiert, weil *Politics* voraussetzt, dass Konflikthaftigkeit, gegensätzliche politische Positionen und oppositionelle AkteurInnen sichtbar gemacht werden. Bei dem symmetrischen Typus politischer Praxis handelt es sich also um eine de-politisierte hegemoniale Kraft, die sich dadurch auszeichnet, dass die „Grenz-Fronten" (Laclau/Mouffe) diskursiv eingeebnet werden und dadurch den Effekt haben, dass Generalisierung ungebrochen bleibt. Ich bezeichne diesen Typus der Repräsentation des Politischen als dys-hegemonial. – damit ist gemeint, dass diejenige politische Kraft fehlt, die Veränderbarkeit markiert.[95]

Im Vergleich der beiden Reden unterscheidet sich auch die Form der Generalisierung, also der zentripetalen Kräfte, erheblich. So stützt sich die zentripetale Kraft der Verallgemeinerung und Evidenzproduktion in der Rede Engelen-Kefers auf den interdiskursiven Einsatz von Expertenwissen. Dieses repräsentiert das Sprachspiel der Rationalität, der Objektivität und Wahrheit und zielt auf Überzeugung auf der Grundlage von Argumentationen und Einsicht ab.

---

94 Zur Unterscheidung von zentripetalen und zentrifugalen Kräften vgl. Kapitel 4.
95 Ich habe diesen Begriff von Wolfgang Fritz Haug (2003: 15) entlehnt. Er verwendet ihn in einem anderen Kontext, nämlich der öffentlich-intellektuellen Affirmation einer ‚Herrschaft ohne Hegemonie' durch die US-amerikanische Regierung.

In der Rede Clements hingegen dominiert die Repräsentation von Widerspruchsfreiheit und Symmetrie. Mit Fairclough ist dies als Ausdruck dessen zu verstehen, dass politische Kommunikation sich an den Maßgaben der Werbung und des Managements, also an ‚Überredung' orientiert. Das führe dazu, dass politische Konflikte nicht mittels politischer Kommunikation in der Öffentlichkeit ausgetragen werden (Fairclough 2006: 106f.). Die Rede Clements trägt insofern Züge einer Strategie der Vermarktung von Entscheidungen, Konzepten und Strategien in der Öffentlichkeit (ebd.: 102). Diese Strategie der Repräsentation von Politik korrespondiert mit einem Politikstil, der sich nicht als demokratischer, konflikthafter und transparenter Prozess darstellt, sondern als effiziente Problemlösungsstrategie (Fairclough 2000a: 124ff.; s. auch Hirsch 2002: 201; Rancière 1999).

Zwischenfazit: *Policy, Polity* und Gesundheit

In den beiden vorangegangenen Abschnitten wurden die Ergebnisse der Analyse dargelegt und es wurde detailliert aufgezeigt, wie diskursive und (inter-)textuelle, hegemoniale und politische Praktiken in der Produktion der Repräsentationen und Diskurse sowie ihrer Vernetzung zum Einsatz kommen. Im Folgenden werden die Ergebnisse der Analyse zunächst im Hinblick auf *Polity, Policy* und Gesundheit gebündelt.[96] In einem zweiten Schritt werden die Repräsentationen in den Texten in den weiteren Rahmen politischer Gestaltungsmodelle im Gesundheits- und Arbeitsschutz gestellt und interpretiert.

Wie der folgende Überblick verdeutlicht, liegen den beiden Reden Repräsentationen mit unterschiedlichen Formen institutioneller politischer Gestaltung (*Polity*), politischer Zielsetzungen (*Policy*) und Gesundheit zugrunde.

---

96 Im Fazit werden die Analyseergebnisse zu politischen und hegemonialen Praktiken in Thesen über eine politische Kultur der Harmonie wieder aufgegriffen.

*Tabelle 1: Politik-Dimensionen und Gesundheit
in den untersuchten Reden*

	Engelen-Kefer	Clement
Polity	Sozialstaat	Governance
Policy	Verbesserung der Arbeitsbedingungen	Wirtschaftswachstum
Gesundheit	Gesundheit als biomedizinische Norm	Gesundheit als Humankapital

Wirtschaftswachstum versus Verbesserung der Arbeitsbedingungen (*Policy*)

Die politische Programmatik (*Policy*) ist in beiden Reden in den Kontext von Globalisierung und ökonomischem Wettbewerb eingeordnet. Deren Repräsentation weist im Vergleich keine Unterschiede auf. In beiden Fällen sind Wettbewerb und Globalisierung de-politisiert und werden als unhinterfragte Faktizität gesetzt. Sowohl bei Engelen-Kefer als auch bei Clement sind politisch und ökonomisch gestaltende AkteurInnen dem Blickfeld entzogen. Unter anderem durch den Einsatz von Container- und Sportmetaphern wird Wettbewerb in beiden Reden an Nationalstaatlichkeit gebunden, d.h. in Gestalt nationaler Wettbewerbsstaaten verbildlicht. Diese Untersuchungsergebnisse werden durch politikwissenschaftliche und diskursanalytische Untersuchungen über Globalisierung bestätigt (vgl. Fairclough 2006, 2000a; van der Walt 2004; Weiss 2000). Alle Forschungen zeigen übereinstimmend, dass sich ein Diskurs über Globalisierung und Wettbewerb konsolidiert hat, der als hegemoniale Form des „Globalization-speak" (van der Walt 2004) wirksam wird.

Dass dieser Diskurs trotz der Gegensätze zwischen Gewerkschaften und Bundesregierung in beiden Reden eingesetzt wird, ist mit den seit den 1990er Jahren populären sozialpartnerschaftlichen Reformstrategien[97] zu begründen, die auf Dreieckskooperationen zwischen Gewerkschaften, Staat und ArbeitgeberInnen basieren. Sie orientieren sich an der Steigerung internationaler Wettbewerbsfähigkeit, der Sanierung der öffentlichen Haushalte und der Bekämpfung der Arbeitslosigkeit als Reformzielen (vgl. auch Wiesenthal/Clasen 2003).

Im Vergleich zwischen der Rede Clements und der Engelen-Kefers zeigen sich jedoch strategisch relevante Divergenzen. So unterscheiden

---

97 Beispiele hierfür sind das 1995 auf Initiative des ersten Vorsitzenden der IG Metall Klaus Zwickel gegründete ‚Bündnis für Arbeit' und das ‚Bündnis für Arbeit, Ausbildung und Wettbewerbsfähigkeit', das von 1998 bis 2002 bestand (vgl. Wiesenthal/Clasen 2003).

sich die politischen und textuellen Praktiken, mit denen ‚Wettbewerb' und ‚Globalisierung' repräsentiert werden, und die Form, wie diese mit der Politisierung oder De-Politisierung nationalstaatlicher Politik verbunden sind. Diese Praktiken haben maßgeblichen Einfluss darauf, wie *Gesundheit* in die *Policy*-Dimension involviert ist. Die folgende Tabelle gibt hierzu einen ersten Überblick.

Tabelle 2: Repräsentationen von Wettbewerb, Globalisierung und nationalstaatlicher Politik im Hinblick auf Policy

Repräsentationen	Engelen-Kefer	Clement
Wettbewerb und Globalisierung	De-Politisierung von Globalisierung und Wettbewerb	De-Politisierung von Globalisierung und Wettbewerb
		Globalisierung als teleologischer Prozess
		Politisierung der Wahrnehmung von Globalisierung
Nationalstaatliche Politik	Rekontextualisierung von Wettbewerb/Globalisierung durch nationale Arbeitsschutzpolitik	De-Politisierung von nationalstaatlicher Politik
Policy	Verbesserung der Arbeitsbedingungen	Steigerung des Wachstums von Unternehmen

Aus der Übersicht wird deutlich, dass sich die Rede Clements im Vergleich zu der Rede Engelen-Kefers dadurch auszeichnet, dass Globalisierung und Wettbewerb als lineare, zwangsläufige und natürliche Entwicklung repräsentiert werden. Das ist wesentlich auf den Einsatz von Metaphern aus den Herkunftsbereichen ‚Organismus', ‚Natur' und ‚Evolution' zurückzuführen. Ferner ist die Metaphorisierung des nationalen Wettbewerbsstaates in der Rede Clements konstitutiv mit der De-Politisierung von nationalstaatlicher Politik verknüpft. So werden beispielsweise nationalstaatliche politische Maßnahmen nicht inhaltlich begründet oder legitimiert, sondern aus der Position im Ranking abgeleitet. Es ist bedeutsam, dass in Clements Rede die De-Politisierung von Globalisierung mit einer Politisierung der *Wahrnehmung* von Globalisierung verknüpft ist. Diese Repräsentation legt die Problemlösung nahe, nämlich die ‚Stärkung des Humankapitals', die als einzige politische Option im Hinblick auf das politische Ziel der Steigerung des Wirtschaftswachstums von Unternehmen dargestellt ist (*Policy*).

Clements Fokus auf Unterstützung und Stärkung von Humankapital steht im Kontrast zu Engelen-Kefers Strategie, qualitative Verbesserungen der Arbeitsbedingungen in den Vordergrund zu stellen. Diese Strategie stützt sich darauf, dass Arbeitsschutz als kompatibel mit der europäischen Wettbewerbsstrategie repräsentiert, also rekontextualisiert wird. Daher bleibt zwar die De-Politisierung von Wettbewerb und Globalisierung bestehen, aber sie wird durch die Politisierung der Gestaltungsmöglichkeiten damit verbundener ‚Rahmenbedingungen' auf nationaler und europäischer Ebene ergänzt.

Sozialstaat versus Governance (*Polity*)

Es bestehen signifikante Unterschiede in der *Polity*-Dimension des Arbeits- und Gesundheitsschutzes. Sieht Engelen-Kefer sozialstaatliche Regulierung vor, so ist in der Rede Clements die politische Regulierung nach dem Modell von Governance repräsentiert. Beiden Konzepten liegen unterschiedliche Leitbilder staatlicher Steuerung zugrunde. Um diese herauszuarbeiten, wird auf die Analysen der Politologen Werner Jann und Kai Wegrich über Leitbilder in der Verwaltungspolitik zurückgegriffen.[98] Im Folgenden werden vor der Folie dieser Leitbilder die zentralen Unterschiede der *Polity*-Dimensionen in den beiden Reden kategorisiert.

Tabelle 3: Polity-Dimensionen der Gestaltung des Arbeits- und Gesundheitsschutzes

	Engelen-Kefer	Clement
Regulierungsform	Sozialstaat	Governance
Leitbild	Staatliche Steuerung über Recht	Aktivierender/gewährleistender Sozialstaat
Rolle der Unternehmen	–	Social Corporate Responsibility/Corporate Citizenship

---

[98] Jann und Wegrich haben vier Leitbilder kategorisiert: das des ‚demokratischen Staates', des ‚aktiven Staates', des ‚schlanken Staates' und des ‚aktivierenden Staates'. Für meine Analyse sind zwei Leitbilder zentral: erstens das des ‚demokratischen Staates', das mit Hierarchie, Regeln und Recht verbunden ist und in den 1950er Jahren die Verwaltungspolitik dominierte; zweitens das Leitbild des ‚aktivierenden Staates', das sich seit Mitte der 1990er Jahre herausbildete. Staatliche Steuerung ist nach diesem mit Markt, Gemeinschaft und Regulierung verbunden (Jann/Wegrich 2004: 196).

6 EMPIRISCHE UNTERSUCHUNG

Engelen-Kefer lokalisiert die politische Gestaltung des Arbeitsschutzes im rechtsstaatlichen System des demokratischen Staates, in dem staatliche Steuerung durch Hierarchie, Regeln und Recht erfolgt. Dem entspricht, dass sie sich durchgängig und eindeutig auf ein fordistisches Leitbild sozialer Sicherung bezieht. Dieses Leitbild gibt normativ die *Möglichkeit* und das Ziel sozialstaatlich regulierter Sicherheit im Arbeitsleben vor. Im Gegensatz hierzu repräsentiert Clement die politische Gestaltung von Gesundheitsschutz (INQA) nach einem Governance-Modell, das sich dadurch auszeichnet, dass soziale Netzwerke und Gemeinschaften als gegenüber Staat und Markt gleichwertige institutionelle Regelungsmechanismen dargestellt sind.

Governance bezieht sich zunächst allgemein auf die *Form* oder *Funktion* des Regierens, dabei sind nicht nur die prozessualen, sondern auch die strukturellen, funktionellen und instrumentellen Aspekte des Regierens und Steuerns bezeichnet (Benz 2004: 15). Ihr Kennzeichen besteht darin, dass neben Staat und Markt nun auch verstärkt soziale Netzwerke und Gemeinschaften als gleichwertige institutionelle Regelungsmechanismen auftreten, die variabel genutzt werden. Damit rückt deren Steuerungs- und Koordinierungsfunktion in den Fokus des Interesses, wobei Formen der Abstimmung und Verhandlung zur Geltung kommen (ebd.: 20).

Das Modell der Governance bildete sich im engeren Rahmen der Verwaltungspolitik heraus, wurde von kommunalen politischen AkteurInnen aufgegriffen und ist, insbesondere unter der rot-grünen Regierung, als Reformperspektive auf die Neukonzeptualisierung der Beziehung von Staat, Wirtschaft und Zivilgesellschaft übertragen worden (hierzu exemplarisch Bürsch 2006: 4; Schröder 2000). Das Modell von Governance steht unter dem Leitbild des ‚aktivierenden' bzw. ‚gewährleistenden Sozialstaates' (vgl. Jann/Wegrich 2004). Damit ist eine Neudefinition der Beziehung zwischen Staat und Gesellschaft im Sinne einer korporativen und partnerschaftlichen Verantwortungsteilung *statt* staatlicher Planung und Regulierung anvisiert (Bürsch 2006: 2; s. auch Jann/Wegrich 2004).

Ein zentraler Marker für das Governance-Modell in Clements Rede ist die Repräsentation der Rolle des Staates. Sie ist nicht – wie im sozialstaatlichen Modell politischer Steuerung – als führend oder hierarchisch repräsentiert, sondern gleichrangig in eine konsensuale Gemeinschaftlichkeit eingeordnet. In der Rede ist angedeutet, dass die staatliche Rolle in Koordination und Gewährleistung der Prozesse im Arbeits- und

Gesundheitsschutz besteht.[99] Das entspricht der gegenwärtigen politischen Positionierung der ‚Initiative Neue Qualität der Arbeit'. So konstatiert auch Rainer Thiehoff, der ehemalige Geschäftsführer von INQA, dass die Rolle des Staates „auf das Anstoßgeben, die Unterstützung und das Prozessmanagement" beschränkt ist (Thiehoff 2007: 113). Auch die Strategie der Aktivierung, die zu den Kernelementen im Leitbild des ‚aktivierenden' bzw. des ‚gewährleistenden Staates' gehört (Bürsch 2006: 8ff.; Jann/Wegrich 2004: 203), findet in der Rede Clements eine Entsprechung. So rückt Clement die Rolle der Unternehmen in den Vordergrund (Thiehoff 2007: 92). Im Kontrast dazu insistiert Engelen-Kefer darauf, dass die gesellschaftlichen Verantwortung für den Gesundheitsschutz nicht an den betrieblichen Rahmen gebunden bleiben dürfe (Engelen-Kefer 2004: Z. 449f.).

Dieser Unterschied zwischen beiden Reden verweist auf eine strategische Markierung, die für *Polity* höchst relevant ist. Clement adressiert Unternehmen als verantwortliche AkteurInnen. Diese Strategie korrespondiert mit dem Modell ‚Corporate Social Responsibility/Corporate Citizenship', das ich im Folgenden als CSR/CC abkürze.[100] Es bezeichnet allgemein die gesellschaftlich-ethische Verantwortung von Unternehmen. CSR/CC ist gegenwärtig hoch populär und bildet einen Knotenpunkt gesellschaftlicher Debatten. Es wird zum einen kritisch gegen das Prinzip der Gewinnmaximierung und die fehlende politische Regulierung im Shareholder-Kapitalismus gewendet (vgl. Beckmann 2007; DGB o.J.). Zum anderen beziehen sich Gewerkschaften, WirtschaftsethikerInnen und PolitikerInnen positiv auf dieses Konzept, da sie es als Ansatzpunkt dafür sehen, die moralische Qualität der sozialen Marktwirtschaft zu erneuern und dieser ‚ein menschliches Antlitz' zu verleihen (Beckmann 2007: 38).

Gleichwohl adressiert CSR/CC nicht allein Unternehmen als soziale AkteurInnen für das Gemeinwohl, es ist mit Reformkonzepten einer veränderten Form staatlicher Regulierung verknüpft (Bürsch 2006: 5). So sieht beispielsweise das Konzept der ‚Bürgergesellschaft'[101] vor, dass

---

99 „*Dem Staat empfiehlt die Kommission* [Expertenkommission ‚Die Zukunft einer zeitgemäßen betrieblichen Gesundheitspolitik'], *die Rahmenbedingungen für die Umsetzung des geltenden Rechts in der Praxis zu verbessern. Hier geht es aus meiner Sicht vor allem darum, die Zusammenarbeit von Bund, Ländern und Sozialversicherung zu verbessern.*" (Clement 2004, Z. 241-244)
100 Für einen Überblick über die historische Entwicklung der Diskussion um CSR/CC vgl. exemplarisch Beckmann (2007).
101 Das Konzept der Bürgergesellschaft bildet ein Modell der Reform des Gesellschaftsvertrags zwischen Staat, Wirtschaft und Gesellschaft. Es stützt sich wesentlich auf kommunitaristische Ideen. Daher versteht sich

Geschäftsziele mit Gemeinwohlinteressen verknüpft werden. Es solle eine ‚Win-Win-Situation' für Unternehmen und Gesellschaft entstehen (vgl. Bürsch 2006).

Die Aufwertung der unternehmerischen Verantwortung ist in Verbindung mit der staatlichen Regulierung nach dem Modell von Governance nicht neutral. Vielmehr orientieren sich die unternehmerischen Beiträge zum Gemeinwohl am (eigenen) betriebswirtschaftlichen Rahmen und am Ziel der Gewinnmaximierung. Für die politische Regulierung des Gesundheitsschutzes folgt daraus, dass dieser idealtypisch dem Ziel ökonomischer Profitabilität der Unternehmen untergeordnet und Gesundheitsschutz aus den begrifflichen Rastern der Politik und der ‚unternehmerischen Fürsorgepflicht' (vgl. Müller-Petzer 2003) in eine Frage der ‚moralischen Verantwortung' und der ‚Menschlichkeit' verschoben wird. Strategisch ist diese Umcodierung von größter Relevanz: Wird Gesundheits- und Arbeitsschutz programmatisch und institutionell nach der Maßgabe der CSR/CC gestaltet, so sind Unternehmen zugleich Adressaten von betrieblicher Gesundheitspolitik, wie sie diesen umgekehrt nach den Maßgaben unternehmerischer Interessen gestalten und begrenzen (können) (s. auch Thiehoff 2007: 92).

Dies bestätigt das Ergebnis der detaillierten empirischen Analyse der Rede Clements, dass das Modell der partnerschaftlichen politischen Gestaltung des Gesundheits- und Arbeitsschutzes im Rahmen von INQA implizit als eine *Alternative* zum staatlich regulierten Arbeitsschutz repräsentiert wird. Diese Einschätzung gewinnt an strategischer Relevanz, wenn berücksichtigt wird, dass zum Zeitpunkt der Rede – im ersten Halbjahr 2004 – die sozialstaatliche Regulierung des Arbeitsschutzes im Fokus der Auseinandersetzungen zwischen Gewerkschaften und Bundesregierung stand. Mit den verschiedenen Modellen der politischen Regulierung (Governance versus Sozialstaat) korrespondieren binär konfigurierte Repräsentationen von Gesundheit.

---

das Modell als Gegenentwurf zur neoliberalen Politik (vgl. exemplarisch Bürsch 2006; vgl. auch Kapitel 1).

Gesundheit als Norm versus Humankapital

Mit folgender Tabelle wird ein Überblick über die zentralen Unterschiede der Repräsentationen von Gesundheit in beiden Reden gegeben.

Tabelle 4: Diskurse über Gesundheit in den untersuchten Reden

Diskurs	Gesundheit als biomedizinische Norm	Gesundheit als Humankapital
Repräsentation	Gesundheit ist potenziell durch Arbeit gefährdet	Verbindung von Gesundheit mit Leistungsfähigkeit, Motivation, Kenntnissen und Kompetenzen
Ausschlüsse	Gesundheitsförderliche Aspekte von Arbeit	Gesundheitsgefährdende und -schädliche Aspekte von Arbeit
Funktion von Gesundheit	Grenzziehung gegenüber ökonomischer Verwertung/Arbeit	Mehrwert/ökonomische Produktivität von Gesundheit

Die binäre Ausgestaltung von *Polity* (Sozialstaat versus Governance) und *Policy* (Verbesserung der Arbeitsbedingungen versus Steigerung des der Profitmaximierung bzw. des Wachstums der Unternehmen) in beiden Reden korrespondiert mit binären Typen von *Gesundheit*. Engelen-Kefer repräsentiert Gesundheit bei der Arbeit als gefährdet. Arbeit geht bei ihr mit Belastungen, potenziellen Erkrankungen, Krankheiten, Schwächen und Problemen einher. Clement dagegen verbindet Gesundheit überwiegend mit Motivation, Kenntnissen, Kompetenzen und Leistungsfähigkeit. Sind bei Engelen-Kefer positive, gesundheitsförderliche Aspekte von Arbeit und subjektive Faktoren von Gesundheit ausgeschlossen, so schließt Clement Probleme, Schwächen und Krankheiten aus seiner Repräsentation von ‚Gesundheit und Arbeit' aus. Ist bei Engelen-Kefer Gesundheit als schützenswerte Natur dargestellt, die nicht unbegrenzt ökonomisch verwertet werden kann, ohne Schaden zu nehmen oder zerstört zu werden, so fehlt in der Rede Clements die Markierung einer Grenze. Clement stellt *Gesundheit* als steigerungs- und wachstumsfähiges Kapital von Individuen dar, dessen Nutzen über die ökonomische Verwertbarkeit im nationalen Wettbewerbsstaat bestimmt wird.[102] Gesundheit wird dadurch von Krankheit abgelöst und erscheint als rein positiver, produktiver ‚Mehrwert'.

Der biomedizinische Diskurs über Gesundheit dient in der Rede Engelen-Kefers als normativer Maßstab zur Bewertung von Arbeit und Arbeitsbedingungen. Seine Kriterien werden in den Arbeitswissenschaften bestimmt (Oppolzer 2006: 60f.). Mit diesem Maßstab wird eine Grenze zwischen Arbeit und ökonomischer Produktivität auf der einen Seite und Gesundheit auf der anderen Seite gesetzt. Wird diese Grenze überschritten, treten Schwäche, Probleme und Krankheiten auf.

In der Rede Clements fehlt eine externe, gesellschaftspolitische oder anthropologische Grenze oder ein Maß für die Bewertung von Arbeit und Arbeitsbedingungen. Das ist ein Effekt der diskursiven Praxis der Harmonisierung, mit der Widersprüche zwischen subjektiver Leistungsfähigkeit, Engagement, Motivation und Gesundheit eingeebnet werden. Dadurch erscheinen die einzelnen Faktoren menschlicher Subjektivität und Fähigkeiten als (austauschbare) Signifikanten eines Signifikats, nämlich des Humankapitals. Das Fehlen einer Grenze ermöglicht die Repräsentation einer ‚unschädlichen' Verwertung des Humankapitals. Daher ist der Ausschluss gesundheitsschädigender und -gefährdender Aspekte von Arbeit für die Repräsentation von ‚Gesundheit als Humankapital' konstitutiv.

Die Diskurse über Gesundheit sind für die institutionellen Formen der politischen Regulierung bedeutsam. So stützt die Repräsentation von ‚Gesundheit als Humankapital' das Modell von Governance und CSR/CC. In diesem ökonomisch-unternehmerischen Kontext wird Gesundheitsschutz als moralische Verantwortung von ArbeitnehmerInnen codiert. Im Gegensatz dazu begründen die Schwächen, Probleme und (möglichen) Krankheiten, die mit dem biomedizinischen Modell verbunden sind, den sozialstaatlichen Schutzgedanken, der als Fürsorgepflicht der ArbeitgeberInnen gesetzlich verankert ist (vgl. Müller-Petzer 2003).

Damit sind in den beiden Reden verschiedene Muster verbunden, wie die Beziehung zwischen ArbeitgeberInnen und ArbeitnehmerInnen dargestellt wird. In Clements Rede wird diese Beziehung tendenziell als eine zwischen gleichrangigen Rational-Choice-AkteurInnen repräsentiert. Es deutet sich an, dass Gesundheitsschutz als ‚Ware' repräsentiert wird, die von ArbeitnehmerInnen gegen strukturelle Veränderungen ihrer Arbeitsbedingungen durch ArbeitgeberInnen (leistungsorientierte

---

102 An verschiedenen Stellen der Rede Clements findet sich ein ‚nicht-ökonomisches Modell', das jedoch dem ökonomischen Wettbewerb durchgängig nachgeordnet ist.

Bezahlung statt Überstundenvergütung und tarifliche Zulagen, Desktop-Sharing) eingetauscht wird. Im Kontrast dazu sind in Engelen-Kefers Rede strukturelle und institutionelle Widersprüche und Interessengegensätze zwischen ArbeitgeberInnen und ArbeitnehmerInnen konstitutiv. Sie strukturieren nicht nur das gesamte Feld der Repräsentationen von Arbeit, sondern begründen die Notwendigkeit des sozialstaatlichen Schutzes. Es besteht folglich eine Binarität zwischen Symmetrie/Tausch/Moral/Humankapital auf der einen Seite (Clement) und Asymmetrie/Schutz/Verpflichtung/Norm (Engelen-Kefer) auf der anderen Seite. Im nun folgenden Abschnitt werden die Ergebnisse der Metaphernanalyse vorgestellt. Es ist zu erwarten, dass sie die bisherigen Ergebnisse über die Repräsentation politischer Prozesse in Bezug auf *Polity* und *Policy* vertiefen und erweitern. Von besonderem Interesse ist der empirische Befund, dass Gemeinschaftlichkeit in der politischen Regulierung des Gesundheitsschutzes durch INQA wie auch im Modell der CSR/CC eine zentrale Rolle spielt. Weil Gemeinschaftlichkeit wesentlich über Semantik hergestellt wird (vgl. Anderson 1998) ist zu vermuten, dass die Analyse der Metaphern Aufschluss über die ‚semantische Produktion' der verschiedenen Modelle politischer Gestaltung gibt. Dabei ist von besonderem Interesse, in welcher Weise Metaphern in Strategien der Politisierung und De-Politisierung eingesetzt werden.

Politische Metaphorik

Politische Metaphorik bezieht sich auf die Verbildlichung von *Prozessen* der Politik, ihre Analyse erlaubt also eine Rekonstruktion der unterschiedlichen Konzeptualisierungen, Vorstellungen und Leitbildern des Politischen (vgl. auch Rigotti 1994).

Jede Metaphernanalyse ist vor das Problem gestellt, sich für eine Systematik bei der Gruppierung der Sprachbilder zu entscheiden, die schließlich die Grundlage der Interpretation bildet (Hülsse 2003: 45). Ich habe die Relevanz der Metaphern induktiv aus dem empirischen Material heraus bestimmt, die Metaphern kategorisiert und schließlich systematisiert. Dabei hat sich gezeigt, dass die Metaphern in den drei betrachteten politischen Reden einer begrenzten Anzahl von Bildern zugeordnet werden können, die sich jeweils durch ihre semantische Ähnlichkeit auszeichnen. In Anlehnung an Rudolf Schmitt bezeichne ich diese Metaphernbereiche als „Bildfelder" (Schmitt 1997: 117). Sie dienen mir als Grundlage für eine Systematisierung der Metaphern: Ich lehne mich dabei an die Kategorien von Paul Chilton an, die sich durch eine große Trennschärfe auszeichnen; Chilton unterscheidet zwischen den Bildfeldem ‚Bewegung', ‚Container', ‚Verbindung' und ‚Kraft'[103] (vgl. Chilton 1996; s. auch Hülsse 2003; Muntigl 2002). Ich greife die Bewegungs-, Container- und Verbindungsmetaphern auf und verknüpfe sie mit einer Gruppierung nach Dimensionen in der Politik, wie sie Hoinle vorgeschlagen hat (Hoinle 1999: 88f.). Die Systematik von Hoinle erlaubt es, die Analyse der Repräsentation politischer Gestaltung (*Policy* und *Polity*) und die Analyse politischer Metaphorik miteinander zu verknüpfen und beides auf politisches Handeln (Politisierung/De-Politisierung) zu beziehen.

So untersuche ich erstens Metaphern der Gemeinschaft, da Gemeinschaft in der Repräsentation von Governance eine herausragende Rolle spielt. Es ist deshalb zu vermuten, dass der metaphorischen Repräsentation von Kohäsion eine besondere Bedeutung zukommt. Zweitens analysiere ich Metaphern der Stabilität, welche sich auf die Organisation und Institution politischer Gestaltung beziehen, und drittens Metaphern der Bewegung, die auf Wert- und Zielorientierungen sowie politische Programmatik verweisen (Hoinle 1999: 90). Anders als bei Hoinle werden die Funktionen der drei Bildfelder und ihr Einsatz nicht als absolute, d.h. invariante, überhistorische Mechanismen von Politik (ebd.: 76-83; vgl. auch Rigotti 1994[104]) untersucht, sondern als *relative* Kategorien, welche Auskunft über unterschiedliche, möglicherweise auch umkämpfte Repräsentationen politischer Gestaltung in den drei Reden geben (können).

Abbildung 2: Beziehung zwischen Bildfeldern und politischen Prozessen

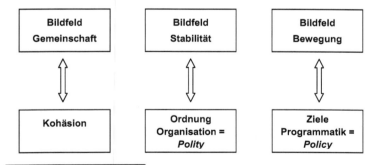

---

103 Der englische Begriff ‚force' integriert Metaphern aus dem Bereich der Physik und der Chemie. Die Metaphern der Kraft werden beispielsweise im Neo-Realismus verwendet (vgl. Chilton 1996; s. auch Hülsse 2003: 46f.).

104 Rigotti (1994: 192, 199) spricht in diesem Zusammenhang sogar von ‚Archetypen' der Politik. Sie ist der Auffassung, dass diese im historischen Wandel erweitert werden, jedoch in ihren Grundformen erhalten bleiben.

Ich werde zu Beginn jedes Abschnitts den Forschungsstand über den Einsatz der Bildfelder ‚Gemeinschaft', ‚Stabilität' und ‚Weg/Bewegung' in politischer Metaphorik darlegen, um anschließend die verschiedenen Verwendungsweisen in den Texten aufzuzeigen und diese zuletzt vergleichend zu diskutieren. Welche politischen AkteurInnen verwenden welche Metaphern aus den drei Bildfeldern auf welche Weise? Auf welche Zielbereiche, Themen und Zusammenhänge werden diese übertragen? Dabei wird zum einen beleuchtet, wie die verschiedenen AkteurInnen diese Metaphern in Strategien *der De-Politisierung* bzw. der *Politisierung* einsetzen. Zum anderen wird herausgearbeitet, auf welche Weise in den Reden mittels der Verwendung von Metaphern aus den drei Bildfeldern die institutionelle Gestaltung von Gesundheits- und Arbeitsschutz (*Polity*) und die politischen Ziele (*Policy*) repräsentiert werden.

Metaphern der Gemeinschaft

Metaphern der Gemeinschaft gehören zu den häufigsten Metaphern in politischen Texten überhaupt (vgl. Hoinle 1999; Zimmermann 1975). Sie knüpfen an kulturelle Muster der Sozialität an (Hülsse 2003: 102) und übertragen diese auf abstrakte Bereiche wie die EU, Nationen oder politische Parteien (vgl. ebd.; Hoinle 1999). Sie setzen dabei den Aspekt der Beziehungen (vgl. Hülsse 2003) bzw. der Relationalität (vgl. Hoinle 1999) ein, um abstrakte Bereiche als kohärente Gefüge zu verbildlichen und *erzeugen* dadurch Gemeinschaften (statt sie abzubilden) (vgl. hierzu auch schon Zimmermann 1975).[105]

---

[105] Mechanismen der Konstitution von Gemeinschaften sind besonders für Nationalismen gut belegt (vgl. Jureit 2001; Wodak et al. 1998; Anderson 1998). Benedict Anderson hat in seiner Untersuchung der ‚Erfindung der Nation' gezeigt, dass Nationalismus an bestehende Gemeinschaftskonstruktionen andockt und diese mit der Imagination territorialer Grenzen, politischer Souveränität und (innerer) Gemeinschaftlichkeit artikuliert. Die ‚Imaginationen' von Nationen werden durch Objekte, Symbole und Narrationen kommuniziert und hergestellt (Anderson 1998: 15f.). Die ‚Erfindung von Nationen' darf nicht als statische, invariante Praxis missverstanden werden, sondern muss stets aus dem aktuellen sozialen und historischen Bezugsystem rekonstruiert werden. Der Erfolg einer Konstruktion von Nationalität hängt davon ab, ob sie für politische, soziale und gesellschaftliche Prozesse relevante Bezugsysteme bereitstellen kann (Jureit 2001: 11). Folgt man Etienne Balibar, so beruht ein wesentlicher Aspekt des ‚Erfolgs' darauf, ob Individuen sich und andere in den Begriffen und Konzepten *anerkennen* können, d.h., ob diese Identität zu konstituieren vermögen. Genau darin besteht das Imaginäre der Nation (Balibar 1992).

6 EMPIRISCHE UNTERSUCHUNG

Die Besonderheit der Verwendung von Gemeinschaftsmetaphern in politischen Reden besteht darin, dass sie üblicherweise *nicht* als *ein* kohärentes System organisiert sind, das auf einzelne Basismetaphern zurückgeführt werden kann, oder in Gestalt von konzeptuellen Metaphern organisiert ist, also spezifische Dimensionen vorgibt und die Beziehung zwischen ihnen reguliert (Hülsse 2003: 102). Deshalb rechne ich zu den Metaphern der Gemeinschaft neben den Kollektivierungen, die durch die Verwendung des Personalpronomens ‚wir' bzw. ‚uns' angezeigt sind (vgl. Zimmermann 1975), Metaphern aus dem Bereich der sozialen Formen des Zusammenlebens wie ‚Partnerschaft', ‚Nachbarn' (vgl. Hülsse 2003; Hoinle 1999; Rigotti 1994) oder ‚Eltern' (vgl. Lakoff 2002). Darüber hinaus beziehe ich auch die Link-Metapher (vgl. Chilton 1996) ein, welche sich dadurch auszeichnet, dass sie durch Begriffe wie ‚verbinden', ‚verknüpfen' oder ‚anschließen' Verbindungen zwischen verschiedenen Objekten herstellt (Muntigl 2002: 53).

In der folgenden Tabelle wird ein Überblick über die Häufigkeit der verschiedenen Metaphern in den einzelnen Reden gegeben.

Tabelle 5: Häufigkeit der Gemeinschaftsmetaphern

	Clement (2364 W.)	Engelen-Kefer (2301 W.)	Schlauch (1115 W.)
Kollektive ‚wir'/‚uns'	54	44	6
Partnerschaft/ Nachbarschaft	8	2	2
Familie/Eltern	26	14	4
Link	1	-	1
Gesamt	89	60	13

Aus der Übersicht wird deutlich, dass Kollektive (‚wir'/‚uns') und Metaphern aus dem Herkunftsbereich ‚Familie/Eltern' am häufigsten verwendet werden. Auf dem Einsatz dieser beiden Metaphern wird im Folgenden der Schwerpunkt liegen, während der typische Einsatz der Metaphern der ‚Partnerschaft' und der ‚Verbindung' bereits erläutert worden ist.

Kollektive

Kollektive spielen in allen untersuchten Reden eine herausragende Rolle und werden häufig verwandt. Die Formen der Kollektivierung sind über die kontextuelle Verwendung des Personalpronomens ‚wir' bzw. ‚uns' rekonstruiert worden (vgl. hierzu auch schon Zimmermann 1975; s. auch Fairclough 2000a; Hoinle 1999). Die metaphorische Kollektivierung als Gewerkschaft spielt, wie zu erwarten war, bei Engelen-Kefer die quantitativ größte Rolle (20x). In den Reden von Clement und Schlauch werden Gewerkschaften demgegenüber selten als Kollektive repräsentiert (z.b. Schlauch 2004: Z. 16). In Clements Rede steht die ‚unbestimmt-inklusive Gemeinschaft' (20x) im Vordergrund. Darunter verstehe ich die Metaphorisierung eines ‚wir', das einerseits alle Menschen einschließt, d.h. *nicht* auf dem Mechanismus des Ausschlusses beruht, und das andererseits über den Kontext der Metapher nicht genauer bestimmt werden kann. Im Gegensatz dazu basiert die exklusive Gemeinschaft auf dem Ausschluss von Personen und Gruppen (Fairclough 2000a: 36).

In der Rede Clements ist die ‚unbestimmt-inklusive Gemeinschaft' dort eingesetzt, wo von Globalisierung, der allgemeinen Konjunkturlage, der ‚Initiative Neue Qualität der Arbeit' und allgemeinen politischen Forderungen wie nach nationalen Zielen für betriebliche Gesundheitspolitik (Z. 62) gesprochen wird. Auf der Grundlage dieses Typus von Gemeinschaftsmetapher werden zum einen politische Aussagen, z.b. „*eine Dämonisierung der Globalisierung würde uns nicht weiterhelfen*" (Z. 25) und Forderungen *(„Wir brauchen eine Verständigung auf nationale Ziele*" Z. 262) generalisiert. Zum anderen werden mit derselben Metapher die AkteurInnen politischer Gestaltung auf ein ebenso vages wie imaginäres Kollektiv ausgeweitet („*und hier sind wir alle gefragt, d.h. der Staat, die Gesellschaft und die Betriebe[,] allerdings auch jeder Einzelne selbst*" Z. 114f., s. auch Z. 269). In diesem Kollektiv positioniert Clement sich selbst *und* den Staat als gleichberechtigte Akteure. Das hat den popularisierenden Effekt, dass die Aktivität von AkteurInnen und die Bedeutung struktureller Prozesse zugunsten einer unbestimmten Gemeinschaft ent-nannt wird (vgl. Hoinle 1999: 112).

Nach demselben Muster ist die Metapher der ‚unbestimmt-inklusiven Gemeinschaft' auch im Kontext von INQA eingesetzt, wodurch die Struktur und Organisationsform der Initiative, aber auch die Beteiligung politischer AkteurInnen dem Blickfeld entzogen wird. Typisch sind auch Wechsel von einer ‚unbestimmt-inklusiven Gemeinschaft' zu einer ‚ökonomisch-nationalen Gemeinschaft': „*Allerdings: Diese verhalten positiven Signale dürfen uns nicht die Augen verschließen lassen vor der Tatsache, dass wir an Innovationsfähigkeit verloren haben.*" (Z. 99f., s. auch Z. 91f., Z. 113) Damit wird diskursiv eine wechselseitige Verstärkung zwischen ‚unbestimmt-inklusiver Gemeinschaft' und ‚ökonomisch-nationaler Gemeinschaft' erzeugt. Gleichzeitig wird eine ökonomisch-nationale Perspektive in ein generalisiertes, inklusives Interesse einer Gemeinschaft überführt: „*[B]ei der lebenslangen Weiterqualifikation müssen wir aber besser werden, und hier sind wir alle gefragt*" (Z. 91f.).

In der Rede von Engelen-Kefer spielt die ‚unbestimmt-inklusive Gemeinschaft' eine untergeordnete Rolle (8x), während Schlauch sie nur am Rande einsetzt (1x). Bei Engelen-Kefer ist ‚die unbestimmt-inklusive Gemeinschaft' in gleicher Weise wie bei Clement dort eingesetzt, wo partikulare politische Aussagen und Forderungen generalisiert werden, z.B. in: „*Was wir derzeit unter dem Stichwort ‚Bürokratieabbau' erleben, ist abenteuerlich.*" (Z. 254f.)[106]

Typisch bei Engelen-Kefer ist der Wechsel von der Metaphorisierung einer ‚unbestimmt-inklusiven Gemeinschaft' zu den Gewerkschaften als Kollektiv: „*Daher müssen wir alle Anstrengungen darauf richten, die gesundheitliche Prävention aus[zu]bauen und die Arbeitsbedingungen wie auch die Arbeitsorganisation zu verbessern. Es ist gut, dass uns die BDA [Bundesvereinigung der Deutschen Arbeitgeberverbände] auch in diesem Punkt unterstützt.*" (Z. 228ff.) Mit dieser Strategie positioniert Engelen-Kefer Gewerkschaften als oppositionelles Kollektiv in einer verallgemeinerten politischen Gemeinschaft, indem sie zum einen diskursiv die Forderungen auf ein vages unbestimmtes Kollektiv ausgedehnt, zum anderen Gewerkschaften *und* BDA, die als politisch handelnde AkteurInnen sichtbar gemacht werden, von diesem allgemeinen Kollektiv differenziert. Aber es wird auch die umgekehrte Strategie verwendet, Gewerkschaften als gleichrangige politische Akteurinnen in ein ‚hegemoniales politisches Kollektiv' einzuschreiben: „*Wenn wir also nach Möglichkeiten suchen, die Sozialabgaben für Arbeitgeber und Beschäftigte zu reduzieren, dann sollten wir auch und nicht zuletzt in den Betrieben selbst ansetzen.*" (Ebd.: Z. 192ff.) Diese Strategie spielt dort eine Rolle, wo Arbeitsschutz im Kontext von Arbeits- und Beschäftigungspolitik rekontextualisiert wird.

Die Metapher der ‚national-ökonomischen Gemeinschaft', spielt bei Clement (18x) und Schlauch (5x) eine wesentliche Rolle, während sie bei Engelen-Kefer nur in modifizierter Form, nämlich in Verbindung mit politischer Gestaltung eingesetzt wird (8x). In der ‚Reinform' ist das Kollektiv der ‚national-ökonomische Gemeinschaft' im Kontext des europäischen Rankings eingesetzt „*wir liegen noch vor Japan und Frank-

---

106 Ein weiteres Beispiel ist: „*Denn unser Anliegen muss es sein, für die arbeitenden Menschen in Deutschland und Europa gute und gesundheitsgerechte Arbeitsbedingungen zu schaffen.*" (Z. 22ff.)

reich mit 91 und 94 % – aber die USA können doppelt so viele engagierte Mitarbeiter aufweisen wie wir" (Schlauch 2004: Z. 77f.).[107] Das verdeutlicht den generellen Mechanismus, dass ‚nationalökonomische Gemeinschaften' eine Beziehung des Vergleichs und der Konkurrenz zu anderen Nationen stiften[108] und diese auf ein Kollektiv ausdehnen. Sie verbildlichen dadurch den nationalen Wettbewerbsstaat. Metaphorisch betrachtet, verbindet sich der Mechanismus der Positionierung in einem Ranking auf der einen Seite mit der Homogenisierung *als* Gemeinschaft auf der anderen Seite. Im Ergebnis führt das zu einer paradoxen Anrufung, welche die individualisierende Skalierung und hierarchische Positionierung nach marktförmigen Kriterien mit einer imaginären, inklusiven Gemeinschaft verbindet.

Bei Engelen-Kefer wird – wie bei Clement und Schlauch – die Metapher der ‚ökonomischen Gemeinschaft' eingesetzt, sie wird allerdings stets und durchgängig mit politischer Gestaltung von Arbeitsbedingungen verbunden: „*Denn wir werden uns nur behaupten können, wenn wir das Know-How stärken und die Arbeitsbedingungen in Betrieben verbessern.*" (Z. 86ff.) Darin wird die Strategie erkennbar, zum einen Gewerkschaften als oppositionelles, politisch gestaltendes Kollektiv in einer hegemonialen politischen Gemeinschaft zu positionieren und zum

---

107 Des Weiteren in Clements Rede: „*Wir sind weiterhin stark bei*" (Z. 107); „*Unsere Stärke zeigt sich auch in*" (Z. 110) oder „*Gerade bei [...] müssen wir aber besser werden*" (Z. 113).
108 ‚National-ökonomische Gemeinschaften' unterscheiden sich von den territorial konstruierten nationalen Gemeinschaften dadurch, dass sie nicht über die Grenzziehung nach außen errichtet werden. In den untersuchten Reden spielen Metaphern der Grenzziehung, der Bedrohung und der Gefahr keine Rolle. Handelt es sich dabei um einen veränderten Mechanismus der Konstitution ‚nationaler Gemeinschaften'? Hoinle hat darauf hingewiesen, dass die Metaphorik der Gemeinschaft *stets* auf der konstitutiven Grenze nach außen beruhe und typischerweise mit dem Einsatz von Feindbildern und Polarisierungen operiere (Hoinle 1999: 106f.). Dieser Befund mit in meiner Untersuchung nicht bestätigt. Bei Clement etwa führen Feindbild- oder Bedrohungsmetaphern jeweils zu Veränderungen im Inneren. So wird die „*Dämonisierung der Globalisierung*" (Z. 25) durch Wettbewerb negiert (Z. 27ff.) oder die „*Gefahr für die deutsche Wirtschaft*" (Z. 50) metaphorisch in Entwicklung transformiert (Z. 51f.). Die Metapher des ‚sich verändernden Organismus' interpretiere ich als Modell, das die beständige Veränderung von Gesellschaft und Wirtschaft unter Bedingungen des internationalen Wettbewerbs zur Norm erhebt. Für den Einsatz dieses Modells als Legitimation für den politischen Wandel unter Thatcher siehe Fairclough (2000a: 73); für die Verwendung der Organismusmetapher in der Konstruktion von Identitäten in Unternehmen und im Marketing siehe Liebert (2002: 91).

anderen die nationale Wettbewerbsstrategie um Arbeitsschutz zu erweitern.

Metaphern des sozialen Nahraums

Metaphern, welche aus dem Bereich des zwischenmenschlichen Zusammenlebens stammen, sind dazu geeignet, die Zielbereiche emotional zu besetzen, etwa mit Liebe und Zuwendung oder auch mit Unterlegenheit und Hilfsbedürftigkeit (Hoinle 1999: 114; vgl. auch Rigotti 1994).

Eltern

Francesca Rigotti (1994: 77-114) hat in ihrer Analyse politischer Metaphorik herausgearbeitet, dass Familienmetaphern zu den ältesten und am weitverbreitetsten politischen Analogien gehören; internationale oder nationale Bestandteile eines Systems werden dabei mit einzelnen Familienmitgliedern gleichgesetzt. Politische Herrschaft rekurrierte ursprünglich auf das Schema Vater-Kind; erst nach der französischen Revolution 1789 wurde dieses durch eine von Horizontalität und Gleichheit geprägte Vorstellung ergänzt. Der politische Imperativ des ‚Vaters als Herrscher' gründete sich auf das so genannte *tertium comparationis* der Liebe: die Liebe des Vaters zu den eigenen Kindern bzw. Untertanen und umgekehrt die Liebe der Kinder bzw. Untertanen zum eigenen Vater bzw. König. Dadurch transportiert die Metapher des ‚Vaters' die Semantik des Paternalismus, der sich durch Autorität und Hierarchie einerseits und Liebe und Zugehörigkeit andererseits auszeichnet (ebd.: 84-89).

Die Elternmetaphern, welche zu den Familienmetaphern gehören (vgl. Lakoff 2002), rücken durch das kulturelle Verständnis von biologischen Verbindungen die Evidenz und Unhinterfragbarkeit von Beziehungen in den Vordergrund. George Lakoff hat in seiner Untersuchung moralischer Politiken in den USA konzeptuell ein moralisches Modell der ‚nährenden Eltern' im liberalen Denken und eines des ‚strengen Vaters' im konservativen Denken nachgewiesen. Im Gegensatz zur Moral des ‚strengen Vaters', in der Selbstdisziplin, Selbstkontrolle, die Folgsamkeit gegenüber Autorität sowie die Befolgung von strikten Normen und Verhaltensregeln im Vordergrund stehen (Lakoff 2002: 35), basiert das konzeptuelle Modell der ‚nährenden Eltern' auf Fürsorge, Schutz, Respekt und Empathie (ebd.: 107-152). Es ist mit Begriffen wie ‚unterstützen', ‚helfen', ‚stärken', ‚fördern' oder ‚Hilfe anbieten' angezeigt.

Engelen-Kefer verwendet relativ häufig Elternmetaphern (13x), darunter sowohl das Bild der ‚nährenden Eltern' (12x) als auch das der ‚strengen Eltern' (1x). Clement nutzt das Bild der ‚nährenden Eltern' weitaus häufiger (26x), Schlauch hingegen nur selten (4x); während

Clement das Bild der ‚strengen Eltern' implizit ein Mal verwendet, kommt es in Schlauchs Rede nicht vor.

Das Bild der ‚nährenden Eltern', welche ihren ‚Kindern' Fürsorge und Unterstützung entgegenbringen, und zugleich als hilfs- und unterstützungs*bedürftig* akzeptieren, zeichnet sich dadurch aus, dass die eine Gruppe von AkteurInnen bzw. Institutionen – die Zielbereich einer Elternmetapher sind – als hilfs*bedürftig* und schwach repräsentiert sind, während andere AkteurInnen bzw. Institutionen die Position der Eltern als helfend und unterstützend einnehmen.

Welche Bereiche in der politischen Rede von Engelen-Kefer sind als ‚hilfsbedürftig' metaphorisiert? Es sind dies vorrangig die Betriebe, denen man z.B. nicht die Regulierung von „*Gesundheit bei der Arbeit alleine überlassen*" sollte (Z. 390f.), die „*Unternehmen*" (Z. 384), aber auch die Beschäftigten, die „*dringend kontinuierliche, fachkundige und engagierte Beratung und Hilfestellung*" benötigen (Z. 516f.) und deren „*Situation am Arbeitsplatz*" (Z. 19f.) durch praktische ‚Hilfen' zu verbessern ist.[109] Auch „*unsere Betriebs- und Personalräte*" sind als hilfsbedürftige Subjekte konstituiert, die jemanden benötigen, der sie unterstützt und berät (Z. 400f.). Diese Hilfs*bedürftigkeit* von Beschäftigten, Betrieben, Betriebs- und Personalräten steht in direktem Zusammenhang mit der politischen Zielsetzung der Verbesserung der Arbeitsbedingungen (Z. 19f.) und ist mit einer übergreifenden, ‚unbestimmt-inklusiven Gemeinschaft' verknüpft: „*Wir sollten es nicht den Betrieben alleine überlassen, was sie für die Gesundheit bei der Arbeit tun oder nicht tun.*" (Z. 390f.)[110]

Konkret sind es die „*staatliche Arbeitsschutzaufsicht*" (Z. 283, Z. 286f.) und die gesetzlichen „*Rahmenbedingungen*" des Arbeitsschutzes, auf die das Bild der ‚nährenden Eltern' übertragen wird, denn Erstere „*muss [...] den Unternehmen beratend und unterstützend zur Seite stehen*" (Z. 382-385) und Letztere werden gebraucht, um die präventiven Kulturen in den Betrieben „*an[zu]regen und [zu] fördern*" (Z. 358).

Gerade dort mischt sich, metaphorisch gesehen, das Bild der ‚nährenden' mit dem der ‚strengen Eltern', denn die Funktion der gesetzlichen Rahmenbedingungen besteht in Engelen-Kefers Rede wesentlich darin, die präventiven Kulturen „*schließlich auch durchsetzen zu kön-*

---

109 Dazu gehören auch: „*Handlungshilfen insbesondere für kleine und mittlere Unternehmen*" (Z. 310f.) und „*Beratung und Hilfestellung von außen*" (Z. 517f.).
110 Die ‚unbestimmt-inklusive Gemeinschaft' wird hier als moralische, quasi elterliche Instanz entworfen. Diese Repräsentation wird textuell durch das Modalverb „*sollten*" angezeigt, das eine allgemeine Verpflichtung markiert (vgl. Engel 2004: 247).

nen" (Z. 258). Der Wechsel vom ‚Nähren' (unterstützen, beraten und helfen) zum ‚Durchgreifen' als Disziplinierungsmaßnahme ‚strenger Eltern' ist metaphorisch daran gebunden, dass ArbeitgeberInnen als undiszipliniert repräsentiert werden. Undisziplinierte ArbeitgeberInnen werden thematisiert, wo es um die fehlende oder unzureichende Umsetzung der Arbeitsschutzbestimmungen in den Betrieben geht, und beschrieben mit Formulierungen wie *„machen im Arbeitsschutz [...] praktisch nur das, was sie unbedingt müssen"* (Z. 297), *„stehen [...] einer modernen betrieblichen Gesundheitspolitik abwartend bis ablehnend gegenüber"* (Z. 299f.), führen ihre Aufgabe *„oftmals nur formal und ohne Engagement"* durch (Z. 305f.) oder sind *„kaum von sich aus an der Gesundheit ihrer Mitarbeiter/innen interessiert"* (Z. 309f.). Desinteresse, fehlendes Engagement und Ablehnung transportieren in diesem Kontext die Konnotation von Kindern, die nicht nur Unterstützung, sondern im Zweifelsfall auch Disziplinierung als Erziehungsmaßnahme benötigen. Dieses Instrument ist ultimativ an die *staatliche* Regulierung des Arbeitsschutzes als potenzielles Disziplinierungsinstrument gebunden.

Ähnlich wie Engelen-Kefer, die den Arbeitsschutz als Hilfsangebot für die Probleme von ‚Gesundheit bei der Arbeit' repräsentiert, übertragen Clement[111] und Schlauch die Metaphorik der ‚nährenden Eltern' wesentlich auf den Handlungsrahmen des Projektes INQA. Entsprechend ‚benötigen' in diesen beiden Reden wirtschaftliche Transformationen ‚Hilfe', wie die *„Modernisierung der Arbeitswelt"* (Clement 2004, Z. 175), die *„Leistungs- und Wettbewerbsfähigkeit unserer Wirtschaft"* (Schlauch 2004, Z. 149) oder die *„Verbesserung der Attraktivität und Wettbewerbsfähigkeit"* einzelner Branchen (Clement 2004, Z. 191f., s. auch Z. 199-201). In gleicher Weise sind Objekte arbeitsmarkt- und beschäftigungspolitischer Maßnahmen als ‚hilfsbedürftig' verbildlicht, wie z.B. die *„Neuausrichtung der betrieblichen Gesundheitspolitik"* (Clement 2004, Z. 251), *„die Beschäftigungsfähigkeit der Älteren"* (Z. 219; s. auch Z. 209) oder die *„Wiedereingliederung bereits Arbeitsloser"* (Z. 216).

Nach demselben Muster ist bei Clement die Metaphorik der Hilfsbedürftigkeit und Schwäche auf den Zielbereich der *„Gesundheit"* (Z. 143, Z. 222) gerichtet, wobei diese dem Wettbewerb durchgängig untergeordnet wird (Z. 201, Z. 234, Z. 284). Ferner ist die Metaphorik der Schwäche auf *„moderne betriebliche Gesundheitspolitik"* (Z. 246, Z.

---

[111] Clement verwendet die Metapher des ‚strengen Vaters' nur an einer Stelle im Text und nur implizit, nämlich dort, wo er die klassische Außenhandelstheorie autorisiert („*hat der Vater der klassischen Außenhandelstheorie, David Ricardo*" Z. 30f.).

277f.) bzw. die kleinen und mittleren Unternehmen (KMU[112]) übertragen (Z. 275). Gemeinschaften (Z. 246f.) und ein „Netzwerk für Gesundheit und Qualifikation" (Z. 136f., Z. 275) sind als ‚nährender Elternteil' metaphorisiert, welcher Hilfe und Unterstützung für Unternehmen anbietet.

Hilfe, Unterstützung und Empathie sind bei Clement (und bei Schlauch) also nicht auf Personen, sondern in erster Linie auf politische und wirtschaftliche Maßnahmen und Zielsetzungen der Bundesregierung und in zweiter Linie auf moderne betriebliche Gesundheitspolitik, Gesundheit und KMU bezogen. Auf der anderen Seite sind, anders als bei Engelen-Kefer, keine personalen und institutionellen AkteurInnen oder institutionelle Regelungen in die Position der ‚nährenden Eltern' eingesetzt. Auch werden Betriebe, Unternehmen und ArbeitgeberInnen nicht als zu disziplinierende Kinder metaphorisiert. Vielmehr agieren Netzwerke und Gemeinschaften, in die der Staat gleichrangig eingeordnet ist, metaphorisch als nährende und unterstützende AkteurInnen.

Nachbarschaft, Partnerschaft, Verbindung

In ähnlicher Weise wie die Metaphern der ‚nährenden Eltern' transportieren die Metaphern der Partnerschaft und der Nachbarschaft positive Emotionen. Während die Metapher der Partner einem modernen Partnerschaftsmodell entsprechend Aspekte von Verständigung, Kooperation, Harmonie und Loyalität in den Vordergrund rückt, verbildlicht die Metapher der Nachbarn eine gewisse Nähe, eine Gemeinschaftlichkeit in Lebensform und -ort, gleichsam eine Orientierung am Milieu (Hülsse 2003: 113ff.).

Wenn Clement also von „europäischen Nachbarn" (Z. 180) spricht, dann wird dadurch neben dem geographischen Bezug auch das emotionale Moment der Gemeinschaftlichkeit aufgerufen (vgl. Hülsse 2003). In

---

112 Die Europäische Kommission hat zum 01.01.2005 eine Empfehlung verabschiedet (2003/361/EG), welche Kriterien der Größe, des Umsatzes und der Beschäftigungsstruktur berücksichtigt. Obgleich nicht rechtsbindend, wurden damit die Kriterien für die Mittelstandsförderung auf europäischer Ebene vereinheitlicht und es wurde eine Abgrenzung gegenüber den Tochterunternehmen von Großkonzernen vorgenommen. Dem Institut für Mittelstandsforschung Bonn zufolge finden die europäischen Kriterien (v.a. das der Beschäftigungsgröße) allmählich auch in Deutschland Anwendung (vgl. www.ifm-bonn.org/index.htm?/dienste/definition.htm, Stand 12.06.07). Im Arbeitsschutz nehmen die KMU eine Sonderrolle ein, weil sie aus den institutionellen Organisationsstrukturen des Arbeitsschutzes herausfallen. Weil KMU inzwischen die dominante Unternehmensform in der Bundesrepublik bilden, war es erforderlich, für diese Zielgruppe gesonderte Programme und Handlungsstrategien zur Umsetzung des Arbeits- und Gesundheitsschutzes zu entwickeln.

ähnlicher Weise sind in allen drei Reden mit der Metapher der *Partner* zwischenmenschliche Beziehungen und positive Emotionen in den Vordergrund gerückt, wie z.b. in „*INQA-Partner*" (Schlauch 2004: Z. 122, s. auch Z. 19) oder „*unterstützt das Bundesministerium für Wirtschaft und Arbeit zusammen mit seinen Partnern*" (Clement 2004: Z. 173f., s. auch Z. 186, Z. 218, Z. 271). Diese Metaphern verwenden Clement und Schlauch vorrangig im Kontext von INQA (Clement 4x, Schlauch 2x). Doch auch die „Sozialpartner" sind von Clement viermal (Z. 230, Z. 244, Z. 263, Z. 268), von Engelen-Kefer jedoch nur einmal benannt (Z. 408). Auch dies ist signifikant, weil bei Clement dadurch die Beziehungsebene *zwischen* Arbeitgeberverbänden und Gewerkschaften *statt* ihrer antagonistischen Interessen, wie bei Engelen-Kefer, als bedeutsam markiert wird.

Demgegenüber stellt die *Link-Metapher* eine textuelle Praxis dar, mit der Gegensätze harmonisiert werden: „Link semantics is used to overcome barriers and to make it possible to continue along the path dictated by policy." (Muntigl 2002: 55)

Bei Clement und Schlauch ist diese Metapher wie folgt verwendet: „*Ziel der variablen Arbeitszeit ist es, betriebliche und private Interessen zu verbinden und die Arbeitsleistung der Mitarbeiter effizienter zu gestalten*" (Clement 2004: Z. 157f.); oder „*INQA ist angetreten, um die sozialen Interessen der Beschäftigten an gesunderhaltenden und gesundheitsfördernden Arbeitsbedingungen mit den wirtschaftlichen Interessen der Betriebe zu verbinden*." (Schlauch 2004: Z. 151-155) Die Link-Metapher realisiert die diskursive und politische Praxis, Gegensätze und Widersprüche zwischen Interessen von ArbeitgeberInnen und ArbeitnehmerInnen entweder im Hinblick auf ein übergreifendes Ziel (die Steigerung der Arbeitsleistung) oder im Hinblick auf die Überwindung des Antagonismus zwischen ‚sozialen' und ‚wirtschaftlichen' Interessen zu harmonisieren.[113]

Zusammenfassung

Die Ergebnisse der bisherigen Analyse haben gezeigt, dass sich die Modelle der institutionellen politischen Gestaltung von Gesundheit zwischen Engelen-Kefer auf der einen Seite sowie Clement und Schlauch auf der anderen Seite erheblich unterscheiden. Zwar wird in allen drei Reden die politische Gestaltung von ‚Gesundheit bei der Arbeit' vorran-

---

113 Genauer gesagt wird der Antagonismus eingesetzt, um ihn sodann zu überwinden. Das lässt Gesundheitsschutz als fairen Tausch zwischen marktförmig handelnden Individuen oder sozialen Gruppen nach dem Modell einer ‚Win-Win-Situtation' erscheinen. Dieses Modell knüpft an das Konzept des „synagonistischen Tauschs" (Homans) an.

gig mit der Metapher der ‚nährenden Eltern' verbildlicht. Damit werden positive Beziehungsaspekte ins Blickfeld gerückt statt negativ konnotierte Aspekte wie Hierarchie und Autorität.

Gleichzeitig liegt den positiv konnotierten Aspekten von Arbeits- und Gesundheitsschutz teilweise auch eine *kritische* Perspektive auf den Arbeitsschutz zugrunde – insofern positive Zukunftsentwürfe die Gegenwart problematisieren (vgl. Fairclough 2003). So spricht Schlauch davon, dass „sie *[die Datenbank] die zunächst ‚anonyme' Kontaktaufnahme von Unternehmen zu Unternehmen [erlaubt]*" (Z. 127f.). Erlaubnis ist semantisch an Freiheit gebunden, indem eine *Grenze* und ein vorgängiges Verbot überschritten und Möglichkeitsräume eröffnet werden. Dadurch verweist die Metapher der ‚Erlaubnis' auf das, was überwunden oder überschritten werden soll. Schlauch entwirft die positive Perspektive von Anonymität und Unverbindlichkeit im Umgang mit Gesundheitsproblemen und genau dadurch markiert er die bisherigen Regelungen des Arbeitsschutzes implizit als negativ.[114]

Die Metaphern der ‚nährenden Eltern' und die Metaphorik der Grenzüberschreitung lassen auf ein verändertes Leitbild des Arbeitsschutzes schließen (vgl. z.B. Bertelsmann Stiftung/Hans-Böckler-Stiftung 2004; Klein 2001). Sie weisen semantisch darauf hin, dass die Legitimität staatlicher Regulierung und der bloßen Durchsetzung von Richtlinien und Gesetzen brüchig geworden ist. Es stellt sich die Frage, ob die Semantik positiver emotionaler Beziehungen (Hilfe, Fürsorge) vor dem Hintergrund der geplanten Deregulierung im Arbeitsschutz und der verstärkten Aktivierung der Unternehmen im Sinne des CSR/CC zu einer politischen Strategie im Sinne einer Werbung für Arbeitsschutz wird.

Die Metaphorik in der Rede Engelen-Kefers verweist darauf, dass die Strategie der Aktivierung von Unternehmen als Alternative zum staatlichen Arbeitsschutz umkämpft ist. Denn bei ihr ist das Bild der ‚nährenden Eltern' an das Verhalten der ‚Kinder', also der ArbeitgeberInnen, gebunden. In der Rede von Engelen-Kefer bleibt die Möglichkeit bestehen, von der Strategie der Empathie und Fürsorge zur Strategie der Disziplinierung und Durchsetzung zu *wechseln*. Der Bruch im Bild der

---

114 Noch deutlicher wird die implizit negative Bewertung, wenn der Text Thiehoffs (2003) hinzugezogen wird, den Schlauch nahezu durchgängig zitiert. Thiehoff spricht explizit von der „häufig lästige[n]" Einschaltung einer Organisation, Institution oder öffentlichen Einrichtung des Arbeitsschutzes. Im Gegensatz dazu „bleibt man [bei anonymer Kontaktaufnahme] selbst Herr des Geschehens" (ebd.: 11). Dass Schlauch diese Sätze aus seiner Rede ausschließt, ist als möglicher Ausdruck von Divergenzen in der politischen Positionierung zu interpretieren.

‚nährenden Eltern' zeigt erstens, dass Engelen-Kefer *für* den Erhalt der staatlichen Regulierung als Ultima Ratio eintritt, und zweitens, dass die Wahl der Strategie (Durchsetzen oder Überzeugen) daran gebunden ist, ob Organisation und Umsetzung des Arbeitsschutzes dazu geeignet sind, Gesundheit bei der Arbeit wirksam zu schützen. Die beiden Reden von Clement und Schlauch sind metaphorisch dagegen einheitlicher: Sie verbildlichen das Governance-Modell einer partnerschaftlichen und gemeinschaftlichen politischen Gestaltung des Gesundheitsschutzes. Bei Clement ist dieses Modell übergreifend auf eine gemeinschaftliche Form von Politik bezogen, in die Gesundheitsschutz, Arbeitsmarkt- bzw. Beschäftigungspolitik und Sozialpolitik integriert sind. In beiden Reden rückt die Kombination von Metaphern der ‚nährenden Eltern' mit der von ‚Partnern' den positiven emotionalen Beziehungsaspekt in den Vordergrund. Dadurch wird die Gemeinschaftlichkeit, in die auch der Staat integriert ist, mit einer Semantik von Harmonie, Loyalität und Fürsorge unterlegt. Diese positiven emotionalen Gefühle richten sich bei Clement und Schlauch jedoch nicht – wie bei Engelen-Kefer – auf soziale oder politische AkteurInnen, sondern auf die kleinen und mittleren Unternehmen, die betriebliche Gesundheitspolitik und auf die arbeitsmarkt- und sozialpolitischen Maßnahmen der Bundesregierung bzw. auf die wirtschaftspolitische Strategie der Agenda 2010.

Die Verwendung der Link-Metapher in beiden Reden deutet an, dass jene Gemeinschaft darauf beruht, Antagonismen, Konflikte und Widersprüche zu harmonisieren. Der Einsatz der Link-Metapher zielt weniger auf die gemeinsamen Ziele ab als vielmehr auf die metaphorische Überwindung antagonistischer Interessen. Die Interessen von ArbeitgeberInnen und ArbeitnehmerInnen werden als gleichrangig und gleichwertig repräsentiert. Der Ausgleich und die Verbindung von Interessen der ArbeitgeberInnen und der ArbeitnehmerInnen sind als fairer Tausch zwischen marktförmig handelnden AkteurInnen dargestellt. Diese Repräsentation *basiert* jedoch darauf, dass außerhalb der ökonomischen Perspektive liegende Kriterien und Maßstäbe ausgeschlossen werden (vgl. Rosa 2006). Die nahezu durchgängige Perspektive des ökonomischen Wettbewerbs in beiden Reden ist zirkulär und selbstreferentiell, weil sie auf einem binären Analyse-Schema basiert (vgl. Krasmann 2003), nach dem Gesundheitsschutz und -förderung eben deshalb als „*soziale Interessen von Arbeitnehmern*" (Schlauch 2004: Z. 151) – und nicht als Fürsorgepflicht von ArbeitgeberInnen – erscheinen *müssen,* weil sie *nicht* zu den ‚wirtschaftlichen Interessen' gehören (vgl. auch Thiehoff 2003).

Der Bruch in der Metaphorik Engelen-Kefers zeigt die Umkämpftheit, den Dissens bezüglich der politischen Regulierung im Arbeitsschutz an. Auch die Strategien der Politisierung bzw. der De-Politisierung, also der Öffnung und Schließung von Bereichen *für* politische Gestaltung, markieren Dissens und politischen Gestaltungswillen.

Am Beispiel der Verbindung der ‚ökonomischen Gemeinschaft' mit politischer Gestaltung in Engelen-Kefers Rede ist deutlich geworden, dass Umdeutung und Erweiterung gleichermaßen diskursive wie politisierende Strategien darstellen, welche noch *vor* der Strategie der Veruneindeutigung (vgl. hierzu Engel 2002) den Konstitutionsmechanismus der ‚national-ökonomischen Gemeinschaft' erhellen und gleichzeitig ein erweitertes Kollektiv ‚ökonomisch-politischer Gemeinschaft' konstituieren.

Der Einsatz der Metaphorik von Gemeinschaft wirkt, auch das hat die Analyse gezeigt, nur dort politisierend, wo Homogenisierung und Generalisierung (‚unbestimmt-inklusive Gemeinschaft', ‚national-ökonomische Gemeinschaft', Gewerkschaften) mit einem Antagonismus, also einer Differenzbeziehung, verbunden ist (vgl. hierzu Laclau/ Mouffe 2000). Das zeigt sich bei Engelen-Kefer beispielsweise dort, wo eine ‚unbestimmt-inklusive Gemeinschaft' aufgerufen wird und sodann politisch gestaltende AkteurInnen *in* diesem Kollektiv (Gewerkschaften und BDA) sichtbar gemacht werden. Die entgegengesetzte Praxis Clements, sich popularisierend als gleichrangig in ein ‚unbestimmt-imaginäres Kollektiv' einzuschreiben, zeigt dagegen, dass der Einsatz der Metaphorik der Gemeinschaft auch so eingesetzt werden kann, dass sie die politische Gestaltung, Strukturen und Funktionen von Politik verwischt. Es handelt sich folglich um eine Praxis der De-Politisierung von Politik.[115]

Metaphern der Stabilität

Als zweiten Komplex habe ich Metaphern untersucht, die Stabilität verbildlichen und Auskunft über Leitbilder und Vorstellungen der politisch-institutionellen Organisation von ‚Gesundheit bei der Arbeit' (*Polity*) geben. Hierzu rechne ich Container-Metaphern (vgl. Hülsse 2003) sowie Haus- bzw. Architekturmetaphern (vgl. Hoinle 1999), da in beiden Fällen Abgeschlossenheit im Vordergrund steht.

Folgende Tabelle gibt Auskunft über die Verteilung der Metaphern der Stabilität in den drei untersuchten Reden.

---

115 Das zeigt besonders folgende Aussage: „*Da ist zum einen die von INQA initiierte gesellschaftliche Debatte zum Thema ‚Wie wollen wir morgen arbeiten?'*" (Schlauch 2004: Z. 112ff.). Mit dem Personalpronomen ‚wir' wird eine konsensuale und gemeinschaftliche Aktivität markiert, die dekontextualisiert ist.

Tabelle 6: Häufigkeit der Metaphern der Stabilität

	Clement (2354 W.)	Engelen-Kefer (2301 W.)	Schlauch (1115 W.)
Container	20	37	19
Haus/Architektur	11	30	8
Gesamt	31	67	27

Die Übersicht zeigt, dass sowohl Container- als auch Hausmetaphern in der Rede Engelen-Kefers gehäuft vorkommen. Anders stellt es sich in den beiden anderen Reden dar. Schlauch und Clement verwenden jeweils am häufigsten Container-Metaphern.

Container

Historisch und wissenschaftsgeschichtlich betrachtet, knüpft die Container-Metapher an seit der Antike tradierte Basiskategorien an, mit denen Zeitlichkeit und Räumlichkeit konzeptualisiert werden. Verbildlicht man einen Raum als Container, so beinhaltet das, dass er abgeschlossen ist und ein Behältnis, Lebewesen oder Dinge umschließen kann. Das gründet, so die Raumsoziologin Martina Löw, epistemologisch darin, dass ein theoretischer Punkt gesetzt wird, der selbst absolut, unbeweglich und unveränderlich ist. Nur aus dieser Perspektive können ein Raum, seine Form und die in ihm enthaltenen Gegenstände dauerhaft gleich bleiben (Löw 2001: 24-33). Die Containerkonzeption des Raumes erfuhr seit dem 17. Jahrhundert mit der Durchsetzung der Nationalstaaten und der Schaffung ihrer steuerlich-administrativen Voraussetzungen, der juristischen Vereinheitlichung und der relativen Befriedung im Inneren eine zunehmende Popularisierung.[116]

Die Container-Metapher operiert einerseits mit einer klaren räumlichen Grenzziehung zwischen ‚innen' und ‚außen', also mit Trennung, Differenzierung und Einschluss (vgl. Löw 2001; Chilton 1996), und andererseits mit Homogenität, Identität und Begrenzung. Sie verbildlicht durch die Stabilität der Grenze zwischen innen und außen Sicherheit, Einheitlichkeit und Begrenztheit. Dadurch ist die Container-Metapher in politischen Diskursen dazu geeignet, Zeitlichkeit, d.h. Dauerhaftigkeit, und Stabilität von Institutionen, sozialen Strukturen oder politischen

---

116 Die Containermetapher ist bis heute eines der hegemonialen Konzepte, um Nationalstaaten und Sicherheitskonzepte zu metaphorisieren (vgl. Sondermann 1997; Chilton 1996). Das ist darauf zurückzuführen, dass das Bild des Containers die für Gemeinschaften konstitutive Grenze als Abgrenzung und Differenzierung nach außen in den Vordergrund rückt.

Prozessen in den Vordergrund zu rücken. Zeitlichkeit ist mit einer räumlichen Imagination verknüpft, was durch die lokalen Präpositionen ‚in' und ‚aus' angezeigt wird. Diese verbildlichen, dass Phänomene umschrieben werden können und dadurch begrenzt sowie lokalisierbar sind. Dadurch dass Zeitlichkeit und Räumlichkeit in der Container-Metapher miteinander verknüpft sind, werden alle jene politischen, ökonomischen und sozialen Bereiche, die mittels Container-Metaphern verbildlicht werden, als ‚Orte' konstituiert, die auf Dauer gestellt und stabil sind, die betreten und verlassen werden und in denen Prozesse situiert sind (Sondermann 1997: 132).

Engelen-Kefer als Gewerkschafterin überträgt das Bild des Containers – angezeigt durch die Präpositionen ‚in' oder ‚innerhalb' – am häufigsten auf Begriffe aus dem Wortfeld Arbeit (27x).[117] Nationen und Europa (7x), aber auch ökonomische Prozesse (4x) nehmen bei ihr quantitativ eine untergeordnete Rolle ein. Clement überträgt die Container-Metapher gleich häufig auf Arbeit, Betriebe und Berufsleben (6x) wie auf Wettbewerb, Globalisierung und wirtschaftliche Entwicklung (6x), während Nationen (3x) dem untergeordnet sind. Bei Schlauch dagegen ist das Verhältnis tendenziell umgekehrt: Er bezieht das Bild des Containers viermal auf Nationen, dreimal auf Betriebe und nur einmal auf Wettbewerb.

In allen drei Reden ist die Container-Metapher in gleicher Weise auf Wettbewerb und Globalisierung bezogen. Sie trägt dazu bei, diesen Bereich als *ungestaltet* und *nicht* veränderbar zu repräsentieren. Das zeigt sich an nahezu stereotypisierten Redewendungen wie „*[i]n diesem globalen Wettbewerb*" (Clement 2004: Z. 18) oder „*ein mittel- und langfristiger Standortvorteil im globalen Wettbewerb*" (Engelen-Kefer 2004: Z. 100f.; s. auch Schlauch 2004: Z. 27).

Bei Clement und Schlauch sind darüber hinaus fast alle übrigen Zielbereiche der Container-Metapher auf Wettbewerb bezogen, sei es direkt oder indirekt: So sind Nationen nur dort als Container verbildlicht, wo sie den Bezugspunkt für Messwerte im Ranking bilden. Das zeigt sich beispielsweise in Formulierungen wie „*der durchschnittliche ‚Engagement-Wert' in deutschen Unternehmen [...] sank*" (Clement 2004: Z. 70f.) oder „*in Deutschland liegt die Beschäftigungsquote bei*" (ebd.: Z. 208; vgl. auch Schlauch 2004: Z. 37f.). Aber auch Gestaltung ‚im' Berufsleben und ‚in' Branchen ist stets bezogen auf Wettbewerbsfähigkeit, z.B. dienen Maßnahmen „*im Baugewerbe und im Pflegebereich*"

---

117 ‚Arbeit', ‚Berufe', ‚Berufsleben', ‚Gewerbe', ‚Billiglohnländer', verschiedene Sektoren von Industrie und Dienstleistung und vor allem ‚Betriebe' und ‚Unternehmen' werden als Container metaphorisiert.

6 EMPIRISCHE UNTERSUCHUNG

der Steigerung von Attraktivität und Wettbewerbsfähigkeit (Clement 2004: Z. 191) oder der „*Schutz von Sicherheit und Gesundheit der Beschäftigten im betrieblichen Alltag*" (Z. 201f.) ist direkt damit verknüpft („*ein Nebeneffekt*" Z. 201), dass ‚Märkte' „*im In- und Ausland*" erschlossen werden sollen (Z. 200).

Das Bild des Containers erhält dort einen anderen Fokus, wo sich das Verhältnis zwischen ‚innerhalb' und ‚außerhalb' des Containers verkehrt, also aus dem Container heraus Anforderungen nach außen erwachsen. Das zeigt sich bei Clement beispielsweise dort, wo die Container-Metapher grammatisch mit einem Subjekt verknüpft wird, das aktiv Humankapital von Menschen benötigt: „*Menschen sind aber nur leistungsfähig, wenn sie mit Technologien und in Arbeitsorganisationen arbeiten, die ihre Qualifikationen und Fähigkeiten brauchen.*" (Clement 2004, Z. 141f.). ‚Menschen' oder ‚ArbeitnehmerInnen' sind als Objekte repräsentiert, deren Haltung zur Arbeit (Z. 64ff.) oder deren Potenzial als Humankapital zur Disposition steht (Z. 221ff.).

Das zeigt, dass bei Clement und Schlauch das Bild des Containers nahezu durchgängig aus einer ökonomischen Perspektive des Wettbewerbs und der Globalisierung heraus konstruiert wird. Wettbewerb bildet gleichsam den fixen Punkt (Löw), der es ermöglicht, Prozesse ‚im Container' im Hinblick auf Niveaus, also sinkende oder steigende Quoten des Arbeitsplatzengagements, der Beschäftigung Älterer (Clement 2004: Z. 208f.) oder des Produktivitätsrückgangs oder -zuwachses (Z. 126f.) zu bestimmen. Ich bezeichne die Metaphern, welche einen steigenden oder sinkenden Pegel verbildlichen, als Niveau-Metaphern, denn sie orientieren sich nicht an einer extern generierten fixen Norm, sondern an der Aufwärtsbewegung im Hinblick auf sich beständig verändernde Messwerte (vgl. Link 1997). Das zeigt sich z.b. in der Rede von Schlauch in folgender Aussage: „*Leider ist das Arbeitsplatzengagement in Deutschland in den letzten Jahren auf niedrigem Niveau stabil.*" (Z. 72ff.) Quantifizierung, Interpretation und Beurteilung der Prozesse ‚im Container' entspringen, wie in diesem Beispiel deutlich wird, der gleichen Perspektive. Es werden keine externen Kriterien oder Maßstäbe angelegt.

Allerdings ist bei Clement und Schlauch das Bild des Containers *auch* verbunden mit „*Zukunftswerkstätten, in denen*" diskutiert wird (Schlauch 2004: Z. 89), oder mit der Umsetzung von Maßnahmen der betrieblichen Gesundheitspolitik „*in einem weiteren Handlungsfeld*" (Z. 135) oder „*[i]n einer Region*" (Clement 2004: Z. 260) verknüpft. Im Vergleich mit den übrigen durch Container metaphorisierten Räumen (Wettbewerb, Nationen, Unternehmen, Branchen) sind diese Räume, in denen politische Gestaltung stattfindet (Zukunftswerkstatt, Handlungsfeld, Region), klein, nahezu punktuell.

Bei Engelen-Kefer ist das Bild des Containers demgegenüber auf vielfältigere Weise eingesetzt. So ist es zunächst auf Prozesse ‚im Betrieb' oder ‚in Branchen' bezogen. Auf der einen Seite geht es darum, die Schädigung von Gesundheit durch Arbeit und deren Folgen zu beschreiben: „*So sind chronische Krankheiten bei älteren Arbeitnehmern längst nicht mehr nur eine Folge der Arbeit in ‚alten' Industrieberufen*" (Z. 119), und auf der anderen Seite darum, die Umsetzung von Maßnahmen des Arbeitsschutzes festzustellen, festzuhalten und zu bewerten „*Gerade in Klein- und Mittelbetrieben, so die Kommission in ihrer neuesten Mitteilung, fehle es immer noch an einer präventiven Kultur.*" (Z. 346f.)

In einigen Kontexten verbildlicht die Metapher des ‚Containers' Orte, an denen sich die Strukturbedingungen von Arbeit manifestieren. Das Bild des Containers nimmt dort die Funktion ein, gleichsam „glokale Orte" (Robertson) zu repräsentieren. „*Auch wenn die Arbeit im Dienstleistungsbereich wie insgesamt in ‚neuen' Berufen in manchen Fällen selbstbestimmter ist – weniger gesundheitsschädlich ist sie nicht.*" (Z. 122ff.)[118] Die Verbildlichung von Betrieben und Berufen als Container ist vielfach mit politischen Forderungen nach Gestaltung von Gesundheit bei der Arbeit verbunden. Diese beinhalten, dass Arbeitsbedingungen verbessert werden müssen (Z. 19f., Z. 56f., Z. 83f.), der Gesundheits- und Arbeitsschutz ‚im Container' ansetzen muss (Z. 168f.) und dass dort Lösungsmöglichkeiten für ökonomische (Z. 192f.) und demographische Probleme (Z. 218-222) liegen.

Metaphorisch betrachtet, findet diese politische Gestaltung jedoch nicht im Container statt. Vielmehr bilden die ‚glokalen Orte', an denen sich Arbeitsstrukturen in der Rede Engelen-Kefers manifestieren – darin stimmt sie mit der Position des Europäischen Gewerkschaftsbundes (EGB) überein (vgl. Monks 2004) –, die Voraussetzung für ein ‚hegemonial politisches Kollektiv', gestaltend in die Container hineinzugreifen: „*Doch wir haben mit der EU-Osterweiterung die große Chance, die Bedingungen auf den Arbeitsmärkten in den Beitrittsländern zu verbessern.*" (Engelen-Kefer 2004: Z. 83f.)[119]

---

118 Das zeigt auch: „*Denn auch auf dem Weg in die Wissens- und Dienstleistungsgesellschaft nehmen die Arbeitsbelastungen nicht etwa ab.*" (Z. 114f.)

119 „*Wenn wir also nach Möglichkeiten suchen, die Sozialabgaben für Arbeitgeber und Beschäftigte zu reduzieren, dann sollten wir auch und nicht zuletzt in den Betrieben selbst ansetzen.*" (Engelen-Kefer 2004: Z. 192ff.)

Die zentrale politisch gestaltende Funktion bleibt jedoch dem Staat vorbehalten, der in den Container ‚Betrieb' eingreifen soll: „*Eine sozialstaatliche Intervention in das betriebliche Geschehen bleibt notwendig, auch und gerade im wohlverstandenen Interesse der Entwicklung wirtschaftlicher Potentiale in Deutschland.*" (Z. 501ff.)

Haus/Architektur

Paul Chilton und Alexander Demandt zufolge besitzt die Hausmetapher, ähnlich wie die Container-Metapher, eine lange historische Tradition (Chilton 1996; Demandt 1978). Nachzuweisen ist die Hausmetapher in antiken und biblischen Verwendungen, in denen sie die Dauerhaftigkeit der Historie verbildlichte (für einen Überblick vgl. Peil 1983). Ähnlich wie die Container-Metapher verbildlicht die Hausmetapher Stabilität, Sicherheit und Dauerhaftigkeit. Anders als jene rückt sie jedoch den Aspekt der Ordnung durch ein unveränderliches Funktionsgefüge in den Vordergrund. Die Metapher der Architektur verweist demgegenüber auf den Prozess der Bautätigkeit, der, wie Schäffner (1993: 15ff.) in ihrer empirisch-vergleichenden Studie über die Repräsentation der Einigung Europas gezeigt hat, semantisch mit Stabilität und Struktur verknüpft ist.

Das Bild des Ordnungs*gefüges* wird insbesondere dadurch erzeugt, dass sich die Metapher des Hauses aus verschiedenen metaphorischen Elementen zusammensetzt, welche unterschiedliche Funktionen ‚im Haus' einnehmen: So sind nach Hoinle die Metaphern der ‚Fundamente', der ‚Rahmen' (Rahmenbedingungen oder Rahmensetzungen), der ‚Fenster', ‚Türen', ‚Schlüssel' (Schlüsselrolle), ‚Stufen' oder auch der ‚Tische', z.B. der ‚runden Tische', in politischen Diskursen populär (vgl. Hoinle 1999: 95). Die tragende Funktion für die Stabilität des Ordnungsgefüges (Fundamente, Rahmen) oder die zentrale Bedeutung einer Person/einer Funktion *für* ein Haus werden durch diese Metaphern in den Vordergrund gerückt. Metaphorisch ist die Zentralität des Schlüssels (als Schlüsselrolle, Schlüsselbedeutung usf.) an das ‚Öffnen verschlossener Türen', aber auch an die Passgenauigkeit zwischen ‚Schlüssel und Schloss' geknüpft. Zum metaphorischen Bild des Hauses gehören auch die Bilder seines ‚Einbaus' oder ‚Umbaus' (Hoinle 1999: 95; s. auch Demandt 1978), welche als Sanierungsmaßnahmen das Funktionsgefüge an sich erhalten bzw. es verbessern oder erweitern. Zum Bild des ‚Hauses' gehören auch die Metaphern des ‚Abrisses', des ‚Einsturzes' oder des ‚Brandes', welche metaphorisch einen Umbruch des Funktionsgefüges verbildlichen (Peil 1983: 628ff.; vgl. auch Hoinle 1999).[120] Die strukturelle Besonderheit der Hausmetaphorik besteht darin, dass sie die Invarianz und fehlende Gestaltungsmöglichkeit des Funktionsgefüges ins Blickfeld rückt. Ihr wohnt – einmal errichtet – eine zeitliche und räumliche Dauerhaftigkeit inne.[121] In der Rede von Engelen-Kefer spielt die Metapher des Hauses/der Architektur eine wichtige Rolle, sie wird nicht nur quantitativ am dritthäufigsten verwendet (30x), sondern ist durchgängig und eindeutig auf das System des dualen Arbeitsschutzes, auf die betriebliche Gesundheitspolitik und auf die wirtschaftliche Innovationsstrategie der Bundesrepublik Deutschland übertragen. Auch in den Reden von Clement (11x) und Schlauch (8x) wird das Bild des Hauses relativ häufig verwandt.

Engelen-Kefers Rede weist verschiedene Elemente der Hausmetaphorik auf: ‚Bausteine', ‚Balken', ‚Fundamente', ‚Schlüssel', und nicht zuletzt die metaphorischen Elemente des ‚Ausbaus' und des ‚Abrisses'. Zunächst ist die betriebliche Gesundheitspolitik, welche Engelen-Kefer teils synonym mit Arbeitsschutz verwendet (Z. 10),[122] als ‚zentraler Baustein' (Z. 26) verbildlicht. Hierdurch wird beiden eine konstitutive Funktion in der Lösung der gesundheitlichen Probleme am Arbeitsmarkt verliehen sowie eine hohe Bedeutung für die ‚Prävention' in Deutschland (Z. 37, Z. 91f.) insgesamt zugesprochen. Betriebliche Gesundheitspolitik und Prävention werden ihrerseits als Haus, also als stabiles, Sicherheit gewährendes Gefüge verbildlicht, das es auszubauen gilt (Z. 99f., Z. 180, Z. 229, Z. 444).

Noch stärker ist das Bild des Hauses dort, wo es auf das bestehende duale System im Arbeitsschutz übertragen wird. Dieser Effekt kommt dadurch zustande, dass in Bezug auf diesen Zielbereich verschiedene Elemente aus dem Bildfeld ‚Haus' miteinander verknüpft werden. Die Fundamente, Rahmen und Balken des Hauses, also jene Elemente, die die Tragfähigkeit und Sicherheit des Hauses gewährleisten, stehen – so

---

120 In neonazistischen Medien wird die Metapher des ‚Hauses' dagegen eingesetzt, um MigrantInnen als bedrohlich zu konstruieren (vgl. hierzu Pörksen 2000).
121 In Deutschland, so hat Chiltons Analyse von Sicherheitsdiskursen gezeigt, ist die Hausmetapher nach 1945 populär geworden, um in der Adenauer-Ära Stabilität und Ordnung Deutschlands zu markieren, aber auch um die Existenz zweier deutscher Staaten zu legitimieren (Chilton 1996: 292f.). Nach 1989/1990 ist die Übertragung der Hausmetaphorik auf die EU zunächst durch den Bereich der Wiedervereinigung verdrängt worden (vgl. Hülsse 2003).
122 Der DBG vertritt die Position, dass beide Instrumente anzuwenden sind (Hien 2003: 2).

legt Engelen-Kefer nahe – auf dem Spiel. So verweist sie wiederholt auf „*Grundlagen für die Arbeitsschutzpolitik*" (Z. 225f., Z. 282) sowie auf den notwendigen „*Rahmen*" (Z. 479), der in Gesetzen (Z. 350), „*Rahmenbedingungen*" (Z. 357, Z. 372, Z. 404, Z. 443, Z. 490) und „*staatlichen Rahmensetzungen*" besteht (Z. 511). Aber auch die „*Grundgedanken*" als Teil des Fundaments (Z. 465) sowie die „*gesetzlichen Grundlagen*" (Z. 467) sind als gefährdet verbildlicht.

Neben dem „*Grundlagen [...] schaffen*" (Z. 255f.) ist vor allem das Bild des ‚Tragens' eingeführt. Dieses interpretiere ich als Teil der Hausmetapher, da das ‚tragend' auf ein Fundament verweist (vgl. Hoinle 1999). Engelen-Kefer bezieht das Tragen zum einen auf den Gesundheits- und Arbeitsschutz wie in „*einvernehmlich getragene Regeln*" (Z. 429), in „*den von Ländern und Berufsgenossenschaften getragenen überbetrieblichen Aktivitäten*" (Z. 512f.) und in der Anwendung der Instrumente („*Instrumente der klassischen Gewerbeaufsicht zum Tragen zu bringen*" Z. 388). Darüber hinaus fordert sie einen („*tragfähige[n] Konsens*" Z. 426) und eine „*tragende Innovationsstrategie*" (Z. 65).

Den negativen Fluchtpunkt in Engelen-Kefers Rede bildet Deregulierung, die einer Zerstörung des stabilen Funktionsgefüges Arbeitsschutz gleichkommt. Sie grenzt sich dabei vom Topos des Abbaus des ‚Hauses' Bürokratie ab (Hofbauer 1995: 146), der im hegemonialen Diskurs positiv besetzt ist. So ist im Masterplan Bürokratieabbau davon die Rede, dass unnötige bürokratische Vorgaben abgeschafft werden sollen (vgl. Kabinettsbeschluss 2003). Engelen-Kefer sieht diesen Prozess als Abriss ‚des Hauses' Arbeitsschutz.[123]

Auch bei Clement und Schlauch wird das Bild des Hauses relativ häufig verwandt, wobei es bei Clement tendenziell diffus eingesetzt wird, d.h. auf verschiedene Bereiche übertragen wird, während es bei Schlauch schwerpunktmäßig auf die Agenda 2010 und die damit verbundene „*‚Arbeitswelt von morgen'*" (Z. 164) bezogen ist. Es gilt in der Rede von Schlauch, in geringerem Ausmaß auch in der Rede von Clement, den ‚Standort Deutschland' zu erhalten und auszubauen (Schlauch 2004: Z. 144), wozu wesentlich das ‚Öffnen' des Hauses ‚Wachstum' gehört. Sowohl Clement als auch Schlauch verwenden in diesem Zusammenhang des Bild des ‚Schlüssels': „*Innovation – der Schlüssel zu Wachstum und Erfolg*" (Clement 2004: Z. 102), oder „*Das [Motivation, Kreativität, Innovations- und Qualifikationsfähigkeit] sind unbestritten die Schlüsselanforderungen, die Unternehmen und Volkswirtschaft benöti-

---

123 „*Wir sehen mit großer Sorge, dass unter dem Deckmantel des ‚Bürokratieabbaus' politische Prozesse eingeleitet werden, die das Ziel haben, bestehende Standards und Strukturen im Arbeits- und Gesundheitsschutz einzureißen.*" (Z. 493-496)

gen" (Schlauch 2004: Z. 26f.). Der Einsatz dieser Metapher verbildlicht, dem Schlüssel-Schloss-Prinzip gemäß, die Alternativlosigkeit von Innovation und Humankapital für die deutsche Wirtschaft.

Doch wohnt, bildlich gesprochen, dem ‚Haus' Standort Deutschland keine eigene Stabilität oder Sicherheit inne, vielmehr ist es beständig durch den internationalen Wettbewerb in seiner ‚Stabilität' bedroht (vgl. Schlauch 2004: Z. 27f.). Deshalb ist der ‚Ausbau' des ‚Hauses' an die Notwendigkeit seines ‚Erhalts' geknüpft (Z. 144), semantisch findet also eine gleichzeitige Metaphorisierung von Stabilität wie von Bedrohung statt. Dadurch wird bildlich die Temporalität und beständige (Notwendigkeit zur) Wandelbarkeit des Standorts Deutschland hervorgehoben.

Im Kontext von INQA spricht Schlauch hingegen von „*diesem zentralen Grundsatz*" (Z. 21; s. auch Z. 107) und rückt damit die Funktion und Stabilität des Leitbildes ‚Gemeinsam handeln – jeder in seiner Verantwortung' in den Vordergrund. INQA ist metaphorisch mit dem ‚Standort Deutschland' verbunden: „*INQA ist dem Erhalt und dem Ausbau eines attraktiven Standortes Deutschland [...] verpflichtet.*" (Z. 144-147) Einen wesentlichen Bestandteil des Fundaments bildet jedoch die Gemeinschaftlichkeit im Hinblick auf strukturelle Veränderungen selbst: „*Doch alle INQA-Aktivitäten dienen letztlich einer gemeinsam getragenen positiven Vision der ‚Arbeitswelt von morgen'.*" (Z. 162-164)

INQA ist demzufolge in der Rede von Schlauch mit Bildern der Stabilität und Funktionalität verknüpft. Diese sind auf den Prozess des Wirtschaftsstandorts einerseits und die Gemeinschaftlichkeit hinsichtlich der Arbeit andererseits bezogen.

Anders bei Clement: Hier werden zwar der „*Ausbau der arbeits- und sicherheitsmedizinischen Betreuung*" im Arbeitsschutz (Z. 252f.), der Ausbau von INQA (Z. 269), der Aufbau von Netzwerken (Z. 275-277) oder der „*Aufbau – statt [...] Abbau von Arbeitsplätzen*" (Z. 178f.) angeführt. Es sind jedoch „*Erfahrungen*" (Z. 135), „*Empfehlungen*" (Z. 232) und „*Informationen*" (Z. 259) als Fundamente verbildlicht.[124]

Das interpretiere ich als Verknüpfung der Baumetapher mit der Metapher des Netzwerks. Das Netzwerk, so haben Eva Gehring und Tanja Paulitz herausgearbeitet, ist durch soziale Praktiken organisiert, mittels derer Netze gewoben werden (vgl. Gehring 2004: 200; Paulitz 2004: 39). In der Rede Clements bilden ‚Erfahrungen', ‚Empfehlungen' und ‚Informationen' die Praktiken, mit denen gemeinschaftliche politische Gestaltung *als* Vernetzung im Rahmen von INQA hergestellt wird. Dass

---

124 Das zeigt sich an der Verknüpfung mit Partizipialkonstruktionen und Adjektiven wie „*aufbauend auf*" (Z. 135), „*substanziell*" (Z. 232) und „*belastbare*" (Z. 59).

sie in der Rede Clements das Fundament bilden, verdeutlicht, dass ihre metaphorische Bedeutung gleichzeitig in der *Form* wie in der *Praxis* der Verknüpfung besteht. Weil die Form des Netzwerks erst durch die Praxis der Verknüpfung hergestellt wird, wird die institutionelle politische Gestaltung im Rahmen von INQA bildlich ent-strukturalisiert. Darüber hinaus zeichnet sich ein ‚Netz' dadurch aus, dass es potenziell unendlich ausgedehnt werden kann und disparate Elemente miteinander verknüpft, indem es sie in sein Gewebe einflicht (Gehring 2004: 209, 213). Mit dem Bild des Netzes kongruiert die Link-Metapher als harmonisierende Praxis der Überwindung von Antagonismen, welche Schlauch und Clement wie oben gezeigt jeweils im Kontext von INQA einsetzen.

Zusammenfassung

Die Ergebnisse der Analyse der Container- und der Haus- bzw. Architekturmetapher unterstreichen, wie unterschiedlich Engelen-Kefer auf der einen Seite und Clement und Schlauch auf der anderen Seite die institutionelle politische Gestaltung von Gesundheits- und Arbeitsschutz (*Polity*) repräsentieren. So wird in der Rede von Engelen-Kefer Arbeitsschutz durchgängig und ungebrochen als stabiles, kohärentes Funktionsgefüge verbildlicht, dessen Stabilität und Ordnung daran geknüpft ist, dass der Staat als politischer Akteur gestaltend in die Betriebe als Container eingreift. Dieses ‚Haus', also die Standards und Strukturen des Gesundheits- und Arbeitsschutzes, sieht Engelen-Kefer durch Prozesse der Deregulierung gefährdet. Deren Endgültigkeit wird durch das Bild des ‚Abrisses' veranschaulicht.

Dagegen steht bei Clement der Aspekt des Bauens, also die Metapher der ‚Architektur' im Vordergrund. Diese ist jedoch – anders als Schäffner (1993) es für den Prozess der Einigung Europas gezeigt hat – *nicht* mit den Bildern von Stabilität und Kohärenz verknüpft, sondern mit der Metapher des Netzwerks. Was bedeutet das für die Repräsentation institutioneller politischer Gestaltung (*Polity*) von Gesundheits- und Arbeitsschutz?

Metaphorisch gesehen, steht mit dem Bild des Netzwerks einerseits die Gemeinschaftlichkeit der politischen Gestaltung von Gesundheitsschutz und andererseits die *Praxis* der Verknüpfung im Vordergrund. Diese Gemeinschaftlichkeit im Kontext von INQA ist inklusiv, weil sie durch Vernetzung Antagonismen und Widersprüche integriert und die politische Gestaltung auf die Bearbeitung spezifischer Problemlagen fokussiert (Gehring 2004: 209). Darüber hinaus rückt die Metapher des Netzes – im Gegensatz zu der Semantik der Stabilität, welche den klassischen Arbeitsschutz kennzeichnet – in den Vordergrund, dass die politische Gestaltung des Gesundheitsschutzes im Kontext von INQA kleinräumig und temporär erfolgt.

Die Semantik des Netzwerks INQA ist – bei Schlauch stärker als bei Clement – beeinflusst durch den zweiten Zielbereich der Metapher des Hauses, nämlich Wirtschaftswachstum bzw. Standort Deutschland. Beide Bereiche werden in den Reden von Schlauch und Clement nicht als stabil repräsentiert, vielmehr steht im Vordergrund, dass sie wandelbar und von zeitlich begrenzter Dauer sind. Das ‚Haus' Wirtschaftswachstum ist beständig durch den internationalen Wettbewerb gefährdet.

Die Analyse der Metapher des Containers hat gezeigt, dass die Perspektive, aus der heraus dieser konstruiert ist, Rückschlüsse auf die politischen Ziele (*Policy*) geben. So basiert die Containermetapher, wie bereits einleitend erwähnt, epistemologisch auf der Annahme eines fixen Punktes, von dem aus ein Raum gleich bleibend vermessen wird und sich die Gegenstände in ihm nicht verändern. Sowohl in der Rede Clements als auch in der Rede Schlauchs bildet die ökonomische Perspektive den fixen Punkt, von dem aus die (jeweiligen) Zielbereiche auf den internationalen Wettbewerb ausgerichtet werden.

Die Metaphern des Hauses, der Architektur und die Container-Metapher de-politisieren ungeachtet aller Unterschiede zwischen den Reden die Zielbereiche, indem sie den Punkt, von dem aus sie konstruiert sind, der Sichtweise und der Gestaltbarkeit entziehen. So können in allen drei Reden Arbeitsschutz bzw. Wirtschaftswachstum und Agenda 2010 ‚ausgebaut', ‚umgebaut' oder ‚abgerissen', jedoch nicht transformiert werden. Auch die Netzmetaphorik de-politisiert, indem sie zwar die *Praxis* und die *Form* der Vergemeinschaftung in den Vordergrund rückt, jedoch Antagonismen zugunsten einer einheitlichen und gemeinschaftlichen Bearbeitung von Problemen im Gesundheitsschutz harmonisiert.

Metaphern der Bewegung

Josef Klein hat in seiner Analyse von Weg- und Bewegungsmetaphern in Anlehnung an den Historiker Reinhart Koselleck ausgeführt, dass die Metapher des ‚Fortschritts' sich auf der Grundlage der Kategorie des autonomen Subjekts herausbildete und erst im 19. Jahrhundert Eingang in die politische Metaphorik fand (vgl. Klein 2002: 229ff.). Metaphern des Weges und der Bewegung spielen seither in politischen Diskursen eine wichtige Rolle (vgl. auch hierzu Hülsse 2003; Musolff 2003; Hoinle 1999; Chilton 1996). Andreas Musolff hat nachgewiesen, dass die Weg-Metapher mit Tony Blairs Konzept des ‚Dritten Weges' in Großbritannien popularisiert wurde und in der Bundesrepublik nach den Bundestagswahlen 1998 unter der rot-grünen Regierung an Bedeutung gewann (vgl. Musolff 2001: 180). Daher überrascht es nicht, dass die Metaphern des Weges und der Bewegung in allen drei Reden häufig verwendet werden. Diese Metaphern sind nicht emotional positiv konnotiert, wie solche der Gemeinschaft, oder in Gestalt einer komplexen Metapher organisiert, wie das Bild des Hauses. Vielmehr verbildlichen sie politische und ökonomische *Prozesse*, deren Ziele sie vorwegnehmen. Mithilfe der Weg- und Bewegungsmetaphern werden politische Ziele und Programmatiken selbst dem Dissens entzogen und als zwangsläufig konstruiert (Hülsse 2003: 95; Hoinle 1999: 104).

Die Reden unterscheiden sich im Hinblick darauf, welche Aspekte des Bildes der Bewegung eingesetzt werden, vor allem im Hinblick auf die unterschiedlichen politischen und ökonomischen Ziele, die den Fluchtpunkt der Bewegung bilden. Um diese Differenzen zu untersuchen, unterscheide ich in Anlehnung an Hoinle zunächst zwischen ,Weg' und ,Bewegung', wobei ich auch typische kulturelle Muster der ,Fortbewegung' im politischen Diskurs einbeziehe (Zug, Schiff, Auto) (vgl. hierzu Musolff 2003). Die Bewegungsmetaphern differenziere ich weiter nach ,Vorwärts-' und ,Rückwärtsbewegung' (Hoinle 1999: 99), zusätzlich berücksichtige ich kontrollierte – im Unterschied zu in ihrem Ablauf ,normalen' – Bewegungen (vgl. Kövecses 2002) sowie Bewegungen der Annäherung (vgl. Hülsse 2003; ähnlich auch Klein 2002). So differenziert, verteilen sich die Metaphern in den Reden wie folgt:

Tabelle 7: Häufigkeit der Weg- und Bewegungsmetaphern

	Clement (2364 W.)	Engelen-Kefer (2301 W.)	Schlauch (1115 W.)
Vorwärtsbewegung	7	4	5
Rückwärtsbewegung	1	-	-
Kontrollierte Bewegungen	1	4	2
Aktivität der Bewegung	1	1	1
Annäherung	-	4	-
Weg	4	2	3
Zug	1	-	-
Gesamt	15	15	11

Die Übersicht zeigt, dass sich – anders als bei den bisher analysierten Metaphern – im Vergleich der drei Reden kaum Unterschiede darin zeigen, in welcher Häufigkeit die AkteurInnen die Metaphern des Weges und der Bewegung einsetzen: Engelen-Kefer verwendet sie 15-mal, Schlauch 11-mal und Clement ebenfalls 15-mal.

Bewegungsmetaphern im Sinne einer *Vorwärtsbewegung* verbildlichen, wie Hoinle (1999: 99) herausgearbeitet hat, den politischen Prozess und heben dessen Zwangsläufigkeit hervor. Dazu gehören in den politischen Reden z.B. „*Schritte [...] für die Gesundheit und das Wohlbefinden unserer Beschäftigten*" (Schlauch 2004: Z. 11f.), „*es kommt jetzt auf die nächsten Schritte an*" (Schlauch 2004: Z. 159), „*sind dazu wichtige Schritte*" (Clement 2004: Z. 253)[125] oder „*Kosten [...] werden auf eine ähnliche Größenordnung hinauslaufen*" (Engelen-Kefer 2004: Z. 202f.).

Dass Bilder der Bewegung normativ codiert sind, d.h. sich auf kulturelles Wissen über die Normalität von Bewegungsabläufen stützen (vgl. Kövecses 2002), zeigt die metaphorische *Rückwärtsbewegung*. Dabei handelt es sich um einen Prozess, der negativ konnotiert ist, weil er eine *problematische* Bewegung anzeigt. Bei Clement ist die Metapher der Rückwärtsbewegung (1x) zur Verbildlichung der Entwicklung des Arbeitsplatzengagements eingesetzt: „*das Engagement der Beschäftigten [...] seit Jahren dramatisch zurückgeht*" (Z. 65f.).

Auch die Metaphern der *unkontrollierten Bewegungen*, wie ‚stolpern', ‚fallen', ‚rutschen' etc., geben durch die negativen Konnotationen der ‚falschen Bewegung' Auskunft über implizite Wertungen der Reden, aber auch über deren Zielsetzungen. So verweist die Metapher des Getrieben-Werdens in der Rede von Clement („*müssen wir also keinesfalls zu Getriebenen der Globalisierung werden*" Z. 43f.) darauf, dass positive, aktive Gestaltung des Prozesses der Globalisierung anvisiert ist. In der Rede von Schlauch transportieren die Metaphern „*kein einmaliger Ausrutscher*" (Z. 69f.) in Bezug auf das Arbeitsplatzengagement in Deutschland und „*ist [...] kein Selbstläufer*" (Z. 99ff.) bezogen auf das Thema Stress jeweils negative Bewertungen *und* sind in der Rede von Schlauch direkt mit Aufforderungen zu oder Beschreibungen von Maßnahmen zur Veränderung verknüpft (Z. 85, Z. 89f.).

Wie ich bereits gezeigt habe, orientiert sich Engelen-Kefer an einem fordistischen Modell von Sicherheit im Berufsleben, das besonders dort deutlich wird, wo sie eine Container-Metapher mit einer Bewegungsme-

---

125 Ein weiteres Beispiel ist: „*Fortschritt Europas auf dem Weg zum wettbewerbsfähigsten und dynamischsten Wirtschaftsraum*" (Clement 2004, Z. 103).

tapher verknüpft. *„Die Beschäftigten fallen spätestens durch dauerhafte gesundheitliche Schäden aus dem Berufsleben heraus."* (Z. 131f.) Noch offensichtlicher wird der normative Gehalt der metaphorischen unkontrollierten Bewegungen dort, wo Engelen-Kefer gegen die Politik der Deregulierung Stellung bezieht: *„Der DGB ist der Auffassung, dass sich vor dem Hintergrund der geschilderten Problemlage der Staat nicht aus seiner Verantwortung stehlen darf."* (Z. 378ff.)[126] Die metaphorische *Aktivität der Bewegung* zeigt, ob und auf welche Weise Prozesse als politisch *gestaltet* verbildlicht werden. In Schlauchs Rede zeigt beispielsweise die Formulierung *„Im Durchschnitt aller Branchen zieht jeder Arbeitsunfähigkeitstag 90 Euro Produktionsausfall nach sich"* (Z. 35f.) nicht nur geringere Aktivität an, die durch die reflexive Form des Verbs angezeigt wird. Vielmehr ist das Verb ‚nach sich ziehen' negativ konnotiert, insofern die Bewegung gleichsam unbemerkt auf der Rückseite von ‚Arbeitsunfähigkeit' stattfindet. Auch mit Clements Metapher der ‚Getriebenen der Globalisierung' (*„müssen wir also keinesfalls zu Getriebenen der Globalisierung werden"* Z. 43f.) wird ins Blickfeld gerückt, dass die Bewegung passiv und deshalb unerwünscht ist.

Demgegenüber ist bei Engelen-Kefer durch die Metapher der Annäherung politische Aktivität verbildlicht: *„den Unternehmen und Arbeitnehmern die Prävention nahe bringen"* (Z. 252).[127] Eine weniger aktive Form der politischen Gestaltung beinhaltet das Bild des Nachholbedarfs oder des Zu-etwas-Kommens, wie z.b. *„wir [sind] ein ganzes Stück weiter gekommen"* (Z. 6f.) oder *„zu einem tragfähigen Konsens zu kommen"* (Z. 426f.). Hier steht der Aspekt im Vordergrund, sich auf ein Ziel hinzubewegen.

Anders die *Wegmetapher*, denn diese symbolisiert die Richtung, nicht aber das konkrete Ziel, wie z.b. in *„neue Wege [der Umsetzung] geht"* (Schlauch 2004: Z. 127), *„auch auf diesem Wege"* (Z. 149) oder *„der Weg zum Ziel"* (Z. 159), *„Das ist der falsche Weg"* (Engelen-Kefer 2004: Z. 79), *„Auf dem Weg in die Wissens- und Dienstleistungsgesellschaft"* (Z. 114f.) oder *„Auf dem Weg der deutschen Wirtschaft"* (Clement 2004: Z. 79).

Die *Metapher des Zuges*, die bei Clement im Kontext konkreter Vorhaben im Rahmen von INQA verwendet ist (*„Was lag also näher, als ein gemeinsames Vorhaben auf die Schiene zu setzen?"* Z. 272), rückt Prozesshaftigkeit, aber auch die Aktivität in den Vordergrund; im

---

126 Ähnlich in: *„[D]ie Initiative für eine ‚Neue Qualität der Arbeit' darf nicht zur Symbolik verkommen – während an anderer Stelle der Abbau der Rahmenbedingungen [...] voranschreitet."* (Z. 488-491)
127 Siehe auch: *„die Menschen wieder länger in Beschäftigung bringen wollen"* (Z. 343f.).

Bild wird der ‚Zug' auf die Schiene gesetzt und kann erst *dann* in Bewegung kommen und Geschwindigkeit erreichen. Die Zugmetapher verbildlicht in diesem Kontext also den Prozesscharakter der Initiative und die Zwangsläufigkeit der Bewegung (vgl. hierzu auch Hülsse 2003: 95) sowie die Notwendigkeit aktiver gemeinschaftlicher Beteiligung.

Die unmittelbaren Satzkontexte geben in der Regel klare Hinweise auf die politische Zielsetzung der Reden. Darin zeigen sich deutliche Unterschiede zwischen den Reden: Wegmetaphern sind bei Engelen-Kefer vollständig (2x) und bei Schlauch teilweise (1x von 3x) mit Zielen der Gestaltung von Gesundheits- und Arbeitsschutz verknüpft („*die Einrichtung einer umfangreichen Datenbank ‚Gute Praxis' geplant, die neue Wege der Umsetzung geht*" Z. 127). Bei Clement stehen demgegenüber ausschließlich wirtschaftliche Ziele im Vordergrund (4x), wie z.B. „*auf dem Weg der deutschen Wirtschaft zu mehr Wachstum*" (Z. 79), „*Produktionsfortschritte*" (Z. 49) oder „*auf dem Weg zum wettbewerbsfähigsten und dynamischstem Wirtschaftsraum*" (Z. 103f.). Auf die Agenda 2010 bezieht sich auch Schlauch: „*Die Initiative Neue Qualität der Arbeit leistet damit einen wertvollen Beitrag zu einer umfassenden, sozial verantwortlichen Modernisierungsstrategie der deutschen Wirtschaft. Der Weg zum Ziel ist beschrieben.*" (Z. 156ff.)

Zusammenfassung

Weg- und Bewegungsmetaphern verbildlichen Zwangsläufigkeit und Prozessualität der politischen Prozesse selbst. Die programmatische Zielorientierung erschließt sich aus dem unmittelbaren Satzkontext. Es ist bedeutsam, dass die Wegmetapher Auskunft über programmatische und übergeordnete Zielsetzungen der politischen Prozesse gibt, die nicht zwangsläufig mit den im Einzelnen aufgeführten Zielen deckungsgleich sein müssen. Wie nach den Ergebnissen der bisherigen Analyse zu erwarten war, besteht das programmatische Ziel des ‚Weges' bei Engelen-Kefer im Gesundheits- und Arbeitsschutz. Bei Clement und Schlauch stehen dagegen die Agenda 2010 und die damit verknüpfte Modernisierungsstrategie der deutschen Wirtschaft im Vordergrund.

Zieht man die assoziierten Formen der Weg- bzw. Bewegungsmetapher hinzu, also Rückwärtsbewegungen und kontrollierte Bewegungen, so wird in allen drei Reden die implizite normative politische Wertsetzung deutlich. Diese besteht bei Clement in der Möglichkeit der aktiven Gestaltung der Globalisierung, bei Schlauch in der Verbesserung des Arbeitsplatzengagements und der Regulierung von Stress am Arbeitsplatz. Bei Engelen-Kefer dagegen liegen die Schwerpunkte auf dem Erhalt der individuellen Sicherheit im Berufsleben und der staatlichen Verantwortung für Arbeitsschutz sowie auf der Qualität der Arbeit.[128] Die Analyse der Metaphern der ‚Annäherung' und der ‚Aktivität' von ‚Bewegung' hat deutlich gemacht, dass Engelen-Kefer politische Prozesse im Hinblick auf das Ziel des Gesundheits- und Arbeitsschutzes aktiver verbildlicht (z.B. Metaphern des ‚nahe bringen' und des ‚zu etwas kommen') als Clement und Schlauch. Daraus ist nicht zu folgern, dass Politisierung im Kontext der Wegmetapher im Vordergrund steht. Vielmehr setzen alle RednerInnen Weg- und Bewegungsmetaphern vorrangig de-politisierend ein, da sie durch das Bild der Zwangsläufigkeit und der Teleologie Kontingenz, politische Alternativen und Veränderungsprozesse verschließen.

Zwischenfazit: Metaphern und Politik

Eingangs wurde eine Systematik entwickelt, um die verschiedenen Ebenen der Repräsentation von Politik mit politischer Metaphorik zu verknüpfen und beides auf politisch-diskursives Handeln (*Polity* und *Policy*) beziehen zu können. Ich habe in Anlehnung an Hoinle das Bildfeld ‚Stabilität' *Polity* und das Bildfeld ‚Bewegung' *Policy* zugeordnet. Aufgrund der hohen Bedeutsamkeit von Gemeinschaftlichkeit für Governance wurde zusätzlich das Bildfeld ‚Gemeinschaft' einbezogen, das auf politischer Ebene mit Kohäsion korrespondiert (vgl. Hoinle 1999). In der explorativen Analyse der Reden konnten Erkenntnisse darüber gewonnen werden, wie politische Prozesse verbildlicht werden. Darüber hinaus wurde deutlich, in welcher Weise Politik metaphorisch auf die Themen ‚Gesundheit' und ‚Ökonomie' bezogen wird.

Metaphern in *Polity* und *Policy*

Im Hinblick auf den ersten Teil der Analyse konnten aus der Metaphernanalyse keine Abweichungen, Veränderungen oder Verschiebungen der *Polity*- und der *Policy*-Dimension der Reden festgestellt werden.[129] In der Analyse der Metaphern ist vielmehr deutlich geworden, dass verschiedene Aspekte der politischen Gestaltung semantisch besonders hervorgehoben werden. In einigen Fällen wird der semantische Mehrwert von Metaphern zu einer politischen Praxis.

---

128 Bei Clement und Engelen-Kefer steht deutlich makropolitische Gestaltung im Vordergrund, während Schlauch vorrangig problembezogene Lösungen am Arbeitsplatz fokussiert.
129 Am Ende eines jeden Abschnitts über die einzelnen Bildfelder sind die Ergebnisse der Einzelanalysen zusammengefasst.

Die Gewichtung der einzelnen Bildfelder in den Reden ist unterschiedlich und gibt daher Hinweise darauf, welche Semantik für die jeweiligen Reden typisch ist. Die folgende Tabelle gibt einen Überblick darüber, welche Bildfelder in den jeweiligen Reden dominieren.

Tabelle 8: Verteilung der Bildfelder

Bildfeld	Clement (2364 W.)	Engelen-Kefer (2301 W.)	Schlauch (1115 W.)
Gemeinschaft	89	60	13
Stabilität	29	67	8
Weg/Bewegung	15	15	11

1) Die Forderung nach dem Erhalt der *sozialstaatlichen Regulierung* zeichnet die Rede Engelen-Kefers aus. Damit korrespondiert, dass die Metaphorik von Stabilität ('Container-' und 'Hausmetaphern') in ihrer Rede insgesamt bedeutsamer ist als in den Reden Clements und Schlauchs.

Der duale Arbeitsschutz wird in der Rede Engelen-Kefers durch die Metaphorik des 'Hauses' verbildlicht. Die Semantik der Stabilität und Sicherheit ist im Bereich des dualen Arbeitsschutzes im Verhältnis zu anderen Zielbereichen (betriebliche Gesundheitspolitik und wirtschaftliche Innovationsstrategie) sehr ausgeprägt. Dieser Effekt wird dadurch erzeugt, dass verschiedene Elemente der Hausmetaphorik miteinander verbunden werden ('Balken', 'Fundamente', 'Schlüssel' 'Abriss' und 'Aufbau'). Dabei fällt besonders auf, dass mit der Kombination verschiedener Elemente der Hausmetapher eine polare Repräsentation des Arbeitsschutzes erzeugt wird: Der bildlichen Stabilität des dualen Arbeitsschutzes ('Grundlagen', 'Rahmenbedingungen') ist semantisch seine endgültige Zerstörung ('Abriss') gegenübergestellt. Betrachtet man beide Formen zusammen, so markiert der negative Pol der Hausmetapher die Bedrohung, welche durch Sicherheit und Stabilität, die den positiven Pol ausmachen, aufgehoben wird. Die polare Struktur in der Metaphorik des 'Hauses' verleiht der Forderung nach dem Erhalt der sozialstaatlichen Regulierung im Arbeitsschutz Nachdruck.

Die Metaphorik der Stabilität ist in der Rede Engelen-Kefers nicht an Autorität und Hierarchie geknüpft. In Korrespondenz zu den veränderten Leitbildern in den Institutionen des Arbeitsschutzes dominiert in allen drei Reden die Metaphorik 'nährender Eltern', welche im Gegensatz zu den 'strengen Eltern' eine Haltung von Fürsorge und Empathie statt von Hierarchie, Kontrolle und Autorität einnehmen. Daraus ist zu folgern, dass das seit den 1960er Jahren tradierte Bild des Arbeitsschutzes nach den Maßgaben der staatlichen Steuerung durch Kontrolle, Recht und Hierarchie an Legitimität verloren hat. Auch in der Rede Engelen-Kefers bleibt das ‚Durchgreifen' der ‚strengen Eltern' des staatlichen Arbeitsschutzes lediglich als Ultima Ratio bestehen. Dieser Befund verweist darauf, dass die Semantik von Sicherheit und Stabilität nicht zwangsläufig mit Autorität und Kontrolle korrespondiert, wie es kritische Positionen zum Wohlfahrtsstaat vielfach unterstellen.[130]

2) Das *Governance-Modell* der politischen Regulierung des Gesundheits- und Arbeitsschutzes wird von Clement vertreten. Auch Schlauchs Rede folgt diesem Muster. In beiden Fällen erschließt sich Governance als Form politischer Gestaltung des Gesundheitsschutzes aus der Repräsentation von INQA. Wie bereits herausgestellt, bildet INQA das paradigmatische Modell einer Alternative zum staatlichen Arbeits- und Gesundheitsschutz. Damit korrespondiert, dass in beiden Reden anders als bei Engelen-Kefer nicht Metaphern der Stabilität im Vordergrund stehen, sondern solche der Gemeinschaft (vgl. Tabelle 8). Diese sind in beiden Reden mit der Metaphorik des Netzwerks verbunden.[131] Durch die Kombination der verschiedenen Metaphern werden semantisch spezifische Aspekte der politisch-institutionellen Regulierung hervorgehoben.

Wie bereits dargelegt, ist INQA institutionell und organisatorisch als Bündnis- und Netzwerkstrategie konzipiert. Deshalb liegt es nahe, dass das Projekt in beiden Reden als ‚Netzwerk' verbildlicht wird. Paulitz (2004: 34) stellt heraus, dass sich ‚Netzwerke' dadurch auszeichnen, dass sie empirische Phänomene beschreiben und *zugleich* eine epistemologisch-konstruktivistische Technik bilden, mit der soziale und politische Phänomene neu interpretiert werden können. Der metaphorische Einsatz des Netzwerks führt folglich über die institutionalisierten Regulierungsformen hinaus, indem er diese semantisch moduliert. So wird besonders in der Rede Clements in den Vordergrund gerückt, dass INQA auf gleichrangigen, nicht-hierarchischen Vernetzungen basiert, die durch lebendige Kontakte (‚Erfahrungen', ‚Empfehlungen', ‚Informationen') entstehen. Es ist – metaphernanalytisch betrachtet – bedeutsam, dass INQA als ‚Netzwerk' zugleich eine *Form* wie eine *Praxis* der Vernetzung darstellt.

Mit dieser doppelten Bedeutung des ‚Netzes' wird verbildlicht, dass Gesundheitsschutz sich nicht auf eine institutionelle Struktur stützt, sondern von der *praktischen*, gemeinschaftlichen Beteiligung von Akteu-

---

130 Die Kritik am Wohlfahrtsstaat wurde im Kapitel 1 als wesentliches Merkmal neoliberaler Ansätze erläutert.
131 Diese habe ich zu den ‚Haus-' und ‚Architekturmetaphern' gerechnet.

rInnen abhängt. Wo institutionalisierte Strukturen eine untergeordnete Rolle spielen, gewinnen Kommunikation und Kontakte als soziales Kapital an struktureller Relevanz.

In diesem Kontext gewinnt gemeinschaftliche Metaphorik, wie sie etwa durch die Link-Metapher sowie durch Metaphern der Partnerschaft und von Kollektiven angezeigt ist, an Bedeutung. Harmonie, Gemeinschaftlichkeit und positive emotionale Bindungen erhalten dadurch im Hinblick auf die Funktionsfähigkeit institutioneller Regulierung ein politisches Gewicht. In den Reden von Schlauch und Clement bildet Gemeinschaftlichkeit zugleich eine Praxis der Vernetzung wie den Fluchtpunkt eines sozialen Konsenses. Zum einen wird durch Praktiken ein gemeinschaftliches ,Netzwerk' geknüpft, zum anderen wird die politisch-institutionelle Gestaltung des Gesundheitsschutzes nach dem Modell von INQA in beiden Reden in das übergreifende Ziel des Konsenses für die Restrukturierung von Arbeit eingebunden. Schlauch benennt dieses Anliegen pointiert: „*Doch alle INQA-Aktivitäten dienen letztlich einer gemeinsam getragenen positiven Vision der ,Arbeitswelt von morgen'*." (Z. 162-164)

Mit dem Fluchtpunkt des sozialen Konsenses ist ein weiterer Aspekt politischer Gestaltung angesprochen, der mit der Metaphorik des ,Netzwerks' hervorgehoben wird. Gehring und Paulitz haben argumentiert, dass ein ,Netzwerk' sich dadurch auszeichnet, dass es disparate Elemente miteinander verknüpfen und daraus ein Gewebe bilden kann. Damit wird verbildlicht, dass gemeinschaftliche Gestaltung kontroverse und disparate Positionen integriert. Ferner wird herausgestellt, dass Gegensätze zugunsten von Gemeinschaftlichkeit harmonisiert werden. Ich habe in der Analyse der Reden von Schlauch und Clement gezeigt, dass mittels der Link-Metapher die Interessengegensätze zwischen ArbeitgeberInnen und ArbeitnehmerInnen und die Widersprüche zwischen ,sozialen' und ,wirtschaftlichen Interessen' harmonisiert werden.

Resümierend wird festgehalten, dass die Metapher des ,Netzwerks' semantisch die kommunitaristischen, gemeinschaftlich-konsensualen Aspekte der politisch institutionellen Gestaltung in Form von Governance hervorhebt. Diese zeichnen sich in der Tendenz dadurch aus, dass sie Gegensätze und Widersprüche einebnen.

3) Die *Policy-Dimension* in den analysierten Reden ist mit Metaphern der ,Bewegung' und des ,Wegs' verbildlicht. Diese markieren den Prozess selbst, der in allen drei Reden gleichermaßen als zwangsläufig

und teleologisch repräsentiert wird.[132] Die unmittelbaren Kontexte der Wegmetaphern geben Auskunft über die politisch-programmatischen Zielsetzungen der Reden. Diesbezüglich lassen sich die bisherigen Ergebnisse der Analyse bestätigen: In der Rede Engelen-Kefers bildet Arbeits- und Gesundheitsschutz das programmatische Ziel, in den Reden von Schlauch und Clement steht die Agenda 2010 im Vordergrund.

Politische Metaphorik und hegemoniale Praxis

Die Analyse der Metaphern hat gezeigt, dass die Metaphern der Gemeinschaft, der Stabilität und der Bewegung keine gleichbleibenden semiotischen Strukturen aufweisen, die in bloßer Variation aktualisiert werden. Wäre dies der Fall, würden *alle* Metaphern schon allein deshalb de-politisierend wirken, weil sie durch eine ihnen innewohnende semantische Kohärenz Kontingenz und Dissens verschließen sowie politische Alternativen verstellen würden. Die de-politisierenden bzw. politisierenden Effekte von Metaphern sind vielmehr in ihrer *Praxis* begründet, d.h. darin, ob die Metaphern auf gleiche oder unterschiedliche Weise, homogenisierend oder differenzierend eingesetzt werden (s. auch Muntigl 2002; Sondermann 1997: 135).

Metaphern werden also in spezifischer Weise als politische Praxis eingesetzt. Werden sie auch als hegemoniale Praxis wirksam? Zunächst setzen alle politischen AkteurInnen Metaphern aus den Bildfeldern Gemeinschaft, Stabilität und Bewegung auch bzw. in erster Linie dort de-politisierend ein, wo sie ihre politischen Forderungen generalisieren, Zielorientierungen angeben (und mittels Wegmetaphern verbildlichen) oder verschiedene Modelle politischer Gestaltung von Gesundheits- und Arbeitsschutz repräsentieren. Die Kohärenz dieser politischen Forderungen, Zielorientierungen und Entwürfe politischer Gestaltung beruht darauf, dass die AkteurInnen Kontingenz und Dissens verschließen sowie politische Alternativen de-thematisieren. Der Einsatz der Metaphern ist jedoch in unterschiedlicher Weise mit der Praxis der *Politisierung* verbunden – dadurch werden sie zu einer hegemonialen oder de-politisierenden politischen Praxis.

Hegemoniale Praxis

Engelen-Kefers Rede zeichnet sich, wie gezeigt, durch hegemoniale Praxis aus, weil Antagonismus, Generalisierung und Politisierung miteinander verbunden sind und aufeinander verweisen. Die Praktiken der

---

132 Unter allen analysierten Metaphern sind die Metaphern des Weges und der Bewegung (daher) am wenigsten in Strategien der *Politisierung* und der *De-Politisierung* involviert.

Produktion von Kontingenz, also der Politisierung, erzeugen textuelle Differenzierungen: Durch Negation, Verzeitlichung, Hervorhebungen sowie durch Konstruktion von einander gegenüberstehenden Entitäten werden Brüche sichtbar gemacht und dadurch Möglichkeitsräume eröffnet. In dieses Muster fügt sich auch der Einsatz von Metaphern ein. Diese stellen Brüche, Widersprüche, Differenzen und Kontingenzen in den Repräsentationen heraus, die eine Voraussetzung für politische Gestaltbarkeit bilden.

Metaphern werden in der Rede Engelen-Kefers als politisierende Praxis eingesetzt, etwa im Bildbruch von ‚nährenden Eltern' zu ‚strengen Eltern', in der Differenzierung politischer AkteurInnen in einer ‚unbestimmt-inklusiven Gemeinschaft' sowie in der Umdeutung der ‚ökonomisch-nationalen Gemeinschaft' in eine ‚ökonomisch-politische Gemeinschaft'. Dadurch wird im ersten Fall die Brüchigkeit der Legitimität des staatlichen Arbeitsschutzes sichtbar gemacht. Im zweiten Fall werden politisch oppositionelle Positionen und Prozesse politischer Gestaltung herausgestellt. Schließlich wird im dritten Fall die Metaphorik des nationalen Wettbewerbsstaates (‚ökonomisch-nationale Gemeinschaft') unterbrochen bzw. gestört. Politisierung wird auch durch das Sichtbar-Machen politischen Handelns erzeugt: Diese Praxis findet sich bei Engelen-Kefer dort, wo sie den Staat als makropolitischen Akteur einsetzt, der ‚in den Container' eingreifen muss, oder wo sie mit der Metapher der Annäherung (Bildfeld ‚Bewegung') einen aktiv gestalteten politischen Prozess im Gesundheits- und Arbeitsschutz verbildlicht.

Den beschriebenen textuellen Praktiken ist gemeinsam, dass sie verschiedene Ebenen im Text repräsentieren und dadurch Differenzierungen erzeugen, z.B. nach Zeit, Inhalt, Wahrnehmung, politischer Aktivität und Gestaltung. Kontingenz und Politisierung werden dadurch ‚lesbar'. Jedoch bilden Kontingenz und Politisierung für sich genommen noch keine hegemoniale Praxis, vielmehr bedarf es zusätzlich des Antagonismus und der Generalisierung, wie sie sich insbesondere in der Verallgemeinerung politischer Forderungen und Positionen zeigt. Erst dadurch verweisen zentrifugale Kräfte und zentripetale Kräfte aufeinander und erzeugen in ihrem Zusammenspiel „Grenz-Fronten" (Laclau/Mouffe).

Ich habe bereits oben dargelegt, dass alle politischen AkteurInnen Metaphern de-politisierend einsetzen, indem sie etwa mittels der Wegmetaphern politische Ziele und Prozesse als teleologisch repräsentieren oder mittels der Hausmetapher zwar ‚Umbau' und ‚Ausbau' institutioneller Gestaltung hervorheben, jedoch nicht ihre prinzipielle Umgestaltung sichtbar machen. Davon unterscheidet sich ein de-politisierender Einsatz von Metaphern im engeren Sinne.

De-politisierende politische Praxis

Ein de-politisierender Einsatz der textuellen Praxis der Metaphern zeichnet die Reden Schlauchs und Clements aus. Beide Reden weisen eine ‚Logik der Oberfläche' auf, die auf Praktiken des Ausschlusses von Kontexten, Strukturen, Widersprüchen, Konflikten und Brüchen basiert. Wie bereits erläutert wurde, werden Metaphern des ‚Netzwerkes', der ‚Partnerschaft' und der ‚Gemeinschaft' als de-politisierende Praxis eingesetzt, indem semantisch harmonisch-konsensuale Gemeinschaftlichkeit verbildlicht wird. Darüber hinaus sind zwei Effekte des Einsatzes von Metaphern bedeutsam: erstens die implizite Perspektivierung und zweitens die Ent-Nennung der Strukturen und Prozesse politischer Gestaltung.

Die Praxis der ‚impliziten Perspektivierung' stützt sich auf den Einsatz der Container-Metaphorik in Kombination mit Niveaumetaphern. Sie werden in der Weise wirksam, dass in den Reden von Schlauch und Clement ökonomischer Wettbewerb nicht nur einen thematischen Gegenstand unter mehreren bildet. Vielmehr beruht die ökonomische Perspektive – wie in der Analyse der Container-Metapher deutlich geworden ist – auf einem fixen Standpunkt. Von diesem Standpunkt aus werden alle übrigen Prozesse analysiert, bewertet und zueinander ins Verhältnis gesetzt. Die Besonderheit besteht darin, dass die ökonomische Perspektive selbst der Repräsentation entzogen wird. Sie wird vielmehr als (implizite) generalisierte Matrix für die Wahrnehmungen und Bewertungen ‚im Container' wirksam. Das zeigt sich empirisch daran, dass die Messlatten für die ‚Pegel' der Beschäftigungsquoten, der Produktivität, der Quoten des Arbeitsplatzengagements einer ökonomischen Perspektive entspringen. Dadurch finden außerhalb der Ökonomie liegende Kriterien, Maßstäbe und Normen keine Anwendung. Die ‚implizite Perspektivierung' stützt sich nicht auf Praktiken des Ausschlusses, sondern ist die logische Folge eines textinternen Fixpunktes.

Die Praxis der ‚Ent-Nennung von Strukturen und Prozessen politischer Gestaltung' wird metaphorisch durch den Einsatz von ‚Gemeinschaft' realisiert. Wie die Analyse gezeigt hat, werden ‚unbestimmt-inklusive Gemeinschaften' erzeugt, indem die AkteurInnen politischer Gestaltung auf ein vages und imaginäres Kollektiv ausgeweitet werden. In dieses Kollektiv werden der Staat und politische FunktionsträgerInnen als gleichrangig eingeordnet.

Der Wechsel von einer ‚unbestimmt-inklusiven Gemeinschaft' zu einer ‚ökonomisch-nationalen Gemeinschaft' führt zu einer Verstärkung beider Perspektiven. Zudem wird die ‚ökonomisch-nationale Perspektive' in das generalisierte Interesse der inklusiven Gemeinschaft überführt.

Beide Einsätze der Gemeinschaftsmetaphern führen dazu, dass die Strukturen und Prozesse der politischen Gestaltung und der politischen Interessenbildung ent-nannt werden. Im Ergebnis wird dadurch ein homogenes Kollektiv repräsentiert, das sich durch Konsensualität und Harmonie auszeichnet. Praktiken des Ausschlusses und der Generalisierung produzieren in den Reden Clements und Schlauchs eine Ent-Differenzierung auf der Ebene der Repräsentationen. Diese entspricht der zentripetalen Kraft der Hegemonie, während Politisierung und Kontingenz als zentrifugale Kräfte in beiden Reden fehlen. Folgt man der Argumentation von Laclau und Mouffe, so ist die Kombination von zentrifugalen und zentripetalen Kräften Voraussetzung für Hegemonie (vgl. Laclau/Mouffe 2000). Daher ist die hegemoniale Praxis in beiden Reden im engeren Sinne nicht als hegemonial zu bezeichnen. Denn Generalisierung ohne das Gegengewicht der Kontingenzproduktion verschließt das Spiel des Politischen auf der Ebene der Repräsentation, weil sie ihr konstitutives Außen dem Blickfeld entzieht (s. auch Fromm 2004: 90).

Fazit: Der politische Einsatz von Gesundheit

Das Ziel der Diskursanalyse bestand darin, mittels einer hegemonietheoretisch ausgerichteten Methodik zu untersuchen, wie politische AkteurInnen mit Repräsentationen von Gesundheit Politik machen. Ich habe dieses ‚Politik-Machen' in Anknüpfung an Palonen so operationalisiert, dass es entlang verschiedener Achsen untersucht werden konnte: Nach *Policy*, also der politischen Programmatik, nach *Polity* als institutioneller Gestaltung von Politik und nach den Praktiken der *Politisierung* und der *De-Politisierung*. Ich habe die ersten beiden Dimensionen der Politik wie auch Gesundheit als ‚Thema' gefasst und danach gefragt, mittels welcher diskursiven, textuellen, intertextuellen und politischen Praktiken sie produziert werden. Ferner zeigte sich, dass neben ‚Gesundheit' und ‚Politik' ‚Ökonomie' das dritte relevante Themenfeld bildet – so dass diese drei Themenfelder auf die Produktion der Repräsentationen *und* ihre Vernetzung unter dem Blickwinkel von Hegemonie untersucht wurden. Im Folgenden werden die Ergebnisse der Analyse im Hinblick auf die Frage nach Hegemonie und politischer Praxis mit *Gesundheit* – also der diskursiv-symbolischen Dimension von Gesundheit – zusammengeführt.

Die politische Kultur der Harmonie

In Weiterführung der Analysen politisch relevanter Diskurse der Gegenwart im Rahmen der Critical Discourse Analysis (vgl. Kapitel 3) ist Hegemonie über eine *implizite* Hintergrundannahme hinausgehend als analytisches Instrumentarium ausgearbeitet worden. In Auseinandersetzung mit der CDA, insbesondere mit den Hegemoniebegriffen von Laclau/Mouffe und Gramsci, ist die Beziehung zwischen Repräsentationen/Diskursen und Hegemonie theoretisch und methodologisch bestimmt worden. Ich habe in Kapitel 4 drei leitende Prinzipien der *Kritischen Interdiskursanalyse* entwickelt: Produktion, Heterogenität und Vernetzung. Ferner wurde das gramscianische Theorem der Umkämpftheit als These für die Untersuchung formuliert. Es sollte mit einer analytischen Heuristik überprüft werden, die an Überlegungen des Sprachphilosophen Bachtin anknüpft. Dieser hat zwischen zentripetalen Kräften, die auf Evidenzen, Generalisierungen und Verallgemeinerungen abzielen, und zentrifugalen Kräften, die auf Pluralisierung und Differenzierung orientiert sind, unterschieden. Damit wurde eine Hegemonie ‚zweiter Ordnung' eingeführt, die auf der Ebene von Texten und Repräsentationen ‚gelesen' werden kann (vgl. ähnlich auch Nonhoff 2006a: 248f.).

Der theoretisch deduzierte Antagonismus wurde als Kriterium für die Zusammenstellung des Textkorpus gewählt. Ich vermutete, dass der strukturelle Antagonismus der AkteurInnen mit den Politiken mit Repräsentationen von Gesundheit in den Texten korrespondiert. Indem ich politische und hegemoniale Praktiken als heuristische Analyseinstrumentarien entwickelt habe, wurde diese Hypothese der empirischen Überprüfung zugänglich gemacht.

Der heuristische Zugang zu Hegemonie hat sich analytisch als produktiv erwiesen. So wurde in der empirischen Analyse ein Politiktypus freigelegt, den ich als paradigmatisches Beispiel für eine ‚politische Kultur der Harmonie' kategorisiert habe. Im Folgenden soll zusammengefasst werden, worauf sich diese Interpretation stützt.

Im Prozess der Untersuchung schälten sich – entgegen meinen theoretischen Annahmen – binäre Typen der Repräsentation heraus, die sich auf allen Ebenen der Analyse durch signifikante Unterschiede auszeichnen. Im Vergleich stellte sich heraus, dass diese Unterschiede wesentlich in verschiedenen Mustern der hegemonialen Kräfte begründet sind. In Engelen-Kefers Rede zeigt sich die hegemoniale Doppelbewegung zwischen zentrifugalen und zentripetalen Kräften im Muster der diskursiven Praktiken und der Vernetzung der Repräsentationen.

Clements Rede unterscheidet sich von dieser Form hegemonialer Praxis. In seiner Rede werden Kontexte, Differenzierungen, Strukturen und die Gestaltung politischer AkteurInnen diskursiv ausgeschlossen. Metaphorisch stehen Gemeinschaftlichkeit und die Überwindung antagonistischer Gegensätze im Vordergrund. Dies führt im Ergebnis dazu, dass politische Gestaltung als konsensuale, symmetrische Gemeinschaftlichkeit repräsentiert wird. Ich habe diese Befunde vor dem Hintergrund der im Anschluss an Bachtin entwickelten Heuristik als zentripetale Kraft der Hegemonie interpretiert, die auf Generalisierung, Evidenz und Verallgemeinerung ausgerichtet wird. Im Vergleich zur Rede Engelen-Kefers fehlten jedoch die zentripetalen Kräfte, die sich durch Differenzierung und Pluralität auszeichnen. Im Ergebnis wird dadurch eine ‚Logik der Oberfläche' erzeugt, die sich durch De-Politisierung und durch die Entfernung von Kontingenz auszeichnet. Wurde in der Rede Engelen-Kefers im Text sichtbar, wie hegemoniale politische Positionen als konstitutives Außen wirksam werden, gegen die sich eine oppositionelle politische Positionierung absetzt, und dadurch „Grenz-Fronten" (Laclau/ Mouffe) erzeugt werden, so fehlt diese Bewegung in der Rede Clements.

Die Rede ist folglich nicht nach dem Muster von Hegemonie organisiert, denn dies setzt voraus, dass Konflikthaftigkeit, gegensätzliche politische Positionen und oppositionelle AkteurInnen sichtbar gemacht werden. Bei diesem Typus der politischen Praxis handelt es sich also um eine de-politisierte hegemoniale Kraft, die sich durch die diskursive Einebnung der „Grenz-Fronten" (Laclau/Mouffe) mit dem Effekt einer ungebrochenen Generalisierung auszeichnet. Ich habe diesen Politiktypus im Anschluss an Wolfgang Fritz Haug daher als ‚dys-hegmonial' bezeichnet. In der politischen Philosophie wird dieser Typus seit einigen Jahren als Kennzeichen der gegenwärtig hegemonialen politischen Kultur beschrieben (vgl. Mouffe 2007; Rancière 1999; s. auch Fairclough 2000b: 174). Dies stützt sich auf ein Verständnis des Politischen als institutionalisiertem diskursivem Raum der politischen Ordnung (Mouffe 2007: 26; Rancière 1999: 102).

Die Entfernung des Konflikts aus der Repräsentation des Politischen ist kein Indiz dafür, dass dieser institutionell keine Rolle mehr spielt. Vielmehr gründet sie in der Politik des Konsenses und des Dialoges, die mit der neoliberalen Hegemonie und der Popularität konsensualer Governance-Modelle verbunden ist (Mouffe 2007: 139). Die politische Kultur der Harmonie – Mouffe spricht sogar vom „‚postpolitischen' Zeitgeist[ ]" (ebd.: 15) – basiert darauf, dass konflikthafte Auseinandersetzungen als Zeichen überholter Negativität und überkommener Polaritäten (etwa zwischen links und rechts) kritisiert und abgelehnt werden (ebd.: 139). Sie finden daher keinen Eingang in die Repräsentation des Politischen.

In der empirischen Analyse ist detailliert nachgezeichnet worden, mittels welcher diskursiven und textuellen Praktiken die ‚politische Kultur der Harmonie' erzeugt wird. Eines ihrer zentralen Merkmale ist die De-Politisierung der politischen Prozesse, Gestaltungen, Strukturen (vgl. auch Fairclough 2006, 2000a; Muntigl 2002; Weiss 2000). Die Praxis der De-Politisierung der Politik ist Voraussetzung dafür, dass – wie in der Rede Clements – Politik technizistisch als Lösung und Regelung von gesellschaftlichen Problemen repräsentiert wird (Mouffe 2007: 47; vgl. hierzu auch Hirsch 2001a). Damit korrespondiert der Aufbau der Rede Clements nach den Mustern von Managementstrategien (vgl. Fairclough 2000a und b).

Gesundheit als Grenzpolitik

Im Folgenden werden die Ergebnisse der Analyse im Hinblick auf den strategisch-politischen Einsatz von *Gesundheit* zusammengefasst. Ich hatte auf der Grundlage der hegemonietheoretischen Methodologie die These aufgestellt, dass spezifische Repräsentationen von Gesundheit mit antagonistischen politischen Positionierungen korrespondieren. Das hat sich in der empirischen Analyse bestätigt. Es ist deutlich geworden, dass in den untersuchten Reden binäre Diskurse um Gesundheit eingesetzt werden: Engelen-Kefer entwirft Gesundheit als Norm, Clement hingegen repräsentiert Gesundheit als Humankapital.

Es ist bereits gezeigt worden, dass ‚Gesundheit als Norm' (Engelen-Kefer) sich direkt auf den biomedizinischen Diskurs von Gesundheit und Krankheit bezieht. Dieser zeichnet sich durch eine Dichotomie zwischen Gesundheit und Krankheit aus. Gesundheit als „Schweigen der Organe" (Canguilhem) ist auf ein Krankheitskonzept bezogen, das sich auf naturwissenschaftliche Verobjektivierung stützt und mit Leiden und Schwäche konnotiert ist. Wenn in Engelen-Kefers Rede Arbeit als (potenziell) gesundheitsschädlich repräsentiert wird, ruft sie beide Pole auf: Krankheiten, Probleme und Schwächen als Folge von Arbeit auf der einen Seite, die durch effektiven Gesundheits- und Arbeitsschutz bei der Arbeit auf der anderen Seite vermieden werden können.

Demgegenüber stützt sich ‚Gesundheit als Humankapital' (Clement) nicht auf einen gesundheitswissenschaftlichen oder medizinischen Diskurs über Gesundheit. Gesundheit wird im Gegenteil als ein Element in eine Kette von weiteren Faktoren, Fähigkeiten und Eigenschaften eingeordnet (Leistungsfähigkeit, Motivation, Qualifikation). Alle diese Elemente verweisen in der Rede Clements auf Humankapital, sie sind als prinzipiell austauschbare Elemente repräsentiert. Strukturelle Widersprüche, etwa zwischen Motivation und Gesundheit, werden dabei ausgeschlossen. *Gesundheit* als Humankapital basiert darauf, dass Gesundheit nicht in einer dichotomen Beziehung zu Krankheit gefasst wird.[133] Das erweist sich in zweifacher Hinsicht als entscheidend: Gesundheit wird *nicht* zu körperlichen und zu natürlichen Phänomenen in Beziehung gesetzt, sie wird folglich de-naturalisiert (vgl. auch Hirsch 2001a). De-Naturalisierung bildet die Grundlage dafür, dass Gesundheit bruchlos im Hinblick auf die Steigerung der Wertschöpfung durch Verbesserung der Inwertsetzung menschlicher Fähigkeiten und Eigenschaften repräsentiert wird. Es ist bereits deutlich geworden, dass die Plausibilität dieser Repräsentation darauf basiert, dass gesundheitsschädliche Aspekte von Arbeit ebenso wie Krankheiten, Probleme, Schwächen und Leiden durch Arbeit ausgeschlossen werden.

Kontrastiert man diesen Befund mit dem Einsatz von ‚Gesundheit als Norm', so zeigt sich, dass die aus dem Humankapital ausgeschlossenen Aspekte von Krankheit, Schwächen und Leiden in der Rede Engelen-Kefers eine Grundlage der Argumentation bilden. Gesundheit und Krankheit – in ihrer Dichotomie – bilden einen Signifikanten für eine unhintergehbare Verletzlichkeit des Menschen, die den rechtlichen Schutzgedanken begründet. Diese Verletzlichkeit wird politisch eingesetzt, um eine anthropologische Grenze gegen die Generalisierung des Wettbewerbs und der Verwertung des Humankapitals zu ziehen. Diese Einschätzung wird dadurch bestätigt, dass der Rekurs auf Verletzlichkeit oder auch auf Natur[134] auch in anderen Kontexten als zentrales Argument gegen die uneingeschränkte Durchsetzung des Wettbewerbsprinzips und der Vermarktlichung eingesetzt wird (vgl. exemplarisch Hajen et al. 2006; Deppe 2000[135]). Es ist bedeutsam, dass die Grenzziehung durch Natur auch (partiell) in der Gesundheitsökonomie Gültigkeit findet. Hajen et al. (2006: 23) sehen den zentralen Unterschied zwischen Gesundheit und Bildung darin, dass das gesundheitliche Ausgangsniveau durch (biologische) Erbanlagen geprägt sei.

Ich interpretiere den Rekurs auf Natur oder Verletzlichkeit im Kontext von Arbeit als politischen Einsatz, als Grenzziehung gegenüber

---

133 Vgl. hierzu ausführlich Kapitel 2.
134 Verletzlichkeit und Natur verweisen nicht zwangsläufig aufeinander. Graefe (2007b) entwickelt beispielsweise eine sozial situierte Lesart von Verletzlichkeit, die sich auf das Unverfügbare stützt.
135 „Der Patient befindet sich durch sein Kranksein in einer Position der Unsicherheit, Schwäche, Abhängigkeit und Hilfsbedürftigkeit. Dies ist nicht selten verbunden mit Angst und Scham. Der Patient bedarf deshalb eines besonderen Schutzes." (Deppe 2000: 278)

6 EMPIRISCHE UNTERSUCHUNG

einer humankapitalorientierten Wettbewerbsstrategie.[136] Auf dieser Grundlage wird die prinzipielle Möglichkeit einer umfassenden und schrankenlosen Inwertsetzung des Humankapitals angefochten. Das Fehlen einer solchen Grenze in der Rede Clements ist daher als politische Praxis, als Einsatz im Hinblick auf eine Entgrenzung von Ökonomisierung und Vermarktlichung zu interpretieren (vgl. hierzu auch Hirsch 2002). ‚Gesundheit als Humankapital' bildet einen strategischen Einsatz, weil die Repräsentation der Möglichkeit einer (gesundheitlich) unschädlichen Verwertung des menschlichen Humankapitals durch Arbeit Evidenz verleiht.

Gleichwohl ist die Grenze im Vergleich der untersuchten Reden nicht umkämpft. Clement und Schlauch beziehen sich nicht auf den biomedizinischen Diskurs von ‚Gesundheit als Natur', greifen ihn nicht auf, setzen sich nicht mit ihm auseinander, widerlegen ihn nicht. Engelen-Kefer dagegen greift den Diskurs um Humankapital auf, distanziert sich von ihm (Engelen-Kefer 2004: Z. 103f.) und erweitert ihn, indem sie Humankapital durch den Körper als Zeichen für Natur ergänzt. *„Es wird immer wichtiger, dass Selbstständigkeit und Kreativität in den Unternehmen und Betrieben stärker gefördert werden müssen. Doch dazu gehört – zum Beispiel – auch ein gesunder Rücken."* (Z. 109-112) Clement und Schlauch dagegen entwerfen ‚Gesundheit als Humankapital' als Alternative zum biomedizinischen Gesundheitsverständnis. ‚Gesundheit als Norm' und ‚Gesundheit als Humankapital' sind folglich als gegensätzlich, jedoch *nicht* als konflikthaft-antagonistisch repräsentiert. Die nicht-hegemoniale ‚Logik der Oberfläche' (Clement und Schlauch) bleibt von der hegemonial-politischen Praxis (Engelen-Kefer) gleichsam unberührt.

Die Repräsentation von ‚Gesundheit als Humankapital' bildet einen (diskursiven) Einsatz in die Entgrenzung der ökonomischen Verwertbarkeit. ‚Gesundheit als Humankapital' wird jedoch erst im Kontext ihrer institutionellen und politischen Bedingungen zu einem strategischen Einsatz. Das zeigte sich in der Analyse daran, dass der Diskurs des Humankapitals auf die politische Zielsetzung des Wirtschaftswachstums, die Deregulierung des Arbeitsschutzes und die politische Gestaltung des Arbeits- und Gesundheitsschutzes nach dem Modell von Governance ausgerichtet wird. Er bildet daher einen diskursiv-strategischen Einsatz in die politischen Prozesse der Deregulierung und der institutionellen Restrukturierung im Politikfeld Arbeitsschutz.

---

136 Graefe (2007b) fordert zu Recht ein, diese Grenze als eine mangelnde Produktivität des Lebendigen zu denken, die es erlaubt, nicht-qualifizierte Möglichkeitsräume zu denken, welche die Binarität aus Produktivität und Nicht-Produktivität überschreiten.

Humankapital als strategischer Knotenpunkt im Politikfeld Arbeitsschutz

Betrachtet man die Repräsentation von ‚Gesundheit als Humankapital' im Kontext des Politikfeldes Arbeitsschutz, so erweist sie sich in mehrfacher Hinsicht als politisch relevant. Die rot-grüne Bundesregierung hatte im ersten Halbjahr 2004, in dem die untersuchten Reden gehalten wurden, den Masterplan Bürokratieabbau zwar bereits ein Jahr zuvor verabschiedet. Jedoch waren die Reformen der Arbeitsstätten- und der Gefahrstoffverordnung zu diesem Zeitpunkt noch nicht in Kraft getreten. Auch die geplante Reform der gesetzlichen Unfallversicherung war noch nicht auf den Weg gebracht worden. Die sozialstaatliche Regulierung des Arbeitsschutzes war zu dieser Zeit zwischen Gewerkschaften und Bundesregierung stark umkämpft (vgl. auch Kapitel 6).

Die Abschlussveranstaltung der Expertenkommission ‚Die Zukunft einer zeitgemäßen betrieblichen Gesundheitspolitik', auf der Clement und Engelen-Kefer ihre Reden hielten, bildete deshalb eine höchst strategische Plattform für die Positionierung der Bundesregierung *und* für die Gewerkschaften (vgl. Römer 2003). Der strategische Einsatz wurde im Falle Clements dadurch verdoppelt, dass er seine Rede über die Möglichkeiten der Steigerung von Produktivität durch betriebliche Gesundheitspolitik an demselben Tag hielt, an dem er dem Kabinett Vorschläge zur Deregulierung des Arbeitsschutzes unterbreitete.[137] Der Diskurs ‚Gesundheit als Humankapital' bildet daher einen politisch-strategischen Einsatz in die anvisierte Deregulierung des staatlichen Arbeitsschutzes, indem er die erfolgreiche politische Gestaltung von Gesundheit unter den institutionellen Bedingungen repräsentiert, auf deren Durchsetzung er strategisch abzielt.

‚Gesundheit als Humankapital' nimmt im Politikfeld Arbeitsschutz verschiedene strategische Funktionen ein. Zunächst bildet der Einsatz des Diskurses eine Werbestrategie, die sich an die Unternehmen richtet, um diese von der ökonomischen Effizienz betrieblicher Gesundheitspolitik zu überzeugen. Dem Medium der Werbung würde es zuwiderlaufen, wenn die Belastungen, Krankheitsquoten, Schwächen und Probleme, die *durch* Arbeit entstehen, in den Vordergrund gerückt würden. Denn dies würde zum einen Forderungen, nicht Appelle an freiwillige Maßnahmen nahelegen. Zum anderen würde die Vernutzung der menschlichen Arbeitskraft in der Produktion ins Blickfeld gerückt. Arbeit mit Schwächen, Problemen und Leiden zu verbinden, impliziert die Notwendigkeit von Maßnahmen zur *Begrenzung* der Steigerung der

---

137 Dieser Zusammenhang wird in seiner Rede ent-nannt.

ökonomischen Produktivität. Der strategische Vorteil der Repräsentation von ‚Gesundheit als Humankapital' besteht folglich darin, die Schädlichkeit von Arbeit für Gesundheit zu ent-nennen, so dass ökonomische Produktivität und Gesundheit bruchlos ineinander übergehen (können). Bei Humankapital handelt es sich demzufolge um einen Knotenpunkt, der strategisch selektiv gestaltet ist und zugleich strategisch als Praxis eingesetzt wird. Das zeigt sich in der Rede Clements an zwei Aspekten: Erstens werden die Bedeutungen von menschlichen Eigenschaften, Fähigkeiten und Merkmalen von diesem Konzept ausgehend recodiert. Zweitens wird die soziale Bedeutung von *Gesundheit* strategisch so transformiert und verändert, dass Gesundheit im Kontext eines deregulierten Arbeitsschutzes als unproblematisch gestaltbar erscheint.

Die Strategie der Werbung mit ökonomischer Produktivität von Gesundheit leitete auch die Imagekampagne für Arbeitsschutz im Rahmen von INQA an. Das Image des Arbeitsschutzes wurde ausdrücklich von Schwächen und Problemen abgelöst, die durch die Trias Wettbewerbsfähigkeit, Sicherheit und Gesundheit ersetzt wurden (vgl. Thiehoff 2004; Schulz 2004; s. auch Schlauch 2004). Das Ziel bestand explizit darin, ein neues verkaufsförderndes, „sexy" Image des Arbeitsschutzes zu schaffen (Schulz 2004: 207). Diese Werbestrategie gegenüber Unternehmen wird jedoch erst evident, wenn die Politik der Werbung und damit auch die Repräsentation von ‚Gesundheit als Humankapital' zu der – aus den Reden von Clement und Schlauch ausgeklammerten – Politik der Deregulierung im Arbeitsschutz in Beziehung gesetzt wird. Die Unternehmen mit dem Medium der Werbung für ihr Engagement im betrieblichen Gesundheitsschutz zu motivieren, gewinnt – insofern diese Strategie von der Bundesregierung verfolgt wird – nur dadurch Evidenz, dass *gleichzeitig* der staatliche Arbeitsschutz dereguliert wird. INQA als „Marken-, Themen und Bündnisstrategie" (Schulz 2004: 206) soll dazu beitragen, die Ziele der Agenda 2010 umzusetzen.[138] Indem INQA sich zu diesem Zweck der Medien des politischen Marketings bedient, befördert ihr Netzwerk und befördern ihre Kampagnen Transformationen im Arbeits- und Gesundheitsschutz.

Dabei ist die Verbindung zwischen ‚Gesundheit als Humankapital' und staatlicher Deregulierung im Kontext von INQA keineswegs unangefochten. Bei der Formel ‚Prävention und Gesundheitsschutz sind wirtschaftlich' handelt es sich um einen gesellschaftlichen Kompromiss, der von den Gewerkschaften mitgetragen wird (Hien 2003: 6; für die IG

---

138 Thiehoff (2007: 97) verweist darauf, dass mit der schwarz-rot-goldenen Farbgebung des Logos von INQA ein Beitrag zur Stiftung nationaler Identität geleistet werden sollte.

Metall Pickshaus 2004: 5).[139] Gleichwohl ist dieser Kompromiss an die Forderung nach dem Erhalt sozialstaatlicher Sicherheit geknüpft (vgl. DGB 2005). Der strategische Knotenpunkt des ‚Humankapitals' eint folglich Positionen, die sich im Hinblick auf ihre politischen Konsequenzen danach prinzipiell unterscheiden können, ob unter der Förderung von Humankapital „der leistungspolitische Zugriff auf die ganze Person und die Verallgemeinerung des ‚Arbeitskraftunternehmers' verstanden wird oder aber ein ressourcenproduktiver und nachhaltiger Umgang mit Arbeit" (Pröll/Gude 2003: 144).

Es ist jedoch fraglich, ob die Kompromissformel, dass Humanisierung und Wirtschaftlichkeit gleichrangige politische Ziele bilden können, nicht den strukturellen Konflikt verdeckt, der zwischen Gesundheit und einer an kurzfristigen Gewinnen und dem Shareholder-Value orientierten Ökonomie besteht (ebd.). Aus diesem strukturellen Widerspruch speist sich, wie im folgenden Kapitel erläutert wird, die politisch-strategische Bedeutung der politischen Kultur der Harmonie.

---

139 Wolfgang Hien (2003: 6) spricht für den DGB sogar explizit vom „Sozial- und Gesundheitskapital".

7 HUMANKAPITAL UND SYMBOLISCHE GESUNDHEIT IN DER POLITISCHEN REGULIERUNG VON ARBEIT

Die Politik mit der Repräsentation von ‚Gesundheit als Humankapital', so hat die Diskursanalyse gezeigt, ist strategisch darauf ausgerichtet, die *Möglichkeit* zu repräsentieren, dass Gesundheit im Kontext eines deregulierten Arbeitsschutzes und im Kontext einer betrieblichen Gesundheitspolitik gestaltet werden kann, die sich an der Agenda 2010 (d.h. an der Umstrukturierung von Beschäftigungs- und Sozialpolitik nach Maßgaben des Wettbewerbs) orientieren. Aus der bisherigen Analyse ist abzuleiten, dass der Diskurs um ‚Gesundheit als Humankapital' in der politischen Regulierung von Arbeit eine strategische Rolle spielt. Doch wird er auch in den angrenzenden sozialpolitischen Feldern, die sich auf die Regulierung von Arbeit beziehen, strategisch eingesetzt? Bildet ‚Gesundheit als Humankapital' einen Fokus gegenwärtiger Sozialpolitik?

Mit den folgenden Ausführungen wird ‚Gesundheit als Humankapital' in den weiteren Kontext der Strukturbedingungen des Postfordismus gestellt. Es geht darum aufzuzeigen, wo sich sozialpolitische Strategien der Regulierung von Arbeit auf *Gesundheit* stützen, wo Übergänge und Brüche zwischen *symbolischer Gesundheit* und dem Diskurs von ‚Gesundheit als Humankapital' hergestellt werden und in welcher Weise diese die gegenwärtige Politik befördern oder unterlaufen.

Zum gesundheitlichen Mehrwert von Humankapital

Wie bereits analysiert worden ist, wurde das ökonomisierte Konzept des Humankapitals, das verschiedene menschliche Eigenschaften und Merkmale auf das Produktions- und Leistungspotenzial bezieht, ausgehend von neoklassischen Wirtschaftstheorien durch wissenschaftliche Publikationen und Netzwerke sowie durch die Medien stark popularisiert. Die Deutsche Nationalbibliothek führte Mitte 2007 440 Buchpublikationen und Zeitschriften zum Thema ‚Humankapital' auf, wobei zwischen 2000 und Mitte 2007 nahezu doppelt so viele einschlägige Publikationen erfasst wurden wie in den 1990er Jahren.[1] Gegenwärtig beziehen sich auch oppositionelle politische AkteurInnen positiv auf das Konzept des Humankapitals, was seine Hegemonie belegt.

Gleichwohl ist die Popularisierung des Konzepts von Kritik begleitet. So wurde der Begriff des Humankapitals anlässlich von Veröffentlichungen über ‚Investitionen in Kinder als Humankapital' 2004 von einer Jury aus SprachwissenschaftlerInnen zum Unwort des Jahres erklärt. Sie begründete ihre Entscheidung damit, dass der Begriff des Humankapitals die ökonomische Logik auf sachfremde Felder übertrage und so Menschen zu einer ökonomischen Größe degradiere (Rech/Steinert 2005: 2, 5). Diese Kritik übersieht, dass das Konzept des Humankapitals niemals so populär geworden wäre, wenn es nicht positiv konnotiert wäre und damit Menschen in ihren Lebens- und Arbeitswelten mobilisieren könnte (s. auch Rech/Steinert 2005). Die positive Konnotation des Humankapitals resultiert, wie ich im Folgenden skizzieren werde, wesentlich aus seiner Artikulation mit *symbolischer Gesundheit*.

Symbolische Gesundheit stützt sich darauf, dass individuelle Fähigkeiten und Kompetenzen *für* Gesundheit in den Vordergrund gerückt werden. *Gesundheit* ist demnach ein entwicklungsfähiges, positives psychosoziales Potenzial, das nicht auf ein Ziel, sondern auf einen unendlichen Prozess der ‚gesunden Selbstmodellierung' und der Optimierung ausgerichtet ist. Sie bildet im Postfordismus eine Produktivkraft für psychisch-emotionales Persönlichkeitswachstum *und* für ökonomische Produktivität. Unter den Bedingungen gestiegener Konkurrenz und wachsender sozialer Spaltungen in der postfordistischen Gesellschaft gewinnt sie als Kapital an Bedeutung.[2]

---

1 So verzeichnet die Deutsche Nationalbibliothek vor 1990 27 Publikationen sowie Zeitschriften zum Thema ‚Humankapital', von 1990 bis 1999 140 und seit 2000 bereits 273 Veröffentlichungen (Stand 30.05.2007).
2 Vgl. hierzu ausführlich Kapitel 2.

7 HUMANKAPITAL UND SYMBOLISCHE GESUNDHEIT

In dieser Hinsicht kann *symbolische Gesundheit* vom Diskurs des ‚Humankapitals' überdeterminiert werden und gewinnt in der ‚Kompromissformel' eines zugleich humanen wie wirtschaftlich produktiven Arbeits- und Gesundheitsschutzes an strategischer Relevanz. In Konzepten des modernen Betrieblichen Gesundheitsmanagements werden beispielsweise Flexibilität, Entscheidungsfreiheit und Mündigkeit als Indikatoren für Gesundheit aufgeführt und Gesundheit wird als Aktivierungspotenzial des autonomen, eigenverantwortlichen Individuums definiert. Dadurch wird Gesundheit gleichzeitig und harmonisch auf das persönliche und das ökonomische Potenzial von Individuen bezogen (vgl. exemplarisch Huber 2002: 74). Teilweise systematisieren AkteurInnen psychosoziale Gesundheit, indem sie von ihrer Produktivität für Wertschöpfung *ausgehen* und Gesundheit so z.B. als Arbeitsmotivation und Willen zur Steigerung von Leistungsfähigkeit definieren (exemplarisch Badura 2000: 25; Badura et al. 1997: 15ff.).

Des Weiteren wird das Konzept des Humankapitals explizit über den ökonomischen Wertbegriff auf die Wertschätzung des Individuums ausgedehnt. So verweist Bröckling darauf, dass das Konzept des Humankapitals neben der Grammatik der Härte auch die der Sorge enthält (Bröckling 2003: 20). Denn die TheoretikerInnen des Humankapitals gehen – wie einige AkteurInnen der Betrieblichen Gesundheitsförderung – davon aus, dass die steigende Bedeutung des Humankapitals zu einer humaneren Welt führt (ebd.). Sie schließen von der Inwertsetzung der geistigen Leistungen, der Affekte und des lebendigen Wissens *als Humankapital* in der postfordistischen Produktion darauf, dass Unternehmen die Ganzheitlichkeit und Eigenverantwortung von Individuen in stärkerem Maße anerkennen und wertschätzen (vgl. exemplarisch Thiehoff 2007; Kviecien 2005; Badura 2000; Mohn 2000: 13; Badura et al. 1999).[3]

---

3 Diese Logik bringt folgendes Zitat auf einer Internetseite über Betriebliche Gesundheitsförderung pointiert zum Ausdruck: „Aus der Sicht der Gesundheitsförderung, deren Aufgabe es auch ist Bestehendes in Sinnvolles zu transformieren, ist der Begriff des Humankapitals grundsätzlich positiv. Es geht um eine umfassende Anerkennung des Menschen mit all seinen Fertigkeiten, Stärken und Schwächen, Wünschen und Problemen. [...] Auf gesellschaftlicher Ebene geht es darum dem Menschen Bildung zu ermöglichen, nicht nur Ausbildung, sondern eine umfassende und breite Auseinandersetzung des einzelnen mit sich und dem Sinn im Leben. [...] Jeder Akteur der Gesundheitsförderung sollte sich der umfassenden Bedeutung des Begriffs Humankapital bewusst sein und sein möglichstes dazu beitragen, dass Menschen beginnen im Rahmen ihrer Möglichkeit Verantwortung für ihr Tun und ihre Entwicklung zu übernehmen." (Kviecien 2005)

Daran fällt auf, dass Humankapital und humane Ganzheitlichkeit in Bezug auf Arbeit gleichgesetzt werden. Das wird nur evident, insofern ökonomisch unproduktive und widerständige Haltungen und Verhaltensweisen gegenüber Arbeit aus der ‚gesunden' Ganzheitlichkeit von Individuen ausgeschlossen werden, z.b. Personalvertretung, Boykott, Sanktionen oder Streik.

Gleichwohl setzt sich die Hegemonie von ‚Gesundheit als Humankapital' nicht in einem ‚Top-Down-Prozess' durch, sondern stützt sich auf die kulturelle Hegemonie von *Gesundheit* als Kapital. Ganz offensichtlich geht die Grammatik der Härte, die dem Konzept des Humankapitals innewohnt, an den positiven, gesundheitlichen Konnotationen individueller Persönlichkeitsentwicklung in die Grammatik unternehmerischer Fürsorge über.

Belastungen und Erkrankungen durch Erwerbsarbeit: Ihre Auswirkungen auf ArbeitnehmerInnen und ihre Diskursivierung

Zahlreiche Studien belegen, dass sich mit den strukturellen Wandlungsprozessen der Akkumulation die Struktur und die Verteilung der Arbeitsbelastungen für ArbeitnehmerInnen gewandelt haben. So hat die Verteilung der körperlichen Belastungen sich insgesamt verändert: Die Exposition gegenüber chemischen Gefahrstoffen, Umweltschadstoffen und Lärm ist zurückgegangen oder stagniert, dagegen haben die körperlichen Belastungen, ständig zu stehen und in Zwangshaltungen zu arbeiten, im Vergleich zu den 1980er Jahren quantitativ zugenommen (Fuchs/Conrads 2003: 64). In der Bundesrepublik bündeln sich diese körperlichen Anforderungen tendenziell im Bereich der niedrig qualifizierten Arbeitsplätze in der industriellen Produktion und in einfachen Dienstleistungen, wie z.b. der ambulanten Pflege oder dem Einzelhandel (Siegrist/Dragano 2006: 111ff.). Ulrich Pröll und Dietmar Gude zeigen anhand empirischer Befunde, dass sich darüber hinaus das niedrig qualifizierte Segment in befristeter Arbeit und Zeitarbeit überproportional durch Merkmale restriktiver Arbeitsbedingungen auszeichnet, wie z.b. körperlich schwere und repetitive Arbeit, Zwangshaltungen, Unfallgefährdungen, Umweltnoxen und hierarchische Kontrolle (Pröll/Gude 2003: 111; Fuchs/Conrads 2003: 86). Im niedrig qualifizierten Bereich von Zeitarbeit führt der prekäre Beschäftigungsstatus zu einer

Kumulation von körperlichen und psychosozialen Belastungen,[4] die z.b. durch subjektiv hohe Arbeitsbelastung und ökonomischen Stress, latente Unterbeschäftigung, berufliche Statusgefährdungen und unsicheres Einkommen entstehen (ebd.: 104; Dörre 2003: 24; Fuchs/Conrads 2003: 84f., 101).[5] Der Anstieg der psychosozialen und psychischen Belastungen ist auf die für postfordistische Akkumulation typischen Strategien der Rationalisierung, Flexibilisierung und der Vermarktlichung der Beziehungen in der industriellen Produktion und im Dienstleistungssektor zurückzuführen (Dragano 2007; Siegrist/Dragano 2006: 113; Oppolzer 2006: 74; Krömmelbein 2004). Einer Studie der Gewerblichen Berufsgenossenschaften und der Betriebskrankenkassen zufolge waren über 82 % der ArbeitsschutzexpertInnen der Auffassung, dass das Ausmaß der psychischen Fehlbelastungen seit Ende der 1990er Jahre zugenommen hat (Paridon et al. 2004: 8).

In den Arbeitswissenschaften besteht Konsens darüber, dass die Ursachen hierfür in der intensivierten Arbeitsorganisation (gestiegener Zeitdruck, gestiegene Arbeitsdichte und -intensität, Diskontinuität von Arbeit durch flexible Arbeitszeitmodelle), in fehlenden Handlungsspielräumen in der Arbeitsgestaltung (Monotonie, mangelnder Entscheidungsspielraum, Entscheidungszwang ohne ausreichende Information, Arbeitsunterbrechungen), in der Belastung durch problematische interpersonelle Kontakte (Führungsverhalten, soziale Unterstützung durch KollegInnen, KundInnenkontakte) sowie in Arbeitsplatzunsicherheit (Prekarität, Umstrukturierung, Arbeitsplatzabbau) bestehen (Dragano 2007; Siegrist/Dragano 2006: 120ff.; Oppolzer 2006: 92; Leidig 2003: 35, 157; Pröll/Gude 2003; Dörre 2003).

Einige dieser Faktoren, wie z.b. fehlende Handlungsspielräume in Kombination mit Zeitdruck und überlangen Arbeitszeiten, sind für den Bereich der niedrig qualifizierten Arbeit kennzeichnend (Siegrist/Dragano 2006; Fuchs/Conrads 2003: 57f., 87f., 137). Hoch qualifizierte Dienstleistungs- und Verwaltungsberufe zeichnen sich dagegen durch große Handlungsspielräume aus (Pröll/Gude 2003: 131; Fuchs/Conrads

---

4   Im Folgenden verwende ich Begriffe wie ‚psychische' und ‚psychosoziale' Belastungen und Erkrankungen synonym. Ebenso wenig unterscheide ich zwischen verschiedenen Formen psychischer Erkrankungen. Im Vordergrund meiner Argumentation steht vielmehr der gemeinsame psychologische Bezugspunkt (s. auch Leidig 2003: 20). Für eine dezidierte Analyse der Programmatik psychosomatischer Medizin vgl. Greco (1998).
5   So sind in einigen Produktionsstätten ergonomische Rückschritte in der Arbeitsgestaltung zu verzeichnen. Dörre (2003: 23) weist etwa darauf hin, dass im Rastatter Daimler-Chrysler-Montagewerk wieder Überkopfarbeit mit dem Rücken zum Fahrzeug eingeführt wurde.

2003: 148f.). Dadurch werden die subjektiv positiv erlebten Effekte, z.b. durch Vertrauensarbeitszeit, häufig durch eine Erhöhung der gesundheitlichen Beschwerden überlagert. Sie drücken sich etwa in Nervosität, Schlafstörungen und Herz-Kreislauf-Beschwerden aus. Pröll und Gude sehen diese Beschwerden in unternehmerischer Ergebnisorientierung und dem damit verbundenen Fehlen einer Überlast-Kontrolle begründet (Pröll/Gude 2003: 122; s. auch Krömmelbein 2004: 191f.). Vor dem Hintergrund der bisherigen Ausführungen sollte der vielfach konstatierte allgemeine Wandel in den Arbeitsbelastungen nicht zu hoch eingeschätzt werden (vgl. Oppolzer 2006). Ich schlage vielmehr vor, ihn zur Persistenz der körperlichen Belastungen durch Arbeit in niedrig qualifizierten Berufen in Beziehung zu setzen. Es ist davon auszugehen, dass die arbeitsbedingten Gesundheitsgefährdungen mit den Spaltungslinien der postfordistischen Gesellschaften assoziiert sind, d.h. strukturell nach sozialen Klassen (Siegrist/Dragano 2006: 121; s. auch Fuchs/Conrads 2003: 189), Geschlecht und Nationalität verteilt sind.[6] Johannes Siegrist und Nico Dragano zufolge gibt es umfangreiche Belege dafür, dass diese Belastungen einen ursächlichen Anteil an der erhöhten Morbidität und Mortalität in den sozioökonomisch benachteiligten sozialen Klassen haben (Siegrist/Dragano 2006: 112f.). Körperliche Belastungen bei der Arbeit tragen folglich zu dem in allen Industrieländern nachweisbaren sozialen Gradienten bei, d.h. der systematischen graduellen Ungleichheit in Gesundheit und Krankheit entlang sozialer Klassenzugehörigkeit.[7]

Es besteht in den Arbeitswissenschaften Konsens darüber, dass körperlichen Belastungen am effektivsten durch die traditionellen Instrumente des Arbeitsschutzes begegnet werden kann (Siegrist/Dragano 2006: 111; Oppolzer 2006: 72), also genau jene auf die Verbesserung von Arbeitsbedingungen ausgerichteten Instrumente, deren Regelwerk und Umsetzung gegenwärtig staatlich dereguliert wird.

Nach Siegrist und Dragano (2008: 112) zeichnet sich im Ausmaß der körperlichen Belastungen von ArbeitnehmerInnen ein globales Nord-Süd-Gefälle ab, das sich auch in den Standards der Arbeitsschutzregulierungen spiegelt. Darin zeichnet sich eine Spaltung in der Art und Weise ab, wie körperliche Arbeitskraft in der Produktion vernutzt wird. Diese

---

6 Dabei arbeiten Frauen prozentual weiterhin häufiger als Männer in Berufen mit geringerer körperlicher Belastung (z.B. Siegrist/Dragano 2006: 113). Andererseits ist davon auszugehen, dass ein Teil der ArbeitsmigrantInnen und illegalisierte MigrantInnen nach wie vor überwiegend an Arbeitsplätzen mit hohen körperlichen Beanspruchungen beschäftigt sind.
7 Für einen Überblick über die Problematik vgl. exemplarisch Richter/Hurrelmann (2006) und Mielck (2000).

ist vor dem Hintergrund der Auslagerung von Produktionsstätten in asiatische und südliche Länder als ein konstitutives Merkmal postfordistischer Akkumulation zu bewerten. Ferner ist im Zuge europäischer Harmonisierungsprozesse davon auszugehen, dass Arbeitsschutzstandards abgesenkt werden (ebd.: 122). Es ist weiter davon auszugehen, dass sich körperliche Belastungen bei der Arbeit strukturell auch in der Bundesrepublik Deutschland – und nicht nur in Ländern mit herkömmlich niedrigen Arbeitsschutzstandards – auf soziale Ungleichheit in Gesundheit und Krankheit auswirken werden.

Staatliche Politik beeinflusst, vermittelt über Arbeitsbedingungen, sowohl das Spektrum der Belastungen als auch ihre Verteilung. Die gegenwärtige staatlich-politische Deregulierung der Arbeitsschutz-, Arbeitszeit-, Kündigungsschutz- und Jugendarbeitsschutzgesetze und der damit verbundenen Richtlinien greift zugunsten unternehmerischer Interessen in Arbeitsprozesse ein (Heilmann 2005; Wriedt 2003; Pickshaus 2004: 4f.; Hien 2003: 2). Ferner schlagen sich die Strategien der Rationalisierung, Privatisierung und Implementierung von marktwirtschaftlichen Steuerungsinstrumenten im Gesundheits-, Bildungs- und Sozialbereich, z.B. über die Reduzierung der staatlichen Leistungszuwendungen bei gleichzeitiger Ausweitung des Leistungsangebots und Personalabbau, auf die psychischen und psychosozialen Belastungen der Beschäftigten nieder. Das zeigt sich bereits seit einigen Jahren in der ambulanten Pflege, in der nach arbeitswissenschaftlicher Erkenntnis ein sehr hohes psychisches und physisches Belastungspotenzial mit einem hohen Krankenstand und langen Ausfallzeiten korrespondiert (DAK-BGW 2006: 9f., 18). Der Report der DAK und der Berufsgenossenschaft für Wohlfahrtspflege lässt darauf schließen, dass die Belastungen in der Pflege, aufgrund von Zeitdruck, Personalabbau und hohem Bürokratieaufwand, durch den Einfluss der Pflegeversicherung gesteigert wurde (vgl. DAK-BGW 2006). Auch die staatliche Förderung des Niedriglohnsektors (z.B. Mini- und Midi-Jobs) verschärft soziale und gesundheitliche Prekarität, weil diese Jobs zur Existenzsicherung dienen und zur mehrfach geringfügigen Mehrfachbeschäftigung beitragen (Pröll 2004: 61, 72; s. auch Pröll/Gude 2003).[8]

Es zeichnet sich eine deutliche Spaltung zwischen körperlicher und symbolischer Arbeit ab. So beschreibt Voswinkel im Anschluss an

---

8 Pröll leitet daraus die Forderung nach arbeitskulturellen und sozial-normativen Arbeitsweltstandards, also einer Arbeitsqualitätspolitik ab, die einerseits am Bedarf niedrig qualifizierter Bevölkerungsgruppen ansetzt (Pröll 2004: 77) und andererseits gesamtgesellschaftliche Standards ‚anständiger flexibler Arbeit' im Sinne von Flexicurity setzt (ebd.: 85).

Michael Walzer, dass die Aneignung und Verteilung des symbolischen Mehrwerts von Arbeit segmentiert ist.

„Während etwa eine Arbeit an Wert gewinnt, wenn sie mit Einsatz von kulturellem Kapital (Wissen, Fertigkeiten, Cleverness) ausgeführt wird und somit [...] Bewunderung erregt, wird einfache und vor allem ‚harte Arbeit' nicht bewundert, sie schafft kein Prestige im üblichen Sinne, sie ist ein ‚negatives Gut'. Ihm ‚entspricht der negative Status derer, denen sie zugemutet wird' [...]." (Voswinkel 2001: 59)

Die Spaltung zwischen sozial degradierter und anerkannter Arbeit entlang des ‚Werts' des Humankapitals verdoppelt sich in der öffentlichen Aufmerksamkeit für psychische Erkrankungen in Assoziation mit Arbeit: Insbesondere Burn-out und Depressionen werden seit einigen Jahren verstärkt von Medien, Ratgebern und wissenschaftlichen Untersuchungen sowie von Krankenkassen thematisiert (vgl. z.B. Unger/ Kleinschmidt 2006; DAK 2005). In welchem Kontext und unter welchen Bedingungen ist die öffentliche Aufmerksamkeit für psychische Erkrankungen angestiegen?

Viel spricht dafür, dass die starke Verbreitung psychischer Erkrankungen in hoch qualifizierten Berufen dazu beiträgt, dass das Thema stärker popularisiert wird als z.b. Rückenschmerzen.[9] Laut den Gesundheitsreporten der Krankenkassen sind insbesondere Beschäftigte im Gesundheits- und Sozialbereich sowie in Banken und Versicherungen von psychischen Erkrankungen betroffen (Lademann et al. 2006: 126). Die DAK gibt darüber hinaus an, dass bei ihr versicherte Beschäftigte aus dem Bereich Bildung, Kultur und Medien am vierthäufigsten an psychischen Störungen erkranken (DAK 2005: 50).

Dabei ist nicht nur die hohe Prävalenz und Inzidenz der psychischen Erkrankungen durch Arbeit[10] bedeutsam, sondern vor allem die Häufig-

---

9 Unter www.google.de ist das Thema ‚Burn-out und Arbeit' 2007 nahezu doppelt so häufig vertreten wie das Thema ‚Rückenschmerzen und Arbeit'. 2009 verzeichnet google unter ‚Burn-out und Arbeit 2007' noch 193.000 Einträge und unter ‚Rückenschmerzen und Arbeit 2007' lediglich 70.400 Einträge (Stand: 23.08.2007).
10 Obwohl ich ‚psychische Erkrankungen' als ‚Zeichen' für soziale Prozesse verwende, ist mir sehr wohl bewusst, dass diese (teilweise) mit erheblichem Leid verbunden sind. Das trifft insbesondere auf die epidemiologisch relevanten psychischen Erkrankungen wie Angsterkrankungen und Depressionen zu (vgl. z.B. DAK 2005; Leidig 2003). Andererseits ist zu berücksichtigen, dass die medizinisch-psychiatrische Diagnostik beständig neue Krankheitsbilder, Klassifikationen und Therapieformen hervorbringt (z.b. chronische Depressionen, subakute wiederkehrende Depressionen = Dysthymien, Erschöpfungsdepressionen). Das psychische Leiden

keit der dadurch begründeten Arbeitsunfähigkeit. Laut einer Untersuchung der DAK hat die Inzidenz psychisch bedingter Arbeitsunfähigkeit zwischen 1997 und 2004 um 70 % zugenommen (DAK 2005: 43). Ihre Häufigkeit und die Anzahl der Arbeitsunfähigkeitstage haben sich seit Ende der 1990er Jahre gegenläufig zum Gesamtniveau des Krankenstandes entwickelt, das in Korrelation zur gestiegenen Arbeitslosigkeit abgesunken ist (Oppolzer 2006: 162; Lademann et al. 2006: 124). Das verweist auf zwei Phänomene: Erstens besteht offensichtlich ein Zusammenhang zwischen psychischen Erkrankungen und der Struktur gegenwärtiger Arbeitsverhältnisse. Zweitens scheinen psychische Erkrankungen gegenwärtig eine typische, (zunehmend) sozial relevante Form der Reaktion auf Arbeitsverhältnisse zu sein.

Für die gestiegene öffentliche Aufmerksamkeit spielen ferner Kostenargumente eine Rolle. Psychische Erkrankungen sind seit 2003 der häufigste Grund für die Bewilligung von Erwerbsminderungsrenten, die insgesamt im Rückgang befindlich ist (Dragano 2007: 46; Robert Koch Institut/Statistisches Bundesamt 2006: 59; DAK 2005: 43f.).[11] Relativ ist also die ökonomische Belastung der Sozialversicherungen durch psychische Erkrankungen angestiegen. Hinweise darauf, dass die Aufmerksamkeit für Folgekosten von Erkrankungen in einer an ökonomischen Kriterien orientierten Gesundheitspolitik begründet ist, gibt der Umstand, dass die Gesundheitsberichterstattung des Bundes Kosten einzelner Krankheiten für das Gesundheitswesen detailliert beziffert (vgl. z.B. Robert Koch Institut/Statistisches Bundesamt 2006, 195f.). Auch dürften die politischen Strategien der Senkung der Lohnnebenkosten eine Rolle spielen. So tragen ArbeitgeberInnen finanzielle Aufwendungen der Sozialversicherungen für Erwerbsminderungsrenten mit (Dragano 2007: 42).

Aus diesen Ausführungen ist zunächst zu folgern, dass psychische Erkrankungen nicht zufällig ansteigen, sondern als Symptome einer neuen Befindlichkeit der Subjekte in postfordistischen Arbeitsverhältnissen[12] zu verstehen sind. Die Aufmerksamkeit für sie ist gleichwohl vom ökonomischen Kontext beeinflusst, der sie zum Problem macht. In-

---

ist daher eine soziale Erfahrung, die von den Begrifflichkeiten und Kategorien, mit denen es diagnostiziert und interpretiert wird, nicht getrennt werden kann.
11 Dragano (2007: 22-36) erläutert die mit dem 01.01.2001 in Kraft getretene Ablösung der bis dato gültigen Berufs- und Erwerbsunfähigkeitsrente durch das Modell der nach täglichen Arbeitsstunden abgestuften Erwerbsminderungsrente.
12 Es handelt sich dabei um eine Abwandlung der Aussage Axel Honneths, dass psychische Erkrankungen Symptome der Befindlichkeit in kapitalistischen Demokratien seien (Honneth 2004: VII).

sofern, so meine Schlussfolgerung, bildet die Aufmerksamkeit für psychische Erkrankungen die Kehrseite der Bedeutung des Humankapitals für postfordistische Wertschöpfung. Deshalb weisen die psychischen Erkrankungen aus meiner Sicht auf einen Strukturkonflikt der postfordistischen Regulationsweise hin. Psychische Erkrankungen bilden den Gegenpol dazu, dass subjektive Affekte, Haltungen und Eigenschaften strukturell ökonomischen Mehrwert produzieren. Die Struktur der Kapitalverwertung bringt folglich typische Erkrankungsformen der Psyche hervor, welche die Sozialversicherungssysteme belasten. In dieser Dynamik wird zugleich die strategische Differenz zwischen *Gesundheit* als Kapital, postfordistischen Arbeitsverhältnissen und (menschlicher) Subjektivität sichtbar.

Symbolische Gesundheit und Arbeit: Der ‚Wille zur Gesundheit' und seine Subversion

Wie aber wird *symbolische Gesundheit* nun im Feld von Arbeit eingesetzt? Anhand der Ätiologien für arbeitsbedingte psychische Erkrankungen werde ich zeigen, dass *Gesundheit* entlastende Effekte verliert und in gegenwärtigen Gesellschaften tendenziell mit Leistungsmotivation und -bereitschaft gleichgesetzt wird. Die Kehrseite, aber auch die Subversion dieser dominanten Verkoppelung von Leistung und Gesundheit, besteht in Erschöpfung und Depression.

Arbeitsbedingte psychische Erkrankungen: ‚Missglückte Anpassung' und ‚fehlender Wille zur Gesundheit'

Hagen Kühn zufolge verändern sich mit dem Leitbild von *Gesundheit* auch die legitimen wissenschaftlichen und kulturellen Vorstellungen über Krankheitsursachen. Solche ‚ätiologischen Diskurse' sind folgenreich, weil sie beeinflussen, wie therapeutische Hilfe aussieht, wer einen rechtlich verbindlichen Anspruch darauf hat und welche gesundheits- und sozialpolitischen Kompensationen und Interventionen legitimationsfähig sind (Kühn 2001: 12). Sie wirken also nicht kausal, sondern markieren einen diskursiven Raum für Sozial- und Gesundheitspolitik. Sie sind in diesem Sinne ein wesentlicher Bestandteil von Hegemonie, weil sie politische Praxis anleiten (können). Umgekehrt ist die Chance, dass bestimmte ätiologische Diskurse aufgegriffen und popularisiert werden, von den Strukturbedingungen der Gesellschaft abhängig.¹³ Im Postfordismus, so ist zu folgern, haben folglich diejenigen ätiologischen Muster die größte Durchsetzungskraft, die sich mit anderen Elementen postfordistischer Hegemonie zu intelligiblen Vorstellungen sozialer Ordnung und Politik verbinden können.

Kühn konstatiert, dass unter insgesamt fünf Erklärungsmustern für Krankheiten¹⁴ Armut, Erwerbslosigkeit und Machtlosigkeit gegenwärtig die geringste Chance haben, unter strukturellen Gesundheitsaspekten direkt zum Ziel politischer Interventionen zu werden. Ein starkes Gewicht erhält die primär biomedizinische Ätiologie, nach der ein kausales Agens, z.B. ein Virus oder ein Gen, Krankheiten auslöst. Es ist deshalb lediglich isoliert zu bekämpfen. Diese ätiologische Vorstellung befördert auch das Gesundheitsverhalten, z.B. dort, wo durch Vitamintabletten, Nahrungsmittel oder Kleidung der Mehrwert Gesundheit produziert und angeeignet wird. Noch bedeutsamer ist das ätiologische Erklärungsmuster, das Kühn „auf sich selbst bezogenes Fehlverhalten" nennt (Kühn 2001: 14f.). Denn dieses führt Krankheiten ursächlich auf individuelles Verhalten zurück. Diese Ätiologie schwingt in allen psychologischen und alternativen Gesundheitsmodellen, in jedem Konsum von Gesundheitsgütern und in jeder Gesundheitspraxis (von Wellness bis Jogging) mit. Unter dem Zeichen der Ätiologie des ‚individuellen Fehlverhaltens' werden psychische Erkrankungen nicht auf belastende Lebens- und Arbeitsbedingungen (vgl. Siegrist/Dragano 2006), sondern auf missglückte ‚individuelle Anpassung' zurückgeführt (vgl. hierzu Unger/Kleinschmidt 2006; Kühn 2001, 1999; Greco 1998).

Grundlage bildet das psychologisch-kybernetische Leitbild von Gesundheit. Die Merkmale, die für das Verständnis von Arbeit bedeutsam sind, werde ich in Kürze rekapitulieren. Mit dem Leitbild der ‚gesunden Selbstmodellierung' rücken die Fähigkeiten des Individuums, seine Umweltbedingungen zu verarbeiten, in den Vordergrund. Das individuelle Potenzial zur flexiblen Anpassung an die verschiedensten Lebens- und Arbeitsbedingungen wird zum ‚Sitz der Krankheit'.¹⁵ Die Grundla-

---

13 Er stützt dieses Argument auf die 1995 in New York erschienene Analyse von Robert Proctor: Cancer Wars. How Politics shape what we know and don't know about cancer.
14 Dazu gehören erstens die genuin biomedizinischen Erklärungsmuster (Krankheitserreger oder genetische Bedingungen), zweitens das ‚auf sich selbst bezogene Fehlverhalten der Individuen', drittens Faktoren der physischen Umwelt sowie viertens und fünftens gesellschaftliche Bedingungen und Beziehungen (Arbeitslosigkeit, Armut und Machtlosigkeit) (Kühn 2001: 14ff.).
15 Foucault konstatiert, dass im 19. Jahrhundert unter Einfluss der Pathophysiologie und der pathologischen Anatomie seit Bichat die Krankheit in der

ge hierfür bietet die Popularisierung individualisierter Stresskonzepte. Diese ermöglichen es, alle Phänomene diskursiv auf den Umgang des Individuums mit sich selbst zu beziehen (Link 1997: 378), und führen gleichzeitig dazu, dass dieser als ausschlaggebend für die Beschwerden und Krankheiten angesehen wird (Kühn 1999: 214). Denn auf der Grundlage des systemtheoretisch-kybernetischen Modells der flexiblen Selbstbearbeitung können Stressoren überall entstehen und sind prinzipiell austauschbar. Sie spiegeln jedoch keine Objektivität struktureller Belastungen, sondern individuelle Erfahrungen wider und sind deshalb Zeichen für die Unfähigkeit, den Umgang mit Umweltbedingungen zu organisieren (Duttweiler 2005: 265).

Für die Ätiologie von psychischen Erkrankungen in Assoziation mit Arbeit sind zwei Aspekte bedeutsam. Zum einen wird die potenzielle Schädlichkeit von strukturellen Arbeits- und Lebensbedingungen verflüssigt, zum anderen wird ein vernünftiges, rationales und selbstachtsames Subjekt konstruiert, das sein Potenzial zur Gestaltung von Gesundheit nutzt, indem es auf Risikoverhalten verzichtet und sich auch bei sehr hohen Belastungen durch Arbeits- und Lebensverhältnisse entspannt, abgrenzt und ‚loslässt' (exemplarisch Unger/Kleinschmidt 2006; Duttweiler 2005; Kühn 2001: 17; Greco 2000: 283).[16]

Gegen eine solche Verkürzung des Stresskonzeptes hat sich Antonovsky, der Begründer des Modells der Salutogenese, explizit abgegrenzt:

„In Untersuchungen zu beruflichem Stress geht man häufig von der Annahme aus, dass die Anforderungen des Jobs angemessen sind und dass das Problem darin besteht, die Arbeiter so zu trainieren, dass sie sich an Stressoren anpassen, womit die Botschaft vermittelt wird, dass er oder sie schuld ist; dies ist auch die unterschwellige These vieler Programme zum Stressmanagement bei der Arbeit." (Antonovsky 1997 [1987]: 139)

Seine Abgrenzung zeigt einmal mehr, dass die Ätiologie der ‚fehlenden Anpassung' im Kontext neoliberaler und konservativer Politik in eine

---

klinischen Medizin nicht mehr als unabhängig vom Körper verstanden, sondern der Körper zum ‚Sitz der Krankheit' wurde (Foucault 1993: 153, 207).

16 Dieser Zusammenhang zeigt sich prägnant in Aussagen wie der des Wirtschaftswissenschaftlers Heide: „Arbeitssucht misst sich nicht daran, wie viel ein Mensch arbeitet – sondern daran, wozu er nicht fähig ist: loslassen und entspannen" (zit. nach Berger (2007: 51).

7 HUMANKAPITAL UND SYMBOLISCHE GESUNDHEIT

modernisierte Form des ‚blaming the victim'[17] umschlägt. Sie schreibt psychische Krankheit dem mangelnden Gebrauch der Freiheit, der Eigenverantwortung und der Moral zu, auf die das autonome und rationale Subjekt im Neoliberalismus verpflichtet ist (vgl. Kühn 2001; Greco 2000). Untersuchungen psychosomatischer Rationalität haben gezeigt, dass damit zwei Varianten von Krankheitsursachen verbunden sind. Sie bilden jeweils diskursive Räume für sozial- und gesundheitspolitische Kompensationsformen: zum einen die ‚Fähigkeit' des Individuums und zum anderen sein ‚Wille zur Gesundheit' (vgl. Greco 2000).

Im ersten Fall werden z.B. ein mit Arbeit assoziiertes Burn-out oder Depressionen infolge von Arbeitsüberlastung als Ausdruck fehlender Selbstregulierungs-Kompetenzen des Individuums interpretiert und damit als von diesem mit verursachte Krankheit behandelt (vgl. ebd.). Voraussetzung für diese Ursachenzuschreibung ist, dass das Individuum den Willen zur nachholenden Ausbildung seines Potenzials und damit zur flexiblen Selbstveränderung durch das Erlernen von Techniken der Selbsttransformation zum Ausdruck bringt. Diese Rationalität hat größtenteils in die psychosomatisch-therapeutische Rehabilitation Eingang gefunden, insofern diese sich wesentlich auf Techniken zur mentalen und körperlichen Stressbewältigung stützt (exemplarisch Leidig 2003: 30).

Diese Techniken zielen darauf ab, den Mangel an Fähigkeiten, der sich in Erkrankungen ausdrückt, zu beheben, also das psycho-physische Potenzial des Individuums zu erweitern (s. auch Ehrenberg 2004: 157; Krasmann 2003: 203; Greco 1998: 148ff.) und damit die Selbstaktivierung des Individuums zur flexiblen Selbstveränderung nachzuholen (Ehrenberg 2004: 231; Link 1997: 381). Der Psychotherapeut Hans-Peter Unger und die Journalistin Carola Kleinschmidt bringen die entsprechende Logik in ihrem Ratgeber zur Stressbewältigung pointiert zum Ausdruck:

„Denn letztlich müssen wir in unserer komplexen, sich selbst verändernden Welt selbst dafür sorgen, dass wir uns zwischen den Möglichkeiten und Anforderungen der modernen (Arbeits-)Welt nicht erschöpfen. Deshalb kommen wir nicht darum herum, unser Ich zu stärken und uns ständig weiterzuentwickeln – auch nach der Lebensmitte. Zugegeben, die Auseinandersetzung mit der Erschöpfungsspirale bedeutet Arbeit. Aber der Lohn dafür ist ein Mehr an Lebensfreude und das Gefühl sein (Arbeits-)Leben in der Hand zu haben und

---

17 Unter anderem Herzlich und Pierret (1991) haben darauf hingewiesen, dass Individuen (partiell) die Verantwortung für ihre Erkrankung zugewiesen wird.

selbst zu bestimmen, wie sehr es das gesamte Lebensgefühl beeinflusst – auch wenn es einmal nicht so läuft." (Unger/Kleinschmidt 2006: 149)

Das Beispiel zeigt paradigmatisch, dass die Selbstaktivierung von den strukturellen Lebens- und Arbeitsbedingungen abgelöst („wenn es einmal nicht so läuft') bzw. individualisiert auf das Gefühl zur Arbeit ausgerichtet ist. Damit verbundene Maßnahmen setzen den Willen und die Fähigkeit voraus, dass die Individuen unabhängig von ihren strukturellen Arbeitsbedingungen ihr Potenzial selbstreflexiv erkennen und beobachten und dadurch ihre eigenverantwortliche Freiheit zur Gestaltung der Gesundheit annehmen (Greco 2000: 272, 281f.). Wenn diese Maßnahmen fehlschlagen, weil die Erkrankten oder Gefährdeten nicht in der Lage sind, die Techniken aktiv und dauerhaft in ihren Alltag zu integrieren und sich anzupassen, wird reflexiv die Frage nach der Motivation und dem ‚Willen zur Gesundheit', der psychischen Bereitwilligkeit der Erkrankten zur Selbstveränderung aufgeworfen (Greco 1998: 148f.).

In diesem Fall hat das Individuum alle Konsequenzen seines Handelns zu tragen (Greco 2000: 281). Sie resultieren daraus, dass der ‚Wille zur Gesundheit' in so genannte Leistungsbereitschaft übergeht. Z.B. wird im Betrieblichen Gesundheitsmanagement teilweise eine strikte Unterscheidung zwischen ‚echten Kranken' und ‚Drückebergern' eingeführt,[18] welche die Grundlage dafür bildet, die Prävention der ‚echten psychischen Krankheiten' zu legitimieren. In diesem Kontext dient das arbeitspsychologische Theorem der Leistungsbereitschaft dazu, den ‚Willen zur Gesundheit' mit dem ‚Willen zur ökonomischen Produktivität' zu verknüpfen (vgl. Oppolzer 2006).

Gegenwärtig wird Leistungsbereitschaft als national, volkswirtschaftlich, gesundheitlich und unternehmerisch relevant diskursiviert (Oppolzer 2006: 62, 150; Beder 2000: 140ff.; Badura 2000; Badura et al. 1999). Dadurch wird der ‚Wille zur Gesundheit' mit dem Konstrukt einer national und ökonomisch relevanten Leistungs- und Arbeitsmoral verbunden (Kühn 2001: 17; Rose 2000: 99-101).

Während Arbeitsmoral von ihrem religiösen Ursprung her als moralische Verpflichtung gegenüber Gott galt, die mit der Entwicklung des Kapitalismus säkularisiert und als „protestantische Ethik" (Weber) konstituiert wurde (vgl. hierzu ausführlicher Beder 2000: 9-14), werden der

---

18 Oppolzer thematisiert z.B. im Kontext Betrieblichen Gesundheitsmanagements auch das „Anwesenheitsmanagement" (Oppolzer 2006: 147), in dem neben den betrieblichen Herrschaftsinstrumenten auch die „‚Fügsamkeit'" bzw. das „‚Gehorchen-Wollen'" der Beschäftigten eine Rolle spielen würden (ebd.: 150f., 157).

‚Wille zur Gesundheit' und der ‚Wille zur ökonomischen Produktivität' gegenwärtig idealtypisch zu einem konstitutiven Moment einer kommunitaristischen nationalen Gemeinschaftlichkeit aufgewertet. Leistungsbereitschaft und der ‚Wille zur Gesundheit' bilden relevante Beiträge jedes und jeder Einzelnen (vgl. auch Petersen/Lupton 1996: 146). Daraus resultieren zwei Übergänge zwischen *Gesundheit* und Arbeitsmarktpolitik. Das ätiologische Theorem der ‚mangelnden Fähigkeit' zur Gesundheit entspricht der *Employability*, der Beschäftigungs*fähigkeit* (Voß 2001: 18), welche im Zentrum der Maßnahmen gegenwärtiger Arbeitsmarkt- und Beschäftigungspolitik steht. Die Verknüpfung zeigt sich z.B. darin, dass Aktivierung im Rahmen arbeitsmarktpolitischer Maßnahmen als individuelle, gesundheitsförderliche Chance recodiert wird (vgl. Cruikshank 1996).[19] Dagegen lässt der ‚fehlende Wille' zur Arbeit finanzielle Sanktionen und materiellen Ausschluss aus Arbeitsmarkt und ökonomischem Wettbewerb diskursiv als gerechtfertigt und schuldhaft verursacht erscheinen (s. auch Rose 2000). Die Schuld ist beim fehlenden ‚Willen zur Gesundheit' gering, aber seine Folgen sind gravierend: Sie mündet im ‚sozialen Absturz' bzw. im ‚sozialen Scheitern' (vgl. exemplarisch Unger/Kleinschmidt 2006: 26; s. auch Dörre 2003; Krasmann 2003; Bröckling 2000).[20]

Über die Verbindungen mit der Arbeitsmarktpolitik unter dem Zeichen von *Workfare* wirken beide Varianten des ätiologischen Diskurses zum ‚individuellen Fehlverhalten' unter den Bedingungen hoher Arbeitslosigkeit disziplinierend. Sie üben Druck auf ArbeitnehmerInnen aus, ihre individuellen Reserven zur psychosozialen Anpassung an Arbeitsbedingungen zu mobilisieren, statt z.b. auf deren Veränderung hinzuwirken oder zu kündigen (Kühn 2001: 15). Das belegen empirische Studien. Zum einen ist seit einigen Jahren das Phänomen des Präsentismus bekannt, d.h. die Anwesenheit am Arbeitsplatz trotz Krankheit.

---

19 Das zeigt sich pointiert in folgender Aussage des amerikanischen Geschäftsmanns Richard Todd: „[T]he work ethic is at the core of a healthy society, and the individual responsibility of doing a job, earning a living, and striving for improvement is crucial to restoring opportunity and self-respect to underclass America." (Zit. nach Beder 2000: 141)
20 Dabei bleibt das Verständnis des ‚sozialen Absturzes' zumeist vage. Möglicherweise handelt es sich dabei um einen Effekt der Praxis des Ausschlusses auf der Ebene der Repräsentation. So hat Rancière darauf hingewiesen, dass der diskursive Ausschluss der sozialen *Produktion* von Marginalisierung und der ‚Stimmen' von Marginalisierten, also der Ausschluss der *sozialen Verbindung* zwischen Inkludierten und Exkludierten, dazu führt, dass *eine Dichotomie* zwischen der Welt der ökonomischen Vernunft, der Gleichheit und der Gemeinschaft auf der einen Seite und der Welt der Armut und der Dunkelheit auf der anderen Seite geschaffen wird (Rancière 1999: 116).

Trotz ernsthafter Krankheitssymptome zu arbeiten, kommt in verschiedenen industriellen Ländern in den letzten Jahren immer häufiger vor (Oppolzer 2006: 163).[21] Zum anderen weisen Befragungen von ArbeitnehmerInnen darauf hin, dass die Logik des Wettbewerbs und der Anpassung sich in individualisierenden Selbstzuschreibungen, ‚es nicht schaffen zu können', niederschlägt (Krömmelbein 2004: 191; Dörre 2003: 19f.). Diese Form der Selbstzuschreibung wird dadurch befördert, dass Handlungsfähigkeit unter dem Leitbild der ‚gesunden Selbstmodellierung' auf Anpassung reduziert wird. Globalisierung, der Abbau staatlicher Sicherungssysteme und gegenwärtige Arbeitsbedingungen werden in dem Maße auf einen Kontext des ‚handlungsfähigen, eigenverantwortlichen Individuums' reduziert, wie die neoliberale Sachzwanglogik sich darin niederschlägt, dass Lebens- und Arbeitsbedingungen als politisch, sozial und individuell als ungestaltbar repräsentiert werden (vgl. Hirsch 2002, 2001a, 1996: 149; Kühn 1999; Bourdieu 1998b).

Die Verkoppelung eines zugleich ökonomisierten wie auf individuelle Anpassungsstrategien ausgerichteten Gesundheits- und Krankheitsverständnisses schürt im Kontext postfordistischer Arbeitsmarkt- und Beschäftigungspolitik die Angst, Widersprüche und Belastungen nicht bewältigen zu können und dadurch aus dem Arbeitsmarkt und Wettbewerb ausgeschlossen zu werden (s. auch Ehrenberg 2004: 222). Die Besonderheit besteht darin, dass das Individuum zugleich einen Ausgangswie einen Fluchtpunkt therapeutischer Konzepte und politischer Strategien bildet. Beide sprechen folglich zugleich den Wunsch nach sozialer Teilhabe an, verkoppeln ihn jedoch direkt mit der Drohung des sozialen Ausschlusses.

Zur Subversion der Erschöpfung

Das Erleben von Erschöpfung und Depression bildet die Kehrseite, den „Schatten" (Graefe 2007b: 273) der hegemonialen Form symbolischer Gesundheit, die auf beständige Selbstveränderung und Optimierung ausgerichtet ist (Graefe 2007b; Bröckling 2007; Ehrenberg 2004: 135ff., 197). Es ist Ausdruck der Überforderung, welche die Imperative von

---

21 Dieses Phänomen wird vorrangig in den USA, Skandinavien und Großbritannien unter dem Gesichtspunkt des potenziellen Produktivitätsverlustes für Unternehmen problematisiert; die Studien in den USA wurden vielfach von der pharmazeutischen Industrie gesponsert, die sich vom Nachweis der medikamentösen Steigerung der individuellen Leistungsfähigkeit bei Krankheit eine Ausweitung ihres Absatzmarktes erhoffte (Oppolzer 2006: 166f.); Oppolzer bezieht sich hier auf den viel beachteten Artikel des Redakteurs Klaus Zok, „Präsentismus: krank am Arbeitsplatz", der 2005 in der Harvard Business Review veröffentlicht wurde.

7 HUMANKAPITAL UND SYMBOLISCHE GESUNDHEIT

Optimierung und der Anpassung an ständig wechselnde Lebens- und Arbeitsbedingungen im Alltag erzeugen.

Und in der Tat, so beschreibt der Soziologe Alain Ehrenberg, wird die moderne Depression nicht mehr wie eine Krankheit als ‚Ausnahmezustand' erlebt,[22] sondern zeichnet sich durch ein übermächtiges und potenziell immer wiederkehrendes Gefühl der Unzulänglichkeit in der Bewältigung von Lebens- und Arbeitsbedingungen aus (Ehrenberg 2004: 225, 245ff.). Damit verbunden haben sich die Wünsche der Betroffenen an Therapie verändert: Wohlbefinden und Glück stehen im Vordergrund. Auch die therapeutischen Konzepte bieten *lege artis*[23] keine zeitraubenden und tiefschürfenden Bearbeitungen innerpsychischer Konflikte an, sondern sie verstehen Depression als Zeichen eines Mangels bzw. Defizits. Dementsprechend zielen sie darauf ab, das Potenzial für Wohlbefinden und Handlungsfähigkeit zu erhöhen, indem sie den Schwerpunkt auf die Veränderung des Selbst legen (ebd.: 162, 198ff.).

In Wünschen und therapeutischen Konzepten drückt sich der soziokulturelle Vorrang von Handlungsfähigkeit, Eigenverantwortung und Selbstoptimierung aus (ebd.: 224, 261). Diese Eigenschaften und Verhaltensweisen sind jedoch für die Betroffenen nicht Selbstzweck, sondern Kapital, das mit therapeutischer Unterstützung aktiviert wird. Noch in der Psychoanalyse Freuds bestand das Therapieziel idealtypisch darin, den Kranken die Freiheit zur Entscheidung zu verschaffen (Freud 1955: FN/279f.). Gegenwärtig orientiert sich Therapie an Wohlbefinden und an der Vermehrung des individuellen Potenzials. Die psychologische Therapie trägt daher dazu bei, dass das moderne Subjekt im Zirkel von Mangel und Möglichkeiten verhaftet bleibt.

Dass Psychotherapien individualisierende Folgen haben, ist keinesfalls ein neues Phänomen. Nicht umsonst bezeichnet Link Psychotherapie als sozial einflussreichen Vektor der ‚flexiblen Selbstnormalisierung' (vgl. Link 1997; vgl. auch Castel et al. 1982). Neu ist vielmehr, dass das moderne Leiden an Erschöpfung und seine Therapie in einer

---

22 Beschreibungen von Traurigkeit, Pessimismus und Selbstmordgedanken rücken in den Hintergrund, während Asthenie, Schlaflosigkeit, fehlende Handlungsfähigkeit und fehlendes Wohlbefinden als charakteristische Beschwerden der Depression vorgetragen werden (vgl. Ehrenberg 2004: 12, 121, 163f., 198ff.).

23 Das drückt sich im Wandel der DSM-Klassifikation aus, die sich statt auf theoretisch entwickelte und validierte Modelle zunehmend auf die genaue und vollständige Beschreibung von Symptomen stützt. Parallel hierzu sehen moderne therapeutische Konzepte den Einsatz stimulierender Antidepressiva vom SSRI-Typ (Selektive Serotonin-Wiederaufnahmehemmer) und kognitiver Therapien vor, z.B. von Verhaltenstherapie (vgl. Ehrenberg 2004).

hegemonialen politischen und sozialen Kultur der Harmonie situiert sind. Es ist bezeichnend, dass das soziokulturelle Leitbild ‚gesunder Selbstmodellierung', die wissenschaftliche Konzeption der Depression und die populäre Sprache der Politik sich in ‚Harmonie' treffen.

Weder im Leitbild von Gesundheit noch im Verständnis der Depression spielen Konflikte und Probleme noch eine konstitutive, leitende Rolle. Sie werden durch Strategien der Optimierung des Selbst ersetzt. In Korrespondenz dazu wendet sich auch die Imagekampagne im Kontext von INQA explizit von Krankheit, Schwächen und Problemen ab und setzt auf ein neues, ‚sexy' Image des Arbeitsschutzes. Es wirbt damit, dass Wettbewerbsfähigkeit, Sicherheit und Gesundheit harmonische Ziele der Politik bilden. Darüber hinaus zeichnet sich der gegenwärtig dominierende Stil der politischen Sprache und Kultur, den ich in Kapitel 6 auf Grundlage der empirischen Analyse charakterisiert habe, dadurch aus, dass strukturelle Widersprüche, Strukturbedingungen und Kontexte der Repräsentation entzogen und dadurch de-politisiert werden.

Daraus ist abzuleiten, dass das Leiden an Unzulänglichkeit in einer Kultur der unbegrenzten Möglichkeiten für das Subjekt situiert ist (vgl. Ehrenberg 2004), die mit einer politischen Kultur der Harmonie korrespondiert. Dadurch kann das ‚postfordistische Subjekt' weder in Reibung mit politischen Konflikten seine innere Stabilität entfalten (ebd.: 269), noch seine Erfahrungen mit Lebens- und Arbeitsbedingungen in legitimen Diskursen erleben und kommunizieren, die diese als Bestandteil sozioökonomischer Kräfteverhältnisse interpretieren. Unzulänglichkeit und der Imperativ der beständigen Selbstoptimierung halten als hegemoniale Leitbilder das Subjekt in einem ‚selbstbezüglichen Zirkel' gefangen. Auch seine Erfahrungen mit strukturellen Bedingungen werfen es auf sich zurück. Depressionen und Erschöpfung sind in der strukturellen Erfahrung begründet, dass die Anrufung als sich beständig veränderndes und flexibel anpassendes Subjekt *nicht* mit der *realen* Verfügbarkeit über soziale Positionen und strukturelle Lebens- und Arbeitsbedingungen einhergeht. Gleichzeitig verweist die Kollektivität der Erfahrungen über das Subjekt hinaus auf die strukturellen Grenzen und Konflikte in der Kultur der unbegrenzten (ökonomischen, politischen und alltagskulturellen) Möglichkeiten des Subjekts (s. auch ebd.: 248).

Gesundheit erhält unter den Bedingungen postfordistischer Akkumulation und Regulation dadurch eine neue ökonomische, gesellschaftliche, persönliche und politische Dimension, dass sie als Kapital gefördert, gestaltet und ausgebildet wird. Ihren Schatten bilden psychische Erkrankungen, die auf die Unmöglichkeit der grenzenlosen Möglichkeiten verweisen, die mit dem „Evangelium" (ebd.) der persönlichen und ökonomischen Entwicklungsfähigkeit des Menschen aus dem Sichtfeld ge-

7 HUMANKAPITAL UND SYMBOLISCHE GESUNDHEIT

rückt wird. Erschöpfung und Depression verweisen daher auf das Irreduzible und das Unverfügbare am Menschen (Graefe 2007b: 213ff.; Ehrenberg 2004: 277).

Insofern jedes Leiden auch eine Form des Begehrens enthält, nämlich den Wunsch nach Veränderung, zeigt sich in dem Gefühl ‚es nicht mehr zu schaffen zu können', auch das Begehren danach, ‚es nicht mehr zu müssen'. Das Subversive dieser um sich greifenden ‚Befindlichkeit von Subjekten in postfordistischen Arbeitsverhältnissen' besteht darin, dass Erschöpfung und Burn-out einen medizinisch und psychologisch legitimierten gesellschaftlichen Rahmen bereitstellen, in dem Individuen vom sozialen Zwang zur ökonomischen Produktivität und zur beständigen Selbstoptimierung entlastet werden.

Ich möchte damit nicht das Leiden an psychischen Erkrankungen relativieren. Die Folgerungen aus meiner Untersuchung im Hinblick auf psychische Erkrankungen im Postfordismus sind vielmehr struktureller Natur: In der gegenwärtigen Gesellschaft gibt es einen (partiellen) Konsens darüber, dass *Gesundheit* eine Frage der Leistungsbereitschaft und der Arbeitsmoral ist. Zugleich haben sich Diskurse, Praktiken und Formen des Erlebens konsolidiert, welche die ‚Wahrheit' dieses Zusammenhangs unterlaufen, indem sie das aus dem hegemonialen Verständnis Ausgeschlossene (Schwäche, Probleme, Unfähigkeit, schlechte Stimmung) repräsentieren. Dieses Ausgeschlossene ist in seiner Kollektivität nicht nur Zeichen des vermehrten ‚individuellen Scheiterns' (was dem Diskurs des Humankapitals und des Wettbewerbs entspricht), sondern auch ein Ausdruck von Wünschen und Begehren nach Veränderung.

SCHLUSS

Ausgangspunkt dieser Arbeit war die Frage danach, in welcher Beziehung der kulturelle und soziale Wandel in den Vorstellungen von und den Umgangsweisen mit Gesundheit seit den 1970er Jahren zu den veränderten Strukturen in der Sozial- und Gesundheitspolitik sowie der Produktion und Arbeit in demselben Zeitraum stehen. Ich habe also nach strukturellen Beziehungen zwischen diskursiv-symbolischer *Gesundheit*, nationaler Politik und Ökonomie gefragt.

Aus diesen Fragen ist ein komplexes Forschungsprojekt entstanden, das es erforderlich machte, verschiedene theoretische und analytische Zugänge miteinander zu verbinden. So habe ich meine Perspektive in einem poststrukturalistisch-konstruktivistischen Forschungsstrang verortet, um die Herstellung von Bedeutungen zu untersuchen. Der regulationstheoretische Ansatz wurde gewählt, um den strukturellen Wandel seit den 1970er Jahren zu den diskursiv-symbolischen Dimensionen von Gesundheit in Beziehung setzen zu können. Das Konzept von Hegemonie, aus dem in Kapitel 3 ein Analyserahmen entwickelt wurde, erwies sich für die Analyse als produktiv: *Gesundheit* wurde als relativ eigenständig analysiert und doch zu Politik und ökonomischer Wertschöpfung in Beziehung gesetzt. Die Analyse war ferner prozessual angelegt, so dass die gegenwärtigen Bedeutungen von *Gesundheit* als Bestandteil des Strukturwandels seit dem Fordismus sichtbar gemacht werden konnten.

Am Schluss dieser Arbeit möchte ich die beiden Schwerpunkte der Arbeit, die Analyse der diskursiv-symbolischen Produktion der Bedeutungen von *Gesundheit* im Kontext der Transformationen von Politik und ökonomischer Wertschöpfung und die Analyse von Diskursen im Kontext von Hegemonie, rekapitulieren, aufeinander beziehen und dabei offen gebliebene Fragen zusammenfassen.

Der Wandel von Gesundheit

Anders als eine rein diskursiv-symbolische Perspektive auf Gesundheit führte der regulationstheoretische Rahmen der Analyse zunächst in den Bereich der Produktion und der nationalen politischen Strategien. Die am Anfang der Arbeit skizzierte politikwissenschaftliche Analyse, dass Gesundheits- und Sozialpolitik zunehmend ökonomisiert werden, wurde in Kapitel 1 in den Kontext der Transformation vom Fordismus zum Postfordismus gestellt. Es ist gezeigt worden, dass der relativ stabile fordistische Zusammenhang zwischen Massenkonsum und -produktion, sozialer Sicherung und dem Leitbild des Normalarbeitsverhältnisses in den 1970er Jahren erodierte. Sicherte der keynesianische Wohlfahrtsstaat die Reproduktion beim Herausfallen aus dem Erwerbssystem, z.b. bei Krankheit oder Unfällen, so wird soziale Sicherung im Postfordismus zunehmend der Verantwortung von Individuen übertragen. Ökonomie und Zivilgesellschaft fallen dadurch in der Tendenz zusammen. Für die diskursiv-symbolische Dimension von Gesundheit ist diese Transformation höchst bedeutsam. Mit dem Funktionswandel der Staaten in „nationale Wettbewerbsstaaten" (Hirsch), die durch politische Interventionen, Maßnahmen und Gesetze günstige Bedingungen für unternehmerische Investitionen schaffen, wurde das ‚Humankapital' zu einem zentralen volkswirtschaftlichen Standortfaktor.

Im Kapitel 2 wurde herausgearbeitet, dass *Gesundheit* zum Kapital für ökonomische Produktivität wird. Diese bezieht sich sowohl auf Individuen als auch auf Unternehmen und die Volkswirtschaft. Dass der Mehrwert von Gesundheit zugleich für Individuen, Unternehmen und die Volkswirtschaft produktiv wird, ist keineswegs zufällig. Es werden diskursiv und politisch Beziehungen zwischen ihnen hergestellt, die sich insbesondere im Feld von Arbeit verdichten (Kapitel 6).

Die soziale Bedeutung von Gesundheit als ‚Humankapital' korrespondiert mit der strukturellen Bedeutung von Subjektivität für postfordistische Akkumulation. Industrie- und arbeitssoziologische Untersuchungen wie auch der postoperaistische Ansatz der immateriellen Arbeit zeigen, dass der ökonomische Mehrwert in der postfordistischen Form der Akkumulation aus nicht-stofflichen, emotional-psychischen Dimensionen der menschlichen Arbeitskraft geschöpft wird. In Kapitel 2 wurde dargelegt, wie *Gesundheit* in doppelter Weise mit postfordistischer Produktion verzahnt ist: als Produkt wie auch als wertschöpfendes ‚Humankapital'.

Es wurde erläutert, wie diese Prozesse sich auf einen Wandel in der Gesundheitskultur stützen. *Gesundheit* wurde in dem Maße für eine steigende Zahl von Menschen zu einem symbolischen Wert und zu einem

SCHLUSS

Medium der Selbstdarstellung und des Lebensstils, wie die Verwertung der körperlichen Arbeitskraft an struktureller Bedeutung verlor. Die Genese von *symbolischer Gesundheit* wurde als Bestandteil des Strukturwandels zum Postfordismus analysiert und es wurde nachgezeichnet, wie sie sich auf dem Boden der im Fordismus angestoßenen sozialen Veränderungen in einem komplexen Zusammenspiel zwischen verschiedenen politischen, wissenschaftlichen, kulturellen und ökonomischen Kräften herausgebildet hat.

Dabei wurde gezeigt, wie sich die soziale Bedeutung von Gesundheit in diesen Prozessen verändert hat. Ein zentrales Element bildet das Leitbild ‚gesunder Selbstmodellierung'. Auf der Grundlage von kybernetisch-systemtheoretischen Modellen von Körper, Selbst und Gesundheit wird *Gesundheit* als Fähigkeit des Individuums entworfen, auf seine Umwelt innovativ und flexibel zu reagieren, sich dadurch weiterzuentwickeln und zu wachsen. Wurden Arbeitsbedingungen im Fordismus noch gemäß dem Paradigma der „industriellen Pathogenität" (Kaupen-Haas/Rothmaler) bewertet, so wird ihre Wirkung unter dem Leitbild ‚gesunder Selbstmodellierung' vom Individuum aus bestimmt. Ob Arbeits- und Lebensbedingungen zu Schaden oder zum Persönlichkeitswachstum führen, hängt im Rahmen dieses Leitbildes von der individuellen Kompetenz ab, mit ihnen umzugehen.

Die Analyse hat die soziologischen, kulturwissenschaftlichen und philosophischen Diagnosen bestätigt, dass sich *Gesundheit* in der gegenwärtigen Gesellschaft nicht mehr auf die Abwesenheit von Krankheit (‚Schweigen der Organe') beschränkt, sondern idealtypisch einen Prozess ohne Ziel, eine unendliche ‚persönliche Selbstmodellierung' vorgibt (vgl. exemplarisch Mazdumar 2004; Martin 2002, 1998, 1994; Link 1997; Bauman 1997). *Gesundheit* wird im Postfordismus idealtypisch zu einer Basiskompetenz der Selbstnormalisierung, zu einer Produktivkraft für Persönlichkeitsentwicklung.

Gleichermaßen wurde herausgearbeitet, auf welche Weise ‚gesunde Selbstmodellierung' durch den Konsum von Gesundheitsgütern zum Ausdruck von Lebensstil und Persönlichkeit wird. Ich habe im Anschluss an neuere Ansätze der kulturwissenschaftlichen Konsumsoziologie dargelegt, wie der symbolische Mehrwert von Gesundheit im Kreislauf zwischen Produktion und Konsum von Gesundheitsgütern produziert, angeeignet und trainiert wird. Dabei ist deutlich geworden, dass der Konsum von Gesundheitsgütern (partiell) eine produktive wie eine reproduktive Funktion erfüllt, weil er nicht nur die psychisch-emotionale Dimension der Arbeitskraft reproduziert, sondern zugleich den *symbolischen* Mehrwert der Optimierung und der ‚gesunden Selbstmodellierung' produziert. Der im Konsum angeeignete und produzierte Mehrwert geht (partiell) in seine Inwertsetzung in der Produktion über. In dieser Hinsicht erweist sich das Leitbild des ‚Unternehmers seiner selbst' als strukturierend, denn es ist auf die Optimierung des Individuums ausgelegt.

Schließlich wurde dargelegt, dass und auf welche Weise *Gesundheit* unter den strukturellen Bedingungen von Konkurrenz und sozialen Spaltungsprozessen als *Kapital* an Bedeutung gewinnt. ‚Gesunde Selbstmodellierung' produziert kein ökonomisches Kapital, wird jedoch zur Maßgabe für das Zutrauen in Leistungsfähigkeit und Marktgängigkeit von Individuen und damit zu einem Kriterium für soziale Wertschätzung, Selbst- und Fremdzuschreibungen. Dadurch trägt *Gesundheit* als „soziale Energie" (Bourdieu) dazu bei, postfordistische Herrschaftsverhältnisse zu (re-)produzieren. Der Mehrwert von Gesundheit im Postfordismus wird über das Individuum hinausgehend auf einen ‚sozialen Wert' ausgedehnt – zugleich werden die Bedingungen und Formen seiner Aneignung begrenzt. Als materiell-symbolische ‚Matrix' dieser Begrenzung wird die ökonomische Produktivität des Individuums wirksam: Sie ist materialisiert, weil der Konsum von Gesundheitsgütern an ökonomisches Kapital geknüpft ist. Die Matrix ist zugleich symbolisch, weil sie Ungleichheit in der Verteilung und Aneignung des Mehrwerts legitimiert.

Zusammenfassend stellte sich der Wandel der Beziehungen zwischen *Gesundheit,* Politik und Ökonomie im Strukturwandel vom Fordismus zum Postfordismus am Ende des ersten Teils der Analyse in erster Linie als eine ‚Inwertsetzung menschlicher Subjektivität' dar. Es ist deutlich geworden, dass die Wünsche, Bedürfnisse und Gefühle nach Persönlichkeitswachstum mit der zunehmenden Integration von *Gesundheit* in die Kapitalverwertung und den strukturellen sozialen Veränderungsprozessen in einen Zwang umschlagen und zugleich zum Kapital in instabilen und veränderbaren soziale Positionierungen werden. Die Analyse der Gesundheitskultur bestätigt ein aus der Sicht der Regulationstheorie wesentliches Strukturmoment des Postfordismus: Sie hat illustriert, auf welche Weise die ‚innere Landnahme' von Subjektivität (vgl. Hirsch 2002, 2001; Hirsch/Roth 1986) sich in einem Prozess vollzieht, in dem kulturelle Phänomene, soziale Strukturierungen, staatliche Politik und die Struktur der Produktionsweise aufs Engste miteinander verzahnt werden.

Die eingangs aufgestellte Beobachtung, dass *Gesundheit* expandiert, gewinnt dadurch an Plausibilität. Die Expansion des neuen Gesundheitsmarktes wurde im Rahmen dieser Arbeit als Bewegungsdynamik zwischen postfordistischer Kapitalverwertung und einer an Konsum orientierten *Gesundheitskultur* sichtbar gemacht. Die Besonderheit die-

SCHLUSS

ser Dynamik besteht darin, dass ökonomischer, symbolischer und subjektiver Mehrwert von *Gesundheit* verkettet sind und dadurch zwischen den einzelnen Elementen eine zirkuläre Bewegung der Produktivitätssteigerung erzeugt wird.

Am Ende des ersten Teils der Analyse konnten gleichwohl einige Fragen noch nicht abschließend beantwortet werden: Bleibt nicht ein Widerspruch zwischen ‚ganzheitlich-psychosomatischer Gesundheit', dem ökonomischen Mehrwert von Gesundheit bestehen? Wo liegen Brüche und Widersprüche in den strukturellen Beziehungen? Welchen gesellschaftlich-systematischen Stellenwert haben die eingangs angeführten Diskurse um ‚Gesundheit als Humankapital'? Welche Interessen verfolgen zivilgesellschaftliche AkteurInnen im Hinblick auf *Gesundheit*? Wenn die hegemonietheoretische Perspektive der politisch konflikthaften Gestaltung von Welt in der Zivilgesellschaft zutrifft, dann müsste sich *Gesundheit* als weitaus uneinheitlicher, interessengebundener, konflikthafter und politischer darstellen, als ich es mit der Analyse bis zu diesem Punkt erfasst hatte.

Daher wurde die Frage der Politik mit *Gesundheit* in den folgenden Kapiteln in den Vordergrund gerückt. Die politikwissenschaftlich relevanten Kategorien der institutionalisierten Formen von Politik, wie Politikfelder, politische AkteurInnen, *Policy* und *Polity*, wurden mit der poststrukturalistisch-konstruktivistischen Perspektive auf Diskurse als Feld politischer Praxis/Umkämpftheit verbunden. Die empirische Analyse sollte beide Aspekte verbinden und sich deshalb auf ein Politikfeld beziehen. Ausgewählt wurde das Politikfeld Arbeitsschutz, weil es erstens auf die Regulierung zwischen Arbeit und Kapital abzielt und sich zweitens zu diesem Zweck auf Diskurse über Gesundheit im Verhältnis zu Arbeit stützt. Drittens sollte *Gesundheit* in politische Auseinandersetzungen involviert sein. Die Sondierung des Politikfeldes Arbeitsschutz ergab, dass seit 2003 im Kontext der ‚Initiative Neue Qualität der Arbeit', einer Initiative der Bundesregierung im Rahmen der Agenda 2010, öffentliche Auseinandersetzungen um die sozialstaatliche Regulierung des Arbeitsschutzes geführt wurden. Die Gewerkschaften und die Bundesregierung stellten sich als die zentralen politischen AkteurInnen dieser Kontroverse dar – weshalb Texte von Gewerkschafts- wie RegierungsvertreterInnen zum Untersuchungsgegenstand für die Diskursanalyse ausgewählt wurden (vgl. Kapitel 6). Untersucht wurden Reden von Ursula Engelen-Kefer, Wolfgang Clement und Rezzo Schlauch.

Für die Darstellung der Ergebnisse des ersten Teils der Analyse wurden die beiden Reden von Engelen-Kefer und Clement als Einzelfälle ausgewählt, weil sie sich auf allen Ebenen der Analyen als heterogen, als binäre Typen erwiesen haben. So fordert Engelen-Kefer als Gewerkschafterin, die sozialstaatliche Regulierung des Arbeitsschutzes zu erhalten. Sie stützt diese Forderung auf ein biomedizinisches Gesundheitsmodell, das Schwäche, Probleme und Gefährdungen von Gesundheit durch Arbeit fokussiert. Demgegenüber vertritt Clement als Vertreter der rot-grünen Bundesregierung ein an Governance orientiertes Modell der politischen Regulierung des Gesundheitsschutzes, in dem die Rolle der Betriebe im Sinne der ‚Corporate Social Responsibiliy/Corporate Citizenship' aufgewertet und ‚Gesundheit als Humankapital' auf ökonomische Produktivität ausgerichtet ist. Die Binarität der Repräsentationen bestätigte die These der Arbeit, dass politische AkteurInnen den ‚ökonomischen Mehrwert' von *Gesundheit* in den Feldern strategisch zum Einsatz bringen, in denen Sozialpolitik gemäß der Maßgabe von Wettbewerbsfähigkeit restrukturiert wird (vgl. Hirsch 2002, 2001a).

Ein wesentliches Ergebnis der Diskursanalyse besteht darin, dass die Repräsentation von *Gesundheit* als ökonomischer Mehrwert darauf basiert, dass krankmachende und gesundheitsgefährdende Aspekte von Arbeit ausgeschlossen werden. Vergleicht man dieses Ergebnis der Diskursanalyse mit der im Kapitel 2 der Arbeit analysierten Gesundheitskultur, die auf Optimierung, Persönlichkeitswachstum und ‚gesunde Selbstmodellierung' ausgerichtet ist, so zeigt sich dort dieselbe Struktur: Probleme, Schwächen, Gesundheitsgefährdungen und starke Beeinträchtigungen werden ent-nannt. Es bleibt zu klären, in welcher Beziehung *Gesundheit* zum Legitimationsverlust des staatlichen Schutzgedankens für Gesundheit steht. Sind Gesundheitsprobleme, Schwächen und Krankheiten (nur) als Anderes der marktwirtschaftlichen Optimierungskultur zu verstehen?

Auf der anderen Seite streicht der Vergleich zwischen der kulturellen Hegemonie von *Gesundheit* und dem Einsatz des Diskurses ‚Gesundheit als Humankapital' heraus, dass die Verbindung zwischen beiden keineswegs evident ist, sondern an institutionalisierte Bedingungen und an strategische Interessen gebunden ist. Im letzten Teil der Analyse (Kapitel 7) habe ich kursorisch gezeigt, dass und auf welche Weise das Persönlichkeitswachstum der *Gesundheitskultur* und Diskurse um ‚Gesundheit als Humankapital' dort verschränkt werden, wo die Widersprüche zwischen einer am Humankapital orientierten Kapitalverwertung und dem psychischen und physischen Gesundheitszustand der ArbeitnehmerInnen am deutlichsten zutage treten: in der Beziehung zwischen sozialer Wertschätzung, psychischer Gesundheit und der Struktur von Arbeit.

SCHLUSS

Hegemonie und Diskurse

Den zweiten Schwerpunkt dieser Arbeit bildet die Analyse von Diskursen über Gesundheit im Hinblick auf Hegemonie im Postfordismus. In der Reflexion der Analyse der *Gesundheitskultur* stellte sich heraus, dass die Widersprüchlichkeit und Konfliktualität in *Gesundheit* einer stärkeren Berücksichtigung bedurfte. Das erwies sich empirisch als erforderlich, um Divergenzen beispielsweise zwischen einem ‚ganzheitlich-psychosomatischen Gesundheitsverständnis' und dem ‚ökonomischen Wert' von *Gesundheit* inhaltlich und systematisch berücksichtigen zu können. Theoretisch sollte damit dem im Konzept der Hegemonie angelegten Verständnis der konflikthaften Auseinandersetzungen, der Pluralität und der Heterogenität Rechnung getragen werden. Schließlich wollte ich damit überprüfen, ob und auf welche Weise die Hegemonie *symbolischer Gesundheit* gegenwärtig umkämpft ist.

Wie kann ein analytischer Zugang zu Diskursen aussehen, der Dynamik und Umkämpftheit zum Ausgangspunkt nimmt? In welcher Beziehung stehen dann Diskurse zur Hegemonie im Postfordismus? Mein Anliegen bestand darin, die Beziehung zwischen Diskursen und Hegemonie für die weitere Analyse von *Gesundheit* zu klären. Aus diesen Fragen habe ich das den zweiten Schwerpunkt der Untersuchung bildende Thema entwickelt. Um dieses bearbeiten zu können, wurden Aspekte des in Kapitel 1 dargelegten Konzepts der Hegemonie aufgegriffen, im Hinblick auf Diskurse theoretisch, methodologisch wie auch methodisch weitergeführt und in einer explorativen Analyse empirisch umgesetzt.

In Kapitel 3 wurde in Auseinandersetzung mit regulationstheoretischen Ansätzen das ‚Primat der Praxis' als neuer Fokus für die nun folgende Analyse von Diskursen bestimmt. Im Anschluss an Jessops Vorschlag, Hegemonie als kontingente Bewegung zwischen ‚strategischer Selektivität' der Regulationsweise und ‚strategischer Praxis' zu verstehen, habe ich eine Perspektive entwickelt, die ihr Augenmerk auf multiple, strategische und widersprüchliche Praktiken richtet, ohne die Intentionalität von Subjekten aufzurufen oder die Perspektive der Struktur von Hegemonie und Regulationsweise aufzugeben. Auf dieser Grundlage wurde der Stellenwert von Diskursen als ‚Einsätze' in Hegemonie und Regulation präzisiert.

Der analytische Fokus auf ‚Praxis' wurde in einer theoretischen Konzeption der Beziehung zwischen Diskursen und Hegemonie weitergeführt. Dazu habe ich an Theoreme der Critical Discourse Analysis angeknüpft, wie sie der Diskurstheoretiker Fairclough entwickelt hat. Der Fokus wurde darauf gelegt, Diskurse und Politik als Feld politischer Umkämpftheit zu bestimmen. Im Anschluss an den Wissenschaftstheoretiker Palonen wurden die politikwissenschaftlichen Konzepte von *Policy*, *Polity* und *Politics* mit *politischer Aktivität, De-Politisierung* und *Politisierung* als Theoreme diskursiver politischer Praxis verbunden. Diskurse (und Repräsentationen als lokale, ‚vordiskursive' Formen) wurden im Anschluss an Fairclough und Althusser als Effekte von Produktion und Selektion gefasst. Mit diesem Schritt wurde erstens die von Jessop aufgeworfene ‚strategische Selektivität' der Struktur aufgegriffen und für das Verständnis von Diskursen und Repräsentationen fruchtbar gemacht. Zweitens wurde das ‚Primat der Praxis' in das Theorem der Produktion übersetzt, das die selektive Gestalt der Repräsentationen zur strategischen (nicht-intentionalen) Praxis der Gestaltung von Welt in Beziehung setzt. Schließlich wurde die hegemoniale Wirkung von Diskursen als ‚Knotenpunkten' expliziert. Sie sind ‚strategisch selektiv' und bilden zugleich eine ‚strategische Praxis', da sie ein Ziel wie ein Medium hegemonialer Prozesse darstellen.

In Kapitel 4 wurde auf dieser Grundlage eine Methodologie entwickelt, die ich als *Kritische Interdiskursanalyse* bezeichne. Zunächst wurden die leitenden Prinzipien der Analyse bestimmt: Dazu gehört der Begriff der Produktion, der von Althusser und Fairclough übernommen wurde. Ferner wurden die Prinzipien der Pluralität und der Vernetzung entwickelt, die aus dem hegemonietheoretischen Ansatz von Laclau/ Mouffe und dem Theorem der Interdiskursivität abgeleitet wurden. Schließlich habe ich eine analytische Perspektive entwickelt, um hegemoniale und politische Praktiken auf der Ebene von Texten zu untersuchen. Dafür habe ich mich auf Theoreme des Sprachphilosophen Bachtin gestützt. Dieser hat zwei hegemoniale Kräfte unterschieden: Zentrifugale Kräfte sind an Pluralität, Veränderung und Differenzierung orientiert, zentripetale Kräfte dagegen auf Generalisierung, Evidenzen und Wahrheiten ausgerichtet. Es wurde also eine ‚Hegemonie zweiter Ordnung' entfaltet, die es ermöglicht, Hegemonie und politische Praxis auf der Ebene von Texten zu ‚lesen'. Im Anschluss daran wurden die bisherigen Überlegungen in Analysekategorien der Untersuchung übersetzt: Die Texte sollten auf ‚Themen', textinterne, textexterne, intertextuelle Praktiken und ‚Vernetzung' untersucht werden. Die Kategorien der textexternen und der intertextuellen Praktiken sind für die Analyse von besonderer Bedeutung, weil sie als politische Praktiken wirksam werden.

Im Kapitel 5 wurde ein Methodeninstrumentarium erarbeitet, das die theoretischen Überlegungen zu ‚Hegemonie' und ‚Diskurs' aufgreift, und ein Verfahren zur Analyse textexterner und textinterner Praktiken entwickelt. Dazu habe ich eine Heuristik und ein methodisches Verfahren zur Analyse von Kontextwissen ausgearbeitet (textexterne Praktiken) und linguistische Verfahren für meine Zwecke umgearbeitet (textinterne Praktiken). Beide Stränge habe ich mit Elementen der qualitativen Inhaltsanalyse und der Grounded Theory verbunden und in einem Vorgehen zusammengeführt, das sich an den theoretischen Prinzipien der Analyse orientiert.

Mit diesem Instrumentarium wurden drei Reden politischer AkteurInnen aus dem Kontext der ‚Initiative Neue Qualität der Arbeit' untersucht. Entgegen meinen theoretischen und methodologischen Annahmen schälten sich dabei binäre Typen heraus, die sich auf allen Ebenen der Analyse signifikant unterschieden. Es besteht ein bedeutsamer Unterschied darin, wie die politischen und hegemonialen Praktiken, insbesondere *De-Politisierung, Politisierung* und *politische Aktivität* eingesetzt werden. Die Rede Engelen-Kefers zeichnet sich dadurch aus, dass Generalisierungen und Evidenzen (zentripetale Kräfte) mit Antagonismen und der oppositionellen Abgrenzung gegenüber der Politik der Bundesregierung (zentrifugale Kräfte) kombiniert sind. Im Zusammenspiel dieser beiden Kräfte werden „Grenz-Fronten" (Laclau/Mouffe 2000) errichtet, welche die Doppelbewegung zwischen hegemonialen politischen Positionen als konstitutivem und gleichzeitig unabgeschlossenem Außen zum einen und der politischen Aktivität im Hinblick auf politische Veränderung zum anderen sichtbar macht.

Im Gegensatz dazu zeichnet sich die Rede Clements durch eine ‚Logik der Oberfläche' aus. Diese wird dadurch produziert, dass oppositionelle Abgrenzungen vollständig fehlen, *Politisierung* einzig auf die Ebene der Wahrnehmung bezogen wird und eine implizit generalisierende, auf Gemeinschaft orientierte Perspektive erzeugt wird. Durch verschiedene diskursive und textuelle Praktiken werden ferner Kontexte, Differenzierungen und politische Strukturen ausgeschlossen oder in indirekten Verweisketten zitiert. Im Ergebnis zeichnet sich die Rede Clements dadurch aus, dass zentripetale Kräfte der Hegemonie (Verallgemeinerung, Generalisierung, Evidenzen) dominant sind, weil die zentrifugalen Kräfte der Hegemonie (Differenzierungen, Pluralisierungen) fehlen. Auf dieser Grundlage habe ich die Form hegemonialer Praxis in dieser Rede als ‚dys-hegemonial' (Haug) kategorisiert.

Dieser ‚dys-hegemoniale' Typus der Repräsentation von Politik zeichnet sich dadurch aus, dass Politik nicht als konflikthafter und transparenter Prozess dargestellt ist, sondern sich zirkulär auf die Lösung von zuvor als relevant definierten Problemen der Gesellschaft bezieht. Zu seinen zentralen Merkmalen gehört, dass die politische Gestaltbarkeit sozialer Phänomene und politischer Prozesse der Repräsentation entzogen werden. Diese Praxis wird in politikwissenschaftlich-linguistischen Untersuchungen als De-Politisierung von Politik bezeichnet und als zentrales Merkmal der gegenwärtig hegemonialen Politik herausgestellt (vgl. exemplarisch Fairclough 2006, 2000a; Muntigl 2002; Weiss 2000; Sondermann 1997; Palonen 1993). Es handelt sich Palonen (1993) zufolge um eine drastische Form politischer Aktivität, weil zuvor politisierte Prozesse aktiv verschlossen werden. Im Anschluss an Konzepte der politischen Philosophie der Gegenwart wurde die Rede Clements daher als paradigmatisches Beispiel für die gegenwärtig hegemoniale ‚politische Kultur der Harmonie' eingeordnet (vgl. Mouffe 2007; Rancière 1999).

Hinsichtlich der Leitfrage der Diskursanalyse, wie Politik mit *Gesundheit* gemacht wird, erweist sich der Einsatz der ‚politischen Kultur der Harmonie' als höchst strategische Praxis der Politik. Denn erstens werden durch harmonisierende Praktiken die Antagonismen zwischen Kapital und Arbeit und die Widersprüche zwischen Arbeitsbedingungen und psychischer wie physischer Gesundheit von ArbeitnehmerInnen der Repräsentation entzogen. Das bildet zweitens die Voraussetzung dafür, dass *Gesundheit* als unproblematischer Mehrwert einer politischen Strategie im Gesundheits- und Arbeitsschutz dargestellt wird, die sich an ökonomischer Produktivität orientiert. Im Ergebnis, so wurde gezeigt, werden mit dem Diskurs über ‚Gesundheit als Humankapital' die positiven, ‚harmonischen' Ergebnisse eines an ökonomischer Produktivität orientierten Gesundheitsschutzes (als Alternative zur sozialstaatlichen Sicherung) in den Vordergrund gerückt. Mit dem Diskurs ‚Gesundheit als Humankapital' werden folglich die Prozesse einer politischen Deregulierung des Arbeitsschutzes als erfolgreich dargestellt, die erst politisch durchgesetzt werden sollten.

Ich habe in meiner Untersuchung zwei Perspektiven auf Hegemonie eingenommen. Aus einer Makroperspektive wurde der Prozess der Verkettung heterogener Elemente zu einer kulturellen Hegemonie beleuchtet, aus einer Mikroperspektive wurde die strategische und hegemoniale Praxis politischer AkteurInnen im Hinblick auf Hegemonie in den Mittelpunkt gestellt. Beide Perspektiven haben sich in der empirischen Analyse als fruchtbar und sich wechselseitig ergänzend erwiesen.

Die *Kritische Interdiskursanalyse* kann im Hinblick auf die Analyse von Hegemonie und Diskursen ebenfalls als weiterführend bewertet werden. Im Abgrenzung zu Diskursanalysen, die ökonomische und politische Bedingungen als *Kontext* von Diskursen betrachten (Engel 2002: 64f.), wurde empirisch herausgearbeitet, dass Diskurse an direkte politische Zielsetzungen in einem Politikfeld und an institutionelle Strukturierungen geknüpft sind. Wie in Diskursanalysen der Politik habe ich die diskursive Produktion von Bedeutungen in einem Gefüge institutioneller politischer Bedingungen situiert und gezeigt, wie sie mit politischen Ge-

SCHLUSS

staltungsprozessen verbunden sind (vgl. exemplarisch Kerchner/Schneider 2006; Schaper-Rinkel 2004; Muntigl 2002; Weiss 2000; Howarth et al. 2000). Darüber hinaus hat die Untersuchung detailliert nachgezeichnet, wie politische und hegemoniale Praktiken in der Produktion von Diskursen wirksam werden. Den Detailanalysen der politischen Reden sind konkrete diskursive und textuelle Praktiken der *De-/Politisierung* und der *politischen Aktivität* zu entnehmen, die Impulse für weiterführende Analysen der politischen Kultur und Sprache der Gegenwart bieten. Die Untersuchung verweist zugleich auf die Notwendigkeit der Veränderung gesellschaftlicher Verhältnisse. Eine der möglichen Perspektiven besteht darin, die Brüche, Spaltungen, Widersprüche, Kontexte *und* gesellschaftlichen Interessengegensätze in der politischen Kultur der Harmonie sichtbar zu machen und sie damit – wie Chantal Mouffe (2007) es vorschlägt – (erneut) in einen umkämpften Raum des Politischen einzubringen.

BIBLIOGRAPHIE

Quellen

Clement, Wolfgang (2004): Wege zu mehr Produktivität und Wachstum für Unternehmen, www.inqa.de/Inqa/Redaktion/Zentralredaktion/ PDF/Publikationen/rede-clement-pdf,property=pdf,bereich=inqa, sprache=de,rwb=true.pdf, Stand 23.09.2004, Printausgabe: Bundesarbeitsblatt 3/2004, S. 14-17.

Engelen-Kefer, Ursula (2004): Gute und Gesunde Arbeit: Eine Grundbedingung für Qualität und Innovation, www.gutearbeit-online.de/ archiv/beitraege/zeitlich.htm, Stand 20.12.2004. Eine gekürzte Version wurde in Arbeit & Ökologie-Briefe 5 veröffentlicht.

Schlauch, Rezzo (2004): „Die Neue Qualität der Arbeit", www.inqa.de/ Inqa/Redaktion/Service/Downloads/rede-schlauch-rkw-jahrestagung, property=pdf,bereich=inqa,rwb=true.pdf, Stand 05.12.2004.

1) Zu Clement (2004)

Arbeitgeberverband Gesamtmetall (Gesamtverband der Metallindustriellen Arbeitgeberverbände) (1992): Mensch und Unternehmen. Mit qualifizierten und motivierten Mitarbeitern die Wettbewerbsfähigkeit stärken, Köln: Edition agrippa.

Bensel, Norbert (2003): Qualifiziertes Personalmanagement als Erfolgsfaktor bei der Privatisierung der Deutschen Bahn, http://www2.tu-berlin.de/foreign-relations/archiv/tui_54/bensel.PDF, Stand 03.04.2006.

Bertelsmann Stiftung/Hans-Böckler-Stiftung (Hg.) (2004): Zukunftsfähige betriebliche Gesundheitspolitik. Vorschläge der Expertenkommission, Gütersloh: Bertelsmann.

Betriebsrat der Frauenrath GmbH (o.J.): www.af2010.de, Stand 05.05.2007

Die Brose Unternehmensgruppe (o.J.): Die Neue Brose Arbeitswelt, www.brose.net/ww/de/pub/unternehmen/brosearbeitswelt.htm, Stand 14.10.2006.

EIS (2004): 2004 European Innovation Scoreboard – GERMANY, http://trendchart.cordis/lu/scoreboards/scoreboard2004/DE.html, Stand 13.08.2006.

Europäische Agentur für Sicherheit und Informationen am Arbeitsplatz (o.J.): Übersicht über die Preisträger im ersten nationalen Wettbewerb Europäische Woche „Sicherheit und Gesundheit bei der Arbeit 2004", de.osha.europa.eu/topics/europ_woche_europ/wettbewerb/ew_ea_archiv/nat_preistraegerew2004, Stand 12.08. 2006.

Europäische Kommission (2004): Beschäftigung und europäischer Sozialfonds. Europäische Kommission. Generaldirektion Beschäftigung und Soziales. Referat A 1: Beschäftigung in Europa 2003. Jüngste Tendenzen und Ausblick in die Zukunft. Luxemburg: Amt für Veröffentlichungen der Europäischen Gemeinschaft, http://ec.europa.eu/employment_social/publications/2004/keah03001_de.pdf, Stand 02.07.2007.

Hewitt Associates (2002): Attraktive Arbeitgeber 2002 Studie: Unternehmensberatung Hewitt Associates befragt Mitarbeiter und Führungskräfte. Wirtschaftliche Lage bremst das Engagement, www.wiwi-treff.de/home/index.php?mainkatid=1&ukatid=1&sid=9&artikelid=555&pagenr=0, Stand 02.07.2007.

Kurzfassung OECD-Beschäftigungsausblick (2003): Auf dem Weg zu mehr und besseren Arbeitsplätzen, German Translation, www.oecd.org/dataoecd/63/56/31773711.pdf, Stand 25.02.2006.

Menzel, Ulrich (o.J.): David Ricardo, www.tu-bs.de: 8080/~menzel/inhalt/unveroeffentlichtRicardo.pdf, Stand 25.10.2006.

Projektskizze des Modellprojektes der Firma Frauenrath GmbH (o.J.): www.inqa-bauen.de/inqa-bauen/dokumente/af2010.pdf, Stand 04.05.2006.

Reich, Robert (1997): Die neue Weltwirtschaft. Das Ende der nationalen Ökonomie, 5. Aufl., Frankfurt a.M.: Fischer.

Rifkin, Jeremy (1996): Das Ende der Arbeit und ihre Zukunft, 3. Aufl., Frankfurt a.M./New York: Campus.

BIBLIOGRAPHIE

The Gallup Organization (2003): Das Engagement am Arbeitsplatz in Deutschland sinkt weiter, www.presseportal.de/story.htx?nr= 494849&firmaid=9766, Stand 03.07.2007.

2) Zu Engelen-Kefer (2004)

Bayerisches Staatsministerium für Gesundheit, Ernährung und Verbraucherschutz (Hg.) (2002): Jahresbericht der Gewerbeaufsicht des Freistaats Bayern, www.lgl.bayern.de/arbeitsschutz/doc/ jahresberichte/jahresbericht_ga_02.pdf, Stand 25.01.2005.

Bayerische Staatsregierung – Deregulierungskommission (2003): Entbürokratisieren, deregulieren, flexibilisieren, München. www.bayern. de/imperia/md/content/stk/deregulierungskommission/03_07_04_ endbericht_final.pdf, Stand 25.03.05.

BDA/DGB (2004): Gemeinsame Erklärung gemäß den Empfehlungen der Expertenkommission der Bertelsmann Stiftung und der Hans-Böckler-Stiftung zur ‚Zukunft einer zeitgemäßen betrieblichen Gesundheitspolitik', Paper, Berlin.

Bertelsmann Stiftung/Hans-Böckler-Stiftung (Hg.) (2004): Zukunftsfähige betriebliche Gesundheitspolitik. Vorschläge der Expertenkommission, Gütersloh: Bertelsmann.

Bödeker, W. et al. (2002): Kosten arbeitsbedingter Erkrankungen. Schriftenreihe der Bundesanstalt für Arbeitsschutz und Arbeitsmedizin: Forschung/946, 2. Aufl., Bremerhaven: Wirtschaftsverlag NW, Verlag für neue Wissenschaften.

Hien, Wolfgang et al. (Hg.) (2002): Am Ende ein neuer Anfang? Arbeit, Gesundheit und Leben der Werftarbeiter des Bremer Vulkan, Hamburg: VSA.

Mitteilung der Kommission an das europäische Parlament, den Rat, den europäischen Wirtschafts- und Sozialausschuss und den Ausschuss der Regionen über die praktische Durchführung der Bestimmungen der Richtlinien über Sicherheit und Gesundheitsschutz am Arbeitsplatz 89/391 (Rahmenrichtlinie), 89/654 (Arbeitsstätten), 89/655 (Arbeitsmittel), 89/656 (persönliche Schutzausrüstungen), 90/269 (manuelle Handhabung von Lasten) und 90/270 (Bildschirmgeräte), KOM (2004) 62, eur-lex.europa.eu/LexUriServ/site/de/com/2004/ com2004_0062de01, Stand 23.02.2005.

Mitteilung der (EU) Kommission: Anpassung an den Wandel von Arbeitswelt und Gesellschaft: eine neue Gemeinschaftsstrategie für Gesundheit und Sicherheit am Arbeitsplatz 2002-2006, ec.europa.eu/ employment_social/news/2002/mar/new_strategy_de.pdf, Stand 23.02.2005.

Pickshaus, Klaus/Urban, Hans-Jürgen (2003): „Gute Arbeit – eine neue Perspektive gewerkschaftlicher Arbeitspolitik". In: Jürgen Peters/ Horst Schmitthenner (Hg.), „Gute Arbeit". Menschengerechte Arbeitsgestaltung als gewerkschaftliche Zukunftsaufgabe, Hamburg: VSA, S. 264-277.

Pröll, Ulrich (2004): Gesundheitliche Implikationen der neuen Arbeitsmarktpolitik und Ansätze zur Prävention, Schriftenreihe der Bundesanstalt für Arbeitsschutz und Arbeitsmedizin: Forschung 1018, Bremerhaven: Wirtschaftsverlag NW, Verlag für neue Wissenschaften.

3) Zu Schlauch (2004)

Thiehoff, Rainer (2003): inqa.de – wie wollen wir morgen arbeiten? www.inqa.de/Redaktion/Service/Downloads/inqa.de.pdf, Stand 15.04.2004.

Literatur

Abel, Thomas/Abraham, Andrea/Sommerhalder, Kathrin (2006): „Kulturelles Kapital, kollektive Lebensstile und die soziale Reproduktion gesundheitlicher Ungleichheit". In: Matthias Richter/Klaus Hurrelmann (Hg.), Gesundheitliche Ungleichheit. Grundlagen, Probleme, Perspektiven, Wiesbaden: VS Verlag für Sozialwissenschaften, S. 185-198.

Adams, Jon (2004): „Demarcating the Medical/Non-Medical Border. Occupational Boundary-Work within GP's Accounts of their Integrative Practices". In: Philip Tovey/Gary Easthope/Jon Adams (Hg.), The Mainstreaming of Complementary and Alternative Medicine, New York: Routledge, S. 140-157.

Anonymus (2002a): „Initiative Neue Qualität der Arbeit. Es gibt viel zu tun, packen wir's an", in: Arbeit & Ökologie-Briefe 2, S. 1-7.

Anonymus (2002b): „Ein Kongress soll der ‚Initiative Neue Qualität der Arbeit' Impulse geben – nur wohin?" In: Arbeit & Ökologie-Briefe 5, S. 6-7.

Anonymus (2005a): „2020 wird der Staat nur noch Ordnungshüter sein. Unternehmensberater sehen das Gesundheitswesen vor einer Privatisierungswelle Wachstum über Durchschnitt". In: Ärztezeitung Online, www.aerztezeitung.de/docs/2005/03/01/037a0601.asp?cat=/ politik, Stand 12.06.07.

Anonymus (2005b): „Deregulierung: Politik und Arbeitgeber drücken aufs Tempo". In: Gute Arbeit 10, S. 4-8.

Anonymus (2005c): „Die Wirtschaft von Bürokratie entlasten – Die Große Koalition legt Hand an den Arbeitsschutz". In: Gute Arbeit 12, S. 5-9.

Aglietta, Michel (2000): Ein neues Akkumulationsregime. Die Regulationstheorie auf dem Prüfstand, Hamburg: VSA.

Ahlers, Elke/Brussig, Martin (2005): „Gefährdungsbeurteilungen in der betrieblichen Praxis". In: WSI-Mitteilungen 9, S. 517-523.

Albers, Brit (2003): Investitionen in die Gesundheit, Humankapitalakkumulation und langfristiges Wirtschaftswachstum, Universität Bayreuth. Rechts- und Wirtschaftswissenschaftliche Fakultät. Wirtschaftswissenschaftliche Diskussionspapiere, Diskussionspapier 01-03, www.uni-bayreuth.de/departements/rw/lehrstuehle/vwl3/Working-Papers/WP01_01.03.pdf., Stand 25.04.2006.

Alisch, Karin/Arentzen, Ute/Winter, Eggert (2004a): Gablers Wirtschaftslexikon A-D, 16., vollst. überarb. und aktual. Aufl., Wiesbaden: Verlag Dr. Th. Gahler/GWV Fachverlage.

Alisch, Karin/Arentzen, Ute/Winter, Eggert (2004b): Gablers Wirtschaftslexikon E-J, 16., vollst. überarb. und aktual. Aufl., Wiesbaden: Verlag Dr. Th. Gahler/GWV Fachverlage.

Althusser, Louis (1968): Für Marx, Frankfurt a.M.: Suhrkamp.

Althusser, Louis (1977): Ideologie und ideologische Staatsapparate. Aufsätze zur marxistischen Theorie, Hamburg: VSA.

Althusser, Louis/Balibar, Etienne (1972): Das Kapital lesen I, Reinbek b. Hamburg: Rowohlt.

Amin, Ash (2000): „Post-Fordism: Models, Fantasies and Phantoms of Transition". In: Ders. (Hg.), Post-Fordism. A Reader, Oxford/Malden: Blackwell, S. 1-41.

Anderson, Benedict (1998): Die Erfindung der Nation. Zur Karriere eines folgenreichen Konzepts, Berlin: Ullstein.

Andritzky, Walter (1997): Alternative Gesundheitskultur. Eine Bestandsaufnahme mit Teilnehmerbefragung, Berlin: Wissenschaft und Bildung.

Angermaier, Max (2005): „Die Diskussion um Strukturänderungen bei den Berufsgenossenschaften". In: WSI-Mitteilungen 9, S. 524-530.

Angermüller, Johannes/Bunzmann, Katharina/Nonhoff, Martin (2001): Diskursanalyse: Theorien, Methoden, Anwendungen, Hamburg: Argument.

Antonovsky, Aaron (1997): Salutogenese. Zur Entmystifizierung von Gesundheit, hg. von Alexa Franke, Tübingen: dgvt-Verlag.

Anzinger, Rudolf (2002): „Die Initiative Neue Qualität der Arbeit". In: Gerhard Kilger/Hans-Jürgen Bieneck (Hg.), Neue Qualität der Arbeit. Wie wir morgen arbeiten werden, Frankfurt a.M./New York: Campus, S. 169-173.

Arbeitskreis Bürgergesellschaft und aktivierender Staat der Friedrich-Ebert-Stiftung, www.fes.de/ak-buergergesellschaft.de, Stand 12.08.2006.

Auer, Peter/Penth, Boris/Tergeist, Peter (1981): „Bundesrepublik Deutschland". In: Dies. (Hg.), Humanisierung der Arbeit zwischen Staat und Gewerkschaft. Ein internationaler Vergleich, Frankfurt a.M./New York: Campus, S. 103-115.

Badura, Bernhard (1998): „Stand und Perspektiven der betrieblichen Gesundheitsförderung". In: HAG Hamburgische Arbeitsgemeinschaft für Gesundheitsförderung e.V. (Hg.), Gesunde Beschäftigte – Gesundes Unternehmen. Dokumentation der HAG Veranstaltungsreihe, Hamburg, S. 16-23.

Badura, Bernhard (2000): „Einleitung". In: Bertelsmann Stiftung/Hans-Böckler-Stiftung (Hg.), Erfolgreich durch Gesundheitsmanagement. Beispiele aus der Praxis, Gütersloh: Bertelsmann, S. 21-36.

Badura, Bernhard/Münch, Eckhard/Ritter, Wolfgang (1997): Partnerschaftliche Unternehmenskultur und betriebliche Gesundheitspolitik. Fehlzeiten durch Motivationsverlust, Gütersloh: Bertelsmann.

Badura, Bernhard/Ritter, Wolfgang/Scherf, Michael (1999): Betriebliches Gesundheitsmanagement. Ein Leitfaden für die Praxis, Berlin: Edition Sigma.

Balibar, Etienne (1992): „Die Nation-Form: Geschichte und Ideologie". In: Ders./Immanuel Wallerstein (Hg.), Rasse, Klasse, Nation, Hamburg: Argument, S. 107-130.

Ballnuß, Petra (1996): „Leitbegriffe und Strategien der Begriffsbesetzung in den Grundsatzprogrammen von CDU und SPD". In: Hajo Diekmannshenne/Josef Klein (Hg.), Wörter in der Politik. Analysen zur Lexemverwendung in der politischen Kommunikation, Opladen: Westdeutscher Verlag, S. 29-78.

Barlösius, Eva (1995): „Lebensstilanalyse und arme Lebenssituationen". In: Dies. (Hg.), Ernährung in der Armut. Gesundheitliche, soziale und kulturelle Folgen in der Bundesrepublik Deutschland, Berlin: Edition Sigma, S. 306-327.

Bauch, Jost (2004): „Was heißt Saluto-Correctness? Zur Dialektik von Sozialabbau und Verhaltensdisziplinierung im Gesundheitswesen". In: Ders. (Hg.), Gesundheit als gesellschaftliche Konstruktion. Gesundheits- und medizinsoziologische Schriften 1979-2003, Konstanz: Hartung-Korre-Verlag, S. 153-158.

Bauer, Ullrich (2006): „Die sozialen Kosten der Ökonomisierung von Gesundheit". In: Aus Parlament und Zeitgeschichte 11, S. 1-7, On-

line: www.bundestag.de/cgibin/druck.pl?N=parlament,
Stand 22.01.2007.
Bauman, Zygmunt (1997): Flaneure, Spieler und Touristen. Essays zu postmodernen Lebensformen, Hamburg: Hamburger Edition.
BDA (Bundesvereinigung der Deutschen Arbeitgeberverbände) (2005): „Die Position der Arbeitgeber zur Bedeutung psychischer Belastung bei der Arbeit", www.arbeitgeber.de/www/arbeitgeber.nsf/res/ 5C956C97363489BCC12574EF00547AF5/$file/Stress.pdf, Stand 20.03.2006.
Beck, Ulrich (1986): Risikogesellschaft. Auf dem Weg in eine andere Moderne, Frankfurt a.M.: Suhrkamp.
Beck, Ulrich (1994): „Jenseits von Stand und Klasse?" In: Ders./Elisabeth Beck-Gernsheim (Hg.), Riskante Freiheiten. Individualisierung in modernen Gesellschaften, Frankfurt a.M.: Suhrkamp, S. 43-60.
Beck, Ulrich/Beck-Gernsheim, Elisabeth (1994) (Hg.): Riskante Freiheiten. Individualisierung in modernen Gesellschaften, Frankfurt a.M.: Suhrkamp.
Becker, Gary S. (1996): Familie, Gesellschaft und Politik – eine ökonomische Perspektive, Tübingen: Mohr.
Beckmann, Markus (2007): „Corporate Social Responsibility und Corporate Citizenship. Eine empirische Bestandsaufnahme der aktuellen Diskussion über die gesellschaftliche Verantwortung von Unternehmen", Wirtschaftsethik-Studie Nr. 1, Halle.
Beder, Sharon (2000): Selling the Work Ethic. From Puritan Pulpit to Corporate PR, London/New York: Zed Books.
Benz, Arthur (2004): „Einleitung: Governance. Modebegriff oder nützliches sozialwissenschaftliches Konzept?" In: Ders. (Hg.), Governance – Regieren in komplexen Regelsystemen. Eine Einführung, Wiesbaden: VS, Verlag für Sozialwissenschaften, S. 11-28.
Berger, Sabine (2007): „Burn-Out. Wenn der Job zur Droge wird". In: Gehirn & Geist. Psychologie, Hirnforschung, Medizin, Pädagogik, Psychologie 2, S. 50-53.
Bertelsmann Stiftung/Hans-Böckler-Stiftung (2004): Zukunftsfähige betriebliche Gesundheitspolitik. Vorschläge der Expertenkommission, Gütersloh: Bertelsmann.
Berufsgenossenschaftliche Zentrale für Sicherheit und Gesundheit (BGZ) (2006): Zukunftskonzept für das BG-Vorschriften- und -Regelwerk, 1-2, www.hvbg.de/print/php, Stand 06.12.2006.
Beschluss Bund-Länder Arbeitsgruppe (2006): Eckpunkte zur Reform der gesetzlichen Unfallversicherung, www.rguvv.de/fileadmin/ download/info_plus/Eckpunkte Endfassung.pdf, Stand 25.03.07.

Bieback, Karl-Jürgen/Oppolzer, Alfred (1999): „Strukturwandel im Arbeitsschutz". In: Dies. (Hg.), Strukturwandel des Arbeitsschutzes, Opladen: Leske + Budrich, S. 7-41.

Bieling, Hans-Jürgen (2001): „Transnationale Vergesellschaftung und die ‚neue Sozialdemokratie'". In: Candeias/Deppe (Hg.), Ein neuer Kapitalismus? S. 207-217.

Bieling, Hans-Jürgen (2002): „Die politische Theorie des Neo-Marxismus. Antonio Gramsci". In: André Brodosz/Gary S. Schaal (Hg.), Politische Theorien der Gegenwart 1, Opladen: Leske + Budrich, S. 440-470.

Bieneck, Hans-Jürgen (2004): „Für eine sichere, gesunde und wettbewerbsfähige Arbeitswelt – Das Programm INQA". In: Arbeit 3, S. 193-196.

Bischof, Marco (2000): „Für eine bürgerschaftliche Gesundheitsbewegung und eine neue Gesundheitskultur. Gesundheitstag 2000 in Berlin: Eine stille Revolution wird sichtbar". In: Gesundheitsakademie e.V. (Hg.), Salutive. Beiträge zur Gesundheitsförderung und zum Gesundheitstag 2000, Frankfurt a.M.: Mabuse, S. 189-195.

Bischoff, Joachim (1997): „Ende des Rheinischen Modells. Über die Erschöpfung der Evolutionspotentiale des Fordismus". In: Johanna Klages/Peter Strutynski (Hg.), Kapitalismus am Ende des zwanzigsten Jahrhunderts, Hamburg: VSA, S. 26-40.

Bischoff, Joachim (1999): Der Kapitalismus des 21. Jahrhunderts. Systemkrise oder Rückkehr zur Prosperität? Hamburg: VSA.

Black, Max (1983): „Die Metapher". In: Anselm Haverkamp (Hg.), Die Theorie der Metapher, Frankfurt a.M.: Suhrkamp, S. 55-79.

Blommaert, Jan (2005): Discourse. Key Topics in Sociolinguistics, Cambridge u.a.: Cambridge University Press.

Böhle, Fritz/Glaser, Jürgen (2006): Arbeit in der Interaktion – Interaktion als Arbeit. Arbeitsorganisation und Interaktionsarbeit in der Dienstleistung, Wiesbaden: VS, Verlag für Sozialwissenschaften.

Böke, Karin (1996a): „Politische Leitvokabeln in der Adenauer-Ära. Zu Theorie und Methodik". In: Dies./Matthias Jung/Martin Wengeler (Hg.), Politische Leitvokabeln in der Adenauer-Ära, Berlin/New York: De Gruyter, S. 19-50.

Böke, Karin (1996b): „Überlegungen zu einer Metaphernanalyse im Dienste einer ‚parzellierten' Sprachgeschichtsschreibung". In: Dies./Matthias Jung/Martin Wengeler (Hg.), Öffentlicher Sprachgebrauch. Praktische, theoretische und historische Perspektiven, Opladen: Westdeutscher Verlag, S. 431-452.

Böke, Karin (2000): „Vergleichende Diskursanalyse". In: Thomas Niehr/Karin Böke (Hg.), Einwanderungsdiskurse. Vergleichende

diskurslinguistische Studien, Opladen: Westdeutscher Verlag, S. 11-36.
Boltanski, Luc (1976): „Die soziale Verwendung des Körpers". In: Dietmar Kamper/Volker Rittner (Hg.), Zur Geschichte des Körpers, München: Hauser, S. 128-184.
Boon, Heather et al. (2004): „CAM practioners and the professionalisation process. A Canadian comparative case study". In: Philip Tovey/Gary Easthope/Jon Adams (Hg.), The Mainstreaming of Complementary and Alternative Medicine. Studies in Social Context, London u.a.: Routledge, S. 123-139.
Borck, Cornelius (1996): „Anatomien medizinischer Erkenntnis. Der Aktionsradius der Medizin zwischen Vermittlungskrise und Biopolitik". In: Ders. (Hg.), Anatomien medizinischen Wissens. Medizin, Macht, Moleküle, Frankfurt a.M.: Fischer, S. 9-52.
Borg, Erik (2001): „Hegemonie der Globalisierung? Kritische Überlegungen zum Hegemoniebegriff der Regulationstheorie". In: Candeias/Deppe (Hg.), Ein neuer Kapitalismus? S. 67-81.
Boudry, Pauline/Kuster, Brigitta/Lorenz, Renate (1999): Reproduktionskonten fälschen! Heterosexualität, Arbeit und Zuhause, Berlin: b_books.
Bourdieu, Pierre (1983): „Ökonomisches Kapital, kulturelles Kapital, soziales Kapital". In: Reinhard Kreckel (Hg.), Soziale Ungleichheiten, Soziale Welt: Sonderband 2, Göttingen: Schwartz, S. 183-193.
Bourdieu, Pierre (1985): Sozialer Raum und „Klassen". Leçon sur la leçon, Frankfurt a.M.: Suhrkamp.
Bourdieu, Pierre (1993): „Über einige Eigenschaften von Feldern". In: Ders. (Hg.), Soziologische Fragen, Frankfurt a.M.: Suhrkamp, S. 107-114.
Bourdieu, Pierre (1997): Die feinen Unterschiede. Kritik der gesellschaftlichen Urteilskraft, 9. Aufl., Frankfurt a.M.: Suhrkamp.
Bourdieu, Pierre (1998a): „Das symbolische Kapital", in: Ders., Praktische Vernunft. Zur Theorie des Handelns, Frankfurt a.M.: Suhrkamp, S. 108-115.
Bourdieu, Pierre (1998b): Gegenfeuer. Wortmeldungen im Dienste des Widerstandes gegen die neoliberale Invasion, Konstanz: edition discours im UVK Verlag.
Boutang, Yann Moulier (2007): „Europa, Autonomie der Migration, Biopolitik". In: Marianne Pieper et al. (Hg.), Empire und die biopolitische Wende. Die internationale Diskussion im Anschluss an Hardt und Negri, Frankfurt a.M./New York: Campus, S. 169-193.
Brancheninitiative Gesundheitswirtschaft e.V. Unternehmensnetzwerk MK.EN.HA, www.gesundheitswirtschaft.net, Stand 10.08.2007.

Brinker, Klaus (2001): Linguistische Textanalyse. Eine Einführung in Grundbegriffe und Methoden, 5. Aufl., Berlin: Erich Schmidt.

Bröckling, Ulrich (2000): „Totale Mobilmachung. Menschenführung im Qualitäts- und Selbstmanagement". In: Ders./Krasmann/Lemke (Hg.), Gouvernementalität der Gegenwart, S. 131-167.

Bröckling, Ulrich (2002a): „Diktat des Komparativs". In: Ders./Eva Horn (Hg.), Anthropologie der Arbeit, Tübingen: Narr, S. 157-173.

Bröckling, Ulrich (2002b): „Jeder könnte, aber nicht alle können. Konturen des unternehmerischen Selbst". In: Mittelweg 36 4, S. 6-26.

Bröckling, Ulrich (2003): „Menschenökonomie, Humankapital. Eine Kritik der biopolitischen Ökonomie". In: Mittelweg 36 1, S. 3-22.

Bröckling, Ulrich (2007): Das unternehmerische Selbst. Soziologie einer Subjektivierungsform, Frankfurt a.M. : Suhrkamp.

Bröckling, Ulrich/Krasmann, Susanne/Lemke, Thomas (Hg.): Gouvernementalität der Gegenwart. Studien zur Ökonomisierung des Sozialen, Frankfurt a.M.: Suhrkamp.

Brüggemann, Marion (1999): „Das neue Arbeitsschutzgesetz. Die Umsetzung der europäischen Arbeitsschutz-Rahmenrichtlinie 89/391/ EWG in nationales deutsches Recht unter dem Gesichtspunkt der Beschäftigtenbeteiligung". In: Karl-Jürgen Bieback/Alfred Oppolzer (Hg.), Strukturwandel des Arbeitsschutzes, Opladen: Leske + Budrich, S. 43-75.

Brunnett, Regina (2004): „Zur neoliberalen Ökonomie alternativer Gesundheitskonzepte. Das Beispiel des Betrieblichen Gesundheitsmanagements". In: Widersprüche 91, S. 45-56.

Brunnett, Regina (2005): „Well managed? Symbolische Gesundheit als Lebensstil und Unternehmensstrategie". In: Fantômas 7, S. 29-33.

Brunnett, Regina/Graefe, Stefanie (2003): „Gouvernementalität und Anti-Terror-Gesetze. Kritische Fragen an ein analytisches Konzept". In: Marianne Pieper/Encarnación Gutiérrez Rodríguez (Hg.), Gouvernementalität. Ein sozialwissenschaftliches Konzept in Anschluss an Foucault, Frankfurt a.M./New York: Campus, S. 50-67.

Bruns, Claudia (2006): „Wissen – Macht – Subjekt(e). Dimensionen historischer Diskursanalyse am Beispiel des Männerbunddiskurses im Wilhelminischen Kaiserreich". In: Kerchner/Schneider, (Hg.), Foucault, S. 289-327.

Bublitz, Hannelore (1999): Foucaults Archäologie des Unbewußten. Zum Wissensarchiv und Wissensbegehren moderner Gesellschaften, Frankfurt a.M./New York: Campus.

Buchmann, Marlis/Karrer, Dieter/Meier, Rosemarie (1985): Der Umgang mit Gesundheit und Krankheit im Alltag, Bern: Verlag Paul Haupt.

BIBLIOGRAPHIE

Bundesanstalt für Arbeitsschutz und Arbeitsmedizin (2003): Arbeit von morgen heute gestalten! Neue Qualität der Arbeit. Sicherheit und Gesundheit am Arbeitsplatz des 21. Jahrhunderts, Dortmund: Bundesanstalt für Arbeitsschutz und Arbeitsmedizin.

Bundesarbeitsgemeinschaft für Unterstützte Beschäftigung (BAG UB) e.V., www.bag.de, Stand 25.07.2006.

Bundesverwaltung, bund.de Verwaltung Online, Einträge zum Stichwort Bürgergesellschaft, www.bund.de, Stand 25.06.2006.

Bunton, Robin (1996): The Sociology of Health Promotion. Critical Analysis of Consumption Lifestyle and Risk, Repr., London u.a.: Routledge.

Bunton, Robin (1997): „Popular Health, Advanced Liberalism and *Good Housekeeping* Magazine". In: Petersen/Bunton (Hg.), Foucault, Health and Medicine, S. 222-248.

Burckhardt, Armin (1996): „Politolinguistik. Versuch einer Ortsbestimmung". In: Josef Klein/Hajo Diekmannshenne (Hg.), Sprachstrategien und Dialogblockaden. Linguistische und politikwissenschaftliche Studien zur politischen Kommunikation, Berlin/New York: De Gruyter, S. 76-100.

Bürger, Peter (1991): „Denken als Geste. Versuch über den Philosophen Michel Foucault". In: François Ewald/Bernhard Waldenfels (Hg.), Spiele der Wahrheit. Michel Foucaults Denken, Frankfurt a.M.: Suhrkamp, S. 89-106.

Burich, Matthias (2006): Burn-Out. Theorie der inneren Erschöpfung, 3. Aufl., Heidelberg: Springer.

Bürsch, Alfred (2006): Leitbild lebendige Bürgergesellschaft. Plädoyer für einen neuen Gesellschaftsvertrag zwischen Staat, Wirtschaft und Gesellschaft, Bonn: Friedrich-Ebert-Stiftung, library.fes.de/pdf-files/ kug/03602.pdf, Stand 25.03.2007.

Butler, Judith (1991): Das Unbehagen der Geschlechter, Frankfurt a.M.: Suhrkamp.

Butterwegge, Christoph (2005): Krise und Zukunft des Sozialstaats, 2., durchges. Aufl., Wiesbaden: VS, Verlag für Sozialwissenschaften.

Candeias, Mario (2004): Neoliberalismus – Hochtechnologie – Hegemonie. Grundrisse einer transnationalen Produktions- und Lebensweise. Eine Kritik, Hamburg: Argument.

Candeias, Mario/Deppe, Frank (Hg.): Ein neuer Kapitalismus? Akkumulationsregime – Shareholder Society – Neoliberalismus und Neue Sozialdemokratie, Hamburg: VSA.

Castel, Françoise/Castel, Robert/Lovell, Anne (1982): Psychiatrisierung des Alltags. Produktion und Vermarktung der Psychowaren in den USA, Frankfurt a.M.: Suhrkamp.

Chiapello, Eve/Fairclough, Norman (2002): „Understanding the New Management Ideology. A Transdisciplinary Contribution from Critical Discourse Analysis and New Sociology of Capitalism". In: Discourse & Society 13, S. 185-208.

Chilton, Paul A. (1996): Security Metaphors. Cold War Discourse from Containment to Common House, New York/Frankfurt a.M.: Peter Lang.

Chilton, Paul A./Schäffner, Christina (2002): „Introduction. Themes and Principles in the Analysis of Political Discourse". In: Dies. (Hg.), Politics as Text and Talk. Analytical Approaches to Political Discourse, Amsterdam/Philadelphia: John Benjamins, S. 1-44.

Chouliaraki, Lillie/Fairclough, Norman (1999): Discourse in Late Modernity. Rethinking Critical Discourse Analysis, Edinburgh: Edinburgh University Press.

Collyer, Fran (2004): „The Corporatisation and Commercialisation of CAM". In: Philip Tovey/Gary Easthope/Jon Adams, (Hg.), The Mainstreaming of Complementary and Alternative Medicine. Studies in Social Context, London u.a.: Routledge, S. 81-99.

Cruikshank, Barbara (1996): „Revolutions within: Self-Government and Self-Esteem". In: Andrew Barry/Thomas Osborne/Nikolas Rose (Hg.), Foucault and Political Reason. Liberalism, Neo-liberalism and rationalities of Government, London u.a.: Routledge, S. 231-251.

DAK (Deutsche Angestellten-Krankenkasse) (2005): DAK-Gesundheitsreport, Hamburg: DAK Gesundheitsmanagement.

DAK-BGW (2006): Gesundheitsreport Ambulante Pflege, www.dak.de/ content/filesopen/Report_Ambulante_Pflege.pdf, Stand 31.05.07.

David, Matthias/Borde, Theda/Kentenich, Heribert (1999): Migration und Gesundheit. Zustandsbeschreibung und Zukunftsmodelle, Frankfurt a.M.: Mabuse.

De Saussure, Ferdinand (1967): Grundfragen der allgemeinen Sprachwissenschaft, Berlin: De Gruyter.

Demandt, Alexander (1978): Metaphern für Geschichte. Sprachbilder und Gleichnisse im historisch-politischen Denken, München: Beck.

Demirović, Alex (1992): „Regulation und Hegemonie. Intellektuelle, Wissenspraktiken und Akkumulation". In: Ders./Krebs/Sablowski (Hg.), Hegemonie und Staat, S. 128-157.

Demirović, Alex (1998): „Löwe und Fuchs. Antonio Gramscis Beitrag zu einer kritischen Theorie bürgerlicher Gesellschaft". In: Peter Imbusch (Hg.), Macht und Herrschaft. Sozialwissenschaftliche Konzeptionen und Theorien, Opladen: Leske + Budrich, S. 95-107.

Demirović, Alex (2003): „Stroboskopischer Effekt und die Kontingenz der Geschichte. Gesellschaftstheoretische Rückfragen an die Regula-

tionstheorie". In: Ulrich Brand/Werner Reza (Hg.), Fit für den Postfordismus? Theoretisch-politische Perspektiven des Regulationsansatzes, Münster: Westfälisches Dampfboot, S. 43-57.
Deppe, Hans-Ulrich (1987): Krankheit ist ohne Politik nicht heilbar, Frankfurt a.M.: Suhrkamp.
Deppe, Hans-Ulrich (2000): Zur sozialen Anatomie des Gesundheitssystems. Neoliberalismus und Gesundheitspolitik in Deutschland, Hamburg: VSA.
Deppe, Frank (2001): „Neue Formation – neue Epoche – neue Politik? Anmerkungen zu einer offenen Debatte". In: Candeias/Deppe (Hg.), Ein neuer Kapitalismus? S. 48-66.
Derrida, Jacques (1998): „Der Entzug der Metapher". In: Anselm Haverkamp (Hg.), Die paradoxe Metapher, Frankfurt a.M.: Suhrkamp, S. 197-234.
Detje, Richard/Dörre, Klaus/Urban, Hans-Jürgen (2003): „Brauchen wir eine neue Initiative zur Humanisierung der Arbeit?" In: Gewerkschaftliche Monatshefte 8-9, S. 492-500.
DGB (o.J.): „Gesellschaftliche Verantwortung der Unternehmen – Corporate Social Responsibility", www.dgb.de/themen/csr/csr_ueberblick.htm, Stand 25.07.2007.
DGB (2005): Positionspapier des DGB zur Reform des dualen Arbeitsschutzsystems, www.dgab.de/Archiv_Aktuelles.htm/reform_dualesarbeitsch.pdf, Stand 25.03.07.
Diaz-Bone, Rainer (2002): Kulturwelt, Diskurs und Lebensstil. Eine diskurstheoretische Erweiterung der bourdieuschen Distinktionstheorie, Opladen: Leske + Budrich.
Diaz-Bone, Rainer et al. (2007): The Field of Foucaultian Discourse Analysis: Structures, Developments and Perspectives [52 paragraphs], in: Forum Qualitative Sozialforschung/Forum Qualitative Research 2. Online: Art. 30, www.qualitative-research.net/fqs-texte/2-07/07-2-30-e.htm, Stand 02.07.2007.
Diekmannshenne, Hajo (2002): „EDV-gestützte Verstehens- und Akzeptanzanalysen zum politischen Sprachgebrauch". In: Oswald Panagl/Horst Stürmer (Hg.), Politische Konzepte und verbale Strategien. Brisante Wörter – Begriffsfelder – Sprachbilder, Frankfurt a.M. u.a.: Peter Lang, S. 129-147.
Diettrich, Ben (1999): Klassenfragmentierung im Postfordismus. Geschlecht, Arbeit, Marginalisierung, Münster: Unrast.
Dörre, Klaus (2001): „Gibt es ein nachfordistisches Produktionsmodell? Managementprinzipien, Firmenorganisation und Arbeitsbeziehungen im flexiblen Kapitalismus". In: Candeias/Deppe (Hg.), Ein neuer Kapitalismus? S. 83-107.

Dörre, Klaus (2003): „Flexible Arbeit und Gesundheit. Intensivierungsrisiken und Ansatzpunkte nachhaltiger Gestaltung". In: Jahrbuch für Kritische Medizin 39, S. 31-52.

Dörre, Klaus (2005a): „Die ‚Zone der Verwundbarkeit'. Unsichere Beschäftigungsverhältnisse, Prekarisierung und die Gewerkschaften" In: Michael Sommer/Klaus Dörre/Uwe Schneidewind (Hg.), Die Zukunft war vorgestern. Der Wandel der Arbeitsverhältnisse: Unsicherheit statt Normalarbeitsverhältnis, Oldenburg: Oldenburger Universitätsreden, S. 19-55.

Dörre, Klaus (2005b): „Prekäre Beschäftigung – ein unterschätztes Phänomen in der Debatte um die Marktsteuerung und Subjektivierung von Arbeit". In: Karin Lohr/Hildegard Maria Nickel (Hg.), Subjektivierung von Arbeit. Riskante Chancen, Münster: Westfälisches Dampfboot, S. 180-206.

Dosse, François (1999a): Geschichte des Strukturalismus 1: Das Feld des Zeichens, 1945-1966, Frankfurt a.M.: Fischer.

Dosse, François (1999b): Geschichte des Strukturalismus 2: Das Zeichen der Zeit, 1967-1991, Frankfurt a.M.: Fischer.

Dragano, Nico (2007): Arbeit, Stress und krankheitsbedingte Frührenten. Zusammenhänge aus theoretischer und empirischer Sicht, Wiesbaden: VS, Verlag für Sozialwissenschaften.

Dreyfus, Hubert L./Rabinow, Paul (1994): Michel Foucault. Jenseits von Strukturalismus und Hermeneutik, 2. Aufl., Weinheim: Beltz.

Drinkuth, Andreas (2005): „Und alle machen mit! Entgrenzte Arbeitsverhältnisse – Ergebnisse einer empirischen Untersuchung am Beispiel eines ostdeutschen Unternehmens". In: Arbeitsgruppe SubArO (Hg.), Ökonomie der Subjektivität – Subjektivität der Ökonomie, Berlin: Edition Sigma, S. 117-138.

Du Gay, Paul (2002): Cultural Economy. Cultural Analysis and Commercial Life [Workshop on Cultural Economy Held at the Open University in January 2000], London u.a.: Sage.

Duden, Barbara (2002): Geschichte des Ungeborenen. Zur Erfahrungs- und Wissenschaftsgeschichte der Schwangerschaft, 17.-20. Jahrhundert, Göttingen: Vandenhoeck & Ruprecht.

Durkheim, Emile/Mauss, Marcel (1987): „Über einige primitive Formen der Klassifikation. Ein Beitrag zur Erforschung der kollektiven Vorstellungen". In: Hans Joas (Hg.), Emile Durkheim. Schriften zur Soziologie der Erkenntnis, Frankfurt a.M.: Suhrkamp, S. 169-256.

Duttweiler, Stefanie (2003): „Body-Consciousness – Fitness – Wellness. Körpertechnologien als Technologien des Selbst". In: Widersprüche 87, S. 1-16.

Duttweiler, Stefanie (2005): „,Körper, Geist und Seele bepuscheln.' Wellness als Technologie der Selbstführung". In: Barbara Orland (Hg.), Artifizielle Körper – lebendige Technik. Technische Modellierungen des Körpers in historischer Perspektive, Zürich: Chronos Verlag, S. 261-277.

Ehrenberg, Alain (2004): Das erschöpfte Selbst. Depression und Gesellschaft in der Gegenwart, Frankfurt a.M./New York: Campus.

Eichhorn, Cornelia (2004): „Geschlechtliche Teilung der Arbeit. Eine feministische Kritik". In: Thomas Atzert/Jost Müller (Hg.), Immaterielle Arbeit und imperiale Souveränität. Analysen und Diskussionen zu Empire, Münster: Westfälisches Dampfboot, S. 189-202.

Eichmann, Hubert (2004): „Arbeitskraftunternehmer in der New Economy". In: Hans J. Pongratz/Günter G. Voß (Hg.), Typisch Arbeitskraftunternehmer? Befunde der empirischen Sozialforschung, Berlin: Edition Sigma, S. 73-92.

Eisenberg, D. M. et al. (1998): „Trends in alternative Medicine Use in the United States 1990-1997. Results of a follow-up national survey". In: The Journal of the American Medical Association 18, S. 1569-1575.

Engel, Antke (2002): Wider die Eindeutigkeit. Geschlecht und Sexualität im Fokus queerer Politik der Repräsentation, Frankfurt a.M./New York: Campus.

Engel, Ulrich (2004): Deutsche Grammatik. Neubearbeitung, München: Iudicium.

Engelen-Kefer, Ursula (2003): „,Der Arbeit ein gesundes Maß geben'. Rede auf der A + A 2003". In: Arbeit & Ökologie-Briefe 11, S. 1-2.

Engelhardt, Dietrich von (2004): „Der Gesundheitsbegriff im Wandel der Geschichte". In: Widerspruch. Münchner Zeitschrift für Philosophie, 42, S. 25-36.

Eppler, Erhard (1974): Maßstäbe für eine humane Gesellschaft. Lebensstandard oder Lebensqualität, Stuttgart: Kohlhammer.

Erben, Rosemarie/Franzkowiak, Peter/Wenzel, Eberhard (1986): „Die Ökologie des Körpers. Konzeptionelle Überlegungen zur Gesundheitsförderung". In: Eberhard Wenzel (Hg.), Die Ökologie des Körpers, Frankfurt a.M.: Suhrkamp, S. 13-120.

Esser, Josef/Görg, Christoph/Hirsch, Joachim (1994): „Von den ‚Krisen der Regulation' zum ‚radikalen Reformismus'". In: Dies. (Hg.), Politik, Institutionen und Staat. Zur Kritik der Regulationstheorie, Hamburg: VSA, S. 213-233.

Etzioni, Amitai (1998): Die Entdeckung des Gemeinwesens. Ansprüche, Verantwortung und das Programm des Kommunitarismus, Frankfurt a.M.: Fischer.

Europäische Kommission (o.J.): Beschäftigung und Soziales, Europäische Beschäftigungsstrategie; ec.europa.eu/employment_ social/employment_strategy/index_de.htm, Stand 28.07.2007.

Europäischer Rat (2000): Offizielle Texte der Ergebnisse des Gipfels von Lissabon zur neuen Wirtschafts- und Sozialstrategie und zur Lage auf dem Balkan: Schlussfolgerungen des Vorsitzes. Europäischer Rat (Lissabon), 23. und 24. März 2000, Luxemburg: Europe Documents, Agence Internationale d'Information pour la Presse 2182/82.

Ewald, François (1991): „Eine Macht ohne Draußen". In: Ders./Bernhard Waldenfels (Hg.), Spiele der Wahrheit. Michel Foucaults Denken, Frankfurt a.M.: Suhrkamp, S. 163-171.

Faber, Ulrich (2005): „Die entbürokratisierte Arbeitsstättenverordnung 2004. Arbeitsschutz light?" In: WSI-Mitteilungen 9, S. 511-516.

Fairclough, Norman (o.J.a): Critical Discourse Analysis in transdisciplinary Research, www.ling.lancs.ac/uk/staff/norman/paper4, Stand 26.09.2004.

Fairclough, Norman (o.J.b): Critical Discourse Analysis, Organizational Discourse and Organizational Change, www.ling.lancs.ac.uk/staff/ norman, Stand 26.09.2004.

Fairclough, Norman (o.J.c): Discourse in Processes of Social Change. ‚Transition' in Central and Eastern Europe, www.ling.lancs.ac.uk/ staff/norman/paper1, Stand 29.09.2004.

Fairclough, Norman (o.J.d): Critical Discourse Analysis and Change in Management Discourses and Ideology, www.ling.lancs.ac/uk/staff/ norman, Stand 26.09.2004.

Fairclough, Norman (1992): Discourse and Social Change, Cambridge: Polity Press.

Fairclough, Norman (1995a): Critical Discourse Analysis. The Critical Study of Language, London/New York: Longman.

Fairclough, Norman (1995b): Media Discourse, London u.a.: Routledge.

Fairclough, Norman (1997): „Rhetoric and Critical Discourse Analysis. A Reply to Titus Esink and Christoph Sauer". In: Christina Schäffner, (Hg.), Analysing Political Speeches, Clevedon: Multilingual Matters, S. 86-89.

Fairclough, Norman (1999): „Die Konstruktion des Fortschritts im Diskurs von New Labour". In: Das Argument 230, S. 373-382.

Fairclough, Norman (2000a): New Labour, New Language, London u.a.: Routledge.

Fairclough, Norman (2000b): „Dialogue in the public sphere". In: Skrikant Sarangi/Malcolm Coulthard (Hg.), Discourse and Social Life, Harlow: Cougman, S. 170-185.

Fairclough, Norman (2001a): Dialectics of Discourse, www.ling.lancs. ac.uk/norman/paper, Stand 26.09.2004.

Fairclough, Norman (2001b): „Globaler Kapitalismus und kritisches Diskursbewusstsein". In: Keller et al. (Hg.), Handbuch sozialwissenschaftliche Diskursanalyse 1, S. 335-351.

Fairclough, Norman (2001c): „Critical Discourse Analysis as a Method in Social Scientific Research". In: Ruth Wodak/Michael Meyer (Hg.), Methods of Critical Discourse Analysis, London u.a.: Sage, S. 121-138.

Fairclough, Norman (2002): „Linguistic and Textual Analysis within Discourse Analysis". In: Adam Gasworks/Nikolas Copland (Hg.), The Discourse Reader, 3. Aufl., London u.a.: Routledge, S. 183-211.

Fairclough, Norman (2003): Analysing Discourse. Textual Analysis for Social Research, London u.a.: Routledge.

Fairclough, Norman (2006): Language and Globalization, London u.a.: Routledge.

Fairclough, Norman/Wodak, Ruth (1997): „Critical Discourse Analysis". In: Teun A. van Dijk (Hg.), Discourse Studies. A Multidisciplinary Introduction 2: Discourse as Social Interaction, London u.a.: Sage, S. 258-265.

Faltermaier, Toni (1994): Gesundheitsbewusstsein und Gesundheitshandeln. Über den Umgang mit Gesundheit im Alltag, Weinheim: Beltz.

Faltermaier, Toni/Kühnlein, Irene/Burda-Viering, Martina (1998): Gesundheit im Alltag. Laienkompetenz in Gesundheitshandeln und Gesundheitsförderung, Weinheim/München: Juventa.

Featherstone, Mike (1991): Consumer Culture and Postmodernism, London u.a.: Sage.

Fischer-Homberger, Esther (1984): Krankheit Frau. Zur Geschichte der Einbildungen, Neuwied: Luchterhand.

Flick, Uwe (2004): Triangulation. Eine Einführung, Wiesbaden: VS, Verlag für Sozialwissenschaften.

Flodell, Charlotta (1989): Miteinander oder Gegeneinander. Eine sozialpsychologische Untersuchung über Solidarität und Konkurrenz in der Arbeitswelt, Wiesbaden: Deutscher Universitäts-Verlag.

Foucault, Michel (1976): „Die gesellschaftliche Ausweitung der Norm". In: Ders., Mikrophysik der Macht. Über Strafjustiz, Psychiatrie und Medizin, Berlin: Merve, S. 83-88.

Foucault, Michel (1977): Überwachen und Strafen. Die Geburt des Gefängnisses, Frankfurt a.M.: Suhrkamp.

Foucault, Michel (1978a): „Wahrheit und Macht. Interview von A. Fontana und P. Pasquino". In: Ders., Dispositive der Macht. Michel

Foucault über Sexualität, Wissen und Wahrheit, Berlin: Merve, S. 21-54.

Foucault, Michel (1978b): „Ein Spiel um die Psychoanalyse". In: Ders. (Hg.), Dispositive der Macht. Michel Foucault über Sexualität, Wissen und Wahrheit, Berlin: Merve, S. 118-175.

Foucault, Michel (1983): Der Wille zum Wissen. Sexualität und Wahrheit 1, Frankfurt a.M.: Suhrkamp.

Foucault, Michel (1993): Die Geburt der Klinik. Eine Archäologie des ärztlichen Blicks, Frankfurt a.M.: Fischer.

Foucault, Michel (1994): „Das Subjekt und die Macht". In: Hubert L. Dreyfus/Paul Rabinow, Michel Foucault. Jenseits von Strukturalismus und Hermeneutik, 2. Aufl. Weinheim: Beltz, S. 243-261.

Foucault, Michel (1995): Archäologie des Wissens, 7. Aufl., Frankfurt a.M.: Suhrkamp.

Foucault, Michel (1997): Die Sorge um sich. Sexualität und Wahrheit 3, 5. Aufl., Frankfurt a.M.: Suhrkamp.

Foucault, Michel (1998): Die Ordnung des Diskurses, Frankfurt a.M.: Fischer.

Foucault, Michel (2000a): „Die Gouvernementalität". In: Bröckling/ Krasmann/Lemke (Hg.), Gouvernementalität der Gegenwart, S. 41-67.

Foucault, Michel (2000b): „Staatsphobie". In: Bröckling/Krasmann/ Lemke (Hg.), Gouvernementalität der Gegenwart, S. 68-71.

Foucault, Michel (2003a): „Krise der Medizin oder Krise der Antimedizin". In: Ders., Schriften in vier Bänden. Dits et Ecrits 3, 1976-1979, hg. von Daniel Defert/François Ewald, Frankfurt a.M.: Suhrkamp, S. 54-76.

Foucault, Michel (2003b): „Die Geburt der Sozialmedizin". In: Ders., Schriften in vier Bänden. Dits et Ecrits 3, 1976-1979, hg. von Daniel Defert/François Ewald, Frankfurt a.M.: Suhrkamp, S. 272-298.

Foucault, Michel (2006): Die Geburt der Biopolitik. Geschichte der Gouvernementalität 2, Frankfurt a.M.: Suhrkamp.

Frank, Ulrike et al. (1998): „Subjektive Gesundheitsvorstellungen gesunder Erwachsener". In: Uwe Flick (Hg.), Wann fühlen wir uns gesund? Subjektive Vorstellungen von Gesundheit und Krankheit, Weinheim/München: Juventa, S. 57-69.

Franke, Alexa (1997): „Zum Stand der konzeptionellen und empirischen Entwicklung des Salutogenesekonzepts". In: Aaron Antonovsky, Salutogenese. Zur Entmystifizierung von Gesundheit, Tübingen: dvgt-Verlag, S. 169-190.

Franzkowiak, Peter/Sabo, Peter (1998): Dokumente der Gesundheitsförderung. Internationale und nationale Dokumente und Grundlagentexte zur Entwicklung der Gesundheitsförderung im Wortlaut und mit Kommentierung, Mainz: Verlag Peter Sabo.

Fraser, Nancy (2003): „Von der Disziplin zur Flexibilisierung? Foucault im Spiegel der Globalisierung". In: Axel Honneth/Martin Saar (Hg.), Michel Foucault. Zwischenbilanz einer Rezeption, Frankfurt a.M.: Suhrkamp, S. 239-258.

Freud, Sigmund (1955): Gesammelte Werke 13, London: Imago Publishing.

Fromm, Sabine (2004): Formierung und Fluktuation. Die Transformation der kapitalistischen Verwertungslogik in Fordismus und Postfordismus, Berlin: Wissenschaftlicher Verlag Berlin.

Fuchs, Tatjana/Conrads, Ralph (2003): Flexible Arbeitsformen. Arbeitsbedingungen, -belastungen und Beschwerden – eine Analyse empirischer Daten, Schriftenreihe der Bundesanstalt für Arbeitsschutz und Arbeitsmedizin: Forschung 1006, Bremerhaven: Wirtschaftsverlag NW, Verlag für neue Wissenschaften.

Gawatz, Reinhard (1993): Soziale Konstruktionen von Gesundheit. Wissenschaftliche und alltagspraktische Konzepte, Ulm: Universitätsverlag.

Gehring, Eva (2004): Das Internet im Fokus seiner räumlichen Metaphern, Mannheim: dissertation.de.

Gemeinsame Deutsche Arbeitsschutzstrategie (2006): Arbeitsentwurf, Stand 12. September 2006, gutearbeit-online.de/archiv/hintergrund/ 2006_10_nationale-Arbeitsschutz-strategie, Stand 05.11.2006.

Gensch, Reiner (2003): „Arbeits- und Gesundheitsschutz bei regulärer und irregulärer Arbeit". In: Joseph Kuhn/Eberhard Göbel (Hg.), Gesundheit als Preis der Arbeit? Frankfurt a.M.: Mabuse, S. 181-207.

Gensch, Reiner (2005): „Das System des Arbeitsschutzes – Zum Verhältnis von betrieblichem und staatlichem Arbeitsschutz". In: WSI-Mitteilungen 9, S. 531-537.

Gerhardt, Uta (1991a): Gesundheit und Gesellschaft. Begründung der Medizinsoziologie, Frankfurt a.M.: Suhrkamp.

Gerhardt, Uta (1991b): „Kulturpessimismus in der soziologischen Medizinkritik". In: Dies., Gesundheit und Gesellschaft. Begründung der Medizinsoziologie, Frankfurt a.M.: Suhrkamp, S. 229-260.

Gerlinger, Thomas (2000): Arbeitsschutz und europäische Integration. Europäische Arbeitsschutzrichtlinien und nationalstaatlicher Arbeitsschutz in Großbritannien und Deutschland, Opladen: Westdeutscher Verlag.

Gerlinger, Thomas (2004): „Privatisierung – Liberalisierung – Re-Regulierung. Konturen des Umbaus des Gesundheitssystems". In: WSI-Mitteilungen 9, S. 501-506.

Gerlinger, Thomas (2006a): „Historische Entwicklung und theoretische Perspektiven der Gesundheitssoziologie". In: Claus Wendt/Christof Wolf (Hg.), Soziologie der Gesundheit, Kölner Zeitschrift für Soziologie und Sozialpsychologie, Sonderheft 46, Wiesbaden: VS, Verlag für Sozialwissenschaften, S. 34-56.

Gerlinger, Thomas (2006b): „Die Gesundheitspolitik der großen Koalition. Systemwechsel in der Finanzierung der Gesetzlichen Krankenversicherung?" In: Angelika Beier et al. (Hg.), Investieren, sanieren, reformieren? Die Wirtschafts- und Sozialpolitik der schwarz-roten Koalition, Marburg: Metropolis, S. 197-218.

Gerlinger, Thomas/Urban, Hans-Jürgen (2006): „Gesundheitspolitik in Europa. Über die Europäisierung und Ökonomisierung eines wohlfahrtsstaatlichen Politikfeldes". In: Claus Wendt/Christof Wolf, (Hg.), Soziologie der Gesundheit, Kölner Zeitschrift für Soziologie und Sozialpsychologie, Sonderheft 46, Wiesbaden: VS, Verlag für Sozialwissenschaften, S. 343-363.

Gerst, Detlef (2004): „Industrielle Gruppenarbeit und der Leittypus des Arbeitskraftunternehmers". In: Hans J. Pongratz/Günter G. Voß (Hg.), Typisch Arbeitskraftunternehmer? Befunde der empirischen Arbeitsforschung, Berlin: Edition Sigma, S. 187-208.

Gesetz über die Durchführung von Maßnahmen des Arbeitsschutzes zur Verbesserung der Sicherheit und des Gesundheitsschutzes der Beschäftigten bei der Arbeit (Arbeitsschutzgesetz – ArbSchG), www.jav.tu-berlin.de/fileadmin/a9600/PDF/Infos/ArbSchG.pdf, Stand 25.01.2005.

Giesenbauer, Björn/Glaser, Jürgen (2006): „Emotionsarbeit und Gefühlsarbeit in der Pflege. Beeinflussung eigener und fremder Gefühle". In: Fritz Böhle/Jürgen Glaser (Hg.), Arbeit in der Interaktion – Interaktion als Arbeit. Arbeitsorganisation und Interaktionsarbeit in der Dienstleistung, Wiesbaden: VS, Verlag für Sozialwissenschaften, S. 59-83.

Göbel, Eberhard (2003): „Arbeit und Gesundheit als Thema der alternativen Gesundheitsbewegung der 80er Jahre". In: Joseph Kühn/Eberhard Göbel (Hg.), Gesundheit als Preis der Arbeit? Gesundheitliche und wirtschaftliche Interessen im historischen Wandel, Frankfurt a.M.: Mabuse, S. 131-141.

Göckenjan, Gerd (1985): Kurieren und Staat machen. Gesundheit und Medizin in der bürgerlichen Welt, Frankfurt a.M.: Suhrkamp.

Göpel, Eberhard (1989): „Gesundheit oder die solidarische Suche nach einem Leben jenseits von Markt und Plan". In: Widersprüche 30, S. 19-29.

BIBLIOGRAPHIE

Görg, Christoph (1994a): „Regulation – ein neues ‚Paradigma'?". In: Josef Esser/Christoph Görg/Joachim Hirsch (Hg.), Politik, Institutionen und Staat. Zur Kritik der Regulationstheorie, Hamburg: VSA, S. 13-30.

Görg, Christoph (1994b): „Der Institutionenbegriff in der ‚Theorie der Strukturierung'". In: Josef Esser/Christoph Görg/Joachim Hirsch (Hg.), Politik, Institutionen und Staat. Zur Kritik der Regulationstheorie, Hamburg: VSA, S. 31-84.

Graefe, Stefanie (2007a): Autonomie am Lebensende? Biopolitik, Ökonomisierung und die Debatte um Sterbehilfe, Frankfurt a.M./New York: Campus.

Graefe, Stefanie (2007b): „Im Schatten des Homo Oeconomicus. Subjektmodelle ‚am Lebensende' zwischen Einwilligungs(un)fähigkeit und Ökonomisierung". In: Susanne Krasmann/Michael Volkmer (Hg.), Michel Foucaults „Geschichte der Gouvernementalität" in den Sozialwissenschaften. Internationale Beiträge, Bielefeld: transcript, S. 267-286.

Gramsci, Antonio (1991ff.): Gefängnishefte, Hamburg: Argument.

Greco, Monica (1998): Illness as a work of thought. A Foucauldian Perspective on Psychosomatics, London u.a.: Routledge.

Greco, Monica (2000): „Homo Vacuus. Alexithymie oder das neoliberale Gebot des Selbstseins". In: Bröckling/Krasmann/Lemke (Hg.), Gouvernementalität der Gegenwart, S. 265-285.

Gries, Rainer (2004): „Die Konsumenten und die Werbung. Kulturgeschichtliche Aspekte einer interaktiven Kommunikation". In: Kai-Uwe Hellmann/Dominik Schrage (Hg.), Konsum der Werbung. Zur Produktion und Rezeption von Sinn in der kommerziellen Kultur, Wiesbaden: VS, Verlag für Sozialwissenschaften, S. 63-80.

Grönemeyer, Dietrich (2005): Kapital Gesundheit. Für eine menschliche Medizin, München: Goldmann.

Grossman, Martin (1972): „On the Concept of Health Capital and the Demand for Health". In: Journal of Political Economy 86, S. 223-255.

Grüske, Karl-Dieter/Schneider, Friedrich (2003): Wörterbuch der Wirtschaft, 13., völlig neu bearb. Aufl., Stuttgart: Alfred Kröner Verlag.

Gutiérrez Rodríguez, Encarnación (1999): Intellektuelle Migrantinnen – Subjektivitäten im Zeitalter von Globalisierung. Eine postkoloniale dekonstruktive Analyse von Biographien im Spannungsverhältnis von Ethnisierung und Vergeschlechtlichung, Opladen: Leske + Budrich.

Haag, Antje (1989): „Körpersymptome – Sprache des Widerstandes". In: Das Argument 162, S. 148-158.

Hajen, Leonhard/Paetow, Holger/Schumacher, Harald (2006): Gesundheitsökonomie. Strukturen, Methoden, Praxisbeispiele, 3. Aufl., Stuttgart: Kohlhammer.
Hall, Stuart (1994): Rassismus und kulturelle Identität. Ausgewählte Schriften 2, Hamburg: Argument.
Hall, Stuart (2000): Cultural Studies. Ein politisches Theorieprojekt. Ausgewählte Schriften 3, Hamburg: Argument.
Hall, Stuart (2004): Ideologie, Identität, Repräsentation. Ausgewählte Schriften 4, Hamburg: Argument.
Halliday, Michael A. K. (1978): Language as Social Semiotic. The Social Interpretation of Language and Meaning, London: Edward Arnold.
Hanke, Christiane (2003): „Diskursanalyse zwischen Regelmäßigkeiten und Ereignishaftem – am Beispiel der Rassenanthropologie um 1900". In: Keller et al. (Hg.), Handbuch Sozialwissenschaftliche Diskursanalyse 2, S. 97-117.
Hardt, Michael (2004): „Affektive Arbeit". In: Thomas Atzert/Jost Müller (Hg.), Immaterielle Arbeit und imperiale Souveränität. Analysen und Diskussionen zu Empire, Münster: Westfälisches Dampfboot, S. 175-188.
Hardt, Michael/Negri, Antonio (2003): Empire. Die neue Weltordnung, Frankfurt a.M./New York: Campus.
Hark, Sabine (1999): „deviante Subjekte. Normalisierung und Subjektformierung". In: Werner Sohn/Herbert Mehrtens (Hg.), Normalität und Abweichung: Studien zur Theorie und Geschichte der Normalisierungsgesellschaft, Opladen: Westdeutscher Verlag, S. 65-84.
Haug, Wolfgang Fritz (1994): „Antagonismus". In: Ders. (Hg.), Historisch-kritisches Wörterbuch des Marxismus 1, Hamburg: Argument, S. 298-309.
Haug, Wolfgang Fritz (2003): „Herrschaft ohne Hegemonie?" In: Das Argument 249, S. 11-20.
Haug, Wolfgang Fritz (2004): „Hegemonie". In: Ders. (Hg.), Historisch-kritisches Wörterbuch des Marxismus 6/1, Hamburg: Argument, S. 1-29.
Hauptverband der gewerblichen Berufsgenossenschaften HVBG (2004): Berufsgenossenschaften zu Clement-Vorschlägen: Arbeitsschutz ist in guten Händen, www.hvbg.de/d/pages/presse/archiv/archiv04/ clement_vorschlag.html, Stand 05.10.2006; www.dguv.de/inhalt/ presse/pressearchiv/pressearchiv_hvbg/hvbg_2004/clement/ index.jsp, Stand 19.08.2009
Hauptverband der gewerblichen Berufsgenossenschaften (HVBG) (2006): Vorschriften und Regeln, Neue Systematik für BG-Vor-

schriften, www.hvbg.de/d/pages/praev/vorschr/index.html, Stand 06.12.2006.
Haverkamp, Anselm (1983): Theorie der Metapher, Darmstadt: Wissenschaftliche Buchgesellschaft.
Heilmann, Joachim (2005): „Die Europäische Union und das neue Gefahrstoffrecht". In: WSI-Mitteilungen 9, S. 504-510.
Heinze, Helmut (1979): Gesprochenes und geschriebenes Deutsch. Vergleichende Untersuchungen von Bundestagsreden und deren schriftlich aufgezeichneter Version, Düsseldorf: Pädagogischer Verlag Schwann.
Helbig, Gerhard (1999): Deutsche Grammatik. Grundfragen und Abriß, 4., unveränd. Aufl., München: Iudicium.
Hellmann, Kai-Uwe (2004): „Werbung und Konsum. Was ist die Henne, was ist das Ei?" In: Ders./Dominik Schrage (Hg.), Konsum der Werbung. Zur Produktion und Rezeption von Sinn in der kommerziellen Kultur, Wiesbaden: VS, Verlag für Sozialwissenschaften, S. 33-46.
Herbst, Axel (2004): Transparenzstudie zur aktuellen Konzeption und Tätigkeit der staatlichen Arbeitsschutzaufsicht (Gewerbeaufsicht) in 16 Bundesländern, www.boeckler.de/pdf_fof/S-2004-617-4-F-1.pdf, Stand 25.03.2007.
Herzlich, Claudine (1973): Health and Illness. A Social Psychological Analysis, London: Academic Press.
Herzlich, Claudine (1998): „Soziale Repräsentationen von Gesundheit und Krankheit und ihre Dynamik im sozialen Feld". In: Uwe Flick (Hg.), Wann fühlen wir uns gesund? Subjektive Vorstellungen von Gesundheit und Krankheit, Weinheim/München: Juventa, S. 171-180.
Herzlich, Claudine/Pierret, Janine (1991): Kranke gestern, Kranke heute. Die Gesellschaft und das Leiden, München: Beck.
Hien, Wolfgang (2003): Arbeitsschutz ist betriebliche Gesundheitspolitik! Zur Diskussion der aktuellen Situation der Gesundheit bei der Arbeit, www.dgb-bayern/forum/hien1003.htm, Stand 29.07.2005.
Hirsch, Joachim (1996): Der nationale Wettbewerbsstaat. Staat, Demokratie und Politik im globalen Kapitalismus, 2. Aufl., Berlin u.a.: Ed. ID-Archiv.
Hirsch, Joachim (2001a): „Postfordismus. Dimensionen einer neuen kapitalistischen Formation". In: Ders./Bob Jessop/Nicos Poulantzas, (Hg.), Die Zukunft des Staates, Hamburg: VSA, S. 171-210.
Hirsch, Joachim (2001b): „Weshalb Periodisierung?" In: Candeias/Deppe (Hg.), Ein neuer Kapitalismus? S. 41-47.
Hirsch, Joachim (2002): Herrschaft, Hegemonie und politische Alternativen, Hamburg: VSA.

Hirsch, Joachim/Roth, Roland (1986): Das neue Gesicht des Kapitalismus. Vom Fordismus zum Postfordismus, Hamburg: VSA.

Hirseland, Andreas/Schneider, Werner (2001): „Wahrheit, Ideologie und Diskurse. Zum Verhältnis von Diskursanalyse und Ideologiekritik". In: Keller et al. (Hg.), Handbuch Sozialwissenschaftliche Diskursanalyse 1, S. 373-402.

Hofbauer, Johanna (1995): „Metaphern des Managens und Praktiken der Kontrolle". In: Dies./Gerald Prabitz/Josef Wallmannsberger (Hg.), Bilder – Symbole – Metaphern. Visualisierung und Informalisierung in der Moderne, Wien: Passagen, S. 136-186.

Höhne, Thomas (2003): „Die thematische Diskursanalyse – dargestellt am Beispiel von Schulbüchern". In: Keller et al. (Hg.), Handbuch Sozialwissenschaftliche Diskursanalyse 2, S. 389-419.

Hoinle, Marcus (1999): Metaphern in der politischen Kommunikation. Eine Untersuchung der Weltbilder und Bilderwelten von CDU und SPD, Konstanz: Hartung Gorre.

Honneth, Axel (2004): „Vorwort". In: Alain Ehrenberg, Das erschöpfte Selbst. Depression und Gesellschaft in der Gegenwart, Frankfurt a.M./New York: Campus, S. VII-IX.

Howarth, David/Norval, Aletta J./Stavrakis, Yannis (2000): Discourse Theory and Political Analysis. Identities, Hegemonies and Social Change, Manchester/New York: Manchester University Press.

Hradil, Stefan (1987): Sozialstrukturanalyse in einer fortgeschrittenen Gesellschaft, Opladen: Leske + Budrich.

Huber, Ellis E. (2002): „Paradigmenwechsel in der Medizin – von der Schulmedizin zur Beziehungsmedizin". In: Herbert Sauer (Hg.), Betriebliches und persönliches Gesundheitsmanagement, Stuttgart: Deutscher Sparkassenverlag, S. 61-75.

Hughes, Kahryn (2004): „Health as individual Responsibility: Possibilities and Personal Struggle". In: Philip Tovey/Gary Easthope/Jon Adams (Hg.), The Mainstreaming of Complementary and Alternative Medicine. Studies in Social Context, London u.a.: Routledge, S. 25-46.

Hülsse, Rainer (2003): Metaphern der EU-Erweiterung als Konstruktionen europäischer Identität, Baden-Baden: Nomos.

Hurrelmann, Klaus/Kolip, Petra (2002): Geschlecht, Gesundheit und Krankheit. Männer und Frauen im Vergleich, Bern u.a.: Huber.

IG Metall (2002): Gewerkschaftliche Ziele und Anforderungen an eine Fusion der Metallberufsgenossenschaften. Plattform der IG-Metall – Eine politische Plattform der Selbstverwalter der IG-Metall, www.praevention-online.de/Pol/nsf/Dokumente, Stand 10.12.2006.

IG Metall (Hg.) (2003): Gute Arbeit, menschengerechte Arbeitsgestaltung als gewerkschaftliche Zukunftsaufgabe. Dokumentation einer Tagung, Frankfurt a.m.

Illich, Ivan (1995): Die Nemesis der Medizin. Die Kritik der Medikalisierung des Lebens, 4., überarb. Aufl., München: Beck.

INQA – INQA in Europa, www.inqa.de/Inqa/Navigation/Initiative/inqa-in-europa-html, Stand 23.10.2006.

INQA im europäischen Kontext, www.inqa.de/printinitiative/inqa_in_europa.cfm, 29.04.2003.

INQA Pressemitteilung vom 23.11.2001, http://www.inqa.de/txt/ pressemitteilungen_presse-mitlg_23.11.2001.cfm, Stand 01.05.2003.

Institut für Mittelstandsforschung (IfM): Mittelstand – Definition und Schlüsselzahlen, www.ifm-bonn.org/index.htm?/dienste/ definition.htm, Stand 12.06.2007.

Jablonka, Frank (1998): „War Gramsci ein Poststrukturalist ‚avant la lettre'?" In: Uwe Hirschfeld (Hg.), Gramsci-Perspektiven, Hamburg: Argument, S. 23-35.

Jäger, Siegfried (1994): Text- und Diskursanalyse. Eine Anleitung zur Analyse politischer Texte, 5. Aufl., Duisburg: DISS.

Jäger, Siegfried (2004): Kritische Diskursanalyse. Eine Einführung, 4., unveränd. Aufl., Münster: Unrast.

Jagose, Annamarie (2005): Queer Theory. Eine Einführung, Berlin: Querverlag.

Jann, Werner/Wegrich, Kai (2004): „Governance und Verwaltungspolitik". In: Arthur Benz (Hg.), Governance – Regieren in komplexen Regelsystemen. Eine Einführung, Wiesbaden: VS, Verlag für Sozialwissenschaften, S. 193-214.

Jessop, Bob (1986): „Der Wohlfahrtsstaat im Übergang vom Fordismus zum Postfordismus". In: PROKLA 4, S. 4-33.

Jessop, Bob (1997): „Die Zukunft des Nationalstaates. Erosion oder Reorganisation? Grundsätzliche Überlegungen zu Westeuropa". In: Steffen Becker et al. (Hg.), Jenseits der Nationalökonomie? Weltwirtschaft und Nationalstaat zwischen Globalisierung und Regionalisierung, Hamburg: Argument, S. 50-95.

Jessop, Bob (2001): „Kritischer Realismus, Marxismus und Regulation. Zu den Grundlagen der Regulationstheorie". In: Candeias/Deppe (Hg.), Ein neuer Kapitalismus? S. 16-40.

Jessop, Bob (2005): Cultural Political Economy, the Knowledge-Based Economy, and the State. In: Ders., The Technological Economy, London u.a.: Routledge, S. 144-166, eprints.lancs.ac.uk/191/01/F-2004f_Barry-final.pdf, Stand 15.07.2007.

Jessop, Bob (2007): "Macht und Strategie". In: Ders., Kapitalismus und Regulation. Ausgewählte Schriften, Hamburg: Argument, S. 53-89.

Jung, Matthias (1997): "Lexik und Sprachbewußtsein in Migrationsdiskursen seit 1945 – Methodik und Ergebnisse wortbezogener Untersuchungen". In: Matthias Jung/Martin Wengeler/Karin Böke (Hg.), Die Sprache des Migrationsdiskurses. Das Reden über "Ausländer" in Medien, Politik und Alltag, Opladen: Westdeutscher Verlag, S. 194-213.

Jungbauer-Gans, Monika (2006): "Soziale und kulturelle Einflüsse auf Krankheit und Gesundheit. Theoretische Überlegungen". In: Claus Wendt/Christof Wolf (Hg.), Soziologie der Gesundheit. Kölner Zeitschrift für Soziologie und Sozialpsychologie, Sonderheft 46, Wiesbaden: VS, Verlag für Sozialwissenschaften, S. 86-108.

Jureit, Ulrike (2001): Politische Kollektive. Die Konstruktion nationaler, rassischer und ethnischer Gemeinschaften, Münster: Westfälisches Dampfboot.

Jütte, Robert (1996): Geschichte der Alternativen Medizin. Von der Volksmedizin zu den unkonventionellen Therapien von heute, München: Beck.

Kaba-Schönstein, Lotte (2003a): "Gesundheitsförderung I. Definition, Ziele, Prinzipien, Handlungsfelder und –strategien". In: Peter Franzkowiak (Hg.), Leitbegriffe der Gesundheitsförderung. Glossar zu Konzepten, Strategien und Methoden in der Gesundheitsförderung, 4., erw. und überarb. Aufl., Schwabenheim an der Selz: Peter Sabo, S. 73-77.

Kaba-Schönstein, Lotte (2003b): "Die Entwicklung in Deutschland ab Mitte der 1980er Jahre". In: Peter Franzkowiak (Hg.), Leitbegriffe der Gesundheitsförderung. Glossar zu Konzepten, Strategien und Methoden in der Gesundheitsförderung, 4., erw. und überarb. Aufl., Schwabenheim an der Selz: Peter Sabo, S. 96-104.

Kaba-Schönstein, Lotte (2003c): "Gesundheitsförderung VI. Einordnung und Bewertung der Entwicklung (Terminologie, Verhältnis zur Prävention, Erfolge, Probleme und Perspektiven)". In: Peter Franzkowiak (Hg.), Leitbegriffe der Gesundheitsförderung. Glossar zu Konzepten, Strategien und Methoden in der Gesundheitsförderung, 4., erweiterte und überarbeitete. Aufl., Schwabenheim an der Selz: Peter Sabo, S. 105-111.

Kabinettsbeschluss (2003): Mittelstand fördern – Beschäftigung schaffen – Bürgergesellschaft stärken, Eckpunkte für den Masterplan Bürokratieabbau, www.bmi.bund.de/Downloads/Masterplan.pdf, Stand 25.04.2005.

Kahrs, Marcus (1999): "Alternative Medizin. Quantitative Befunde zum Laienverständnis alternativer Gesundheitsverfahren". In: Gerd Marstedt/Dieter Milles/Rainer Müller (Hg.), Gesundheitskonzepte im Umbruch. Lebenslaufpolitik der Unfall- und Krankenkassen, Bremerhaven: Wirtschaftsverlag NW, Verlag für neue Wissenschaften, S. 133-154.

Kartte, Joachim (2005): Innovation und Wachstum im Gesundheitswesen, www.rolandberger.com/pdf/rb_press/public/RB_study_ Innovation_and_growth_in_healthcare_D_20051102. pdf, Stand 14.06.2007.

Kasteleiner, Rolf H. (1975): "Plädoyer für eine humanere Arbeitswelt". In: Arbeitsgemeinschaft zur Förderung der Partnerschaft in der Wirtschaft in Verbindung mit dem Bund katholischer Unternehmer (Hg.), Humanisierung der Arbeitswelt, Köln: Hanstein, S. 56-73.

Kaupen-Haas, Heidrun/Rothmaler, Christiane (1995): Industrielle Pathogenität und Krankheit. Frankfurt a.M.: Mabuse.

Kebir, Sabine (1991): Antonio Gramscis Zivilgesellschaft. Hamburg: VSA.

Keil, Roger (1992): "Krümelmonster, was nun? Einige Überlegungen zur Restrukturierung fordistischer Handlungsdispositive". In: Demirović/Krebs/Sablowski (Hg.), Hegemonie und Staat, S. 263-289.

Keller, Reiner (2003): "Der Müll der Gesellschaft. Eine wissenssoziologische Diskursanalyse". In: Ders. et al. (Hg.), Handbuch Sozialwissenschaftliche Diskursanalyse 2, S. 197-232.

Keller, Reiner (2004): Diskursforschung. Eine Einführung für SozialwissenschaftlerInnen, Opladen: Leske + Budrich.

Keller, Reiner (2005): Wissenssoziologische Diskursanalyse. Grundlegung eines Forschungsprogramms, Wiesbaden: VS, Verlag für Sozialwissenschaften.

Keller, Berndt/Seifert, Hartmut (2006): Atypische Beschäftigungsverhältnisse. Flexibilität, soziale Sicherheit und Prekarität. In: WSI-Mitteilungen 5, S. 235-240.

Keller, Reiner et al. (Hg.) (2001): Handbuch Sozialwissenschaftliche Diskursanalyse 1: Theorien und Methoden, Opladen: Leske + Budrich.

Keller, Reiner et al. (Hg.) (2003): Handbuch Sozialwissenschaftliche Diskursanalyse 2: Forschungspraxis, Opladen: Leske + Budrich.

Kerchner, Brigitte/Schneider, Silke (Hg.) (2006): Foucault. Diskursanalyse der Politik. Eine Einführung, Wiesbaden: VS, Verlag für Sozialwissenschaften.

Kickbusch, Ilona (2006): Die Gesundheitsgesellschaft. Megatrends der Gesundheit und deren Konsequenzen für Politik und Gesellschaft, Gamburg: Verlag für Gesundheitsförderung.

Kilger, Gerhard/Bieneck, Hans-Jürgen (2002): „Neue Qualität der Arbeit. Wie wollen wir morgen arbeiten?" In: Berliner Journal für Soziologie 1, S. 21-25.

Kimmerle, Heinz (1988): Derrida zur Einführung. Hamburg: Junius.

Kleemann, Frank/Matuschek, Ingo/Voß, Günter G. (2002): „Subjektivierung von Arbeit. Ein Überblick zum Stand in der soziologischen Diskussion". In: Manfred Moldaschl/Günter G. Voß, (Hg.), Subjektivierung von Arbeit, München: Hampp, S. 53-100.

Klein, Günter (2001): „Ein paneuropäischer Konsens zum integrierten Gesundheits-, Umwelt- und Sicherheitsmanagement. Durchsetzung nationaler Strategien im Kontext globaler Entwicklungen". In: Freie und Hansestadt Hamburg. Behörde für Umwelt und Gesundheit. Amt für Arbeitsschutz (Hg.), Arbeit und Gesundheit. Workshop vom 19. bis 20. Juni 2001 in Hamburg, Dokumentation, S. 19-28.

Klein, Josef (1989): „Wortschatz, Wortkampf, Wortfelder in der Politik". In: Josef Klein (Hg.), Politische Semantik. Bedeutungsanalytische und sprachkritische Beiträge zur politischen Sprachverwendung, Opladen: Westdeutscher Verlag, S. 3-50.

Klein, Josef (2002): „Weg und Bewegung. Metaphorische Konzepte im politischen Sprachgebrauch und ein frame-theoretischer Repräsentationsvorschlag". In: Oswald Panagl/Horst Stürmer (Hg.), Politische Konzepte und verbale Strategien. Brisante Wörter – Begriffsfelder – Sprachbilder, Frankfurt a.M.: Peter Lang, S. 221-235.

Kluge, Friedrich (1995): Etymologisches Wörterbuch der deutschen Sprache, 23., erw. Aufl., Berlin/New York: De Gruyter.

Klute, Jürgen/Schleuder, Herbert/Sinagowitz, Sabine (2004): Gute Arbeit. Good Work, Forum Religion und Arbeitskultur, Münster u.a.: LIT.

Knoblauch, Hubert (2001): „Diskurs, Kommunikation und Wissenssoziologie". In: Keller et al. (Hg.), Handbuch Sozialwissenschaftliche Diskursanalyse 1, S. 207-223.

Kohlmorgen, Lars (2004): Regulation, Klasse und Geschlecht. Die Konstituierung der Sozialstruktur im Fordismus und Postfordismus, Münster: Westfälisches Dampfboot.

Kopperschmidt, Josef (1995): Politik und Rhetorik. Funktionsmodelle politischer Rede, Opladen: Westdeutscher Verlag.

Kövecses, Zoltan (2002): Metaphor. A Practical Introduction, New York: Oxford University Press.

Krasmann, Susanne (2000): „Gouvernementalität der Oberfläche. Aggressivität abtrainieren beispielsweise". In: Bröckling/Krasmann/ Lemke (Hg.), Gouvernementalität der Gegenwart, S. 194-226.

Krasmann, Susanne (2003): Die Kriminalität der Gesellschaft. Zur Gouvernementalität der Gegenwart, Konstanz: UVK-Universitätsverlag.

Krasmann, Susanne (2006): „Der Feind an den Grenzen des Rechtsstaats". In: Kerchner/Schneider (Hg.), Foucault, S. 233-250.

Krebs, Hans-Peter/Sablowski, Thomas (1992): „Ökonomie als soziale Regularisierung". In: Demirović/Krebs/Sablowski (Hg.), Hegemonie und Staat, S. 104-127.

Kreck, Hans (2001): Entwicklung des Arbeitsschutzes in Deutschland. Unter Einbeziehung eines Vergleichs in den Ländern der Europäischen Union, München: Ingenieurgesellschaft für Technische Überwachung.

Kreisky, Eva (2003): Neoliberale Körpergefühle. Vom neuen Staatskörper zu profitablen Körpermärkten, evakreisky.at/onlinetexte/ koerpergefühle.kreisky.pdf, Stand 15.07.2006.

Kress, Gunther/van Leeuwen, Theo (1990): Reading Images. Victoria: Deakin University Press.

Krömmelbein, Sylvia (2004): Kommunikativer Stress in der Arbeitswelt. Zusammenhänge von Arbeit, Interaktion und Identität, Berlin: Edition Sigma.

Kruse, Peter (2001): „Gesundheit bei der Arbeit – Notwendigkeit, Ziele, Strategien aus Sicht der Bundesländer". In: Freie und Hansestadt Hamburg. Behörde für Umwelt und Gesundheit. Amt für Arbeitsschutz (Hg.), Arbeit und Gesundheit. Workshop vom 19. bis 20. Juni 2001 in Hamburg. Dokumentation, S. 11-12.

Kuhlmann, Ellen/Kolip, Petra (1998): „Subjektive Gesundheitskonzepte. Welche Rolle spielen Beruf und Geschlecht?" In: Zeitschrift für Gesundheitswissenschaften 6, S. 44-57.

Kuhn, Karl (2004): „Förderung der Qualität der Arbeit in der Europäischen Union". In: Arbeit 3, S. 229-235.

Kühn, Hagen (1989): „Glanzvolle Ohnmacht. Zum politischen Gehalt des Ganzheitlichkeitsanspruchs in der Medizin". In: Das Argument 162, S. 111-128.

Kühn, Hagen (1997): „Gesundheitspolitik für den ‚Standort Deutschland'. Thesen zu Logik und Empirie neoliberaler Wirtschaftspolitik im Gesundheitswesen". In: Jahrbuch für kritische Medizin 28, S. 15-32.

Kühn, Hagen (1999): „Eine neue Gesundheitsmoral? Anmerkungen zur lebensstilbezogenen Prävention und Gesundheitsförderung". In:

Wolfgang Schlicht/Hans Hermann Dickhuth (Hg.), Gesundheit für alle? Fiktion oder Realität, Schondorf: Hofmann, S. 205-224.

Kühn, Hagen (2001): "Normative Ätiologie. Zur Herrschaftlichkeit des gesellschaftlichen Krankheitsverständnisses". In: Jahrbuch für Kritische Medizin 34, S. 11-18.

Kühn, Hagen (2003): Ethische Probleme der Ökonomisierung von Krankenhausarbeit. www.wz-berlin.de/ars/ph/download/ethische_probleme.pdf, Stand 25.01.2007, Printausgabe in: Büssing, A./Glaser, J. (Hg.), Dienstleistungsqualität und Qualität des Arbeitslebens im Krankenhaus, Göttingen u.a.: Hogrefe Verlag, S. 77-98.

Kühn, Hagen (2004): "Die Ökonomisierungstendenz in der medizinischen Versorgung". In: Gine Elsner/Thomas Gerlinger/Klaus Stegmüller, (Hg.), Markt versus Solidarität. Gesundheitspolitik im deregulierten Kapitalismus, Hamburg: VSA, S. 25-41.

Kühn, Joseph (2003): "Betriebliche Gesundheitsförderung im neuen Kapitalismus". In: Ders./Eberhard Göbel (Hg.), Gesundheit als Preis der Arbeit? Gesundheitliche und wirtschaftliche Interessen im historischen Wandel, Frankfurt a.M.: Mabuse, S. 163-170.

Küppers, Günter/Paslack, Rainer (1989): "Die Entdeckung des Komplexen – Zur Entstehung und Entwicklung der Theorie der Selbstorganisation". In: Das Argument 162, S. 69-81.

Kviecien, Harald (2005): "Humankapital" zum Unwort 2004 gekürt, oh-forum.themen-plattform.com/180922.2, Stand 09.07.2007.

Kurz-Scherf, Ingrid (2005): "Qualitätskriterien von Arbeit. Ein Überblick". In: WSI-Mitteilungen 4, S. 193-199.

Labisch, Alfons (1992): Homo Hygienicus. Gesundheit und Medizin in der Neuzeit, Frankfurt a.M./New York: Campus.

Labisch, Alfons/Woelk, Wolfgang (2003): "Geschichte der Gesundheitswissenschaften". In: Klaus Hurrelmann/Ulrich Laaser, (Hg.), Handbuch Gesundheitswissenschaften, 3. Aufl., Weinheim/München: Juventa, S. 49-89.

Lachmund, Jens/Stollberg, Gunnar (1992): The Social Construction of Illness. Illness and Medical Knowledge in Past and Present, Stuttgart: Franz Steiner.

Laclau, Ernesto/Mouffe, Chantal (2000): Hegemonie und radikale Demokratie. Zur Dekonstruktion des Marxismus, 2. Aufl., Wien: Passagen.

Lademann, Julia/Mertesacker, Heike/Gebhardt, Birte (2006): "Psychische Erkrankungen im Fokus der Gesundheitsreporte der Krankenkassen". In: Psychotherapeutenjournal 2, S. 123-129.

Lakoff, George (2002): Moral Politics. How Liberals and Conservatives Think, 2. Aufl., Chicago: The University of Chicago Press.

Lakoff, George/Johnson, Mark (2003): Leben in Metaphern. Konstruktion und Gebrauch von Sprachbildern, 3. Aufl., Heidelberg: Carl-Auer-Systeme.

Lamnek, Siegfried (2005): Qualitative Sozialforschung. Lehrbuch, 4., vollst. überarb. Aufl., München/Weinheim: Psychologie Verlagsunion.

Lazzarato, Maurizio (1998a): „Gesellschaftliche Tätigkeit unter Bedingungen des Postfordismus". In: Thomas Atzert (Hg.), Umherschweifende Produzenten. Immaterielle Arbeit und Subversion, Berlin: ID-Verlag, S. 39-52.

Lazzarato, Maurizio (1998b): „Verwertung und Kommunikation. Der Zyklus immaterieller Produktion". In: Thomas Atzert (Hg.), Umherschweifende Produzenten. Immaterielle Arbeit und Subversion, Berlin: ID-Verlag, S. 53-65.

Lehmann, Frank (2006): „Kooperationsverbund zur Realisierung der Gesundheitsförderung bei sozial Benachteiligten in Deutschland". In: Matthias Richter/Klaus Hurrelmann (Hg.), Gesundheitliche Ungleichheit. Grundlagen, Probleme, Perspektiven, Wiesbaden: VS, Verlag für Sozialwissenschaften, S. 423-438.

Leidig, Stefan (2003): Arbeitsbedingungen und psychische Störungen, Lengerich: Pabst Science Publ.

Lemke, Thomas (1997): Eine Kritik der politischen Vernunft. Foucaults Analyse der modernen Gouvernementalität, Hamburg: Argument.

Lemke, Thomas (2000): „Die Regierung der Risiken. Von der Eugenik zur genetischen Gouvernementalität". In: Bröckling/Krasmann/Lemke (Hg.), Gouvernementalität der Gegenwart, S. 227-264.

Lemke, Thomas (2004): Veranlagung und Verantwortung. Genetische Diagnostik zwischen Selbstbestimmung und Schicksal, Bielefeld: transcript.

Liebert, Wolf-Andreas (2002): „Wissenskonstruktion als poetisches Verfahren. Wie Organisationen mit Metaphern Produkte und Identitäten erfinden". In: Susan Geideck/Wolf-Andreas Liebert (Hg.), Sinnformeln. Linguistische und soziologische Analysen von Leitbildern, Metaphern und anderen kollektiven Orientierungsmustern, Berlin/New York: De Gruyter, S. 83-101.

Liedtke, Frank (2002): „Bedeutung, Metaphern, Kognition. Zu einigen Grundbegriffen der Analyse politischer Sprache". In: Oswald Panagl, Horst Stürmer (Hg.), Politische Konzepte und verbale Strategien. Brisante Wörter – Begriffsfelder – Sprachbilder, New York/Frankfurt a.M.: Peter Lang, S. 253-264.

Link, Jürgen (1982): „Kollektivsymbolik und Mediendiskurse. Zur aktuellen Frage, wie subjektive Aufrüstung funktioniert". In: kultuR-Revolution 1, S. 6-20.

Link, Jürgen (1986a): „Noch einmal. Diskurs. Interdiskurs. Macht". In: kultuRRevolution 11, S. 4-7.

Link, Jürgen (1986b): „fundamentale semantische relationen im symbolsystem der ‚simulation', katachresenmäander, ‚erzählungen'". In: kultuRRevolution 13, S. 39-43.

Link, Jürgen (1997): Versuch über den Normalismus. Wie Normalität produziert wird, Opladen: Westdeutscher Verlag.

Lipietz, Alain (1985): „Akkumulation, Krisen und Auswege aus der Krise. Einige methodische Überlegungen zum Begriff der ‚Regulation'". PROKLA 58, S. 109-137.

Lipietz, Alain (1992): „Vom ‚Althusserismus' zur Theorie der Regulation". In: Demirović/Krebs/Sablowski (Hg.), Hegemonie und Staat, S. 9-59.

Löbner, Sebastian (2003): Semantik. Eine Einführung, Berlin, New York: De Gruyter.

Lösche, Peter (1995): „Gewerkschaften". In: Dieter Nohlen (Hg.), Wörterbuch Staat und Politik, 3. Aufl., München: Pieper, S. 221-222.

Löw, Martina (2001): Raumsoziologie, Frankfurt a.M.: Suhrkamp.

Lüdemann, Susanne (2004): Metaphern der Gesellschaft. Studien zum soziologischen und politischen Imaginären, München: Fink.

Lupton, Deborah (1994): Medicine as Culture. Illness, Disease and the Body in Western Society, London u.a.: Sage.

Lupton, Deborah (1995): The Imperative of Health. Public Health and the Regulated Body, London u.a.: Sage.

Lupton, Deborah (1997): „Foucault and the Medicalization Critique". In: Petersen/Bunton (Hg.), Foucault, Health and Medicine, S. 94-106.

Lyons, John (1995): Einführung in die moderne Linguistik, 8., unveränd. Aufl., München: Beck.

Maas, Utz (1984): „Als der Geist der Gemeinschaft eine Sprache fand". Sprache im Nationalsozialismus. Versuch einer historischen Argumentationsanalyse, Opladen: Westdeutscher Verlag.

Machery, Pierre (1991): „Für eine Naturgeschichte der Normen". In: François Ewald/Bernhard Waldenfels (Hg.), Spiele der Wahrheit. Michel Foucaults Denken, Frankfurt a.M.: Suhrkamp, S. 171-193.

Marstedt, Gerd/Mergner, Ulrich (1995): Gesundheit als produktives Potential. Arbeitsschutz und Gesundheitsförderung im gesellschaftlichen und betrieblichen Strukturwandel, Berlin: Edition Sigma.

Marstedt, Gerd/Moebius, Susanne (2003): Gesundheitsberichterstattung des Bundes 9, Inanspruchnahme alternativer Methoden in der Medizin, 2., geänd. Aufl., Berlin: Robert Koch Institut.

Martin, Emily (1994): Flexible Bodies. Tracking Immunity in American Culture – from the Days of Polio to the Days of AIDS, Boston (MA): Beacon Press.

Martin, Emily (1998): „Die neue Kultur der Gesundheit. Soziale Geschlechtsidentität und das Immunsystem in Amerika". In: Philipp Sarasin/Jakob Tanner (Hg.), Physiologie und industrielle Gesellschaft. Studien zur Verwissenschaftlichung des Körpers im 19. und 20. Jahrhundert, Frankfurt a.M.: Suhrkamp, S. 508-525.

Martin, Emily (2002): „Flexible Körper. Wissenschaft und Industrie im Zeitalter des flexiblen Kapitalismus". In: Barbara Duden/Dorothee Noeres (Hg.), Auf den Spuren des Körpers in einer technogenen Welt, Opladen: Leske + Budrich, S. 32-54.

Marx, Karl/Engels, Friedrich (1985): Werke 13, Berlin: Dietz.

Matthöfer, Hans (1980): Humanisierung der Arbeit und Produktivität in der Industriegesellschaft, 3. Aufl., Köln: Bund-Verlag.

Matuschek, Ingo/Kleemann, Frank/Brinkhoff, Cornelia (2004): „,Bringing Subjectivity back in'. Notwendige Ergänzungen zum Konzept des Arbeitskraftunternehmers". In: Hans J. Pongratz/Günter G. Voß (Hg.), Typisch Arbeitskraftunternehmer? Befunde der empirischen Sozialforschung, Berlin: Edition Sigma, S. 115-138.

Mayhin, Janet (2004): „Language, Struggle and Voice. The Bakhtin/Volosinov Writings". In: Margaret Wetherell/Stephanie Taylor/Simeon J. Yates (Hg.), Discourse Theory and Practice, 3. Aufl., London u.a.: Sage, S. 64-71.

Mayring, Philipp (1993): Qualitative Inhaltsanalyse. Grundlagen und Techniken, 4., erw. Aufl., Weinheim: Deutscher Studien Verlag.

Mayring, Philipp (2005): „Neuere Entwicklungen in der qualitativen Forschung und der Qualitativen Inhaltsanalyse". In: Ders./Michaela Gläser-Zikuda (Hg.), Die Praxis der qualitativen Sozialforschung, Weinheim u.a.: Beltz, S. 7-20.

Mazdumar, Pravu (2004): „Der Gesundheitsimperativ". In: Widerspruch. Münchner Zeitschrift für Philosophie 42, S. 11-24.

McKeown, Thomas (1982): Die Bedeutung der Medizin. Traum, Trugbild oder Nemesis? Frankfurt a.M.: Suhrkamp.

Meyer, Michael (2001): „Between Theory, Method and Politics. Positioning of the Approaches to CDA". In: Ruth Wodak/Michael Meyer (Hg.), Methods of Critical Discourse Analysis, London u.a.: Sage, S. 14-33.

Mielck, Andreas (2000): Soziale Ungleichheit und Gesundheit. Empirische Ergebnisse, Erklärungsansätze und Interventionsmöglichkeiten, Bern u.a.: Huber.

Mielck, Andreas (2006): „Quantitative Vorgaben zur Verringerung der gesundheitlichen Ungleichheit. Lernen von anderen westeuropäischen Staaten". In: Matthias Richter/Klaus Hurrelmann (Hg.), Gesundheitliche Ungleichheit. Grundlagen, Probleme, Perspektiven, Wiesbaden: VS, Verlag für Sozialwissenschaften, S. 439-452.

Mielck, Andreas/Elkeles, Thomas (1997): „Ansätze zur Verringerung gesundheitlicher Ungleichheit". In: Jahrbuch für Kritische Medizin 26, S. 23-43.

Milz, Helmut (1995): „Persönliche Gesundheit in ökosozialer Verantwortung. Perspektiven, Widersprüche, offene Fragen". In: Eberhard Göpel/Elisabeth Schneider-Wohlfahrt (Hg.): Provokationen zur Gesundheit. Beiträge zu einem reflexiven Verständnis von Gesundheit und Krankheit, 2. Aufl., Frankfurt a.M.: Mabuse, S. 17-32.

Mohn, Reinhard (2000): „Menschlichkeit gewinnt". In: Bertelsmann Stiftung/Hans-Böckler-Stiftung (Hg.), Erfolgreich durch Gesundheitsmanagement, Gütersloh: Bertelsmann, S. 13-14.

Moldaschl, Manfred/Sauer, Dieter (2000): „Internalisierung des Marktes. Zur neuen Dialektik von Kooperation und Herrschaft". In: Heiner Minssen (Hg.), Begrenzte Entgrenzungen. Wandlungen von Organisation und Arbeit, Berlin: Edition Sigma, S. 205-247.

Monks, John (2004): „Arbeits- und Gesundheitsschutz in der EU. Strategie für das erweiterte Europa". In: Arbeit & Ökologie-Briefe 3, S. 17-19.

Mouffe, Chantal (2007): Über das Politische. Wider die kosmopolitische Illusion, Frankfurt a.M.: Suhrkamp.

Müller-Jentsch, Walther (1997): Soziologie der industriellen Beziehungen. Eine Einführung, 2., überarb. und erw. Aufl., Frankfurt a.M./ New York: Campus.

Müller-Petzer, Sabine (2003): Fürsorgepflichten des Arbeitgebers nach europäischem und nationalem Arbeitsschutzrecht, Frankfurt a.M.: Peter Lang.

Münker, Stefan/Roesler, Alexander (2000): Poststrukturalismus, Stuttgart: Metzler.

Muntigl, Peter (2002): „Politization and Depolitization. Employment Policy in the European Union". In: Paul Chilton/Christina Schäffner (Hg.), Politics as Text and Talk. Analytical Approaches to Political Discourse, Amsterdam/Philadelphia: John Benjamins, S. 1-44.

Musolff, Andreas (1993): „Die Sprache der Medien und wirtschaftliche ‚Realitäten'. Sprachgebrauch in öffentlichen Debatten um den Daimler-Benz-Konzern". In: Adi Grewening (Hg.), Inszenierte Information. Politik und strategische Kommunikation in den Medien, Opladen: Westdeutscher Verlag, S. 31-55.

Musolff, Andreas (2001): „The Metaphorization of European Politics. Movement on the Road to Europe". In: Ders. et al. (Hg.), Attitudes towards Europe. Language in the Unification Process, Aldershot u.a.: Abgate, S. 179-200.

Musolff, Andreas (2003): „Metaphor Scenarios in Political Discourse in Britain and Germany". In: Susan Geideck/Wolf-Andreas Liebert (Hg.), Sinnformeln. Linguistische und soziologische Analysen von Leitbildern, Metaphern und anderen kollektiven Orientierungsmustern, Berlin/New York: De Gruyter, S. 259-282.

Naidoo, Jennie/Wills, Jane (2003): Lehrbuch der Gesundheitsförderung. Umfassend und anschaulich mit vielen Beispielen aus der Praxis der Gesundheitsförderung, hg. von der BZgA, Gamburg: Verlag für Gesundheitsförderung.

Naumann, Thilo Maria (2000): Das umkämpfte Subjekt. Subjektivität, Hegemonie und Emanzipation im Postfordismus, Tübingen: edition diskord.

Nefiodow, Leo A. (1997): „Der sechste Kondratieff. Die großen neuen Märkte des 21. Jahrhunderts". In: Zeitschrift für empirische Wirtschaftsforschung 1-4, S. 253-286.

Nettleton, Sarah (1995): Sociology of Health and Illness, Cambridge/Oxford: Polity Press.

Nettleton, Sarah (1997): Governing the Risky Self. How to Become Healthy, Wealthy and Wise. In: Petersen/Bunton (Hg.), Foucault, Health and Medicine, S. 207-222.

Niedermeier, Renate (1999): „Vom ‚Verwalten' zum ‚Gestalten'? Neue Steuerungskonzepte und gewandeltes Selbstverständnis in der Gesetzlichen Krankenversicherung. Ergebnisse einer Expertenbefragung zur Lebenslaufpolitik der Krankenkassen". In: Gerd Marstedt/ Dietrich Milles/Rainer Müller (Hg.), Gesundheitskonzepte im Umbruch. Lebenslaufpolitik der Unfall- und Krankenkassen, Bremerhaven: Wirtschaftsverlag NW, Verlag für neue Wissenschaften, S. 64-98.

Niehr, Thomas/Böke, Karin (2003): „Diskursanalyse unter linguistischer Perspektive – am Beispiel des Migrationsdiskurses". In: Keller et al. (Hg.), Handbuch Sozialwissenschaftliche Diskursanalyse 2, S. 325-351.

Nigsch, Otto (1997): „Management – ein Weg zur gesellschaftlichen Generalsanierung?" Soziale Welt 4, S. 417-430.

Noack, Horst (1993): „Gesundheit. Medizinische, psychologische und soziologische Konzepte". In: Reinhard Gawatz/Peter Novak (Hg.), Soziale Konstruktionen von Gesundheit. Wissenschaftliche und alltagspraktische Konzepte, Ulm: Universitäts-Verlag Ulm, S. 13-32.

Nonhoff, Martin (2006a): Politischer Diskurs und Hegemonie. Das Projekt „Soziale Marktwirtschaft", Bielefeld: transcript.

Nonhoff, Martin (2006b): „Diskurs". In: Gerhard Göhler/Matthias Iser/Ina Kerner (Hg.), Politische Theorie. 22 umkämpfte Begriffe zur Einführung, 2. Aufl., Wiesbaden: VS, Verlag für Sozialwissenschaften/GWV Fachverlag, S. 65-82.

Nüchtern, Michael (1995): Medizin – Magie – Moral. Therapie und Weltanschauung, Mainz/Stuttgart: Matthias Grünewald/Quell Verlag.

Nullmeier, Frank (2000): Politische Theorie des Sozialstaats, Frankfurt a.M./New York: Campus.

OECD (2007): Beschäftigungsausblick 2007, Pressemitteilung zu Deutschland, www.oecd.org/document/60/0,3343, de_ 34968570_34968795_38798140_1_1_1_1,00.html, Stand 07.08.2007.

Opitz, Sven (2004): Gouvernementalität im Postfordismus. Macht, Wissen und Techniken des Selbst im Feld unternehmerischer Rationalität, Hamburg: Argument.

Oppolzer, Alfred (2006): Gesundheitsmanagement im Betrieb. Integration und Koordination menschengerechter Gestaltung der Arbeit, Hamburg: VSA.

Osborne, Thomas (1997): „Of Health and Statecraft". In: Petersen/Bunton (Hg.), Foucault, Health and Medicine, S. 173-188.

OSHA – Neue Qualität der Arbeit, de.osha.eu.int/topics/neue_ qualitaet_der_arbeit, Stand 23.10.2006.

Palonen, Kari (1985): Politik als Handlungsbegriff. Horizontwandel des Politikbegriffs in Deutschland 1890-1933, Helsinki: Finnish Society of Sciences and Letters.

Palonen, Kari (1993): „Introduction. From Policy to Politicking and Politization". In: Ders./Tuija Parvikko (Hg.), Reading the Political. Exploring the Margins of Politics, Tampere: Tammer-Paino Oy, S. 6-16.

Palonen, Kari (2006): The Struggle with Time. A Conceptual History of ‚Politics' as an Activity, Münster u.a.: LIT.

Panagl, Oswald (1998): „‚Fahnenwörter', Leitvokabeln, Kampfbegriffe. Versuch einer terminologischen Erklärung". In: Ders. (Hg.), Fahnenwörter der Politik, Kontinuitäten und Brüche, Wien u.a.: Böhlau, S. 13-21.

BIBLIOGRAPHIE

Paridon, Hiltraut et al. (2004): Ausmaß, Stellenwert und betriebliche Relevanz psychischer Belastungen bei der Arbeit. Ergebnisse einer Befragung von Arbeitsschutzexperten, www.iga-info.de/fileadmin/texte/iga-report_5pdf, Stand 25.06.2006.

Parsons, Talcott (1968): „Definitionen von Gesundheit und Krankheit im Lichte der amerikanischen Werte und der Sozialstruktur Amerikas". In: Ders., Sozialstruktur und Persönlichkeit, Frankfurt a.M.: Europäische Verlags-Anstalt, S. 323-366.

Paul, Hermann (2002): Deutsches Wörterbuch. Bedeutungsgeschichte und Aufbau unseres Wortschatzes, 10., überarb. und erw. Aufl., Tübingen: Max Niemeyer Verlag.

Paulitz, Tanja (2004): Netzsubjektivitäten. Konstruktion von Vernetzung als Technologien des sozialen Selbst, Münster: Westfälisches Dampfboot.

Pearce, Frank/Tombs, Steve (1998): Toxic Capitalism. Corporate Crime and the Chemical Industry, Aldershot u.a.: Ashgate.

Pêcheux, Michel (1982): Language, Semantics and Ideology, Houndshill: MacMillian.

Peiffer, B./Lauterbach, D. (2003): „Produktivitätssteigerung im Arbeitsschutz durch Forschung und Förderung der Handlungskompetenz". In: Bundesanstalt für Arbeitsschutz und Arbeitsmedizin (Hg.), Neue Qualität der Arbeit im Spannungsfeld von Produktivität und Arbeitsbelastung. Strategische Beiträge zur Ganzheitlichen Arbeitsgestaltung, 2. Symposium des MTM-Institutes und der Bundesanstalt für Arbeitsschutz und Arbeitsmedizin am 27. Februar 2003 in Berlin, Bremerhaven: Wirtschaftsverlag NW, Verlag für neue Wissenschaften, S. 136-149.

Peil, Dietmar (1983): Untersuchungen zur Staats- und Herrschaftsmetaphorik in literarischen Zeugnissen von der Antike bis zur Gegenwart, München: Fink.

Petersen, Alan (1997): „Risk, Governance and the New Public Health". In: Ders./Bunton (Hg.), Foucault, Health and Medicine, S. 198-206.

Petersen, Alan/Bunton, Robin (Hg.) (1997): Foucault, Health and Medicine, London u.a.: Routledge.

Petersen, Alan/Lupton, Deborah (1996): The New Public Health. Health and Self in the Age of Risk, London u.a.: Sage.

Phillips, Louise/Jørgensen, Marianne W. (2004): Discourse Analysis as Theory and Method, 2. Aufl., London u.a.: Sage.

Pickshaus, Klaus (2004): „‚Gute Arbeit'. Revitalisierung der Arbeitspolitik". In: Sozialismus 7-8, S. 1-7.

Pickshaus, Klaus/Schmitthenner, Horst/Urban, Hans-Jürgen (2001): Arbeiten ohne Ende. Neue Arbeitsverhältnisse und gewerkschaftliche Arbeitspolitik, Hamburg: VSA.

Pickshaus, Klaus/Urban, Hans-Jürgen (2002): „Perspektiven gewerkschaftlicher Arbeitspolitik. Plädoyer für eine neue Humanisierungsoffensive". In: Gewerkschaftliche Monatshefte 10-11, S. 1-7.

Pickshaus, Klaus/Urban, Hans-Jürgen (2004): „‚Gute Arbeit'. Eine arbeits- und gesundheitspolitische Initiative der IG Metall". In: Arbeit 3, S. 220-228.

Pielenz, Michael (1993): Argumentation und Metapher, Tübingen: Gunter Narr Verlag.

Pieper, Marianne (2003): „Regierung der Armen oder Regierung von Armut als Selbstsorge". In: Dies./Encarnación Gutíerrez Rodríguez (Hg.), Gouvernementalität. Ein sozialwissenschaftliches Konzept im Anschluss an Foucault, Frankfurt a.M./New York: Campus, S. 136-160.

Pieper, Marianne (2006): „Diskursanalysen – Kritische Analytik der Gegenwart und wissenspolitische Deutungsmusteranalyse". In: Kerchner/Schneider (Hg.), Foucault, S. 269-286.

Pieper, Marianne (2007): „Biopolitik – Die Umwendung eines Machtparadigmas. Immaterielle Arbeit und Prekarisierung". In: Dies. et al. (Hg.), Empire und die biopolitische Wende. Die internationale Diskussion im Anschluss an Hardt und Negri, Frankfurt a.M./New York: Campus, S. 215-244.

Pieper, Marianne et al. (2007a): „Einleitung". In: Dies. (Hg.), Empire und die biopolitische Wende. Die internationale Diskussion im Anschluss an Hardt und Negri, Frankfurt a.M./New York: Campus, S. 7-16.

Pieper, Marianne et al. (Hg.) (2007b): Empire und die biopolitische Wende. Die internationale Diskussion im Anschluss an Hardt und Negri. Frankfurt a.M./New York: Campus.

Pieper, Ralf/Vorath, Bernd-Jürgen (2005): Handbuch Arbeitsschutz. Sicherheit und Gesundheit im Betrieb, 2. Aufl., Frankfurt a.M.: Bund-Verlag.

Pörksen, Bernhard (2000): Die Konstruktion von Feindbildern. Zum Sprachgebrauch neonazistischer Medien, Oplagen: Westdeutscher Verlag.

Prävention-Online. Das unabhängige Portal für Arbeitsschutz, Gesundheitsschutz, Umweltschutz und Qualität, www.praeventiononline.de/pol/Start-frames.html, Stand 24.05.2006.

Pröll, Ulrich/Gude Dietmar, (2003): Gesundheitliche Auswirkungen flexibler Arbeitsformen. Risikoabschätzung und Gestaltungsanforderungen, Schriftenreihe der Bundesanstalt für Arbeitsschutz und Arbeitsmedizin: Forschung 986, Bremerhaven: Wirtschaftsverlag NW, Verlag für neue Wissenschaften.

Ptak, Ralf (2004): Vom Ordoliberalismus zur Sozialen Marktwirtschaft. Stationen des Neoliberalismus in Deutschland, Opladen: Leske + Budrich.

Pühl, Katharina/Schultz, Susanne (2001): „Gouvernementalität und Geschlecht – Über das Paradox der Festschreibung und Flexibilisierung der Geschlechterverhältnisse". In: Sabine Hess/Ramona Lenz (Hg.), Geschlecht und Globalisierung, Königstein/Ts.: Helmer, S. 102-127.

Rancière, Jacques (1999): Disagreement. Politics and Philosophy, Minneapolis/London: University of Minnesota Press.

Rationalisierungs- und Innovationszentrum der Deutschen Wirtschaft e.V. (o.J): Über das RKW, www.rkw.de/99_UeberRKW/index.html, Stand 07.08.2007.

Reese-Schäfer, Walter (2001): Kommunitarismus, Frankfurt a.M./New York: Campus.

Regin, Cornelia (1995): Selbsthilfe und Gesundheitspolitik. Die Naturheilbewegung im Kaiserreich (1889-1914), Stuttgart: Franz Steiner Verlag.

Reichert, Ramón (2004): „Einleitung". In: Wolfgang Pircher/Ramón Reichert, (Hg.), Governmentality Studies. Analysen liberal-demokratischer Gesellschaften im Anschluss an Michel Foucault, Münster u.a.: LIT, S. 11-32.

Reichertz, Jo (2002): Die Abduktion in der qualitativen Sozialforschung, Opladen: Leske + Budrich.

Reisigl, Martin/Wodak, Ruth (2001): Discourse and Discrimination. Rhetorics of Racism and Antisemitism, London u.a.: Routledge.

Resch, Christine/Steinert, Heinz (2005): „‚Der Begriff Humankapital sieht die Menschen als Träger von Wert – statt nur als Verursacher von Kosten'. Anmerkungen zum umstrittenen Unwort des Jahres 2004", www.links-netz.de/T_texte/T_resch_humankapital.html, Stand 05.06.2007.

Reusch, Jürgen (2003): „‚Neue Qualität der Arbeit' in den Zeiten der Sozialdemontage". In: Arbeit & Ökologie-Briefe 11, S. 19-22.

Reusch, Jürgen (2006): „Die geplante nationale Arbeitsschutzstrategie bekommt Konturen – aber welche?" In: Gute Arbeit 8/9, S. 13-17.

Richards, Ivor Armstrong (1983): „Die Metapher". In: Anselm Haverkamp, (Hg.), Theorie der Metapher, Darmstadt: Wissenschaftliche Buchgesellschaft, S. 31-52.

Richter, Matthias/Hurrelmann, Klaus (Hg.) (2006): Gesundheitliche Ungleichheit. Grundlagen, Probleme, Perspektiven, Wiesbaden: VS, Verlag für Sozialwissenschaften.

Ricoeur, Paul (2004): Die lebendige Metapher, 3. Aufl., München: Wilhelm Fink Verlag.

Riester, Walter (2002): Eine neue Qualität der Arbeit erfordert eine neue Qualität der Kooperation. Artikel von Walter Riester, Bundesminister für Arbeit und Sozialordnung, für die Zeitschrift des IKK-Bundesverbandes ‚Die Krankenversicherung', S. 2-7, www.inqa.de, Stand 29.03.2004.

Rigotti, Francesca (1994): Die Macht und ihre Metaphern. Über die sprachlichen Bilder der Politik, Frankfurt a.M./New York: Campus.

Rittner, Volker (1982): „Krankheit und Gesundheit. Veränderungen in der sozialen Wahrnehmung des Körpers". In: Dietmar Kamper/Christoph Wulff (Hg.), Die Wiederkehr des Körpers, Frankfurt a.M.: Suhrkamp, S. 40-51.

Rittner, Volker (1995): „Selbstbehauptung mit dem Körper. Schlankheit, Fitness und Sportlichkeit als Körperideale und soziale Zwänge". In: Eberhard Göpel/Ursula Schneider-Wohlfahrt (Hg.), Provokationen zur Gesundheit. Beiträge zu einem reflexiven Verständnis von Gesundheit und Krankheit, 2. Aufl., Frankfurt a.M.: Mabuse, S. 195-210.

Robert Koch Institut/Statistisches Bundesamt (2006): Gesundheitsberichterstattung des Bundes. Gesundheit in Deutschland, Berlin: Robert Koch Institut.

Rodgers, Gerry (1989): „Precarious Work in Western Europe. The State of Debate". In: Ders./Janine Rodgers (Hg.), Precarious Jobs in Labour Market Regulation. The Growth of Atypical Employment in Western Europe, Brussels: International Institute for Labour Studies, Free University of Brussels, S. 1-16.

Rohe, Karl (1994): Politik: Begriffe und Wirklichkeiten. Eine Einführung in das politische Denken, 2., völlig überarb. und erw. Aufl., Stuttgart u.a.: Kohlhammer.

Römer, Bert (2003): „Betriebliche Gesundheitspolitik. Ein neuer Interventionstypus". In: Arbeit & Ökologie-Briefe 4, S. 14-17.

Rosa, Hartmut (2006): „Wettbewerb als Interaktionsmodus. Kulturelle und sozialstrukturelle Konsequenzen der Konkurrenzgesellschaft". In: Leviathan 1, S. 82-104.

Rose, Nikolas (1999a): Inventing Our Selves. Psychology, Power and Personhood, 2. Aufl., Cambridge: Cambridge University Press.

Rose, Nikolas (1999b): Powers of Freedom. Reframing Political Thought, Cambridge: Cambridge University Press.

Rose, Nikolas (2000): „Tod des Sozialen? Eine Neubestimmung der Grenzen des Regierens". In: Bröckling/Krasmann/Lemke (Hg.), Gouvernementalität der Gegenwart, S. 72-109.

Rosenbrock, Rolf/Lenhardt, Uwe (2002): Anpassungs- und Modernisierungsprozesse im System arbeitsweltbezogener Präventionsakteure vor dem Hintergrund neuer Aufgabendefinitionen und institutioneller Zuständigkeiten, Forschungsprojekt des Berliner Zentrums Public Health, durchgeführt am Wissenschaftszentrum Berlin für Sozialforschung, AG Public Health, gefördert vom Bundesministerium für Bildung und Forschung, Schlussbericht, Berlin.

Rosenbrock, Rolf/Müller, Rainer (1998): „Prävention arbeitsbedingter Gesundheitsgefahren und Erkrankungen – Perspektiven des Arbeitsschutzes". In: Rainer Müller/Rolf Rosenbrock (Hg.), Betriebliches Gesundheitsmanagement, Arbeitsschutz und Gesundheitsförderung. Bilanz und Perspektiven, St. Augustin: Asgard-Verlag, S. 10-32.

Roth, Roland (1987): „Neue Soziale Bewegungen. Politische Idee oder politische Theorie?" In: Iring Fetscher/Herfried Münkler (Hg.), Piepers Handbuch der politischen Ideen 5, München u.a.: Pieper, S. 496-511.

Rückert, A. (2003): Initiative Neue Qualität der Arbeit (INQA), in: Bundesanstalt für Arbeitsschutz und Arbeitsmedizin (Hg.), Neue Qualität der Arbeit im Spannungsfeld von Produktivität und Arbeitsbelastung. Strategische Beiträge zur Ganzheitlichen Arbeitsgestaltung. 2. Symposium des MTM-Institutes und der Bundesanstalt für Arbeitsschutz und Arbeitsmedizin am 27. Februar 2003 in Berlin, Bremerhaven: Wirtschaftsverlag NW, Verlag für neue Wissenschaften, S. 153-160.

Ruggie, Mary (2004): Marginal to Mainstream. Alternative Medicine in America, Cambridge: Cambridge University Press.

Ruhl, Lealle (1999): „Liberal Governance and Prenatal Care. Risk and Regulation in Pregnancy". In: Economy & Society 1, S. 95-117.

Sablowski, Thomas (1994): „Zum Status des Hegemoniebegriffs in der Regulationstheorie". In: Josef Esser/Christoph Görg/Joachim Hirsch (Hg.), Politik, Institutionen und Staat. Zur Kritik der Regulationstheorie, Hamburg: VSA, S. 133-156.

Schaefer, Gerhard (1992): „Der Gesundheitsbegriff bei verschiedenen Völkern – Eine internationale Vergleichsstudie". In: Alf Trojan/Brigitte Stumm (Hg.), Gesundheit fördern statt kontrollieren. Eine Absage an den Mustermenschen, Frankfurt a.M.: Fischer, S. 50-71.

Schäfer, Claus (2006): „Unverdrossene ‚Lebenslügen-Politik'. Zur Entwicklung der Einkommensverteilung". In: WSI-Mitteilungen 11, S. 583-591.

Schäfer, Thomas (1995): Reflektierte Vernunft. Michel Foucaults philosophisches Projekt einer antitotalitären Macht- und Wahrheitskritik, Frankfurt a.M.: Suhrkamp.

Schäffner, Christina (1993): „Die europäische Diktatur. Metaphern der Einigung Europas in der deutschen, britischen und amerikanischen Presse". In: Adi Grewening (Hg.), Inszenierte Information. Politik und strategische Kommunikation in den Medien, Opladen: Westdeutscher Verlag, S. 13-30.

Schäffner, Christina (1997): „Editorial – Political Speeches and Discourse Analysis". In: Dies. (Hg.), Analysing Political Speeches, Clevedon u.a.: Multilingual Matters, S. 1-4.

Schaper-Rinkel, Petra (2004): „Leitbilder in der Europäischen Politik. Modus diskursiv-politischer Repräsentation und europäischer Integration". In: Jörg Meyer et al. (Hg.), Reflexive Repräsentationen. Diskurs, Macht und die Praxis der Globalisierung, Münster u.a.: LIT, S. 125-137.

Scherrer, Christoph (1995): „Eine diskursanalytische Kritik der Regulationstheorie". In: PROKLA 3, S. 457-482.

Scherrer, Karin (2001): „Dauerarbeitsplatz Call Center. Gesundheitsförderliche Arbeitsgestaltung senkt Fluktuation und Krankenstand". In: Bernhard Badura/Martin Litsch/Christian Vetter (Hg.), Fehlzeiten-Report 2000. Zukünftige Arbeitswelten: Gesundheitsschutz und Gesundheitsmanagement. Zahlen, Daten und Analysen aus allen Branchen der Wirtschaft, Berlin u.a.: Springer, S. 61-79.

Scheuch, Klaus (2003): „Arbeitsphysiologie". In: G. Triebig/M. Keutner/R. Schiele (Hg.), Arbeitsmedizin. Handbuch für Theorie und Praxis, Stuttgart: Geutner Verlag, S. 563-667.

Schipperges, Heinrich (2003): Gesundheit und Gesellschaft. Ein historisch-kritisches Panorama, Berlin u.a.: Springer.

Schmitt, Rudolf (1993): Metaphern des Helfens, Berlin: Psychologie Verlagsunion.

Schmitt, Rudolf (1997): „Metaphernanalyse als sozialwissenschaftliche Methode". In: Psychologie & Gesellschaftskritik 81, S. 57-86.

Schröder, Gerhard (2000): „Die zivile Bürgergesellschaft. Anregungen zu einer Neubestimmung der Aufgaben von Staat und Gesellschaft". In: Die Neue Gesellschaft/Frankfurter Hefte 4, S. 200-207.

Schröder, Gerhard (2003): Mut zum Frieden und zur Veränderung. Regierungserklärung von Bundeskanzler Gerhard Schröder, Bonn: Presse- und Informationsamt der Bundesregierung.

Schröder, Martina (2003): „BG-Regelwerk straffen, ohne den Arbeitsschutz zu verschlechtern". In: Arbeit & Ökologie-Briefe 10, S. 29-30.

Schröder, Martina (2006): „Das Eckpunktepapier der Bund-Länder-Kommission zur Reform der gesetzlichen Unfallversicherung". In: Gute Arbeit 7, S. 32-35.

Schröder, Martina (2007): „Reform der Gesetzlichen Unfallversicherung gestoppt". In: Gute Arbeit 7/8, S. 20-21.

Schui, Herbert/Blankenburg, Stephanie (2002): Neoliberalismus. Theorie, Gegner, Praxis, Hamburg: VSA.

Schultz, Susanne (2002): „Biopolitik und affektive Arbeit bei Hardt/ Negri". In: Das Argument 248, S. 696-709.

Schultz, Susanne (2006): Hegemonie, Gouvernementalität, Biomacht. Reproduktive Risiken und die Transformation internationaler Bevölkerungspolitik, Münster: Westfälisches Dampfboot.

Schulz, Thomas (1999): „Alternative Medizin in subjektiver Deutung chronisch Kranker. Paramedizinische Bedarfe als Ausdruck von Individualisierungstendenzen im Gesundheitssystem". In: Gerd Marstedt/Dietrich Milles/Rainer Müller (Hg.), Gesundheitskonzepte im Umbruch. Lebenslaufpolitik der Unfall- und Krankenkassen, Bremerhaven: Wirtschaftsverlag NW, Verlag für neue Wissenschaften, S. 155-173.

Schulz, Thomas (2001): Orientierungswandel bei Gesundheit und Krankheit. Prozesse der Selbstkontextuierung im Gesundheitssystem, Bremerhaven: Wirtschaftsverlag NW, Verlag für neue Wissenschaften.

Schulz, Karl-Heinz (2004): „Public Relations für INQA. Gutes Thema in schwierigem Umfeld". In: Arbeit 3, S. 204-208.

Schulze, Gerhard (1992): Die Erlebnisgesellschaft: Kultursoziologie der Gegenwart, Frankfurt a.M./New York: Campus.

Shilling, Chris (1993): The Body and Social Theory. London u.a.: Sage.

Siebern-Thomas, Frank (2005): „Zum Stellenwert der ‚Qualität der Arbeit' in der europäischen Beschäftigungspolitik". In: WSI-Mitteilungen 4, S. 200-206.

Siegrist, Johannes/Dragano, Nico (2006): „Berufliche Belastungen und Gesundheit". In: Claus Wendt/Christof Wolf (Hg.), Soziologie der Gesundheit. Kölner Zeitschrift für Soziologie und Sozialpsychologie, Sonderheft 46, Wiesbaden: VS, Verlag für Sozialwissenschaften, S. 109-124.

Siegrist, Johannes/Dragano, Nico/von dem Knesebeck, Olaf (2006): „Soziales Kapital, soziale Ungleichheit und Gesundheit". In: Mattias Richter/Klaus Hurrelmann (Hg.), Gesundheitliche Ungleichheit. Grundlagen, Probleme, Perspektiven, Wiesbaden: VS, Verlag für Sozialwissenschaften, S. 157-170.

Simmel, Georg (1995 [1905]): Philosophie der Mode, in: Otthein Rammstedt (Hg.), Gesamtausgabe Georg Simmel 10, Frankfurt a.m.: Suhrkamp, S. 7-37.

Skeggs, Beverly (1997): Formations of Class and Gender. Becoming Respectable, London u.a.: Sage.

Sondermann, Klaus (1997): „Reading politically. National Anthems as Textual Icons". In: Terrell Carver/Matti Hyvärinen (Hg.), Interpreting the Political. New Methodologies, London u.a.: Routledge, S. 128-142.

Spivak, Gayatri Chakravorty (1988): „Can the subaltern speak?" In: Nelsen Cary/Lawrence Grossberg (Hg.), Marxism and the Interpretation of Culture, Urbana: University of Illinois Press, S. 271-313.

Stauff, Markus (2004): „Der Konsum der Zuschauer. Zur televisuellen Umwertung von Wahrnehmungen und Bedeutungen". In: Kai-Uwe Hellmann/Dominik Schrage (Hg.), Konsum der Werbung. Zur Produktion und Rezeption von Sinn in der kommerziellen Kultur, Wiesbaden: VS, Verlag für Sozialwissenschaften, S. 63-80.

Stötzel, Georg (1995): Kontroverse Begriffe. Geschichte des öffentlichen Sprachgebrauchs in der Bundesrepublik Deutschland, Berlin: De Gruyter.

Stötzel, Georg/Eitz, Thorsten (2002): Zeitgeschichtliches Wörterbuch der deutschen Gegenwartssprache, Darmstadt: Wissenschaftliche Buchgesellschaft.

Strauss, Anselm/Corbin, Juliet (1996): Grundlagen qualitativer Sozialforschung, Weinheim: Psychologie Verlagsunion.

Stubbs, Michael (2002): Words and Phrases: Corpus Studies in Lexical Semantics, Oxford/Malden: Blackwell.

Suhrcke, Marc et al. (2005): The Contribution of Health to the Economy in the European Union, www.ec.europa.eu/health/ph_overview/ Documents/health_economy_eu.pdf, Stand 05.10.2006.

Tepe, Peter (1992): Postmoderne, Poststrukturalismus, Wien: Passagen.

Teubert, Wolfgang (2002): „Die Bedeutung von Globalisierung". In: Oswald Panagl/Horst Stürmer (Hg.), Politische Konzepte und verbale Strategien. Brisante Wörter, Begriffsfelder, Sprachbilder, Frankfurt a.M. u.a.: Peter Lang, S. 149-167.

Teubert, Wolfgang (2003): „Provinz eines föderalen Superstaates – regiert von einer nicht gewählten Bürokratie? Schlüsselbegriffe des europafeindlichen Diskurses in Großbritannien". In: Keller et al. (Hg.), Handbuch sozialwissenschaftliche Diskursanalyse 2, S. 353-387.

Thiehoff, Rainer (2003): inqa.de – wie wollen wir morgen arbeiten? www.inqa.de/Redaktion/Service/Downloads/inqa.de.pdf, Stand 15.04.2004.

Thiehoff, Rainer (2004): „Gemeinsam handeln, jeder in seiner Verantwortung. Die Initiative Neue Qualität der Arbeit". In: Arbeit 3, S. 197-204.

Thiehoff, Rainer (2007): „Wertschöpfung durch Wertschätzung – die Initiative Neue Qualität der Arbeit – ermöglichendes Staatshandeln beim Übergang zur Wissensökonomie". In: Hans Hinterhuber et al. (Hg.), Servant Leadership. Prinzipien dienender Unternehmensführung, Berlin: Erich Schmidt, S. 87-116.

Titscher, Stefan/Meyer, Michael/Vetter, Eva (1998): Methoden der Textanalyse. Leitfaden und Überblick, Opladen/Wiesbaden: Westdeutscher Verlag.

Trojan, Alf (1986): Wissen ist Macht. Eigenständig durch Selbsthilfe in Gruppen, Frankfurt a.M.: Fischer.

Ulich, Eberhard (2001): „Zukunft der Arbeit – Wandel der Belastungen – Neue Strategien für den Arbeitsschutz und die Gesundheitsförderung". In: Freie und Hansestadt Hamburg. Behörde für Umwelt und Gesundheit. Amt für Arbeitsschutz (Hg.), Arbeit und Gesundheit. Workshop vom 19.-20. Juni 2001 in Hamburg, Dokumentation, S. 13-17.

Ulich, Wienfried (2002): Linguistische Grundbegriffe, 5., völlig neu bearb. Aufl., Berlin/Stuttgart: Gebrüder Borntraeger.

Unger, Hans-Peter/Kleinschmidt, Carola (2006): Bevor der Job uns krank macht. Wie uns die heutige Arbeitswelt in die seelische Erschöpfung treibt und was man dagegen tun kann, München: Kösel-Verlag.

Unschuld, Paul (2004): „Gesundheit als Zweck und Mittel". In: Widerspruch. Münchner Zeitschrift für Philosophie 42, S. 54-58.

Van der Walt, Christina (2004): „Globalisation-Speak in Higher Education. How We Talk about Lifelong Learning". In: Martin Pütz/ JoAnne Neff-van Aertselaer/Teun A. van Dijk (Hg.), Communicating Ideologies. Multidisciplinary Perspectives on Language, Discourse and Social Practices, Frankfurt a.M.: Peter Lang, S. 327-352.

Van Leeuwen, Theo (1995): „Representing Social Action". In: Discourse & Society 1, S. 81-106.

Van Leeuwen, Theo (1996): „The Representation of Social Actors". In: Carmen Rosa Caldas-Coulthard/Malcolm Coulthard (Hg.), Text and Practices. Readings in Critical Discourse Analysis, London u.a.: Routledge, S. 32-70.

Veblen, Thorstein (1986 [1899]): Theorie der feinen Leute. Eine ökonomische Untersuchung der Institutionen, Frankfurt a.m.: Fischer.

Veghte, Ben (1999): „Dissonanz zwischen psycho-sozialen Bedürfnissen von Versicherten und dem Medizinsystem. Ergebnisse einer quantitativen Befragung". In: Marstedt, Gerd/Milles, Dietrich/Müller, Rainer (Hg.), Gesundheitskonzepte im Umbruch. Lebenslaufpolitik der Unfall- und Krankenkasse, Bremerhaven: Wirtschaftsverlag NW, Verlag für neue Wissenschaften, S. 99-132.

Vester, Michael (1998): „Klassengesellschaft ohne Klassen? Auflösung oder Transformation der industriegesellschaftlichen Sozialstruktur?" In: Peter Berger/Michael Vester (Hg.), Alte Ungleichheiten, Neue Spaltungen, Opladen: Leske + Budrich, S. 109-147.

Viehöver, Willy (2003): „Die Wissenschaft und die Wiederverzauberung des sublunaren Raumes. Der Klimadiskurs im Licht der narrativen Diskursanalyse". In: Keller et al. (Hg.), Handbuch Sozialwissenschaftliche Diskursanalyse 2, S. 233-269.

Voß, Günter G. (2001): „Der Arbeitskraftunternehmer. Ein neuer Typus von Arbeitskraft und seine sozialen Folgen". Arbeitspapier Nr. 43, Universität Bremen, S. 2-20.

Voß, Günter G./Pongratz, Hans J. (1998): „Der Arbeitskraftunternehmer. Eine neue Grundform der Ware Arbeitskraft?" In: Kölner Zeitschrift für Soziologie und Sozialpsychologie 50, S. 131-158.

Voß, Günter G./Weiß, Cornelia (2005): „Ist der Arbeitskraftunternehmer weiblich?" In: Karin Lohr/Hildegard Maria Nickel (Hg.), Subjektivierung von Arbeit. Riskante Chancen, Münster: Westfälisches Dampfboot, S. 92-114.

Voswinkel, Stephan (2001): Anerkennung und Reputation. Die Dramaturgie industrieller Beziehungen. Mit einer Fallstudie zum ‚Bündnis für Arbeit', Konstanz: UVK Verlagsgesellschaft.

Voswinkel, Stephan (2002): „Bewunderung ohne Würdigung? Paradoxien der Anerkennung doppelt subjektivierter Arbeit". In: Axel Honneth (Hg.), Befreiung aus der Mündigkeit. Paradoxien des gegenwärtigen Kapitalismus, Frankfurt a.M./New York: Campus, S. 65-92.

Wachtler, Günther (1979): Humanisierung der Arbeit und Industriesoziologie. Eine soziologische Analyse historischer Vorstellungen humaner Arbeitsgestaltung, Stuttgart: Kohlhammer.

Waldschmidt, Anne (1996): Das Subjekt in der Humangenetik, Münster: Westfälisches Dampfboot.

Waldschmidt, Anne (2003): „Der Humangenetik-Diskurs der Experten. Erfahrungen mit dem Werkzeugkasten der Diskursanalyse". In: Keller et al. (Hg.), Handbuch Sozialwissenschaftliche Diskursanalyse 2, S. 147-168.

BIBLIOGRAPHIE

Waller, Heiko (2002): Gesundheitswissenschaft. Eine Einführung in Grundlagen und Praxis von Public Health, 3., überarb. und erw. Aufl., Stuttgart u.a.: Kohlhammer.

Walpen, Bernhard (2004): Die offenen Feinde und ihre Gesellschaft. Eine hegemonietheoretische Studie zur Mont Pèlerin Society, Hamburg: VSA.

Wegweiser Bürgergesellschaft, www.wegweiser-buergergesellschaft.de, Stand 12.08.2006.

Weil, Reinhold (1975): Humanisierung der Arbeit. Antwort auf Entfremdung, Köln: Bachum.

Weingarten, Michael (1989): „Autopoiesis: Zwischen Naturtheorie und Weltanschauung". In: Das Argument 162, S. 54-67.

Weingarten, Michael (2004): „Gesundheit als ‚Normalstandard'". In: Widerspruch. Münchner Zeitschrift für Philosophie 42, S. 59-62.

Weiss, Gilbert (2000): „Labour Markets, Unemployment and the Rhetoric of Globalization. Sociological and Economical Background". In: Peter Muntigl/Gilbert Weiss/Ruth Wodak (Hg.), European Union Discourses on Un/employment. An Interdisciplinary Approach to Employment Policy-making and Organizational Change, Amsterdam/Philadelphia: John Benjamins, S. 27-50.

Wendt, Claus/Wolf, Christof (Hg.) (2006): Soziologie der Gesundheit. Kölner Zeitschrift für Soziologie und Sozialpsychologie, Sonderheft 46, Wiesbaden: VS, Verlag für Sozialwissenschaften.

Wiesenthal, Helmut/Clasen, Ralf (2003): „Gewerkschaften in Politik und Gesellschaft. Von der Gestaltungsmacht zum Traditionswächter?" In: Wolfang Schroeder/Bernhard Weßels (Hg.), Die Gewerkschaften in Politik und Gesellschaft der Bundesrepublik Deutschland. Ein Handbuch, Wiesbaden: Westdeutscher Verlag, S. 296-322.

Williams, Simon J. (1995): „Theorizing Class, Health and Lifestyles. Can Bourdieu Help Us?" In: Sociology of Health and Illness 17, S. 577-604.

Willke, Gerhard (2003): Neoliberalismus, Frankfurt a.M./New York: Campus.

Wismar, Matthias (1996): Gesundheitswesen im Übergang zum Postfordismus. Die gesundheitspolitische Regulierung der Fordismuskrise in Großbritannien und der Bundesrepublik Deutschland, Frankfurt a.M.: VAS.

Wodak, Ruth (2001): „What CDA is about – a Summary of its History, Important Concepts and its Developments". In: Dies./Michael Meyer (Hg.), Methods of Critical Discourse Analysis, London u.a.: Sage, S. 1-13.

Wodak, Ruth et al. (1998): Zur diskursiven Konstruktion nationaler Identität. Frankfurt a.M.: Suhrkamp.

Wolf, Frieder Otto (2004): „Humanismus". In: Wolfgang Fritz Haug (Hg.), Historisch-kritisches Wörterbuch des Marxismus 6/1, Hamburg: Argument, S. 548-554.

Womack, James P./Jones, Daniel T./Roos, Daniel (1992): Die zweite Revolution der Autoindustrie. Konsequenzen aus der weltweiten Studie des MIT, Frankfurt a.M./New York: Campus.

Wriedt, Henning (2003): „Was Deregulierung und Bürokratieabbau anrichten. Lehrstück Gefahrstoffverordnung". In: Arbeit & Ökologie-Briefe 12, S. 11-14.

Zimmermann, Hans-Dieter (1975): Die politische Rede. Der Sprachgebrauch Bonner Politiker, 3. Aufl., Stuttgart: Kohlhammer.

Zola, Irving K. (1972): „Medicine as an Institution of Social Control". In: Sociological Review 20, S. 487-503.

Zwickel, Klaus (2002): Gestaltung des Wandels – Ziele und Perspektiven. Kongress Initiative „Neue Qualität der Arbeit", 17. Juni 2002, Berlin, www.praevention-online.de/pol/pol.nsf/o/a2038486194c5dfl, Stand 26.07.2005.

Zwingmann, Bruno (2002): „Zukunft der Arbeit – Herausforderungen an die AkteurInnen des Arbeits- und Gesundheitsschutzes". In: Bundesanstalt für Arbeitsschutz und Arbeitsmedizin (Hg.), Gesundheitsförderung an neuen Arbeitsplätzen – Eine Herausforderung für die Akteure des Arbeits- und Gesundheitsschutzes. Fachtagung vom 18. Juni 2001 in Hannover in Zusammenarbeit mit der Landesvereinigung für Gesundheit Niedersachsen e.V. und des BKK-Landesverband Niedersachsen-Bremen, Dortmund u.a., S. 45-64.

Zwingmann, Bruno (2003): „Die Zukunft der Arbeit als Herausforderung. Arbeitsschutz und betriebliche Gesundheitsförderung heute". In: Josef Kuhn/Eberhard Göbel (Hg.), Gesundheit als Preis der Arbeit? Gesundheitliche und wirtschaftliche Interessen im historischen Wandel, Frankfurt a.M.: Mabuse, S. 209-231.

Zwingmann, Bruno (2004): „INQA Büro. Ein Zwischenbericht". In: Arbeit 3, S. 209-219.

Sozialtheorie

ULRICH BRÖCKLING,
ROBERT FEUSTEL (HG.)
Das Politische denken
Zeitgenössische Positionen

November 2009, ca. 300 Seiten,
kart., ca. 24,80 €,
ISBN 978-3-8376-1160-1

ANDREA D. BÜHRMANN,
WERNER SCHNEIDER
Vom Diskurs zum Dispositiv
Eine Einführung in die
Dispositivanalyse

2008, 180 Seiten, kart., 15,80 €,
ISBN 978-3-89942-818-6

GEORG GLASZE,
ANNIKA MATTISSEK (HG.)
Handbuch Diskurs und Raum
Theorien und Methoden für die
Humangeographie sowie die sozial- und
kulturwissenschaftliche Raumforschung

September 2009, 338 Seiten,
kart., zahlr. Abb., 19,80 €,
ISBN 978-3-8376-1155-7

Leseproben, weitere Informationen und Bestellmöglichkeiten
finden Sie unter www.transcript-verlag.de

Sozialtheorie

KAY JUNGE, DANIEL SUBER, GEROLD GERBER (HG.)
Erleben, Erleiden, Erfahren
Die Konstitution sozialen Sinns jenseits instrumenteller Vernunft

2008, 514 Seiten, kart., 33,80 €,
ISBN 978-3-89942-829-2

ANDREAS RECKWITZ
Unscharfe Grenzen
Perspektiven der Kultursoziologie

2008, 358 Seiten, kart., 29,80 €,
ISBN 978-3-89942-917-6

GABRIELE WINKER, NINA DEGELE
Intersektionalität
Zur Analyse sozialer Ungleichheiten

Juni 2009, 166 Seiten, kart., 13,80 €,
ISBN 978-3-8376-1149-6

Leseproben, weitere Informationen und Bestellmöglichkeiten
finden Sie unter www.transcript-verlag.de

Sozialtheorie

CLAUDIO ALTENHAIN,
ANJA DANILINA,
ERIK HILDEBRANDT,
STEFAN KAUSCH,
ANNEKATHRIN MÜLLER,
TOBIAS ROSCHER (HG.)
Von »Neuer Unterschicht« und Prekariat
Gesellschaftliche Verhältnisse und Kategorien im Umbruch. Kritische Perspektiven auf aktuelle Debatten
2008, 238 Seiten, kart., 24,80 €,
ISBN 978-3-8376-1000-0

DIRK BAECKER,
MATTHIAS KETTNER,
DIRK RUSTEMEYER (HG.)
Über Kultur
Theorie und Praxis der Kulturreflexion
2008, 278 Seiten, kart., 25,80 €,
ISBN 978-3-89942-965-7

GREGOR BONGAERTS
Verdrängungen des Ökonomischen
Bourdieus Theorie der Moderne
2008, 386 Seiten, kart., 29,80 €,
ISBN 978-3-89942-934-3

MICHAEL BUSCH, JAN JESKOW,
RÜDIGER STUTZ (HG.)
Zwischen Prekarisierung und Protest
Die Lebenslagen und Generationsbilder von Jugendlichen in Ost und West
November 2009, ca. 450 Seiten,
kart., ca. 29,80 €,
ISBN 978-3-8376-1203-5

JOACHIM FISCHER,
HEIKE DELITZ (HG.)
Die Architektur der Gesellschaft
Theorien für die Architektursoziologie
Mai 2009, 424 Seiten, kart., 29,80 €,
ISBN 978-3-8376-1137-3

MANFRED FÜLLSACK (HG.)
Verwerfungen moderner Arbeit
Zum Formwandel des Produktiven
2008, 192 Seiten, kart., 20,80 €,
ISBN 978-3-89942-874-2

DANIEL HECHLER,
AXEL PHILIPPS (HG.)
Widerstand denken
Michel Foucault und die Grenzen der Macht
2008, 282 Seiten, kart., 26,80 €,
ISBN 978-3-89942-830-8

LUTZ HIEBER,
STEPHAN MOEBIUS (HG.)
Avantgarden und Politik
Künstlerischer Aktivismus von Dada bis zur Postmoderne
August 2009, 254 Seiten,
kart., zahlr. Abb., 25,80 €,
ISBN 978-3-8376-1167-0

MAX MILLER
Sozialtheorie
Eine Kritik aktueller Theorieparadigmen.
Gesammelte Aufsätze
Januar 2010, ca. 300 Seiten,
kart., ca. 27,80 €,
ISBN 978-3-89942-703-5

Leseproben, weitere Informationen und Bestellmöglichkeiten finden Sie unter www.transcript-verlag.de